Tourism Geography of China

高等职业教育教材

中国旅游地理

张福仁　王春玉　主编　　王聚贤　主审

化学工业出版社

·北京·

内 容 简 介

《中国旅游地理》为高等职业教育旅游管理专业教材，旨在使学生掌握旅游从业必备的中国旅游地理基础知识、技能，树立空间地域意识，形成旅游综合动态思维，从而全面认识中国旅游国情，为今后从事旅游工作打下坚实的基础。全书分区域旅游地理和品牌旅游地理两个模块对中国旅游资源和旅游景点景区进行介绍，采用新的数据资料，配套实景的图片、视频资料，内容生动，激发学生的学习兴趣。

本书既可供高等职业院校旅游管理相关专业学生使用，也可作为旅行社、景点（区）人员培训教材，旅游爱好者也可通过此书获取相关旅游知识，同时也是旅游管理工作者理想的自学读物。

图书在版编目（CIP）数据

中国旅游地理/张福仁，王春玉主编. —北京：化学工业出版社，2023.4
ISBN 978-7-122-43023-6

Ⅰ. ①中… Ⅱ. ①张… ②王… Ⅲ. ①旅游地理学-中国
Ⅳ. ①F592.99

中国国家版本馆CIP数据核字（2023）第036880号

责任编辑：王　可　　文字编辑：陈立媛　陈小滔
责任校对：王鹏飞　　装帧设计：张　辉

出版发行：化学工业出版社（北京市东城区青年湖南街13号　邮政编码100011）
印　　装：河北鑫兆源印刷有限公司
787mm×1092mm　1/16　印张16¾　字数435千字　2023年12月北京第1版第1次印刷

购书咨询：010-64518888　　售后服务：010-64518899
网　　址：http：//www.cip.com.cn
凡购买本书，如有缺损质量问题，本社销售中心负责调换。

定　　价：48.00元

前言

本书是中国旅游地理课程不断改革创新的成果，主要有四大特色。第一，体系完整。本书共分为两大模块，其中模块一中国区域旅游地理划分了京津冀、东北、黄河中下游、长江中下游、东南、西南、西北、青藏和港澳台旅游区等九个学习单元；模块二中国品牌旅游地理，包括国家公园、国家文化公园、国家级文化生态保护区、国家旅游景区、国家级旅游度假区和国家全域旅游示范区等六个学习单元。第二，重点突出。全书以旅游可持续发展为理论主线，以自然和文化为主导因子，以旅游中心城市为依托，以旅游景区景点为主体内容。第三，结构清晰。本书两个模块中包括若干学习单元，每个学习单元按照“学习目标”“任务导入”“学习内容”“知识拓展”“单元小结”“思考与实训”的思维链路进行编写，逻辑严谨、清晰，图文并茂，做到了理论和实践的有机结合。第四，时代感强。旅游市场和产品、各省（市、区）的旅游开发与规划、旅游区建设与发展等内容，均来自与旅游发展相关的政策文件和实地考察，体现了旅游综合动态思维，具有鲜明的时代感。

本书旨在使学生掌握旅游从业者必备的中国旅游地理基础知识和技能，树立空间地域意识，形成旅游综合动态思维，从而全面认识中国旅游国情，为今后从事旅游工作打下坚实的基础。本书既可作为高等职业教育旅游管理专业教材，也可作为旅游业相关岗位培训教材。旅游爱好者可通过此书获取旅游相关知识，同时本书也是旅游管理者的理想自学材料。

本书由河北工业职业技术大学张福仁、王春玉担任主编；河北工业职业技术大学崔爱平、魏飞、石琳玮、魏志茹，石家庄职业技术学院乔振民担任副主编，河北工业职业技术大学张慧芳、冯彩丽、刘蔷、安若镝，河北旅游投资有限公司李建、李月参与编写。全书由王春玉统稿，由河北旅游投资有限公司王聚贤审核。

本书在编写过程中，参考和借鉴了旅游界诸多同行和专家的文献资料和研究成果，在此谨向相关作者表达诚挚感谢。由于编者水平有限，不足之处在所难免，敬请各位读者提出宝贵意见，以便修订完善。

《中国旅游地理》编写组

2023年11月

目录

绪　论

1978年国家旅游行政管理部门正式设立了旅游教育机构，同年我国第一所旅游中等专业学校——江苏省旅游学校诞生，第二年我国第一所旅游类高校——上海旅游高等专科学校成立。截至2021年底，全国共有800余所高等职业院校开设了旅游管理专业。我国旅游地理教育是伴随着旅游业的发展而发展起来的，它与旅游心理、旅游管理、旅游经济等一同被列为旅游管理专业的必修主干课程。至今，大部分经济商贸类专业都开设了有关旅游地理的课程。

一、旅游地理的研究对象和内容

（一）旅游地理的研究对象

旅游活动是一种人类社会特有的现象。旅游是人们为了满足自己的休闲、度假、娱乐等各方面的需求，离开自己的常住地到另外一个地方做短暂的停留和游览观光，之后返回常住地的活动。地理环境的差异性与复杂性是产生旅游活动的物质基础，地理环境影响旅游活动并对旅游活动具有一定的制约作用，旅游活动对地理环境亦有反作用。

地理学是研究空间现象的科学，主要研究各种人类活动与地理环境之间的关系。区域研究是地理学研究的核心。地球表面自然现象和人文现象空间分布不均的特点，决定了地理学研究具有区域性特点。由于不同的地区存在不同的自然现象和人文现象，一种要素在一个地区呈现的变化规律在另一个地区不可能完全相同，因此研究地理区域就要剖析不同区域内部的结构，包括不同要素之间的关系及其在区域整体中的作用，区域之间的联系及它们之间发展变化的制约关系等。

旅游地理学是随着现代旅游业的发展而产生的地理学的一个分支学科，是研究旅行游览与地理环境关系的一门学科，是介于地理学和旅游学之间的边缘学科，属于人文地理学的范畴。以人类旅游与地理环境、社会经济发展为重点的旅游地理，与自然地理和人文地理有密切联系。旅游地理以地理知识为基础，同时涉及考古学、历史学、社会学、园林学、美学、文学、心理学、公共关系学等知识，以多学科交叉的广泛综合性为显著特征。

（二）旅游地理的研究内容

关于旅游地理的研究内容，不同的学者有不同的看法。从总体上看，大部分学者认为旅游地理主要研究旅游主体、旅游客体和旅游媒介三个基本要素，具体来说应该包括旅游者、旅游资源、旅游通道、旅游区划、旅游环境容量、区域旅游发展的战略与规划、旅游开发的区域影响、旅游地图等几个方面的内容。

1. 旅游者

有关旅游者的研究内容包括旅游者的概念、旅游者产生的条件及其背景、旅游者的地域分布及行为规律、旅游流及旅游需求预测等。

2. 旅游资源

旅游资源是指对旅游者产生吸引力并具有一定旅游价值和功能的资源。旅游地理主要研究旅游资源的范畴、分类、时空变化、调查和评价、开发、保护和观赏等。

3. 旅游通道

旅游通道是为旅游者在居住地和旅游目的地之间往返，以及为旅游目的地各种旅游活动提供的设施和服务的整体。有关旅游通道的研究包括各种交通方式，即航空交通、铁路交通、公路交通、水路交通和特种交通之间的匹配研究，旅游线路的设计等。

4. 旅游区划

有关旅游区划的研究包括区划理论依据和方案，针对具体的区域进行划分，在区划的基础上进行分级、分类及区域相互关系的研究。

5. 旅游环境容量

有关旅游环境容量的研究包括旅游活动对环境的影响、旅游环境保护等。旅游环境容量包括自然环境容量和社会环境容量两方面的内容。自然环境容量是指在自然环境、生态系统不遭受破坏，旅游点不受污染的前提下的游客数量；社会环境容量是指在社会经济可以承受和不破坏旅游者游兴的前提下的游客数量。旅游环境容量研究的焦点是各种旅游资源或各类旅游目的地的旅游生态指标、社会经济承受能力指标、旅游者个人空间标准的确定。

6. 区域旅游发展的战略与规划

制定区域旅游发展战略，其主要任务是查明区域发展旅游的条件，评价其发展的可能性，指出其发展的方向。区域旅游发展规划主要包括旅游资源开发利用和保护规划、旅游基础设施规划、旅游线路设计和规划、旅游客源组织规划、旅游管理机构设置规划等。

7. 旅游开发的区域影响

旅游开发使旅游目的地的经济、环境、社会、文化等各方面都发生变化。正确地评价旅游开发的区域影响，对指导旅游业发展具有极其重要的意义。有关旅游开发的研究内容包括经济影响、环境影响、社会影响和文化影响等。

8. 旅游地图

旅游地图是一种专题地图，要求形象、直观、方便和实用。它包括各种导游图、旅行交通图、资源类型图、分布图、开发规划图和旅游市场图等，还包括为旅游资源和旅游产品宣传服务的广告地图等。

本书的研究重点为旅游者、旅游资源、旅游区划和旅游通道四个方面。

（三）中国旅游地理的研究内容

旅游地理将人类的旅游活动作为研究对象，属于区域旅游地理学范畴，重点研究各特定地域内旅游及各组成要素的特征及其形成环境，强调地方特色和知识性，侧重于旅游地理学一般理论和方法的掌握及运用。中国旅游地理的学习是在了解旅游地理一般理论与方法的基础上，侧重于掌握中国不同等级旅游区各组成要素的基本特征及主要特色，对其重要景区及旅游线路有所了解，并将其作为旅游业从业人员必备的基础知识，注重分析各地旅游特色，介绍各地特色旅游资源、主要景区和主要旅游线路。主要研究内容包括中国旅游地理环境、中国旅游资源、中国旅游客源与客流地理、中国旅游地理、中国区域旅游开发和中国旅游区划与分区研究等。

二、中国的旅游资源

《旅游资源分类、调查与评价》(GB/T 18972—2017)对旅游资源的定义是：自然界和人类社会凡能对旅游者产生吸引力，可以为旅游业开发利用，并可产生经济效益、社会效益和环境效益的事物和现象。旅游资源可以是人造的，也可以是天然的；可以是具体的，也可以是抽象的；可以是有形的，也可以是无形的。除自然景观、历史古迹之外，一个地方的人造景观、娱乐场所、商贸与节庆活动、特殊技艺的操作表演、神话传说，以及“社会新貌”“都市风光”之类的抽象概念，都可以成为吸引旅游者的旅游资源。

(一)旅游资源的分类

M0-1 旅游资源的分类

根据旅游活动的性质进行分类，将旅游资源分为观赏型旅游资源、运动型旅游资源、休(疗)养型旅游资源、娱乐型旅游资源，以及特殊型旅游资源等。

根据旅游资源的吸引级别分类，将旅游资源分为国家级旅游风景资源、省级旅游风景资源和市(县)级旅游风景资源。国家级旅游风景资源具有重要的观赏、历史和科学价值，游客吸引范围指向全国乃至世界，在国内外有较高的知名度。我国山河壮丽，国家级旅游风景资源丰富。省级旅游风景资源具有较重要的观赏、历史和科学价值，有地方特色，在省内外有较大影响，游客吸引范围指向国内、地区内或省内。市(县)级旅游风景资源具有一定的观赏、历史和科学价值，主要吸引本地游客。

按照旅游资源本身的属性进行分类，可将旅游资源分为自然旅游资源和人文旅游资源。自然旅游资源是能使人们产生美感的自然环境或物象地域组合，人文旅游资源是古今人类活动、文化成就、艺术结晶和科技创造的记录和轨迹。

(二)自然旅游资源

M0-2 自然旅游资源

自然旅游资源又分为地貌旅游资源、水域风光旅游资源、气象气候旅游资源、生物旅游资源等。

1. 地貌旅游资源

地貌，即地表的形态，是地球内外力共同作用于地表物质的结果。地貌旅游资源是具有观赏价值和一定吸引功能的地表形态的总称。按常规分类，地貌可以分成平原、盆地、高原、丘陵和山地。山地旅游资源最为丰富和独特。

山地按海拔高度可分为极高山、高山、中山、低山和丘陵。在中国境内，绝对高度大于5000米的为极高山，绝对高度在3500~5000米之间的为高山，绝对高度在1000~3500米之间的为中山，绝对高度在500~1000米之间的为低山，绝对高度小于500米的为丘陵。

山地旅游资源又分为观赏型山岳旅游资源和登山探险型山岳旅游资源。观赏型山岳旅游资源是指风景名山，指具有自然美的典型山岳景观和渗透着人文景观美的山地空间综合体。它不仅在地貌形态、土壤、植被、流水、云雾等方面表现出自然美，更有一些重要的人文因素。我国的风景名山旅游开发历史悠久，保留了众多的人文古迹，如建筑、文物、摩崖石刻、碑碣、诗画、名人活动遗迹等。登山探险型山岳旅游资源的山峰特点是高而小，山体险峻挺拔，风速大，气候恶劣，因此，登山探险是锻炼身体、磨炼意志的一项运动。我国的兰州—昆明一线以西和青藏高原周围的山地，有很多6000米以上的高峰，是合适的登山探险场所。地貌在很大程度上影响了旅游项目的兴建和选择，地貌不同，适合开展的旅游项目也有所不同。

以不同的岩石为基础发育而成的地貌景观是重要的自然旅游资源。按照岩性分类，地貌旅游资源可分成花岗岩地貌、丹霞地貌、喀斯特地貌、流纹岩地貌等。

2. 水域风光旅游资源

水域风光旅游资源是能吸引旅游者进行观光游览、体验参与的各种水体及水文现象，以形、声、色、味、影、动和静等吸引着游客。

3. 气象气候旅游资源

气象是地球外围大气层中经常出现的大气物理现象和物理过程的总称，包括温度、湿度、风、云、雨、雪、霜、雾、雷、电等要素。气候是指某一地区长时间、大范围内气象要素的综合。

4. 生物旅游资源

多种多样的生物旅游资源，使世界更加丰富多彩，它不仅满足了人们观赏的需要，而且还满足了狩猎、垂钓、考察、食用等多种需要。生物旅游资源由植物旅游资源和动物旅游资源组成。我国地跨五个热量带，气候类型复杂多样，不同的气候区域、不同高度的山地又形成了不同的自然垂直带谱，因此，我国的生物旅游资源丰富。

（三）人文旅游资源

人文旅游资源是指对旅游者具有吸引力的古今人类精神和物质文明的结晶，包括历史古迹、古建筑、古典园林、陵墓等。

M0-3 人文旅游资源

1. 历史古迹旅游资源

历史古迹包括古人类文化遗址、社会历史文化遗址、名人故居、革命遗址和革命纪念地等。

2. 古建筑旅游资源

古建筑包括宫殿建筑，礼制建筑，古代的亭台楼阁、军事防御工程、桥梁工程、水利工程，历史文化名城等。

中国建筑，具有悠久的历史和光辉的成就，从陕西半坡遗址发掘出的方形或圆形浅穴式房屋距今已有六千多年。古人运用建筑技术和艺术营造的生活和生产场所，反映了特定历史时期的社会发展和文化意识，以其特有的魅力吸引着旅游者。我国古建筑和历史建筑物众多，北京的故宫、山东曲阜的孔庙和泰安的岱庙是我国规模最大的三处宫殿式建筑群。

3. 古典园林旅游资源

园林是把自然的或经过人工改造的山水地形、树木花草以及人工建筑按一定的艺术构思组合而成的综合艺术体。世界园林体系一般分为中国园林体系、欧洲园林体系和伊斯兰园林体系。采用方直的规划、齐整的栽植和规则的水渠，园林风貌较为严整，为伊斯兰园林的主要特点。欧洲园林体系较多地吸收了西亚风格，形成规整和有序的园林艺术特色。

我国的园林建筑集自然美、艺术美、建筑美于一体，典雅且精致。中国园林的造园有筑山、理池、植物、建筑和书画五种构成要素。自然式园林中的建筑形式多样，有堂、厅、楼、阁、馆、轩、斋、榭、舫、亭、廊、桥、墙等。我国古典园林按占有者身份分为皇家园林和私家园林，按园林所处地理位置分为北方类型、江南类型和岭南类型。

4. 陵墓旅游资源

“葬”是指处理死者遗体的方式。“墓”是埋棺之处。古墓中，被列为全国重点文物保护单位的可分为三类：帝王陵寝、名人墓地、具有重要历史价值和艺术价值的墓葬。

5. 民风民俗旅游资源

民风泛指一个地区的民族在特定的自然、社会环境下，在生产、生活中表现出来的风俗习惯。民俗即民间风俗习惯，是广大中下层劳动人民所创造的民间文化，包括饮食、服饰、居住、节日、民间歌舞等各方面的民俗风情，指一个国家或民族中广大民众所创造、享用和传承的生活文化。中国各民族在长期的历史发展中形成了各自的鲜明特点。

我国是一个统一的多民族国家，56个民族共同创造了悠久灿烂的文化，各民族的服饰饮食、婚丧嫁娶、待客礼仪、节庆游乐、民族工艺、建筑形式等，都各有特色，形成了我国丰富多彩的民俗文化景观。这些民俗文化现象，以其丰富的内容、浓厚的地方色彩、鲜明的民族特点，吸引着大量的国内外游客。

6. 风物特产和风味佳肴旅游资源

中国是一个历史悠久的文明古国，伟大的中华民族的先人们用自己的勤劳和智慧，创造了大量闻名于世的风物特产。我国是茶叶的原产地，唐代“茶圣”陆羽写成了第一部有关茶叶的著作《茶经》。中国古代三大著名的特产是瓷器、丝绸、茶叶。我国的风物特产种类繁多，分布面广，数量惊人。

7. 现代人文旅游资源

现代人文旅游资源种类繁多，一般包括以下几种：文物特别丰富，且具有重大历史价值或纪念意义的，能较完整地反映某一历史时期传统风貌和地方民族特色的城镇聚落——中国历史文化名镇；深圳、上海、香港等城市的主体旅游资源——现代都市风貌；以现有的工厂、公司及在建工程等工业场所作为旅游客体的专项旅游——工业旅游；以农业生产过程、农村风貌、农民劳动生活场景等为主要旅游资源，包括农业观光型、都市科技型和休闲度假型的活动——农业旅游；以中国共产党领导人民在革命战争时期形成的纪念地、标志物为载体，以其所承载的革命历史、事迹和精神为内涵，组织接待旅游者开展缅怀学习、参观游览的主题性旅游活动——红色旅游；以某一主题或综合几种主题为内容，投资量大、高度发达、收取入场费的独立的休闲娱乐场所——主题公园，包括情景模拟、游乐、观光和风情体验等主题。

8. 文学艺术旅游资源

文学艺术是以非物质形式表现为主的审美性文化产物，是人类文明的重要组成部分，包括诗词、小说、散文、游记、传说、书法、绘画、音乐、舞蹈、戏曲、杂技、电影、电视等形式。其中，能对旅游者产生吸引力，并能产生经济效益的部分就是文学艺术旅游资源。

文学和旅游的关系很密切，旅游活动发展产生了旅游文学，如游记、山水诗歌和散文等。一些影响面大、艺术感染力强的文学作品，其描绘的场景、故事的发生地也极有可能成为旅游资源。

三、旅游地理区划

（一）旅游区的概念和特征

1. 旅游区

一般所指的旅游区是综合性的旅游区，即指含有若干共性特征的旅游景点和旅游接待设施组成的地域综合体，它不仅包括旅游资源，也含有帮助旅游者实现旅游目的而不可缺少的旅游设施。

旅游区的特征有四个：

（1）系统性：旅游区在职能上和地域上是完整的，是一个地域综合体，不仅包括旅游资源，也含有帮助旅游者实现旅游目的而不可缺少的各种基础设施，能够恢复和增强人的体力、能力和精力，满足其精神与物质的需要。

（2）地域性：旅游区有发达的旅游交通网络，以一定的空间为载体，每一个旅游区内至少有一个完善的旅游中心或旅游组织基地，是一个结构有序的开放系统。

（3）层次性：旅游区有不同的功能类型和不同的等级层次，各个层次的旅游区组合成一个完善的旅游区系统。

（4）优化性：指组织建立旅游区以及旅游区经营管理都达到最佳程度，从而可以最大程度地发挥旅游区的功能，顺利地达到理想的目的，并取得最佳效果。

2. 旅游区划

旅游区划是专门根据区域发展的各方面条件，为了更好地开发区域旅游资源，规划建设旅游点与旅游地，统筹交通运输与接待服务设施，组织协调与管理活动，促进区域旅游业的发展而划分的旅游区域。根据旅游地域分工的原则，按照旅游资源的地域分异性及区域社会、经济、交通、行政等条件的组合和内部联系程度，在地域上划分出不同的旅游区。

旅游区划的目的是揭示旅游资源的地域分布规律，旅游配套设施和行政管理的地域分工和相互联系，以合理组织不同区域的旅游活动，确定旅游区的发展方向，制定与实施中长期旅游发展战略，为旅游资源的开发、保护及制定发展战略提供科学依据。进行旅游区划时要遵循一定的原则和方法，通过实地工作和综合分析，找出比较合理的旅游区界线，并确定各旅游区的性质、特征和地位，指出其今后发展的方向，分析确定区内各级旅游经济中心。

（二）旅游区划的原则

1. 差异性与相似性原则

地域的差异性是旅游区划的基础和依据。只有真正地、科学地、完整地认识旅游资源的地域差异性，才能准确地进行旅游区划工作。相似性原则是指旅游资源成因的共同性、特征的类似性、功能的通用性、形态的相似性和发展方向的一致性等。在特定的地域中，各种相互联系、相互依存、错综复杂的要素共同形成的旅游资源体，构成了旅游区划的基础。

2. 综合性与层次性原则

旅游区划要在综合分析自然和人文各要素间的相互关系和组合结构的基础上来划分旅游区，区内旅游资源的相似性和区际的差异性是旅游资源综合结构特征的反映，每个旅游区都要发挥旅游资源的综合优势。区划单位的级别越低，相似性越大；级别越高，相似性越小，差异性越大。因此，按一定的层次等级划分旅游区，才能真实地反映不同等级层次旅游区的区内相似性和区际差异性程度的大小。

3. 地域完整性及与行政区划相协调原则

旅游区划应保证每一等级的旅游区在地域和职能上的完整性。每个旅游区内都必须有其区域活动的核心，即旅游中心地。旅游中心地的资源数量要丰富，类型要齐全，并能代表整个旅游区的旅游资源特色。旅游区范围的划分应尽可能地考虑相应的中心城市综合服务功能的基本辐射范围，尽可能保证行政区划的完整性。

4. 主导性与多样性原则

各旅游区内旅游资源复杂多样，各类型的旅游资源在旅游区内所起的作用是不同的，往往其中某种类型的资源起着长期或主导的作用。因此，在区划时，可以将某种类型的旅游资源作为划分旅游区的主要依据。不同类型的旅游资源可以满足不同游客的旅游需求，因此，必须建立功能各异、一主多辅的旅游区。

（三）本书旅游区划

旅游地理区划是依据旅游需求、规划、研究等实际需要，按照不同的标准，对旅游地进行区域分类和整合。我国现有的旅游地理区划是学者根据不同目的，或为满足教学的需要，或从科研的角度，提出的一些不同的区划方案。本书从地理位置出发，结合了不同学者的区划方案，从教学的角度出发，把中国旅游区划分为旅游区、旅游亚区和游览区三级，其中旅游区有九个。

1. 中国旅游区划等级体系

（1）旅游区

旅游区是地理上集中连片、自然条件相近、社会经济环境和历史文化相似、旅游资源具有共性特征的区域，跨越两个至多个行政区域。区内的各省区可以加强横向联系，协调发展区域旅游。全国共划分为京津冀、东北、黄河中下游、长江中下游、东南、西南、西北、青藏和港澳台旅游区等九个旅游区。

（2）旅游亚区

旅游亚区为本区划的二级区，以完整的省级行政单元为其地域范围，以便于各省区充分发挥综合性管理职能。

（3）游览区

将相对邻近的旅游景点加以分区划片，便于设计和呈现旅游线路。

2. 中国旅游区

M0-4 跨越旅游地理区划的国内精品旅游线路

（1）京津冀旅游区

京津冀是中国的首都圈，包括北京市、天津市以及河北省。本区不仅历史悠久，各历史阶段遗存丰富，文物古迹遍布，而且地貌类型多样，名山胜景众多。本区汇聚了周口店北京人遗址、长城、北京故宫、承德避暑山庄及周围寺庙、颐和园、天坛、明清皇家陵寝等7处世界文化遗产，以及森林、草原、高山、湖泊和海岸等自然风光，旅游资源品位度高。

（2）东北旅游区

位于我国东北部，包括辽宁、吉林、黑龙江三省。该区南部濒临黄海和渤海，地理位置独特。本区拥有广阔的森林、夏凉冬冷的气候，有火山奇景、极光极昼等自然现象，加上清朝前期满族文化遗存，以朝鲜族、鄂伦春族及赫哲族为代表的少数民族风情，构成了本旅游区别具特色的旅游资源。

（3）黄河中下游旅游区

位于我国黄河的中下游，包括河南、山西、山东、陕西四省。本区是中华民族的发祥地，以西安等古都为代表，历史文化遗迹和名山大川海景浑然一体，是我国人文旅游资源种类丰富、分布较集中、品位度高的多种旅游资源并存的旅游区。

（4）长江中下游旅游区

位于我国东南沿海中部，包括湖北、湖南、江苏、浙江、安徽、江西、上海七个省级行政区。本区地处长江中下游，濒临东海，交通便捷，经济发达。该区以苏州等地的中国古典园林为特色，集上海、南京等地的近代和古代的人文旅游资源，黄山、庐山等名山景观，及太湖、鄱阳湖、钱塘江、京杭大运河等水域景观于一体，是一个自然山水风光和人文景观兼有、旅游资源类型非常多的旅游区，是我国旅游业发展的重点区域。

（5）东南旅游区

包括广东、福建、海南三省，该区南临南海，东靠东海，地形以山地、丘陵为主，海岸线长，热带和亚热带风光典型，动植物资源丰富，文物古迹和革命胜迹众多。该区经济发达，旅游业发展优势突出。

（6）西南旅游区

位于我国西南部、青藏高原东侧，包括四川省、云南省、贵州省、广西壮族自治区和重庆市。该区喀斯特地貌发育比较典型，分布广泛，热带和亚热带高山、高原及峡谷地貌独特，动植物资源丰富；少数民族众多，民族风情浓郁。本区是我国旅游资源较丰富的地区，也是我国旅游业发展较重要的区域。

（7）西北旅游区

位于我国西北部，包括新疆维吾尔自治区、内蒙古自治区、宁夏回族自治区及甘肃省。该区深居内陆，距海遥远，面积广阔，有辽阔的沙漠和戈壁，其间绿洲分布，有坦荡的大草原和森林。该区内民族风情独特。古丝绸之路经过此区，有丰富多彩的丝路遗迹，石窟艺术闻名，是我国开发前景广阔的旅游区。

（8）青藏旅游区

位于我国西南部的青藏高原，包括青海省和西藏自治区。高原上的高寒景观、雪原世界、高山峡谷、原始森林，以及具有原始色彩的藏族风情、藏族文化和建筑，使本区成为一个极具魅力、发展前景广阔的旅游区。

（9）港澳台旅游区

港澳台是我国香港特别行政区、澳门特别行政区和台湾地区的总称。香港是著名的旅游胜地，是购物消闲的好去处，有享誉国际的佳肴美食、宜人的自然景色和独特的文化遗产，包括庙宇、寺院、围村、祠堂和富有外国色彩的古物古迹。除博彩业外，旅游业也成为澳门经济的支柱产业，最具代表性的有澳门八景等。台湾地区旅游资源以山高、林密、岸奇著称，多瀑布、温泉，文化与大陆同宗同脉，联系密切。

四、旅游地理品牌

随着旅游业的发展，旅游地理品牌在旅游市场中的作用越来越明显。重视旅游地理品牌的创建与保护，考察细分市场潜力，加强品牌质量建设，开拓品牌市场是提升旅游资源竞争力，实现区域旅游可持续发展的重要内容和有效抓手。

目前国家推出了一系列旅游品牌和质量品牌，如国家公园、国家文化公园、国家级文化生态保护区、国家旅游景区、国家级旅游度假区、国家全域旅游示范区等。

（一）国家公园

国家公园是指以保护具有国家代表性的自然生态系统为主要目的，实现自然资源科学保护和合理利用的特定陆域或海域，是我国自然生态系统中最重要、自然景观最独特、自然遗产最丰富、生物多样性最富集的部分，保护范围大，生态过程完整，具有全球价值，代表国家形象，国民认同度高。

设立国家公园能够有效保存与保护景观资源，便于考察与研究资源环境，促进旅游观光业的可持续发展。国家公园建设以加强自然生态系统原真性、完整性保护为基础，以实现国家所有、全民共享、世代传承为目标，并最终保障国家生态安全，实现人与自然和谐共生。

国家公园的自然状况具有天然性和原始性，而且景观资源珍稀、独特，有通用的认定标准和系统的保护模式。

（二）国家文化公园

国家文化公园从国家公园的概念衍生而来，两者在目标上有所不同，但在对国家精神的构建上，具有一定的相似性。国家文化公园的建立是为了弘扬国家精神，有效形成统一的价值观，其中既有为国家奉献的精神，又有超越民族、国别界限，全人类都应坚持的正义、勇敢与助人为乐的价值观。

国家文化公园是国家依托深厚的历史积淀、磅礴的文化载体和不屈的民族精神而建设的，着力构建和强化中国国家形象，对内强调民族化和本土化，服务于实现中华民族伟大复兴这一目标；对外适应国际化和普遍化，促进世界文化交流和文化多样性的存续。目前我国建有黄河、长城、大运河、长征四个国家文化公园。

（三）国家级文化生态保护区

文化生态系统是文化与自然环境、生产生活方式、经济形式、语言环境、社会组织、意识形态、价值观念等构成的相互作用的完整体系，具有动态性、开放性、整体性的特点。加强文化生态的保护，是文化遗产保护工作的重要组成部分。国家级文化生态保护区，是指以保护非物质文化遗产为核心，对历史文化积淀丰厚、存续状态良好、具有重要价值和鲜明特色的文化形态进行整体性保护，并经文化和旅游部同意设立的特定区域。

国家级文化生态保护区依托相关行政区域设立，区域范围为县、地市或若干县域。国家级文化生态保护区具有特定的设立条件，凡符合条件的可自愿申报。申报和设立国家级文化生态保护区应本着少而精的原则，坚持公开、公平、公正，履行申报、审核、论证、批准等程序。

（四）国家旅游景区

旅游景区是以旅游及其相关活动为主要功能或主要功能之一的空间或地域，具有参观游览、休闲度假、康乐健身等功能，具备相应旅游服务设施并提供相应旅游服务的独立管理区。管理区应有统一的经营管理机构和明确的地域范围，包括风景区、文博院馆、寺庙观堂、旅游度假区、自然保护区、主题公园、森林公园、地质公园、游乐园、动物园、植物园，及工业、农业、经贸、科教、军事、体育、文化艺术等各类旅游景区。

旅游景区有质量等级、资源类型和经营控制权等多种分类方式，其中按照质量等级划分旅游景区较为常见。《旅游景区质量等级的划分与评定》中明确旅游景区按照质量等级由高到低分为AAAAA级景区（简称5A级景区）、AAAA级景区（简称4A级景区）、AAA级景区（简称3A级景区）、AA级景区（简称2A级景区）、A级景区。截至2023年5月，全国有5A级景区319个。

（五）国家级旅游度假区

国家级旅游度假区，是指符合国家标准《旅游度假区等级划分》（GB/T 26358—2010）相关要求，具有良好的资源与环境条件，度假资源丰富，能够为旅游者提供休憩、康体、运动、益智、娱乐等度假休闲服务，有明确的空间边界、独立的管理机构、配套的旅游设施，所在地区旅游客源基础较好，交通便捷，对外开放工作已有较好基础，经文化和旅游部认定的旅游度假区。

国家级旅游度假区和国家5A级景区是当前中国旅游市场的两块金字招牌，但两者在项目建设体系、游客数量标准、盈利来源、投资规模、对景观质量稀缺性要求和申报等级年限要求等方面存在区别。

2015年上半年，国家级旅游度假区评定启动，以《旅游度假区等级划分》为规范和引领，以《旅游度假区等级划分细则》为参考和指南，以2019发布年的《国家级旅游度假区管理办法》为保障机制，经过2015年、2017年、2019年、2020年和2023年的评定，共计60个旅游度假区被列入国家级旅游度假区。

（六）国家全域旅游示范区

全域旅游是我国旅游业发展的新理念、新模式，文化和旅游部将创建国家全域旅游示范区作为推进全域旅游发展的途径。全域旅游是指在一定的行政区域内，以旅游业为优势主导产业，实现区域资源有机整合、产业深度融合发展和全社会共同参与，通过旅游业带动乃至于统领经济社会全面发展的一种新的区域旅游发展理念和模式。推进全域旅游是我国新阶段旅游发展战略的再定位，是一场具有深远意义的变革。

全域旅游将一定区域作为完整旅游目的地，以旅游业为优势产业，进行统一规划布局、公共服务优化、综合统筹管理、整体营销推广，促进旅游业从单一景点景区建设管理向综合目的地服务转变，从门票经济向产业经济转变，从粗放低效方式向精细高效方式转变，从封闭的旅游自循环向开放的“旅游+”转变，从企业单打独享向社会共建共享转变，从围墙内民团式治安管理向全面依法治理转变，从部门行为向党政统筹推进转变，努力实现旅游业现代化、集约化、品质化、国际化，最大限度满足大众旅游时代人民群众消费需求。

全域旅游具有全局性、空间性、带动性、整合性、共享性的特征。为推动国家全域旅游示范区建设，规范国家全域旅游示范区验收、认定和管理，文化和旅游部办公厅印发了《国家全域旅游示范区验收、认定和管理实施办法（试行）》《国家全域旅游示范区验收标准（试行）》，科学指导国家全域旅游示范区的建设，推动全域旅游健康发展。

模块一 中国区域旅游地理

中国的旅游资源种类繁多、内涵丰富、分布广泛。就全国而言，各地区的旅游资源独具特色，客观上形成了不同的旅游资源区。中国区域旅游地理主要介绍我国不同旅游区域旅游要素的基本特征和主要特色，及其重要景区、旅游线路。

区划是指对地区进行分类，是依据某种目的和标准将地域进行分割。旅游地理区划是人们因旅游的需求、规划、研究等实际需求，按照不同标准，将旅游地进行区域分类与整合。旅游地理区划是制定区域旅游开发规划和旅游业合理布局的依据，对制定区域旅游发展战略有着重要的意义。合理划分旅游区对了解我国旅游资源的实情，合理开发旅游资源，发展旅游经济有现实指导意义。

学习单元一　京津冀旅游区

学习目标

知识目标：了解京津冀旅游区的旅游点概况，掌握京津冀旅游区旅游资源的基本特征，熟悉京津冀旅游区的旅游地理环境，了解各旅游亚区一般旅游景点的概况。

能力目标：能够根据京津冀地区旅游交通的特点设计本区主要的旅游线路，能够对知名景点进行讲解。

素质目标：了解以首都为中心的京津冀旅游区的自然资源和政治精神，提升人文素养，树立家国情怀，增强文化自信。了解中华民族的西柏坡精神，鼓舞和激励大家不断攻坚克难，厚植爱国主义情怀，弘扬以爱国主义为核心的民族精神和以改革创新为核心的时代精神。

任务导入

自古燕赵多慷慨悲歌之士，古燕赵之地，产生过一大批闻名于中国历史的豪杰侠士，地理环境对本区民族性格的形成有重要的影响。下面我们就了解一下京津冀旅游区。

【学习内容】

一、京津冀旅游区概况

M1-1-1 京津冀

京津冀是中国的首都圈，包括北京市、天津市及河北省，总面积约21.6万平方千米。北与辽宁、内蒙古自治区接壤，西与山西交界，南与河南、山东相邻，东部紧临渤海。本区民族以汉族为主体，另外还有蒙古族、回族、朝鲜族等少数民族。

（一）京津冀旅游区旅游地理环境概况

1. 地貌类型齐全，地势西高东低

京津冀地处华北平原，北接内蒙古高原，西靠太行山脉，东临渤海。该地区西为太行山山地，北为燕山山地，燕山以北为张北草原，其余为海河平原。受燕山、太行山、内蒙古高原的影响，京津冀地区地势整体呈西北高、东南低的特征。区域内部的自然地理要素较为齐全：山地、高原、丘陵、平原、盆地、湖泊洼淀、海洋等均具备。

根据京津冀地区自然地理基本要素特征，可将该地域总体分为三大地域单元：山区、平原、海域。其中，山区包含高原、山地、盆地等地理要素。

2. 暖温带半湿润大陆性季风气候

京津冀地处中纬度，属暖温带半湿润大陆性季风气候，气候温暖，水热同期，十分有利于植物的生长。该区四季分明，春季干旱多风，夏季高温多雨，秋季天高气爽，冬季寒冷干燥。年日照时间为2500~2900小时；年辐射总量5000~5800兆焦耳/米^2；年平均气温8~12.5℃，最冷月均为1月，而最热月渤海岸段多为7月，黄海岸段多为8月，年极端最高气温34~44℃，年极端最低气温-29~-13℃。降水主要集中在夏季（占全年总降水量的60%~75%），黄海岸段比较湿润，年降水量较多（700~1000毫米）；而渤海岸段较干燥，年降水量较少（600~700毫米）。风速等值线与海岸线大致平行且密集，大陆岸线年平均风速为4~5米/秒。

3. 稠密的交通运输网

京津冀旅游区交通运输发达，形成了以航空、铁路、公路运输为主，海运为辅的现代化交通运输网，北京是交通运输网的中枢。铁路是本区交通运输的骨干，铁路网以北京为中心通向全国各地区。主要铁路干线有京哈、京沪、京九、京广线等，与华北、华东、中南、西南、西北等地区及旅游景区相连接。近年来本区公路运输发展迅速，成为旅游交通的重要形式，其中高速公路更方便了人们的陆上出游。秦皇岛港、天津港等优良港口，为海上运输创造了便利条件。北京是我国航空交通网的中心，机场开通了众多国际、国内航线，可直达全国多地和全球多个国家和地区，为出入境旅游提供了方便快捷的方式。

（二）京津冀旅游区旅游资源特征

1. 历史沉淀丰厚，名胜古迹荟萃

本区历史悠久，是人类发祥地之一。周口店北京人生活在70万年前—20万年前。本区各历史阶段遗存丰厚，有中国五朝古都邢台，有春秋战国时期的遗址，有数量众多的寺庙建筑，有世界最古老的石拱桥——赵州桥，还有至今保存完好的帝王宫殿、皇家坛庙、皇家园林、帝王陵墓、伟大工程等，堪称“人类发展史博物馆”。本区旅游资源以文物古迹和历史名胜为主，汇集了周口店北京人遗址、长城、北京故宫、承德避暑山庄及周围寺庙、颐和园、天坛、明清皇家陵寝等7处世界文化遗产，资源品位度高。

2. 地貌类型多样，名山胜景众多

本区地貌类型多样，地形上分属冀北山地、太行山地和华北平原，自然旅游资源极其丰富。冀北山地是华北平原和内蒙古高原的过渡地带，由山地和许多山间盆地组合而成，总称燕山。燕山在北京市境内的支脉叫军都山，主峰为八达岭，山上建有长城。军都山东南侧山前地带有明代帝王陵墓，即明十三陵。燕山山脉伸入平原的一支，构成京东第一山，即在天津境内的盘山。西部太行山最高峰是位于河北省蔚县境内的小五台山，风景优美。太行山以东、燕山以南为河北平原，它是华北平原的一部分，主要由黄河、海河及滦河等河流冲击而成，河网洼淀星罗棋布，湖泊众多。渤海沿岸的海岸地带，海滩平缓，气候温和，形成众多海水浴场和避暑胜地，如北戴河、昌黎黄金海岸等。

3. 燕赵故土，文化艺术多样

本区特有的地理条件孕育出来的燕赵文化，无论是武术、地方戏曲、民间艺术，还是民俗风情，都体现出粗犷、豪放和慷慨的雄风侠骨。金、元杂剧首先盛行于此地。独具燕赵风韵的剧种有京剧、评剧、河北梆子等。燕赵武术威震四海，本区是中华武术的摇篮和发祥地之一，是“南拳北腿”之“北腿”的故乡。尚武之风自春秋战国以来流传至今，仅河北省就有70多个市县开展过武术活动，设立了本地的武术节。本区民间艺术丰富多彩，有杂技、马戏、吹歌、舞蹈、美术、皮影、剪纸、石雕、泥人、草编、陶瓷等。截至2023年5月，河北省有9个县（市、区）、乡镇（街道）被命名为“中国民间文化艺术之乡”。

4. 都市新貌，良好的发展前景

本区是我国重要的工业基地和城镇聚集地，城市现代化水平很高。北京是古都风貌与现代化大都市风貌相交融的城市，其中心是古都风貌最明显的区域，越向外，现代化大都市的风貌越明显。天津是北方综合性工商业城市、重要港口和举办国际会议的重要城市，现代大都市风貌明显。石家庄、唐山、邯郸等一批区域中心城市的建设也卓有成效，散发着都市新貌的旅游魅力。本区又是革命的起源地和名人聚居地，革命遗址、纪念地很多，如北大红楼、卢沟桥、西柏坡中共中央旧址等，是进行历史教育和爱国主义教育的良好阵地。

二、旅游亚区及主要旅游景点

（一）北京旅游亚区

1. 北京旅游业发展概况

北京是我国的首都，是全国政治、经济、文化、交通、旅游和国际交往中心。其位于华北平原的西北边缘，背靠燕山，永定河流经老城西南，东南部与天津相连，其余为河北省所环绕。北京有3000余年的建城史和800余年的建都史，是中国十大古都之一，荟萃了历史悠久的中华文化，是世界上拥有世界文化遗产最多的城市。今天的北京，已成为一座古老而新兴的现代化国际大都市。

2. 主要游览区

（1）市中心游览区

老北京城市建设中最突出的成就，就是以宫城为中心的向心式格局和自永定门到钟楼长7.8千米的城市中轴线，这是世界城市建设史上最杰出的城市设计范例之一，也是世界城市史上极为罕见的一条建筑艺术轴线。中国建筑大师梁思成曾赞美这条中轴线：一根长达八公里，全世界最长，也最伟大的南北中轴线穿过全城，北京独有的壮美秩序就由这条中轴的建立而产生，前后起伏、左右对称的体形或空间的分配都是以这中轴线为依据的，气魄之雄伟就在这个南北延伸、一贯到底的规模。

北京中轴线是自元代以来北京城市建筑东西对称分布的对称轴，以宫城为中心，北京市的重要建筑大都位于该轴线上。明清时期，北京城中轴线上的建筑从南往北依次为：永定门箭楼（1957年拆除）、永定门城楼（1957年拆除，2005年重建）、天桥（1934年拆除）、正阳桥坊（五牌楼）、正阳门（前门）箭楼、正阳门城楼、中华门（明称大明门，清称大清门，民国时改为中华门，1954年拆除）、天安门、端门、午门、太和门、太和殿、中和殿、保和殿、乾清门、乾清宫、交泰殿、坤宁宫、坤宁门、御花园、钦安殿、顺贞门、神武门、北上门（1956年拆除）、景山门、绮望楼、万春亭、寿皇门、寿皇殿、地安门（1954年拆除）、万宁桥、鼓楼和钟楼。随着1990年北京亚运会和2008年北京奥运会的举办，北京的中轴线继续向北延伸，添加了亚运村和国家奥林匹克体育中心等大型建筑。奥运中心区位于北京传统中轴线的北端，使北京传统的中轴线由7.8千米延长至25千米，这也代表着北京进一步走向国际，走向世界。

天安门广场是北京的心脏地带，是世界上最大的城市中心广场，坐落在东城区长安街，南北长880米，东西宽500米，面积达44万平方米，地面由经过特殊工艺技术处理的浅色花岗岩条石铺成，可容纳100万人举行盛大集会。每天日出和日落时分都要举行庄严的升、降国旗仪式。明清时期这里曾是紫禁城正门外的一个宫廷广场，东、西、南三面有围墙，是普通百姓的禁地。广场中央矗立着人民英雄纪念碑和庄严肃穆的毛主席纪念堂，广场东侧是中国革命博物馆和中国历史博物馆，西侧是人民大会堂，南侧是两座建于14世纪的古代城楼——正阳门和前门箭楼。整个广场宏伟壮观、气势磅礴。天安门两侧是劳动人民文化宫和中山公园，这些建筑与雄伟的天安门浑然一体，使天安门广场成为北京一大胜景。

位于广场北侧的天安门城楼建于明永乐十五年（1417年），原名承天门，清顺治八年（1651年）改建后称天安门，原是明清两代皇城的正门。天安门在北京城传统的中轴线上，由城台和城楼两部分组成，有汉白玉石的须弥座，总高34.7米。城台下有券门五阙，中间的券门最大，城楼上有60根朱红色通天圆柱，地面由金砖铺成；城上有两层重檐楼，铺着黄色琉璃瓦，东西九间，南北五间，象征皇权的“九五之尊”。城楼前有外金水河，河上飞架7座雕琢精美的汉白玉雕栏石桥，中间一座最宽阔的是御路桥，城楼前有两对石狮和华表。

故宫（图1-1-1）旧称紫禁城，位于北京市中心，是世界上最大的皇宫建筑群，为世界五大宫殿之首。它建成于明代永乐十八年（1420年），曾是明清两代的皇宫，历经了明清两朝二十四位皇帝（明代14帝，清代10帝），现部分区域为故宫博物院，是世界现存最大、最完整的木质结构古建筑群。故宫占地约78万平方米，有宫殿屋宇8700多间，多以黄琉璃瓦顶和青白石底座装饰，红墙黄瓦，雕梁画栋，金碧辉煌。故宫整体布局沿中轴线左右对称，使得主体建筑更加巍峨壮观。故宫南北长961米，东西宽753米，城墙高10米，城外护城河宽52米，城墙的四角建有角楼，整个城池固若金汤。

紫禁城是遵循《周礼·考工记》和阴阳五行学说而布局修建的，共有四座城门，东南西北分别为东华门、午门、西华门、神武门，午门是紫禁城的正门。紫禁城内的建筑分为外朝和内廷两部分，以乾清门为界，乾清门以南为外朝，以北为内廷。外朝、内廷的建筑氛围截然不同。外朝的中心为太和殿、中和殿、保和殿，统称三大殿，是封建帝王举行盛大典礼和行使统治权力的主要场所。此外三大殿东有文华殿、文渊阁、上驷院、南三所，西有武英殿、内务府等建筑。内廷的中心是乾清宫、交泰殿、坤宁宫，统称后三宫。两翼为养心殿、东六宫、西六宫、斋宫、毓庆宫，后有御花园，这里是封建帝王与后妃们居住和处理日常事

图1-1-1 故宫

务的地方。内廷东部的宁寿宫始建于康熙二十八年（1689年），后乾隆皇帝将其改建，始称“宁寿宫”。内廷西部有慈宁宫、寿安宫等。此外还有重华宫、北五所等建筑。故宫于1987年12月被联合国教科文组织列入《世界遗产名录》。

其中，紫禁城内的中轴线是指午门到神武门之间长960米的轴线，又被称作御道，为皇帝专用。这条中轴线突出了“正”和“中”的中心地位，所以那些象征明堂、路寝的主要宫殿（前朝三大殿和内廷三宫）都建在这条轴线上。左右对称的文华、武英殿及东西六宫，也都是以这条中轴线为准进行向心对称布局的。

天坛（图1-1-2）在北京城的东南部，始建于明永乐十八年（1420年），与紫禁城同时兴建，总面积273万平方米，整个布局呈“回”字形，建筑宏伟壮丽，庄严肃穆，是明清两代皇帝祭天、祈谷的场所，是世界上最大的古代祭天建筑群。外围的两道坛墙，把全坛分为内坛、外坛两部分，核心建筑集中于内坛。内外坛北边围墙高大，呈半圆形；南边围墙较矮，为方形，寓意“天圆地方”。坛内主要建筑，南有圜丘坛，北有祈谷坛（祈年殿），二者由宽阔的丹陛桥相连，组成了一个规模庞大、完整的建筑群。坛内另有皇乾殿、皇穹宇、斋宫、无梁殿、长廊、双环万寿亭等，还有回音壁、三音石、七星石等名胜古迹。天坛集明清建筑

图1-1-2 天坛

技艺之大成，是中国古建筑珍品。建筑群附近树木葱郁，古柏参天，烘托出威严肃穆的氛围。天坛于1998年11月被联合国教科文组织列入《世界遗产名录》。

（2）京西北游览区

颐和园（图1-1-3），原名清漪园，位于北京西北郊，始建于清乾隆十五年（1750年），清光绪十二年（1886年）清政府重修，后改名颐和园，作为慈禧太后颐养晚年之地，颐和园从此成为晚清统治者除紫禁城外最重要的政治外交活动中心。它是中国现存规模最大、保存最完整的皇家园林，是中国四大名园（其余三座为承德避暑山庄、苏州拙政园、苏州留园）之一。颐和园集传统造园艺术之大成，以昆明湖、万寿山为基本框架，借助周围的山水环境，汲取江南园林的设计手法和意境，融中国皇家园林的富丽恢宏和自然天成于一身，高度体现了“虽由人作，宛自天开”的造园准则。全园占地面积约290万平方米，其中昆明湖约占四分之三，是保存得最完整的一座皇家行宫御苑，被誉为皇家园林博物馆。园内建筑以佛香阁为中心，共有亭、台、楼、阁、廊、榭等不同形式的建筑3000多间，古树名木1600多株。代表性的建筑有佛香阁、长廊（长728米）、石舫、苏州街、十七孔桥、谐趣园、大戏台等。颐和园大致可分为三个区域：以庄严的仁寿殿为代表的政治活动区，是清末慈禧太后与光绪帝从事内政、外交政治活动的主要场所；以乐寿堂、玉澜堂、宜芸馆等庭院为代表的生活区，是慈禧太后、光绪帝及后妃居住的地方；由后山、西区、长廊沿线组成的区域，是帝后们散心休闲的苑园游览区。颐和园于1998年11月被联合国教科文组织列入《世界遗产名录》。

图1-1-3　颐和园

圆明园坐落在北京西郊，与颐和园毗邻，始建于清康熙四十八年（1709年），最初是康熙皇帝赐给皇四子胤禛（即后来的雍正皇帝）的花园。后经雍正、乾隆、嘉庆、道光、咸丰五朝皇帝的修建经营，成为一座大型皇家御园。历史上的圆明园是由圆明园、长春园、绮春园（万春园）组成，三园毗邻，统称圆明园，总面积约350万平方米。圆明三园共有100余处园中园和风景建筑群，即通常所说的一百景。该园既吸取了历代宫殿式建筑的优点，又汇集了江南名园胜景，还创造性地移植了欧洲园林建筑形式，集古今中外造园艺术之大成，被誉为“一切造园艺术的典范”和“万园之园”。圆明园不仅以园林著称，而且也是一座皇家博物馆，堪称文化宝库。清咸丰十年（1860年）英法联军野蛮洗劫了这座举世名园，文物被劫掠，园中的建筑被焚毁，成为我国近代史上的一段屈辱史，曾经的一代名园变成一片废墟，只剩断垣残壁，供游人凭吊，现此地已建成圆明园遗址公园。

（3）八达岭—十三陵游览区

八达岭长城（图1-1-4）位于延庆区军都山关沟古道北口，是我国古代伟大的防御工程万里长城的一部分、明长城的一个隘口。它是中国开放最早的一段长城，也是至今为止保护得最好的明代长城，是明代长城的精华和杰出代表。八达岭自古便是重要的军事战略要地，这里是居庸关的前哨，古称“居庸之险不在关，而在八达岭”，海拔高达1015米，地势险峻，居高临下，城关坚固，是明代重要的军事关隘和首都北京的重要屏障。八达岭长城城墙高6~9米，平面呈梯形。墙基宽阔平坦，平均宽6.5米，顶宽5米多，可以“五马并骑、十人并行”。八达岭长城共有43座形制相似又各具特色的敌楼；城墙外的东、西山上，各有一座墩台（烽火台）。近年来八达岭景区兴建了八达岭饭店和中国长城博物馆等功能齐全的现代化旅游服务设施。八达岭景区以其宏伟的景观、完善的设施和深厚的历史文化内涵而著称于世。2000~2009年，共有500多名世界各国的国家元首、政府首脑或执政党领袖登上过八达岭长城。

图1-1-4　八达岭长城

明十三陵是我国明代皇帝的墓葬建筑群，坐落于昌平天寿山下40平方千米的小盆地内，距离北京城区约50千米。陵区周围群山环抱，山清水秀，景色宜人。自明永乐七年（1409年）五月建长陵起，到明朝最后一个皇帝崇祯帝葬于思陵止，历时230多年。明朝16位皇帝中有13人葬于明十三陵，这里还葬有23位皇后、2位太子、30余名妃嫔、1位太监，是世界上保存最完整、埋葬皇帝最多的皇陵墓葬群，2003年被列入《世界遗产名录》。其中帝王陵包括长陵（成祖）、献陵（仁宗）、景陵（宣宗）、裕陵（英宗）、茂陵（宪宗）、泰陵（孝宗）、康陵（武宗）、永陵（世宗）、昭陵（穆宗）、定陵（神宗）、庆陵（光宗）、德陵（熹宗）、思陵（思宗），共13处，统称十三陵。明十三陵依山而建，除共用的神道外，各陵都是前为祭享区，后为墓冢区。陵墓规格相近，陵间相距500~8000米不等。每座陵墓的陵门处都设有碑亭，上面记载了皇帝生前的功绩。

（二）天津旅游亚区

1. 天津旅游业发展概况

天津市，别名津沽、津门等，是天子津渡之意，位于华北平原东北部，东临渤海，北依燕山，扼守京畿，城中有海河穿过。天津是中国北方最大沿海开放城市、中国北方经济中心、国际港口城市和生态城市。天津历经600多年历史变迁，形成了今天中西合璧、古今兼容的独特城市风貌。天津整合特色旅游资源，现已建成海河旅游观光带、市中心综合旅游区、滨海观光度假旅游区、蓟州区山野名胜旅游区、津西北现代休闲娱乐区、津西南民俗生态旅游区。天津打造了以“近代中国看天津”为特色的城市旅游品牌，建设大沽烟云、小站练兵、洋务溯源、欧陆风韵、东方巴黎、莱茵小城、意奥风情、金融名街、扶桑市井、老城津韵、津卫摇篮、杨柳古镇12个旅游主题板块。

天津是我国著名的历史文化名城，有国家级风景名胜区1处（盘山风景名胜区）、国家级自然保护区3个（天津古海岸与湿地国家级自然保护区、天津蓟州区中上元古界国家级自然保护区、天津八仙山国家级自然保护区）、国家森林公园1座（九龙山国家森林公园）。

2. *主要游览区*

（1）市中心游览区

天津的母亲河海河横贯市区，经塘沽汇入渤海。在海河上游，22千米长的堤岸现已形成错落有致的亲水岸线及水清、岸绿、景美的亲水景观，河上有桥梁20多座，每座桥梁都蕴含着不同的文化元素。在沿海，天津的滨海观光度假旅游区主要有海洋、海湾、炮台、渔人码头、海门古刹、海河外滩公园、基辅号航母、东方公主号游轮和塘沽洋货市场等独特的旅游景观。

天津历史上拥有众多的中式古建筑，主要集中在天津老城、宫北大街、宫南大街一带。现留存下来的主要有天津文庙、天后宫、玉皇阁、天妃宫遗址、义和团吕祖堂坛口遗址、佛教的大悲禅院、清真南大寺、天津鼓楼、石家大院、李纯祠堂和天津广东会馆等，均是天津中式建筑的主要代表。

古文化街（图1-1-5）位于天津老城东北角，包括天后宫及宫南、宫北大街，全长580米，两端有巨型仿古牌楼。街道两边近百家店铺，均为仿明清风格的砖木结构二层建筑，以经营文化用品为主，主要有古旧书籍、民俗用品、传统手工艺品等。街上著名的店铺有杨柳青年画、泥人张彩塑、乔香阁、风筝魏风筝、刻砖刘刻砖、天一阁、古纺阁等。天后宫始建于元代，是中国地理位置最北的妈祖庙，为中国三大妈祖庙之一，内有天津民俗博物馆。宫前广场及戏楼，经常有民间文艺及戏曲表演。整个古文化街富有浓郁的中国味、天津味、文化味、古味，是津门十景之一。

图1-1-5　天津古文化街

天津是最早与西方文明接触的中国城市之一，当年作为租界，留下了大量不同国家和风格的西洋建筑，成为天津较有代表性的建筑。天津五大道有万国建筑博物馆之称，在市中心区的南部，东西向并列着重庆道、常德道、大理道、睦南道及马场道的五条街道，天津人把它们称作五大道，又称为五大道地区。这里小洋楼数量众多、保存完整、建筑风格中西合璧，总建筑面积超过99万平方米，汇集了英、法、德、意、西班牙等国各式风貌建筑230多幢，名人名宅50余座，代表性的建筑有原天津工商学院主楼和庆王府等。河北区的天津意式风情区，前身是天津意租界，这里有亚洲唯一一处意大利式的大型建筑群，特色建筑有原回力球馆、曹禺故居、梁启超旧居等。原位于法租界的和平路沿线分布着众多法式建筑，如天津劝业场大楼、浙江兴业银行大楼、惠中饭店大楼等。

天津市内新建的旅游景点有天津之眼摩天轮、天津津湾广场、天津热带植物观光园、天津水上公园、天津博物馆、天津奥林匹克体育中心、天塔湖风景区、天津图书大厦、周恩来邓颖超纪念馆、平津战役纪念馆等。

（2）蓟县游览区

盘山风景名胜区（图1-1-6），位于天津蓟州区城区西北，属燕山余脉，被誉为京东第一山，古称盘龙山、四正山、无终山，景区面积106平方千米。盘山风景名胜区集幽林、古洞、奇峰、秀水于一身，为国家5A级景区。相传清乾隆皇帝曾发出“早知有盘山，何必下江南”的感叹。盘山山势雄伟险峻，峰峦秀丽清幽，以“五峰、八石、三盘”著称。五峰为挂月峰、紫盖峰、自来峰、九华峰、舞剑峰，与山西五台山相呼应，号称“东五台”。盘山人文景观丰富，自然山水与名胜古迹并重，历史上曾建有72座寺庙、13座玲珑宝塔、1座皇家园林。现有天成寺、万松寺、云罩寺、舍利塔等古代建筑。盘山上多为花岗岩球状风化形成的巨大石块，以外形命名，其中著名的有悬空石、摇动石、晾甲石、将军石、夹木石、天井石、蛤蟆石、莽石，俗称八石。从盘山西路登山，山势呈上、中、下三盘，景色各异。上盘以松胜、中盘以石胜、下盘以水胜，人称三盘之胜。

图1-1-6　盘山风景名胜区

独乐寺又称大佛寺，坐落在蓟县城内西街，始建于隋，辽代统和二年（984年）重建，后经历代修建，现占地总面积约1.6万平方米，是一座享誉中外的千年古刹。山门、观音阁、韦驮亭、卧佛殿、三佛殿、乾隆行宫等建筑构成了规模雄伟壮观的古代庙宇建筑群。主体建筑为山门和观音阁，它们同在一条中轴线上。观音阁高23米，是一座3层的木结构楼阁，其中第二层是暗层，外观上像是两层，面阔五间，进深四间，用24种斗拱榫接，没有一颗钉子，千百年来屹立不倒，是建筑史上的奇迹。观音阁正中耸立着一尊16米高的观音站像，头部直达楼顶。观音头顶有十尊小佛头，所以也被称为“十一面观音”，是中国现存最大的泥塑佛像之一。独乐寺有“三绝”：山门是我国现存最早的庑殿顶山门，观音阁是我国仅存的最古老的木结构高层楼阁，观音阁内的观音菩萨像是我国现存最大的泥塑佛像之一。

（三）河北旅游亚区

1. 河北旅游业发展概况

河北省地处华北平原北部，因位于黄河下游以北，故称河北。内环京津，东临渤海，西依太行山，与山西接壤，北靠燕山，与内蒙古相望，南与河南、山东毗邻，自古为京畿要地。春秋战国时期，其北属燕国，南属赵国，故又称燕赵大地。河北省是全国唯一兼有高原、山地、丘陵、平原、湖泊和海滨的省份，也是旅游资源大省。截至2021年，有国家级风景名胜区10处，国家级历史文化名城6座，国家级自然保护区13个，世界文化遗产名录4项6处，国家级历史文化名镇8座，国家级历史文化名村12座，全国重点文物保护单位291处。河北省旅游业发展迅猛，综合配套的旅游接待服务体系日趋完善。河北省作为环渤海地区的核心区域，借助区位优势，正在大力发展休闲度假、邮轮游艇、会议自驾旅游等项目。

2. 主要游览区

（1）石家庄游览区

省会石家庄地处华北平原腹地、河北省中南部，北靠京津，西倚太行山，是重要的铁路枢纽城市。石家庄市文化积淀深厚，山水风光壮美，有着得天独厚的旅游资源和区位优势。

赵州桥（图1-1-7）又名安济桥，坐落在石家庄东南45千米处的赵县城南洨河之上，因赵县古时曾为赵州，所以一般称为赵州桥。又因桥体全部用石料建成，当地俗称大石桥。其建于隋开皇年间，由杰出工匠李春监造。赵州桥结构奇巧，造型美观，桥全长64.4米，宽约9米，南北向横跨在洨河之上。桥面分三道，中道行车，左右二道行人。在大拱的拱肩上各建有两个小拱，即敞肩拱，这样既拓宽了流水通道，减轻了桥身重量，节省了石料，又增强了桥身稳定性，使赵州桥在1400多年间，经历了多次水灾、战乱和地震，都没有被破坏。桥两侧玉石栏杆由狮子柱头和雕有各种龙兽状的栏板组成，造型各异，栩栩如生。赵州桥是目前世界最古老的、现存最完好的大跨度单孔弧形敞肩拱石桥。

图1-1-7 赵州桥

西柏坡是全国著名的革命圣地之一，位于石家庄市平山县境内。解放战争时期，中共中央、中国人民解放军总部驻扎在这里。新中国成立后，西柏坡建立了全国爱国主义教育基地和革命传统教育基地，主要景点有西柏坡纪念馆、中共中央旧址、西柏坡纪念碑、西柏坡丰碑林、五大书记铜铸像、西柏坡雕塑园、周恩来评语碑等。其中，西柏坡纪念馆建筑面积3344平方米，依山建造，分上下两层，为阶梯式四合院，四周走廊环绕。馆内的陈列展览共分12个展室，展有历史照片和文物，并配有录像、沙盘、景观、雕塑、油画等，馆藏革命文物2000余件，集中展现了西柏坡在中国革命史上的重要地位及深远影响。纪念馆四周山环水绕，自然风光优美。

嶂石岩（图1-1-8），位于石家庄西南的赞皇县境内，是太行山森林公园的精华、国家级风景名胜区，景观由丹崖、碧岭、奇峰、幽谷组成。嶂石岩有三层陡崖，景观特色为“三栈牵九套，四屏藏八景”。九套是指连接三条古道的九条山谷，内含石人寨沟、肩膀台沟、西三套、大北掌沟、嶂石岩沟、槐泉峪、大西沟、回音谷、冻凌背峪。四屏是指景区内看似四道屏障，又相对独立的4个风景区，即九女峰景区、圆通寺景区、纸糊套景区和冻凌背景区。四个景区中有八处著名胜景：九仙聚会、岩半花宫、晴天飞雨、回音巨崖、槐泉凉意、冻凌玉柱、重门锁翠、叠嶂悬钟，这120个景点均有小路相连。其中回音壁高约110米，弧长300余米，弧度约255°，是全世界最大的天然回音壁。嶂石岩地貌与丹霞地貌、张家界地貌合称为我国三大砂岩地貌。

图1-1-8　嶂石岩

苍岩山风景区位于石家庄市井陉县东南，海拔1000余米，是国家级风景名胜区之一，有“五岳奇秀揽一山，太行群峰唯苍岩”的美誉。苍岩山不仅自然风光优美，而且宗教寺庙众多。苍岩山上古木参天，层峦叠翠，其中以“碧涧灵檀”“阴崖石乳”“峭壁嵌珠”“炉峰夕照”“山腰绮柏”“窍开别天”等“苍岩十六景”最为著名。山中散落的古建筑主要有福庆寺、万仙堂、公主祠、书院、桥楼殿、峰回轩、玉皇顶、藏经楼等。桥楼殿是苍岩山最有名的建筑，在两壁断崖之上，凌空架有单孔石拱桥，长约15米，宽约9米，形制类似于赵州桥敞肩拱式，桥上建有楼殿，云飞楼动，楼内建殿，殿内有佛，形成“桥殿飞虹”的天下奇观，此殿是我国三大悬空寺之一，也是我国古代建筑的杰作。从桥楼殿向北行是福庆寺（图1-1-9），该寺的主体建筑是南阳公主祠，据说隋炀帝女儿南阳公主曾在此出家为尼。祠内正面中间有一尊南阳公主彩塑，两侧侍立多位乐女。山墙上绘有彩色壁画。寺内还有苍山书院、万仙堂、大佛殿、峰回轩、砖塔等建筑及碑碣，雕梁画栋，古色古香。

图1-1-9　苍岩山福庆寺

（2）承德游览区

承德旧称热河，处于东北和华北地区的连接过渡地带，历史悠久，有着丰富的多民族历史文化内涵，名胜古迹荟萃，自然风光秀丽，气候四季宜人，是中国十大风景名胜之一，主要旅游资源有承德避暑山庄及其周围寺庙，被联合国教科文组织列为世界文化遗产。

图1-1-10 避暑山庄

避暑山庄（图1-1-10）是中国现存规模最大、建筑风格最独特的皇家园林，也叫热河行宫、承德离宫，总面积约5.64平方千米。避暑山庄从康熙四十二年（1703年）开始建造，历经康熙、雍正、乾隆三代皇帝，费时90年建成，并在宫外修建了外八庙。避暑山庄作为清朝皇帝的夏宫，是皇帝避暑和从事各种政治活动的地方，成了北京以外的第二个政治中心。避暑山庄有亭、台、楼、阁、殿、轩、斋、榭、庙、塔、廊、桥等各种建筑120多处。康熙和乾隆先后以每景四字和每景三字命名了避暑山庄三十六景，史称康乾七十二景。避暑山庄的营建保留了原有的自然风貌，建筑布局主要分为宫殿区和苑景区两大部分，苑景区又分为湖区、平原区和山区三部分，湖区建筑模仿江南园林的风格。宫殿区在南部，是清代皇帝处理政务、举行大典、会见外国使臣的地方，也是帝后居住的地方，包括正宫、松鹤斋、万壑松风和东宫（已毁）四组建筑。建筑风格独特，青砖素瓦，不施彩绘，古朴威严，雄伟壮观。整个山庄集江南水乡的精致与皇家建筑的雍容大气于一身。

避暑山庄内的建筑一律采用青砖素瓦，显示出一种古朴自然的风格；而其周围的外八庙，则采用彩色的琉璃瓦，甚至镏金鱼鳞瓦覆顶，金碧辉煌，巍峨壮观，与古朴典雅的避暑山庄形成了鲜明的对比。承德避暑山庄及周围寺庙于1994年12月被联合国教科文组织列入《世界遗产名录》。

塞罕坝国家森林公园（图1-1-11）地处河北承德围场坝上地区，塞罕坝是蒙汉混合语，意思是美丽的高岭。塞罕坝国家森林公园是我国生态文明建设的典型范例。自1962年以来，三代塞罕坝人接续努力，在极其恶劣的自然条件和生态环境下，在140万亩的土地上，建成了世

图1-1-11 塞罕坝国家森林公园

界上面积最大的人工林，创造了沙漠变绿洲、荒原变林海的绿色奇迹。经过几代人的努力，如今塞罕坝国家森林公园被称为中国绿色明珠和华北绿宝石。塞罕坝国家森林公园是以生态、皇家、民俗为主要特色，是中国北方最大的森林公园。

塞罕坝国家森林公园地处典型的森林—草原交错带和高原—丘陵—曼甸—接坝山地移行地段。公园内既有森林，又有草原；既有河流，又有湖泊；既有山地，又有高原；既有丘陵，又有曼甸；既有清代历史遗迹，又有浓郁的满蒙风情。风光自然优美，气候凉爽宜人，每年都有几十万海内外游人到此观光、度假，是距北京最近、最美的生态旅游胜地，也是华北地区最著名的生态旅游景区之一。

（3）唐山游览区

唐山市地处环渤海湾中心地带，南临渤海，北依燕山，东与秦皇岛市接壤，西与北京、天津毗邻，是连接华北、东北两大地区的咽喉要地。唐山是河北省域中心城市、中国北方重要的对外门户、环渤海新型工业化基地、首都经济圈的重要支点。

背山临海的区位优势、多种多样的地貌类型和悠久的地方历史文化，使唐山具有各种特色旅游资源。北部长城沿线荟萃了明长城的精华，主要有迁西水下长城、迁安大理石长城、长城砖窑“左三窑”、鹫峰山长城、喜峰口水下长城等。清东陵是中国现存规模较大、体系较完整的皇家陵寝之一。南部沿海集海滨、海岛于一体，水清，沙软，潮平，适合避暑休闲。当年的地震遗址、抗震纪念碑和纪念馆等成为唐山文化科普旅游内容。这里还新兴了以参观蒸汽机车、陶瓷生产线及开滦井下作业为代表的工业旅游。

清东陵（图1-1-12）坐落在遵化市西北部马兰峪的昌瑞山，被列为世界文化遗产。整座陵区南北长约125千米，东西宽约20千米，陵区内分布着15座陵寝、580多座单体建筑，埋葬着清王朝的5位皇帝、15位皇后、136位妃嫔、3位皇子、2位公主，共计161人。以孝陵为中心，其他陵墓依次分列两旁，其中的5座帝陵分别是顺治帝的孝陵、康熙帝的景陵、乾隆帝的裕陵、咸丰帝的定陵、同治帝的惠陵。除陵寝外，清东陵庞大的建筑群中还有中国现存最大最宽的石牌坊、清陵中最长的神路、乾隆裕陵地宫美轮美奂的佛教石雕、慈禧陵三座金碧辉煌的贴金大殿、独具匠心的“凤上龙下”石雕等。这些无不显示了我国古代劳动人民

图1-1-12 清东陵

的伟大和智慧，是中国古代陵寝建筑的典范之作，其建筑艺术达到了中国古代建筑的顶峰。清东陵于2000年11月被联合国教科文组织列入《世界遗产名录》。

（4）秦皇岛游览区

秦皇岛市是中国著名的旅游城市，它以北方不冻良港秦皇岛港，万里长城东部起点山海关，旅游避暑胜地北戴河，昌黎黄金海岸，中国玻璃、桥梁工业的摇篮而闻名中外。秦皇岛历史悠久，因秦始皇东巡至此求仙入海而得名，是全国唯一一个以皇帝名号命名的城市。旅游资源集山、林、河、湖、泉、瀑、洞、沙、海、关、城、港、寺、庙、园、别墅、候鸟与珍稀动物于一体，类型丰富。

山海关（图1-1-13）位于秦皇岛市区东部15千米处，始建于明洪武十四年（1381年），因其倚山连海，故得名山海关。山海关与嘉峪关、居庸关合称三大名关，素有“两京锁钥无双地，万里长城第一关”之美誉，自古为兵家必争之地。这里位置优越，依山阻海，形势险要，文物众多，气候宜人，风光旖旎。山海关城墙周长4769米，高11.6米，厚10余米，墙体高大坚实，气势宏伟。山海关的四面均开辟城门，东、西、南、北门分别称镇东门、迎恩门、望洋门和威远门。东门面向关外，位置重要，由外向内建有卫城、罗城、瓮城和城门四道防护。著名的镇东楼（箭楼）是山海关城的东门，城楼上悬挂的“天下第一关”匾额出自明代书法家肖显，匾长约5.8米，宽约1.5米，字体苍劲浑厚，是山海关城的象征。

图1-1-13　山海关

现在山海关区境内的长城全长26千米，主要包括老龙头长城、角山长城、南翼长城、关城长城、北翼长城、三道关长城及九门口长城等。山海关景区主要包括老龙头、孟姜女庙、孟姜女苑、长寿山景区、鳄鱼湖、角山长城、悬阳洞、燕塞湖等。山海关既是历史文化古城，又是旅游避暑胜地。

北戴河海滨（图1-1-14）位于秦皇岛市中心西南15千米处，北有葱郁的联峰山做屏障，南临茫茫大海，风光明媚，夏无酷暑，冬无严寒，气候宜人。整个避暑区东起鹰角亭，西至戴河口，长约13千米，宽约2千米，为一条狭长的沿海地带。这里海岸线曲折平坦，沙软潮平，是优良的天然海水浴场。清光绪二十四年（1898年），清政府正式将北戴河开辟为“各国人士避暑地”。许多外国人在这里建造了上百幢别墅。新中国成立后，中央和许多大型单位又在北戴河新建了多所休疗所、宾馆、饭店等，使北戴河成为我国著名的避暑胜地。

北戴河是东亚地区最重要的候鸟迁徙中转站之一，每年都有大量鸟类迁徙经过，北戴河湿地被观鸟者称为观鸟麦加。北戴河还是神州九大观日处之一，位于北戴河海滨东北端的鹰角亭为最佳观日地点。

图 1-1-14　北戴河海滨

【知识拓展】

M1-1-2
知识拓展

园林作为皇家生活环境的一个重要组成部分，形成了有别于其他园林类型的皇家园林。除避暑山庄、颐和园和圆明园外，在其他地区还有一些著名的皇家园林，如熙春园、华清池、畅春园、西花园等，扫描二维码可详细了解。

【单元小结】

京津冀旅游区旅游资源丰富，以历史文化遗迹和自然风光为主。本单元主要介绍了京津冀旅游区的旅游资源特色，北京、天津、河北 3 个旅游亚区的旅游业发展概况和各自主要游览区的特点。要求重点掌握京津冀旅游区旅游资源的特点和各旅游亚区内主要游览区的特点。

【思考与实训】

一、思考

1. 举例说明北京市的旅游资源特色。

2. 说明河北省旅游资源的特征。

3. 天津市的著名景点有哪些?

二、实训

1. 请设计京津冀旅游区的旅游主题并进行特色提炼。

2. 广东的张先生想利用春节假期去张家口进行一次冰雪之旅，请为其设计一个旅游方案。

学习单元二　东北旅游区

学习目标

知识目标：了解东北旅游区的旅游点概况，掌握东北旅游区旅游资源的基本特征，熟悉东北旅游区的旅游地理环境，了解各旅游亚区一般旅游景点的概况。

能力目标：能够根据东北地区旅游交通的特点设计本区主要的旅游线路，能够对知名景点进行讲解。

素质目标：通过对东北旅游区丰富且富有特色的旅游资源的学习，增强对祖国大好河山的热爱之情，树立家国情怀，培养对大自然的敬畏之心，增强保护自然环境的意识。

任务导入

东北有三大怪："窗户纸糊在外，养个孩子吊起来，姑娘叼着大烟袋"。请根据"窗户纸糊在外"这一怪分析东北的地理环境特点。

【学习内容】

一、东北旅游区概况

M1-2-1　东北旅游区概况

该区包括黑龙江、吉林、辽宁三省，因地处山海关以东，习称关东。该区总面积80.21万平方千米，人口一亿多。人口以汉族为主体，另外还有满族、蒙古族、回族、朝鲜族、达斡尔族及鄂伦春族等少数民族。

（一）东北旅游区旅游地理环境概况

1. 白山黑水，平原面积广阔

本区地貌类型多，大致可分为东部山地、北部兴安山地及东北平原三部分。

长白山山脉呈东北—西南走向。长白山为东北之巅，是一座休眠火山，其顶部的天池为火山口湖。东部山地被大规模的火山熔岩覆盖，对地形发育颇有影响。镜泊湖为第四纪晚期形成的熔岩堰塞湖。长白山山脉往南延伸到了辽东半岛南端的老铁山，称此部分为千山山脉，为辽东半岛的脊柱。

位于黑龙江省境内的兴安山地包括小兴安岭和大兴安岭的北部。小兴安岭全长约400千米，海拔600~1000米，地壳活动性较强，它的西南侧是火山集中分布的地区。大兴安岭由花岗岩、斑岩、安山岩组成，山顶浑圆，一般海拔在1500米左右。

夹在大兴安岭和长白山之间的东北平原，由三江平原、松嫩平原和辽河平原三大平原组成，是我国最大的平原。三江平原上有大面积的沼泽、湿地；松嫩平原也有不同程度的沼泽化，沿河湿地呈带状分布，很多小湖泊形成了盐碱"泡子"；辽河下游平原河流河曲发育，内涝积水，多沼泽。

在松嫩平原和辽河平原之间是一片低矮的台地，海拔200~250米，比松嫩平原高出50~100米，使松花江、辽河水系南北分流。松花江景色秀丽，在水利方面也有重要意义，沿岸有哈尔滨、吉林、齐齐哈尔等许多繁荣美丽的城市。

2. 寒温带、温带大陆性季风气候

本区除辽宁南部属于暖温带外，大部分属于中温带，北部一部分属于寒温带。东北旅游区属于温带大陆性季风气候，冬季寒冷漫长，夏季温暖湿润而短促。本区冬季一般在6~7个月，北部甚至春秋相连，长冬无夏。冬季常有南来气流从东南海上侵入，形成多云多雪的湿润天气。夏季为主要的降水季节，降水量占全年的50%~70%。夏季较短，气温也不高，7月的平均气温只有20~24℃，平原南部可达24℃，大兴安岭北部低于18℃。本区春秋二季很短，春季多风，且多风沙；秋季秋高气爽。

3. 稠密的交通运输网

东北地区具有发达的交通运输网，以铁路为主。全区共有铁路70多条，总长度和密度在各大区居首位。滨州、滨绥和哈大线使东北旅游区形成"丁"字形的铁路网骨架，它吸引着70余条干、支线。截至2020年，铁路营运里程总长度约1.6万千米，其中高铁营运总里程达到3904千米。内河运输以黑龙江和松花江的航运为主。海上运输以大连和营口为重要港口。航空运输以沈阳、长春、哈尔滨为中心，可通北京、上海、广州、西安、昆明等城市。本区公路运输也较发达，以短途为主，多为铁路的辅助线或城乡之间的联系线；在交通不便的边远地区，公路起到干线运输的作用。便利的交通为本区旅游业的发展打下了良好的基础。

（二）东北旅游区旅游资源特征

1. 北国林海风光和冰雪世界

本区大部分属于中温带，在气候的影响下，这里不仅有大面积的原始森林，也有很多可供观赏的风景林。西北部地区湿润度小，形成了大片温带森林草原和草甸草原，牧草旺盛，夏季鲜花盛开。茂密的森林和广阔的草原为多种野生动物提供了适宜的生长和繁殖条件，因此，本区是我国目前最重要的野生动物生活区。该区珍贵禽兽很多，如东北虎、紫貂、熊、梅花鹿等。为了保护自然生态和珍贵的动植物资源，目前，本区已建成数十个国家级自然保护区，现已成为野生动植物的天堂、资源宝库，有些已经成为风景优美的旅游胜地。

本区的气候资源是一项宝贵的旅游资源。夏季气候凉爽，是避暑的好地方；冬季气温比较低，银装素裹，玉树琼花，成为冰雪世界。人们可以欣赏到雾凇、冰雕，可以乘坐雪橇，也可以进行溜冰、滑雪等各种冰雪运动。1963年，首届冰灯游园会在哈尔滨兆麟公园举行，此后，一年一度的冰灯游园会便延续下来。外地游客可以去"冰城"哈尔滨欣赏冰灯节，可以去我国雾凇最美的地方吉林市欣赏奇特的树挂，也可以去滑雪场滑雪。

因此，人们常以"林海雪原"来概括东北地区的自然景观特色。

2. 火山博物馆和熔岩奇观

本区是我国火山集中的区域，有新生代火山500多座，火山熔岩和火山喷发碎屑堆积物分布在面积5万余平方千米的土地上，主要集中分布于吉林、黑龙江两省。长白山一带分布着100多座火山，是我国第二大火山群，火山口比较完整，有的还积水成湖，著名的镜泊湖熔岩奇观和长白山天池位于此。小兴安岭西南麓也是火山地貌比较集中的地区，如五大连池、诺敏河火山群、科洛火山群、二克山火山群及甘奎火山群等5个火山群。这些火山群成为东北著名的火山地貌游览区。

3. 温带海滨风光

该区南部有漫长的海岸线，夏季海滨气候凉爽宜人，是著名的避暑胜地，以大连最为著名。大连景色秀丽，气候宜人，环境优雅，建筑风格各异，是我国北方著名的海滨避暑胜地，每年都吸引着大量的国内外游客来此观光疗养。

4. 众多的名胜古迹

本区不仅自然景观奇特多样，而且人文景观也比较丰富。

本区是少数民族聚居的地区，各个民族在不同的历史时期留下了很有价值的文物古迹。如牛河梁红山文化遗址的出现将中华文明史提前了1000多年。

本区是清朝的兴起地，所以清朝的古迹很多，著名的有清朝关外三陵（福陵、昭陵和永陵）和沈阳故宫等。

二、旅游亚区及主要旅游景点

（一）辽宁旅游亚区

1. 辽宁旅游业发展概况

辽宁省位于中国东北地区的南部，南临渤海、黄海，东南与朝鲜半岛仅一江之隔，与日本隔海相望。该区旅游资源丰富，借助发达的城市群和海陆空立体交通网络，其旅游业发展迅速，现有国家级风景名胜区9处、历史文化名城2座、国家级自然保护区18个、国家级旅游度假区1个、国家级森林公园33处。辽宁省多地每年都举办丰富多彩的旅游节庆活动，如大连国际服装节、沈阳冰雪节、丹东凤凰山节等，为其旅游业的发展注入了活力。

2. 主要游览区

（1）沈阳游览区

沈阳市是辽宁省省会，是东北地区最大的工业城市和交通中心。沈阳市重要的景点是沈阳故宫。作为清初皇宫，它与北京故宫齐名，为清太祖和清太宗所营建，后乾隆、嘉庆时又有增建，基本形成现在的规模。清入关后改为奉天行宫。沈阳老城内的大街呈“井”字形，故宫就设在“井”字形大街的中心，占地面积约6万平方米，现有古建筑114座。

沈阳故宫（图1-2-1）按照建筑布局和建造先后，可以分为3个部分：东路为努尔哈赤时期建造的大政殿与十王亭，为清代独创的八旗制度在建筑上的反映；中路包括大清门、崇政殿、凤凰楼、清宁宫、关雎宫、衍庆宫、永福宫等建筑，雕梁画栋，富丽堂皇；西路则以乾隆时期增建的文溯阁为中心，配以戏台、斋堂等。建筑艺术集汉、满、蒙古族建筑艺术于一体，具有很高的历史和艺术价值。沈阳故宫博物院不仅有古代宫殿建筑群，还以丰富的珍贵收藏而著称海内外，故宫内陈列了大量遗留下来的宫廷文物，如努尔哈赤用过的剑、皇太极用过的腰刀和鹿角椅等。其现为全国重点文物保护单位、4A级旅游景区、世界文化遗产。

图1-2-1 沈阳故宫

昭陵坐落在沈阳市北端，故又称北陵，为清太宗皇太极及其皇后博尔济吉特氏陵寝，是清关外三陵中规模最大和最完整的一座，远非其他二陵可比。昭陵不依山傍水，而是直接建在平地上，四周护以围墙，似一座小城。全陵共分三大部分，由南至北依次为：前部，从下马碑到正红门；中部，从正红门到隆恩门；后部，从隆恩门到宝顶。主体建筑都建在中轴线上，两侧对称布局，建有辅助建筑。其现为全国重点文物保护单位。福陵坐落在沈阳市区东北约11千米处，故又称东陵，是清太祖努尔哈赤及其皇后叶赫那拉氏陵寝。此陵面对浑河，背依天柱山，水绕山环，草深林密，景色十分清幽。其布局虽与昭陵相同，但它建在北高南低的山坡上，建筑物随坡势起伏而显得更加错落有致、高大雄伟。晋谒此陵时，由正红门到碑楼，须登108级石台阶。清关外三陵的永陵不在沈阳市，它位于抚顺市的新宾县境内，葬着清王朝的6位祖先，是清代最早的皇陵。

沈阳世博园是2006年沈阳世界园艺博览会的会址，占地2.46平方千米，被誉为“森林中的世博园”。园区地处沈阳市东部风景秀丽的棋盘山旅游中心地带，距市区仅约10千米，交通十分便利，是集绿色生态观赏、精品园林艺术、人文景观建筑、科研科普教育、娱乐休闲活动于一体的多功能综合性旅游景区。

沈阳世博园有露地木本植物、露地草本植物和温室植物2000余种。园区内汇集、展示了东北、西北、华北地区的植物资源，是东北地区收集植物最多的综合性植物展园。百合塔（图1-2-2）、凤凰广场、玫瑰园为标志性主题建筑。园区荟萃了众多国内外园林和建筑精品。近百个风情展园如繁星般点缀在整个园区之中，散发着人文艺术与自然景观和谐统一的独特魅力。园内设有游艺桥区、森林游乐场、松鼠小舞台等娱乐区域，并设有多处休闲场所，可供游客娱乐休憩之用。寓教于乐的松塔研学课堂、科普馆、百合文旅创客工场等让游客更加贴近自然，领略自然科学的奥妙与神奇。

图1-2-2 世博园百合塔

园区春夏秋三季均有鲜花绽放，景色秀美宜人。其中，4~5月举办郁金香花展、杜鹃展、精品兰花展、樱花展，5~6月举办牡丹芍药花展、鸢尾花展、睡莲花展，7月举办百合花展、荷花展，8月举办蓝色系花展，10月举办菊花展。这些花争奇斗艳，异彩纷呈，是北方地区少有的绚丽景致。

（2）大连游览区

大连市位于辽东半岛最南端，其交通发达，为哈大铁路的终点，有港阔水深的优良港口大连港，以“山围辽海水围市”“山有弯环水有态”闻名。

大连属暖温带海洋性气候，终年气候温和，四季分明，景色秀丽。市区地处丘陵，许多房屋依山而建，鳞次栉比。这里有许多罗马式、哥特式、巴洛克式建筑，红顶教堂和绿顶住宅参差错落。市街各处的数十个街心花园和广场像一朵朵硕大的花朵，连接条条马路，使大连真正成为一座花园城市。

大连市区南部沿海有一条长33千米的海滨游览线路，蜿蜒盘绕，穿行于绿树碧海之间，沿途分布着一系列风景区。星海湾有亚洲最大的城市广场——星海广场，有我国最大的人工海水浴场——星海湾海水浴场。棒棰岛三面环山，一面滨海，北面的群山上长满了绿树，海滨浴场碧波银浪，金沙闪烁。游客既可以晨观日出，又能够晚听海涛，还有海水浴场可以游览。大连老虎滩海洋公园是国家首批5A级旅游景区，坐落在大连南部海滨的中部，占地面积1.18平方千米，有4000余米曲折的海岸线，是大自然与人工智慧的完美结合，是滨城大连的一道亮丽风景。大连老虎滩海洋公园是展示海洋文化，突出滨城特色，集海洋生物展示、海洋游乐、海洋科普教育于一体的现代化海洋主题公园。

老虎滩公园三面环山，仅一面滨海。公园内云松参天，曲径通幽，怪礁密布。海滩上留有半块山体，酷似老虎的半个脑袋。游人既可以乘上游艇或登上水中石山饱览大海的风光，又可以潜入水中探索大海的奥秘。金石滩（图1-2-3）国家旅游度假区（原名：满家滩）是国家5A级旅游景区，在大连以“满家滩，凉水湾，海参螃蟹成筐搬”知名。滩上有数亿年前形成的海滨地貌与沉积岩石，被称为海上石林，后因这些石头比金子还要贵重，故改名为金石滩。

图1-2-3　金石滩

金石滩号称奇石的园林，大片大片粉红色的礁石、金黄色的石头，像巨大的花朵，这些奇石诞生于六亿年前的震旦纪，因此金石滩被称为天然地质博物馆，有神力雕塑公园之美誉。这里是一个由海、滩、礁、石、岛组成的别具一格的风景名胜区。

旅顺口群山环抱，风光清幽，有大连市南部海滨最大的景区——白玉山景区。这里还有许多战争留下的遗迹，如万忠墓、东鸡冠山北堡垒和望台炮台等。白玉山山顶有一座白玉山塔，是日本帝国主义侵华的罪证。登上山顶，旅顺军港公园和旅顺市区风光尽收眼底，山顶还有海军兵器馆和高达110米的电视塔。

（3）鞍山旅游区

鞍山市位于沈阳市南约90千米处，哈大铁路在此经过，因市南有东鞍山和西鞍山而得名。鞍山市周围铁矿丰富，现为我国最大的钢铁基地之一，号称钢都。

鞍山著名的景区是千山风景名胜区和鞍钢集团博物馆。

千山风景名胜区（图1-2-4）位于辽宁省中部、鞍山市东南，古称积翠山，又名千顶山、千华山、千朵莲花山，素有“东北明珠”之美誉。它与凤凰山、医巫闾山合称为东北三大名山。

M1-2-2　千山

图1-2-4　千山风景名胜区

千山森林资源丰富，松柏苍翠，林木茂盛，植被覆盖率超过90%。动植物种类繁多，是中草药的宝库，还盛产梨、山楂、榛子、核桃等水果和干果。香水梨、南果梨是千山特产，驰名全国。千山还有黑头鹳等动物百余种。千山一年四季景色宜人。

千山为低山丘陵，最高峰海拔706米。佛道两教同居一山，为东北佛道两教的圣地，现保存下来的有香岩寺、龙泉寺、大安寺、祖越寺和中会寺五大寺，以及普安观、慈祥观、圆通观、无量观、南泉观等。世界最大天然石佛——千山弥勒大佛，端坐群山之间，更为千山增添了神秘色彩。千山虽无五岳之雄伟，却“无峰不奇、无石不峭、无寺不古、无处不幽”。千山共有仙人台国家森林公园、大佛景区、天上天景区、五佛顶景区和百鸟园5个游览区，共有景点300余处。

千山为园林寺庙山岳型风景区，1982年被列入首批国家级风景名胜区，2006年被评为全国文明风景旅游区，2017年被评为国家5A级景区。

图1-2-5 鞍钢集团博物馆

鞍钢集团博物馆（图1-2-5）为国家4A级旅游景区，是辽宁省科普教育基地、爱国主义教育基地。

遵循修旧如旧的原则，鞍钢集团将1953年建设的炼铁厂二烧车间闲置旧厂房改建成了具有鞍钢特色的现代化博物馆。鞍钢集团博物馆于2013年7月9日奠基，2014年12月26日开馆。全馆建筑面积12600平方米。展示和收藏了大量具有珍贵历史价值的照片和文物。博物馆设有11个主题展区，以及1919年竣工投产的老一号高炉、原二烧车间厂房的烧结机2个特展区。

（二）吉林旅游亚区

1. 吉林旅游业发展概况

吉林省位于松辽平原中部，北接黑龙江省，南接辽宁省，西接内蒙古自治区，东南隔图们江、鸭绿江与朝鲜半岛相望。

吉林省现有3座历史文化名城——吉林市、集安市和长春市，4个国家级风景名胜区——净月潭风景名胜区、松花湖风景名胜区、防川风景名胜区、仙景台风景名胜区。长白山和向海也是我国重要的自然保护区。

吉林省冰雪资源丰富，长白山和松花湖等地均有滑冰场和滑雪场。吉林省的雾凇在国内具有很高的知名度，此地每年都要举行盛大的雾凇冰雪节。

吉林省素有“人参之乡”的美称，是人参的主要产地。

2. 主要游览区

（1）长春游览区

长春市是吉林省的省会，城区的植被覆盖率很高，居全国各大城市前列，因此有“森林之城”的美称。

在长春市东南有“亚洲第一大人工林海”净月潭风景名胜区（图1-2-6）。它现为吉林八景之一，被誉为“净月神秀”。净月潭东西长约7千米，南北宽约1千米，呈新月形，潭水清澈碧透，岸边游动的小鱼清晰可见，是游泳、划船、垂钓、冬泳、滑冰和进行风帆等活动的极好场所。净月潭周围的人工林包括红松、黑松、樟子松、落叶松等30多个树种，景区树种之多、面积之大、距城市之近，实属亚洲罕见，被国内外游客称为绿色明珠。

景区内山清水秀，气候宜人，一年四季景致不同。景区冬季积雪厚，夏季凉爽，成为长春市消夏节和冰雪节的主场地，还开设有高尔夫球场、水上娱乐设施等。

图1-2-6 净月潭风景名胜区

长春世界雕塑园（图1-2-7），似一颗璀璨的明珠镶嵌在长春市人民大街南部。占地面积92万平方米，其中水域面积11.8万平方米。园内荟萃了来自216个国家和地区的万余件（组）艺术作品，其中室外雕塑460件。在雕塑作品的数量和国际性方面，堪称世界一流。

图1-2-7 长春世界雕塑园

公园的规划采用了传统和现代相结合的设计理念、中西合璧的造园技艺，以雕塑为主题，以湖面为中心，以山水为骨架，以绿化为背景，以道路为纽带，达到了自然环境与人文景观的和谐统一，凸显天人合一的深邃意境。走进公园正门可见罗丹广场，两侧是弧形的引导墙，沿中轴线对称分布，张弛有度，动感强烈。不对称的友谊喷泉广场，运用巧妙的轴线转折，通过跨湖平桥与主题雕塑遥相呼应。罗丹广场、膜结构观景台、自然起伏的山水地形及植物景观融为一体，高低虚实，交相映照，与雕塑作品共同构成了丰富多变又情趣盎然的景观。五洲路（主环路）和神州路（沿湖路）似两条玉带，环绕着碧波粼粼的湖水。四组景观墙上的人工瀑布宛如蛟龙喷吐清泉，构建了动与静、直与曲的韵律之美。主题雕塑“友谊·和平·春天”耸立于春天广场中央，气势宏伟，蔚为壮观，堪称镇园之作。公园两大主体建筑长春雕塑艺术馆与松山韩蓉非洲艺术收藏博物馆，充分体现了雕塑艺术给建筑师带来的设计灵感，受到人们的赞誉。

长影世纪城是国家5A级旅游景区、中国十大影视基地之一，位于吉林省长春市净月高新技术产业开发区，是中国独有的世界级特效电影主题公园。长影世纪城占地30万平方米，依托长春电影制片厂深厚的电影文化底蕴，以其高科技含量、高新颖程度、高制作水平和高民族文化特质，充分展示了电影文化，特别是特效电影文化独有的魅力。长影世纪城娱乐项目分为创新科技、惊险刺激、体验演艺、游艺欣赏四大板块。项目科技含量高、体验性强、互动性强。主要景点包括华夏翱翔、空间迷城、巨幕影院、星际探险、非常实验室、精灵王国、火山爆发、斗转星移、古堡惊魂、银河宫、英雄秀场、极速穿梭、长影道具车展馆等。

长春市东南的伊通县境内矗立着大小不一、高低不同的孤山，这就是伊通火山群（图1-2-8）。

火山群由16座火山锥组成，主要有东尖山、西尖山、大孤山、小孤山、莫里青山、马鞍山、横头山等7座，当地群众称之为七星落地。该火山群属自然地质遗迹类自然保护区，是以基性玄武岩“侵出式”为特征形成的熔岩穹丘，被国内外专家、学者确认为“伊通型”而独步世界火山之林，具有极高的科普考察、探险猎奇、旅游观光价值。火山穹丘均由碱性橄榄玄武岩组成，拔地而起，孤峰耸立。其中大孤山、莫里青山、西尖山构造奇特，景观优美，独具特色，山体由柱状节理发育的玄武岩石柱构成，石柱截面呈五边形或六边形，直径30~50厘米，相对高差79米；但因被土石掩盖，可见柱体只有30米。莫里青山山体节理较细，组合形态多变，有的像石阶，有的像鹰嘴，有的像虎口，有的像孔雀开屏，栩栩如生，千姿百态，引人入胜，很有观赏价值。

图1-2-8　伊通火山群

（2）吉林游览区

吉林市是我国唯一一个与省重名的城市，境内有汉、满、蒙古、回、朝鲜族等多个民族。吉林是一个依山傍水的美丽城市，有“江城”之称，环绕的群山和回转的松花江水，使吉林形成了“四面青山三面水，一城山色半城江”的天然美景。

吉林雾凇（图1-2-9）与桂林山水、云南石林和长江三峡合称为中国四大自然奇观。雾凇俗称树挂，是大自然中较为常见的现象，形成雾凇必须具备两个必要的自然条件：足够低的温度和充足的水汽。冬季的吉林，平均气温–20℃以下的时间有60~70天，奇妙的是，穿城而过的松花江水面临寒不冻。江水与空气之间巨大的温差，将松花江源源不断释放出的水蒸气凝结在两岸的树木和草丛之间，形成厚度40~60毫米的树挂，远远超过通常为5~10毫米普通树挂的厚度。每当雾凇产生，吉林市松花江岸就会出现“忽如一夜春风来，千树万树梨花开”的美景，柳树结银花，松树绽银菊，把人们带进如诗如画的仙境。

图1-2-9　吉林雾凇

吉林的冰雪资源特别丰富，因此这里有我国规模较大、设施较全的冰雪训练基地。松花湖滑雪场是我国著名的城区滑雪场，现占地2.5平方千米，有1条长约3000米，宽50米的高山雪道和1条长约5000米，宽4米的越野雪道；另架设了3条索道。在松花湖滑雪场周围，还有佛手砬、仙人掌、蘑菇头等自然景观，是最理想的滑雪场地之一。

（3）长白山国家级自然保护区

长白山，位于吉林省东南部，因其主峰多白色浮石与积雪而得名。长白山大部分山地海拔500~1000米，中国境内的最高峰海拔2691米，是以长白山天池（图1-2-10）为主的火山群。

图1-2-10　长白山天池

长白山国家级自然保护区位于吉林省安图、抚松、长白三县交界处，总面积约1964平方千米，区内分布着河谷、沼泽、台地、山坡、高原、高山湖泊、火山口等地貌类型。保护区主要以火山熔岩构造地貌、典型多样的动植物资源、富有北国情趣的冰雪风光闻名。长白山中心火山锥体属于复合式盾状休眠火山。在这一巨型火山锥体上，还分布着寄生的小火山锥体，据记载，长白山有过3次大型喷发。长白山天池位于长白山主峰火山锥体的顶部，火山口经过漫长的年代积水成湖。天池湖面海拔2194米，是我国海拔最高的火山湖，波光粼粼的湖水像一块蓝宝石镶嵌在群山之中。天池北侧天文峰与龙门峰之间有一缺口，池水由此缺口溢出，称为乘搓河，向北流经断崖，飞流直下，以雷霆万钧之势，跌向深谷，形成落差68米的长白瀑布。长白山是亚欧大陆最具有代表性的典型自然综合体，是世界少有的“物种基因库”和“大然博物馆”。这里林木参天，树种繁多，素有“长白林海”之称。山区有动植物300多种，从山下到山顶，几乎包括全部亚欧大陆从温带到寒带各种主要植被类型。林中还栖息着名贵的珍禽异兽，有濒临灭绝的东北虎及马鹿、紫貂、水獭、黑熊等。鸟类中鸳鸯、黑鹳、绿头鸭等候鸟约占70%。长白山的密林深处盛产人参、北五味子等药材。

长白山多温泉，主要有长白温泉群、天池湖边温泉群等。长白温泉群水温60℃以上，最高可达80℃，属高热温泉，旅游者可以把鸡蛋拿到温泉边煮边吃，其乐无穷；此温泉还含有硫化氢，可用于治疗关节炎、皮肤病等，具有很高的医疗价值。

（4）通化集安旅游区

通化旅游资源丰富，历史名城集安至今完整地保留着距今2000多年的高句丽文化遗产。高句丽古迹，是奴隶制国家高句丽王朝的遗迹。高句丽政权始于公元前37年，止于公元668年，曾是中国东北地区影响较大的少数民族政权之一。高句丽政权发轫于今辽宁省桓仁县，公元3年迁都至国内城（今吉林集安），427年再迁都至平壤。桓仁与集安是高句丽政权早中期的政治、文化、经济中心所在，是高句丽文化遗产分布最集中的地区，包括被列入世界文化遗产名录的国内城、丸都山城、12座王陵、好太王碑等2个历史遗存、26座贵族墓葬。

（三）黑龙江旅游亚区

1. 黑龙江旅游业发展概况

黑龙江位于我国东北边疆，以边境大河黑龙江命名。

黑龙江大部分地区处于中温带，降水较多，因此冬季山区雪量极大，雪期长，雪质好，很多地方，如哈尔滨市、牡丹江市及大兴安岭地区均适宜冰雪旅游。黑龙江省夏季凉爽，哈尔滨太阳岛、齐齐哈尔明月岛等都是消夏避暑胜地。

黑龙江旅游资源丰富，有国家历史文化名城2个——哈尔滨市、齐齐哈尔市，国家级风景名胜区4个——镜泊湖风景名胜区、五大连池风景名胜区、大沾河国家森林公园和哈尔滨太阳岛，国家级自然保护区49个。

2. 主要游览区

（1）哈尔滨游览区

中国·哈尔滨国际冰雪节（图1-2-11）是哈尔滨特有的节日，是世界上活动时间最长的冰雪节，从上一年的年底开始，一直持续到2月底冰雪逐渐融化为止，这期间包含了元旦、春节、元宵节、滑雪节4个重要的节庆，活动内容丰富，形式多样。冰雪节期间举办冬泳比赛、冰球赛、雪地足球赛、高山滑雪邀请赛、国际冰雕比赛、冰上速滑赛、冰雪节诗会、冰雪摄影展、图书展、冰雪电影艺术节、冰上婚礼等。冰雪节已成为向国内外展示哈尔滨社会经济发展水平和人民精神面貌的重要窗口。

太阳岛位于松花江北岸，与市区仅一江之隔。太阳岛的交通极为方便，水、陆、空路路相通。乘船航行于松花江上，晴空万里，碧水滔滔，江风送爽；乘空中索道飞渡松花江，两岸风光尽收眼底，既惬意又刺激；陆上每天车辆来来往往，络绎不绝。岛上林木茂密，绿野浓荫，是令人向往的避暑消夏胜地。太阳岛的冬天，银装素裹，玉树琼枝，构成了一幅独具特色的北国风景画卷。哈尔滨是中国冰雪艺术的摇篮，太阳岛则是中国雪雕艺术的发源地，太阳岛雪博会是目前国内开发最早、规模最大的以雪为主题的冬季主题活动，由于岛上空气清新，污染少，雪质好，一到冬季，一座座造型各异的雪塑制品，竞相展现在游人面前，给冬季的太阳岛增添了无限生机。其庞大恢宏的气势、美轮美奂的景观效果、丰富多彩的娱乐活动，都给中外游客留下了很深的印象。

图1-2-11　中国·哈尔滨国际冰雪节

五大连池风景区（图1-2-12）位于哈尔滨市东北380千米处的德都县境内，以丰富的火山圣泉驰名中外，面积约1060平方千米，这里拥有保存完整、分布集中、品类齐全、状貌典型的新老期火山地质地貌。14座拔地而起的火山锥，山川辉映，景色优美；石龙、石海、熔岩瀑布、熔岩暗道、熔岩钟乳、熔岩漩涡、象鼻熔岩、翻花熔岩、喷气锥碟、火山砾和火山弹等微地貌景观，千姿百态，被科学家称为天然火山博物馆和打开的火山教科书。由于最新期火山岩浆填塞了浩瀚的远古凹陷盆地湖乌德林池而形成五个汐水相连的如串珠般的湖泊，五大连池也因此而得名。它是我国第二大火山堰塞湖，池岸曲线变化复杂。这里的铁硅质重碳酸钙镁型的矿泉水，是蜚声中外的世界名泉，享有神泉、圣水的美誉，和法国的维希矿泉、俄罗斯北高加索矿泉合称为世界三大冷矿泉，在民间已有上千年的医用、饮疗和洗疗历史，对康复疗养具有神奇的功效。五大连池风景区山秀、水幽、泉奇、石怪、洞异，是集生态旅游、休闲度假、保健康疗、科学考察于一体的多功能国际旅游胜地。

图1-2-12　五大连池风景区

（2）齐齐哈尔游览区

齐齐哈尔是内江中游的中心城市，旅游资源丰富，有“鹤乡”之美称。

市区东南30千米处有中国著名的珍贵水禽自然保护区——扎龙国家级自然保护区，总面积2100平方千米。区内地势低洼，湖泡星罗棋布，适于水禽鸟类栖息繁衍。保护区地域辽阔，生态原始，鸟类众多。据统计，保护区有各种鸟类260余种，其中尤以鹤类居多，闻名于世。世界现有15种鹤，我国有9种，而扎龙可见6种（丹顶鹤、白枕鹤、白鹤、蓑羽鹤、灰鹤、白头鹤），观鸟的最佳时间是5~7月，冬季也可以在冰湖雪地上观赏驯鹤。

（3）牡丹江游览区

该区内有镜泊湖、宁古塔城、兴隆寺等名胜古迹。

镜泊湖风景名胜区距牡丹江市区80千米，是第四纪火山喷发熔岩流阻塞牡丹江古河道而形成的世界最大的火山熔岩堰塞湖，湖面海拔约350米，湖身狭长，长约45千米，水域面积约80平方千米，以湖光山色为主，兼有火山口地下原始森林、地下熔岩隧道等地质奇观，是可供科研、避暑、游览、观光、度假和文化交流的综合性景区。镜泊湖的吊水楼瀑布名震中外，是国内著名的三大瀑布之一，它是由镜泊湖湖水在熔岩堤岸缺口处下泄形成的高20米，宽40米的瀑布，注入牡丹江。火山口地下森林神奇壮阔，奇峰险峻，怪岩迷离，古树参天。

（4）漠河游览区

北极村（图1-2-13）位于黑龙江省漠河市漠河乡，地处大兴安岭山脉北麓的七星山脚下，是中国观测北极光的最佳地点，是中国北方第一哨所在地，也是中国最北的乡村。

图1-2-13 漠河北极村

北极村民风淳朴，静谧清新，乡土气息浓郁，植被和生态环境良好。每当夏至前后发生极昼时，午夜向北眺望，天空泛白，像傍晚，又像黎明。人们在室外可以下棋、打篮球，如果幸运的话还可以看到气势恢宏、绚丽多彩的北极光。

北极村不仅仅是一个历史悠久的古村，而且逐渐成了一种象征、一个坐标。每年都有很多人从世界各地来到这里，体会那份最北的幸福。

在这里，游客可以在北陲亭留个影，在古水井前了解漠河的历史，和北陲哨兵一同守卫祖国的北疆。

一年四季，来自世界各地的游客络绎不绝地来到北极村。有些游客在元旦和春节同北极村的人们一起欢度节日，品尝有北极村特色的年夜饭，睡热乎乎的火炕，体验北极村独有的生活特色！

【知识拓展】

M1-2-3
知识拓展

世界各地有很多隐藏着活火山的旅游胜地，例如美国黄石国家公园、日本富士山、印度尼西亚巴厘岛、菲律宾吕宋岛、中国台湾阳明山国家公园等，扫描二维码了解简要信息。

【单元小结】

东北旅游区旅游资源丰富，以火山地貌和北国风光为主。本单元主要介绍了东北旅游区的旅游资源特色，辽宁、吉林、黑龙江3个旅游亚区的旅游业发展概况和各自主要游览区的特点。要求重点掌握东北旅游区旅游资源的特点和各旅游亚区内主要游览区的特点。

【思考与实训】

一、思考

1. 举例说明哈尔滨市的旅游资源特色。
2. 说明长白山国家级自然保护区的特色。
3. 介绍大连市的旅游特点。
4. 介绍沈阳市的著名古迹。

二、实训

1. 请设计东北旅游区的旅游主题并进行特色提炼。
2. 介绍十大完美旅游线路之一的“情系黑土地”。
3. 广东的张先生想利用春节假期去东北进行一次冰雪之旅，请为其设计一套旅游方案。

学习单元三　黄河中下游旅游区

学习目标

知识目标：了解黄河中下游旅游区的旅游点概况；熟悉黄河中下游旅游区的旅游地理环境；掌握黄河中下游旅游区旅游资源的基本特征；了解各旅游亚区一般旅游景点的概况，掌握其特色旅游资源的分布和主要特征。

能力目标：能够根据黄河中下游地区旅游资源的特点设计本区主要的旅游线路；能够对知名景点进行讲解。

素质目标：通过对旅游区旅游资源的学习，增强学生的爱国主义情怀。通过对红色景点的介绍，使学生理解中国共产党的初心和使命，继承和发扬艰苦奋斗的精神，弘扬以爱国主义为核心的民族精神和以改革创新为核心的时代精神。

任务导入

“维公元2010年先师孔圣夫子诞日，谨备时蔬玄酒，雅乐升舞，恭奠于大成殿阶下，肃拜追远，上达夫子暨诸先哲先贤。其辞曰：吾国文明，渊源何远！洪荒无征，蒙昧万年。……

谨此上达，慰我圣贤。伏惟上飨！”

——许嘉璐《庚寅年祭孔子文》

祭孔，是华夏民族为了尊崇与怀念至圣先师孔子，而在孔庙举行的隆重祀典，在古代被称作“国之大典”，2000多年来从未间断，成为世界祭祀史、人类文化史上的一个奇迹。如此隆重的祭祀活动在本区举行，主要缘于这里有厚重的历史积淀和人文气息，这也是本区旅游的最大亮点。除此之外，本区还有哪些地理环境因素对旅游业产生了深远影响呢？

【学习内容】

一、黄河中下游旅游区概况

M1-3-1
黄河中下游旅游区

本区包括河南省、山东省、山西省、陕西省，面积68.72万平方千米，民族以汉族为主，少数民族主要有回、满、蒙古、朝鲜族等。这里是我们祖先最早生存繁衍的地区，是中华民族的发祥地、人类文明的摇篮。

（一）黄河中下游旅游区旅游地理环境概况

1. 地势起伏大，地貌类型齐全

本区位于黄河中下游，地貌形态多样，种类齐全，包括平原、高原、山地、丘陵、盆地等。除北部的燕山和南部的秦岭、大别山外，主要地貌有由黄土高原、黄淮平原、海河平原、鲁西北平原组成的华北平原及山东丘陵。地貌类型的多样，造成本区地势起伏较大，自西向东由我国的第二阶梯降至第三阶梯。

黄土高原是世界上最大的黄土分布区，东起太行山，西至乌鞘岭，北依长城，南抵秦岭，面积约64万平方千米，海拔800~3000米。黄土堆积厚度达50~80米。由于人为破坏，加上黄土的土质疏松，高原的植被遭到严重的破坏，水土流失严重，形成了千沟万壑的典型黄土地貌。

山东丘陵位于山东半岛上，是山东省中东部低山丘陵的总称，在地形上分为鲁中南低山丘陵、胶东低山丘陵、胶莱谷地三部分。它是由古老的结晶岩组成的断块低山丘陵，地表破碎。一些山峰位于丘陵之上，虽海拔不高，但气势雄伟，如中部的泰山，海拔1532.7米，巍峨挺拔，被尊为“五岳之首”，自古就有“登泰山而小天下”之说。

2. 黄河横贯，河湖海广布

本区拥有河流、湖泊、瀑布、泉水、海滨等多种水体资源。其中河流主要是黄河水系，流经陕、晋、豫、鲁四省，该流域蕴藏着丰富的自然、人文旅游资源，形成了许多壮美风景。如在晋陕交界的黄土高原上，有黄河上最长的一段连续峡谷河段，河面骤然变窄，形成举世闻名的壶口瀑布，落差20米，气势恢宏。壶口瀑布是世界上最大的黄色瀑布。黄河从潼关向东，穿过三门峡，进入河南，泥沙淤积，致使河床不断抬升，形成世界罕见的“地上悬河”。黄河沿岸还有三门峡游览区、郑州黄河游览区、山东东营黄河入海口游览区等。

由于濒临渤海和黄海，该地区拥有漫长的海岸线，海滨岩岸、沙岸、泥岸、河口等各种海岸地貌齐全，多优良港湾和海滨浴场。青岛、威海、烟台等海滨城市已成为闻名中外的避暑旅游胜地。

3. 暖温带大陆性季风气候

本区除陕西南部有小部分亚热带季风气候外，都属于暖温带大陆性季风气候。四季分明，春季多风干燥，夏季炎热多雨，秋季天高气爽，冬季寒冷干燥。春、秋季相对较短。最冷月（1月）平均气温为0~8℃，最热月（7月）平均气温为22~28℃。降水季节分配很不均匀，全年降水量的80%集中在夏季，多暴雨，降水量由东南向西北递减。在这种气候条件下，本区植被以阔叶林为主，多分布在山地、丘陵地带。同时，山地地区形成了明显的植被垂直分布，以秦岭最典型。

4. 以郑州为中心的交通运输网

黄河中下游旅游区交通运输发达，形成以铁路、公路为主，海运、空运为辅的现代化交通运输网，郑州是本区交通运输网的中枢。铁路是本区交通运输的骨干，铁路网以郑州为中心通向全国各地区，是京广、陇海两大铁路干线的交汇点，是沟通南北、连贯东西的交通要冲，居于全国铁路网中心的重要位置上，素有“铁路心脏”之称，分别与华北、华东、中南、西南、西北等地区相连接。近年来本区公路运输发展迅速，成为旅游交通的重要形式，其中高速公路更方便了人们的陆上出游。海上运输有烟台港、青岛港等优良不冻港口，为海上运输创造了便利条件。西安、郑州、济南、青岛、太原、洛阳等城市的航空港，以国内航线为主，可直达多个旅游城市。

（二）黄河中下游旅游区旅游资源特征

1. 中华民族的摇篮，古迹众多

黄河中下游地区是中华民族的摇篮，本区开发历史悠久，很早就有人类活动，是中华民族和我国古代文明的主要发祥地。从上古时期到元明清时期，中华民族数千年的主流文化和历史在此发展延续，创造了灿烂的华夏文明，留下了数不胜数的文物古迹。

主要古人类文化遗址有陕西蓝田人遗址、山西丁村遗址、河南仰韶文化遗址、山东大汶口遗址等。这里自古就是我国政治、经济、文化发达的地区。我国十大古都中，本区有四个，即西安、洛阳、开封、安阳。我国著名的四大石窟，本区有二处，即龙门石窟和云冈石窟。我国历代许多帝王陵寝分布在本区。这里还有闻名中外的秦始皇陵及兵马俑坑、曲阜三孔、白马寺、少林寺等名胜古迹。几千年历史文化的积累沉淀，使黄河中下游地区的人文旅游资源在全国占有重要地位。

2. 自然旅游资源丰富，海滨风光优美

本区依山面海，地貌类型多样，兼具山地、平原、高原、丘陵、海滨、湖泊、河流，拥有秀美壮丽的名山大川、风景优美的自然景观。本区有国家级风景名胜区、国家级自然保护区、国家森林公园100多处。本区东部有漫长曲折的海岸线，沙滩平缓，水质优良，夏季海滨气候清爽宜人，是理想的天然海水浴场，青岛、烟台、威海等是我国著名的海滨避暑胜地。

五岳中，本区有四座（泰山、华山、恒山、嵩山）。由于具有优越的自然地理环境，本区著名的旅游度假胜地主要有青岛崂山风景名胜区、泰山风景名胜区、五台山风景名胜区、恒山风景名胜区、黄河壶口瀑布风景名胜区、洛阳龙门风景名胜区、嵩山风景名胜区、华山风景名胜区、临潼骊山—秦兵马俑风景名胜区、黄帝陵风景名胜区等。

二、旅游亚区及主要旅游景点

（一）陕西旅游亚区

1. 陕西旅游业发展概况

陕西省位于我国内陆腹地的黄河中游，南北长、东西窄，东邻河南、山西，西接宁夏、甘肃，南至四川、重庆、湖北，北连内蒙古，居于连接中国东、中、西北和西南的重要位置。因位于陕陌以西，故名陕西。该区历史悠久，文化底蕴深厚，是中华民族的摇篮和中华文明发祥地之一。

陕西省旅游资源富集，具有“天然的历史博物馆”之美誉。其中有人类诞生初期的西安蓝田人遗址、秦始皇兵马俑、古长安城遗迹、大雁塔、72座帝陵等人文景观，有险峻的西岳华山、奔腾的黄河、绮丽传奇的骊山等自然景观。陕西省现有国家级风景名胜区6处、国家级历史文化名城6座、国家级自然保护区25个。得天独厚的资源优势，使陕西成为现代旅游的热点地区。

2. 主要游览区

（1）西安游览区

西安古称长安，位于黄河流域关中平原中部，南依秦岭，北临渭河，地处我国地理中心位置，历史上曾作为我国政治、经济、文化和对外交流的中心，先后有13个王朝在此定都，称为帝王之乡，是我国十大古都之一、著名的丝绸之路的起点。西安市人文、自然景观荟萃，共有各级文物保护单位424处，其中全国重点文物保护单位58处，省级重点文物保护单位107处。西安境内的终南山、骊山、翠华山、楼观台等均为我国著名的风景名胜区。近年又新增了大唐芙蓉园、曲江海洋世界、大唐不夜城等新景点。目前，旅游业已成为西安经济发展的支柱产业。

秦始皇兵马俑，被誉为“世界第八大奇迹”，是世界最大的地下军事博物馆，位于西安市临潼区以东的骊山脚下，距秦始皇陵1.5千米，为秦陵陪葬品。兵马俑坑现已挖掘三处，三坑坐西向东，呈品字形排列。其中，一号坑（图1-3-1）最大，呈长方形，坑深5米，坑内有和真人真马同大的6000余件陶俑、陶马，是以战车、步兵组成的环形军阵。二号坑呈曲尺形，坑内建筑与一号坑相同，但布阵更为复杂，兵种更为齐全，有陶俑、陶马1300余件，战车89辆，是3个坑中最为壮观的军阵，也是秦兵马俑坑的精华。三号坑呈凹字形，有武士俑68件、战车1辆、陶马4匹，是统帅地下大军的指挥部。现一、二、三号坑已成立了秦始皇陵兵马俑博物馆。1987年12月，秦始皇陵及兵马俑坑被列入《世界遗产名录》。

图1-3-1　秦兵马俑一号坑全景图

大雁塔（图1-3-2）位于西安市南郊大慈恩寺内，是古都西安的象征，也是我国佛教建筑艺术的杰作。该塔始建于唐永徽三年（652年），仿印度雁塔样式修建，故名雁塔，是玄奘为供奉从印度取回的佛像、舍利和梵文经典而修建。后又因在长安荐福寺内修了一座较小的雁塔，为了区别，就把慈恩寺塔定名大雁塔，荐福寺塔为小雁塔。大雁塔造型简洁，气势雄伟，经历代修葺，现全塔通高约64米，由塔基、塔身组成，其中塔身七层，呈方形角锥状，属楼阁式砖塔。塔身为青砖砌成，各层壁面有柱枋、栏额等仿木结构，每层四面均有券门。大雁塔也是目前少数可供登临的古塔之一。唐代新进士及第后，有大唐天子杏园赐宴、曲江聚会饮酒、慈恩塔下题名等风俗活动，曲江流饮和雁塔题名等成语由此得来。

图1-3-2 大雁塔

近年来，西安市政府对大雁塔周边环境进行了大规模的改造，在大雁塔周围兴建了大雁塔广场、大唐芙蓉园、大唐不夜城等旅游设施，使游人更深切地体会大唐盛世的灿烂文明。

西安碑林博物馆，原名陕西省博物馆，位于西安古城内，于北宋元祐二年（1087年）为保存《开成石经》《石台孝经》等碑石而建立。馆区由孔庙、碑林、石刻艺术室三部分组成，占地面积 31900平方米，是一座以收藏、研究和陈列历代碑石、墓志及石刻造像为主的艺术博物馆。碑林经历代征集，扩大收藏，精心保护，已入藏碑石3000多件（组）。其现有6个碑廊、7座碑室、8个碑亭，陈列展出了圣儒、哲人的浩瀚石经、墨迹，有欧阳询、颜真卿、柳公权、王羲之、米芾、苏轼、吴道子等名家之作。西安碑林被誉为“东方文化的宝库”“书法艺术故乡”“汉唐石刻精品的殿堂”“世界最古的石刻书库”，具有极高的历史和艺术价值。

骊山（图1-3-3），中国名山之一，位于西安临潼区城南，属秦岭山脉的一条支脉，海拔1916米。骊山得名一说是因为其远望如一匹黑色骏马，一说是因为这里曾是商周时期骊戎国地。骊山是全国重点文物保护单位、国家级风景名胜区，也是西安东线旅游中唯一一处自然与人文景观相融合的景区。骊山以石瓮谷为界分为东、西二岭。山上苍松翠柏、古迹众多，有“关中八景”之一的“骊山晚照”、传说中女娲补天的老母殿、烽火戏诸侯的烽火台、纪念西安事变的兵谏亭等。从西周开始，这里就成为帝王游乐之地，曾营建过许多离宫别墅，吸引着各代的游人。

图1-3-3 骊山

位于骊山北麓的华清池，是中国著名的温泉胜地，有“不尽温柔汤泉水，千古风流华清宫”之誉。华清池温泉共有4处泉源，水内含多种矿物质和有机物质，水温常年为43□左右。相传周幽王就曾在此建骊宫；秦始皇时以石筑室，命名为神女汤；汉武帝时扩建为离宫。唐代又经数次大规模扩建，改名华清宫，因唐玄宗和杨贵妃的传说而声名远播。诗人白居易在《长恨歌》中对华清池多有描绘。但由于战乱，现今华清池的亭台楼阁，多为新中国成立后修建恢复的，有九龙湖、唐御汤遗址、五间厅、梨园等多个景区，从不同侧面再现了盛极一时的大唐雄风。景区主要由沐浴场所、园林游览区、文物保护区三部分组成。

（2）宝鸡游览区

宝鸡位于陕西关中西部，是西部工业重镇、陕西省第二大城市，古称陈仓，因唐至德二年（757年）城东南鸡峰山有“石鸡啼鸣”之祥兆而改称宝鸡。宝鸡是华夏始祖炎帝的故乡、周秦文明的发祥地，素有“炎帝故里”“青铜器之乡”“民间工艺美术之乡”等美誉。至今宝鸡仍有北首岭遗址、钓鱼台、周公庙、周王陵、大唐秦王陵墓群、古栈道、五丈原、法门寺、大散关等大量珍贵历史遗存。境内的自然风光主要有太白山国家森林公园、天台山国家级风景名胜区、嘉陵江源头和陇县关山草原等。宝鸡的民间艺术更是多姿多彩，独具一格，剪纸、刺绣、皮影、木偶、社火、脸谱、泥塑、草编等都散发着周秦文化的古韵遗风。

（3）渭南游览区

渭南市地处陕西关中渭河平原东部，位居新亚欧大陆桥的重要地段，是西部地区进入中东部的东大门，因位于渭河南岸得名，素有“三秦要道，八省通衢”之称，是中华文明的发祥地之一。

渭南市现有国家级历史文化名城1座——韩城市，国家级历史文化名村1个——韩城市西庄镇党家村，国家级风景名胜区2处——华山风景名胜区和合阳洽川风景名胜区，国家级森林公园1个——少华山国家森林公园，国家湿地公园10个，国家级水利风景区5个。

华山（图1-3-4）亦称太华山，是我国五岳之一的西岳、国家级风景名胜区，位于华阴市城南，自古就是负有盛名的旅游胜地。华山五峰并立，即东峰朝阳、西峰莲花、中峰玉女、南峰落雁、北峰云台，如同一朵盛开的莲花，“花”与“华”同音，故名。主峰落雁峰，海拔2154.9米，为五岳最高峰。华山以奇险峻秀而驰名天下，山体倚天拔地，四面如削，被誉为“奇险天下第一山”。华山登山道路蜿蜒曲折，处处是悬崖绝壁，峭峰陡立，奇险异常。华山的景点多达210余处，自山麓至绝顶，名胜古迹众多，著名的有华山峪、千尺幢、百尺峡、老君犁沟、苍龙岭、鹞子翻身、下棋亭、长空栈道等，其中华岳仙掌被列为关中八景之首。华山还有“沉香劈山救母”“吹箫弄玉”等传说，华山最佳观日处位于华

图1-3-4　华山

山东峰朝阳台。

（4）延安游览区

延安古称延州，自古为陕北地区政治、经济、军事和文化中心，是兵家必争之地，有“塞上咽喉”“军事重镇”之称，被誉为“三秦锁钥，五路襟喉”。延安地处黄河中游，是中华民族的发祥地，有大量珍贵的历史文化遗产。延安是国家级历史文化名城之一，又是全国爱国主义教育、革命传统教育和延安精神教育三大教育基地。数千年的历史文化积淀，孕育了延安淳厚的黄土风情文化。

黄帝陵（图1-3-5）是中华民族始祖轩辕黄帝的陵墓，此陵墓为衣冠冢。因位于黄陵县城北1千米处的桥山，故又称桥陵。黄帝开创了中华文明，后世尊称轩辕黄帝为人文初祖，黄帝陵一直是历代王朝举行国家祭典的场所，号称“天下第一陵”。陵冢周围山环水抱，古柏林立，四季青翠，景色宜人。陵前祭亭中央的石碑上刻有郭沫若题的“黄帝陵”3个大字，祭亭后的石碑上刻有“桥山龙驭”4字。陵冢位于山顶正中，高3.6米，周长48米。桥山脚下的黄帝庙内，有一株参天古柏，高达19米，周长达10米，柏枝盘曲苍遒，叶子层层叠叠，仿佛巨人耸立，相传为轩辕黄帝手植，故称轩辕柏，此柏是我国现存最古老的柏树，称为“世界柏树之父”。

图1-3-5 黄帝陵

宝塔山（图1-3-6），又称嘉岭山，位于延安城东南，因山上建有宝塔而得名。中共中央进驻延安后，宝塔山成为延安市的标志，也是革命圣地的象征。宝塔山高1135.5米，山上的宝塔始建于唐代，为八角楼阁式砖塔，高44米，共9层，登上塔顶，可尽览全城风貌。宝塔山上历史文物和现代革命文物星罗棋布，塔旁有一口明代铸造的铁钟，钟高1.5米，直径1.06米，中共中央在延安时，曾用它报时和报警。山背面还有摘星楼、烽火台等景点。此外山上还有摩崖石刻群和碑林，著名的有范仲淹题刻的隶书“嘉岭山”，还有“胸中自有数万甲兵”等题刻。宝塔山上现已建成宝塔山公园。当地有句话叫“只有登上宝塔山，才算真正到了延安”。

杨家岭革命旧址（图1-3-7）位于延安市西北约3千米的杨家岭村，1938年11月至1947年3月，毛泽东等中央领导在此居住，这里是中央领导同志在延安居住时间最长的驻地，毛泽东在这里写了《中国革命和中国共产党》《新民主主义论》《在延安文艺座谈会上的讲话》等重要文章。中共中央在这里召开了党的七大和延安文艺座谈会等。杨家岭革命旧址是我国红色旅游的重点景区之一，现在可供参观的景点主要有七大会址、延安文艺座谈会会址等。在会址后面的小山坡上，散落着一排窑洞，是中央领导同志当年的住所。

图1-3-6　宝塔山

图1-3-7　杨家岭革命旧址

（二）山西旅游亚区

1. 山西旅游业发展概况

山西省位于黄河中游、黄土高原东部，东邻河北，西界陕西，南接河南，北连内蒙古自治区，因位于太行山以西而得名。山西省地形复杂多样，历史悠久绵长，素有“中国古代艺术博物馆”“文献之邦”的美称。全省共有3处世界文化遗产、6处国家级风景名胜区、7处国家级自然保护区、6处国家历史文化名城、111个国家级历史文化名镇名村，以及531处全国重点文物保护单位，山西还是中国红色旅游胜地。这些共同构成了山西古今兼备、绚丽多彩的旅游资源。

2. 主要游览区

（1）太原游览区

太原市是山西省的省会，是我国中部地区的中心城市，濒临汾河，三面环山，是中国著名历史古都之一，自古就有“锦绣太原城”的美誉，2011年被列为国家级历史文化名城。太原旅游资源丰富，悠久的历史使太原拥有众多的名胜古迹，如晋祠、永祚寺、天龙山石窟、纯阳宫、崇善寺、多福寺、窦大夫祠等全国重点文物保护单位38处和省级文物保护单位28处。

晋祠位于太原市西南郊25千米处的悬瓮山麓、晋水源头，初名唐叔虞祠，是为纪念晋国开国诸侯唐叔虞而建的祠堂，是一处集自然山水、古建园林、雕塑碑刻于一体的著名风景名胜区。晋祠是中国现存最早的古典宗祠园林建筑群，现存宋元明清时期的各式建筑100余座、宋元以来的雕塑100余尊、铸造艺术品30余尊，是宗祠祭祀建筑与自然山水完美结合的典范，也是世界文化艺术宝库中罕见的瑰宝。晋祠现存最早的主体建筑圣母殿创建于北宋，是为唐叔虞之母邑姜修建，殿内有43尊彩塑侍女像，与真人相仿，神情各异，栩栩如生。宋代建筑鱼沼飞梁，是中国现存唯一的古代木结构十字形桥梁建筑。金代建筑献殿是供奉祭品的场所，轻巧坚固，既是大殿，又形似凉亭。圣母殿、鱼沼飞梁、献殿为国宝建筑。圣母殿内两侧为难老、善利二泉，晋水主要源头由此流出，终年不竭，水温17□ 左右，清澈见底。 周柏（图1-3-8）唐槐、难老泉、侍女像被誉为“晋祠三绝”。此外，晋祠内还有水镜台、水母楼、宋代铁人、唐太宗《晋祠之铭并序》碑等景点，这里被誉为山西的“小江南”。

永祚寺（图1-3-9）位于太原市东南郊郝庄村南，因寺内两座巍峨壮观的古塔引人瞩目，所以世人习惯称之为双塔寺。双塔又名凌霄双塔，是太原现存最高的古建筑，始建于明朝万历中叶，耸立如笔，有“文笔双峰”之称。双塔巍峨耸峙，八角十三级，为我国双塔之最，也是太原的标志。寺内现存主要建筑全部是砖结构。寺院内广种牡丹，相传为明代所植，更有稀少名贵品种紫霞仙牡丹，每年春夏之交，双塔寺牡丹盛开，姹紫嫣红，游人纷纷争相观赏。

图1-3-8 晋祠周柏

图1-3-9 永祚寺

（2）大同游览区

大同市位于山西省北部大同盆地的中心，是山西省第二大城市，素有“中国雕塑之都”“凤凰城”和“中国煤都”之称。大同自古为军事重镇和战略重地，境内有古建筑、古遗址3000多处，全国重点文物保护单位30处，省级文物保护单位63处。驰名中外的旅游资源，使大同享有“佛国龙城”的美称。如今大同正打造“中国古都”“世界云冈”“华夏恒岳”“天下大同”的旅游总体形象。

云冈石窟位于武周山南麓，始建于北魏时期，由高僧昙曜主持修建。石窟沿山整体开凿，东西绵延约1千米，现存主要洞窟45个、大小造像59000余尊，被誉为“世界艺术宝库”，是中国早期石雕艺术的代表。整个窟群分东、中、西三部分。东部的石窟多以佛塔为主，又称塔洞；中部每个窟都分前后两室，主佛居中，四壁及洞顶布满浮雕，其中的昙曜五窟（编号16~20）是云冈开凿最早、气魄最大的窟群；西部窟群开凿时代稍晚，主要以中小窟和补刻的小龛为主。石窟中最大佛像高达17米，最小佛像仅有几厘米高。云冈石窟历史久远，规模宏大，雕刻精细，吸收了中西方艺术的精华，创建出云冈独特的艺术风格，堪称中国美术史上的奇迹，也是研究我国古代雕刻、建筑、音乐、宗教、书法等的宝贵资料。

悬空寺（图1-3-10）位于大同市浑源县北岳恒山金龙峡西侧翠屏峰的悬崖峭壁间，始建于北魏后期，被徐霞客称为“天下巨观”。全寺为木质框架式结构，利用力学原理，凿洞插木，半插飞梁，借岩石暗托，飞架半空，距地面高约50米，楼阁之间有栈道相通。全寺共有殿阁40余间、佛像80多尊。由于寺庙建在崖壁上，所以殿堂进深均较小，塑像形体也相对较小。悬空寺的主要建筑有三佛殿、太乙殿、关帝庙、鼓楼、钟楼、伽蓝殿、送子观音殿、地藏王菩萨殿、千手观音殿、释迦殿、雷音殿、三官殿、三教殿、五佛殿、栈道等，是国内现存最早、保存最完好的高空木构摩崖建筑。悬空寺发展了我国的建筑传统和建筑风格，

图1-3-10 恒山悬空寺

把力学、美学和宗教巧妙地结合在一起，其建筑特色可以概括为奇、悬、巧，构思奇特，设计大胆，体现了中国人民的杰出智慧。

（3）朔州游览区

朔州位于山西省西北部、桑干河上游，是一座正在崛起的北方生态园林工业城市。朔州历史悠久，境内名胜古迹主要有杀虎口、应县木塔、崇福寺、掌柜窑、峙峪旧石器时代遗址、汉墓群、神头泉、广武城、净土寺等。

位于山西省朔州市应县县城佛宫寺内的应县木塔（图1-3-11），全名为佛宫寺释迦塔，始建于辽清宁二年（1056年）。木塔为寺内中心建筑，居佛宫寺南北中轴线上的山门与大殿之间，属于前塔后殿的布局。它是我国现存最古老、最高大的纯木结构楼阁式建筑，是世界木结构建筑的典范。塔的平面为正八边形，外观有五层六檐，而五层中有四个暗层，一共九层，每层都有塑像。塔高67.31米，底层直径30.27米。木塔全部由斗拱、柱梁镶嵌、穿插、吻合、连接而成，无一钉一铆，使用的斗拱有54种，结构精密，体量宏伟，是中国古代木构建筑的杰出成就。木塔历经900多年的风雨剥蚀和地震、炮火的洗礼，仍然坚如磐石般屹立。

图1-3-11　应县木塔

（4）忻州游览区

忻州位于山西省中北部，素有“晋北锁钥”之称。境内山地较多，历史文化悠久。

五台山位于忻州市五台县东北，是中国四大佛教名山之一，景区总面积达2837平方千米。五台山并非一座山，而是由五座山峰环抱组成，故名五台，分别是东台望海峰、南台锦绣峰、中台翠岩峰、西台挂月峰、北台叶斗峰。山中气候寒冷，台顶终年有冰，盛夏天气凉爽，位居我国十大避暑名山之首，故又称清凉山。五台山风光壮美，景色独特。东台顶能看日出，西台顶能赏明月，南台顶能观山花，北台顶能望瑞雪。山上有大片原始针叶林和天然牧场，植物品种达600多个。五台山上庙宇林立，文物广布，现存寺院共47处，台内39处，台外8处。著名的有：显通寺、塔院寺、菩萨顶、南山寺、黛螺顶、广济寺、万佛阁等。其中，显通寺是五台山历史最悠久、规模最大的寺院，寺内有殿堂楼阁400多间，这里是举办盛大佛事活动的场所。显通寺南侧塔院寺内的大白塔（图1-3-12），为尼泊尔阿权尼哥设计的藏式佛塔，是五台山的标志。

图1-3-12　塔院寺大白塔

(5) 晋中游览区

晋中市位于山西省中部，东倚太行，西濒汾河，北与太原市毗邻。晋中文化底蕴深厚，是晋商故里，境内现有国家级历史文化名城2座——平遥古城、祁县古城，国家森林公园3处——左权龙泉、寿阳方山、榆次乌金山。近年来，晋中形成了以晋商文化为主要特色的旅游景点：一城（平遥古城）、两寺（双林寺、资寿寺）、三山（绵山、乌金山、石膏山）、五院（乔家大院、曹家大院、王家大院、渠家大院、常家庄园）。

图1-3-13　平遥古城

平遥古城（图1-3-13）位于山西省中部，始建于西周，明洪武三年（1370年）扩建，距今已有2700多年的历史。现在它还较为完好地保留着明清时期县城的基本风貌，是我国保存最为完好的四大古城之一。平遥城墙建于明洪武三年（1370年），呈方形，周长约6.2千米，高约10米，为砖石结构。其现存6座城门瓮城、4座角楼和72座敌楼，墙顶外侧有垛口3000个，寓意孔子3000弟子和72贤人。俯瞰平遥古城，整体布局呈龟状，意为永世长存、固若金汤。平遥曾是清代晚期中国的金融中心、晋商发源地之一，清道光四年（1824年），中国第一家现代银行的雏形“日升昌”票号在平遥诞生。迄今为止，古城的城墙、街道、民居、店铺、庙宇等建筑仍然基本完好，保存完好的民居现有400多座。

1997年12月3日，平遥古城被联合国教科文组织列入《世界遗产名录》。

乔家大院（图1-3-14）坐落于祁县县城东北12千米处的乔家堡村，又名在中堂，始建于清乾隆年间，后又经多次修建，是清代商业金融资本家乔致庸的宅第。乔家大院体现了我国清代北方民居的独特风格。大院为全封闭的城堡式砖木结构建筑群，占地8724平方米，建筑面积3870平方米，分6个大院，内套20个小院，有313间房屋。从大院一进门是一条长80米的石铺甬道，把6个大院分为南北两排，甬道两侧靠墙处有护坡。从高空俯瞰，整个院落布局像一个双“喜”字。乔家大院设计精巧、安全牢固、庄严气派，充分体现了我国清代民居建筑的独特风格，被赞为“北方清代建筑史上的一颗明珠”，更有“皇家有故宫，民宅看乔家”之说。

图1-3-14　乔家大院

(6) 临汾游览区

临汾地处黄河中游，古称尧都，传说是尧的故乡。旅游资源主要有黄河壶口瀑布、洪洞大槐树寻根祭祖园、乾坤湾景区、临汾尧庙、丁村、水神庙、柿子滩旧石器时代遗址、广胜上寺等。

壶口瀑布（图1-3-15）地处临汾市吉县县城西南25千米处的山西与陕西交接处，是世界上最大的黄色瀑布。壶口处两岸多高山峭壁，黄河河道在此处

图1-3-15 壶口瀑布

由300米宽突然缩减为50多米宽，河水腾空跌落，落差达50米，如同在巨大无比的壶中倾出，排山倒海，故名“壶口瀑布”，是黄河流域的一大奇观。壶口瀑布还有“水中冒烟”“旱地行船”的奇景。

（三）河南旅游亚区

1. 河南旅游业发展概况

河南省位于我国中部偏东、黄河中下游，因大部分地区位于黄河以南而得名。河南东接山东、安徽，北接河北、山西，西连陕西，南临湖北。河南是中华文明和中华民族最重要的发源地，自古就是中国九州的中心豫州，故简称豫，历史上被称作中原、中土、中州。河南既是传统的农业大省和人口大省，又是新兴的经济大省和工业大省。河南不仅有悠久的历史、众多的文物古迹，更有迷人的自然风光。其有国家级风景名胜区10处、世界地质公园4处、国家地质公园15处、国家级历史文化名城8座、国家级自然保护区13个，列入《世界遗产名录》的5处。河南被称为“戏曲之乡”，代表剧种为豫剧。在中国的十大古都中，河南就有4座（郑州、洛阳、开封、安阳）。

2. 主要游览区

（1）郑州游览区

郑州市地处中华腹地，九省通衢，是河南省的省会，位于河南省中部偏北、黄河下游，是国家级历史文化名城、中国十大古都之一，历史上为豫州和中州的一部分。郑州有丰富的历史文化积淀，全市范围内有各类文物古迹1400多处，其中全国重点文物保护单位有83处。

郑州市具有代表性的旅游景观有轩辕黄帝故里，裴李岗文化遗址，商城遗址，周公测景台，元代观星台，以黄河风景名胜区、大河村遗址为主的黄河特色文化旅游群，以少林寺、嵩山国家森林公园为主的嵩山风景名胜区，河南省现存最大的道教建筑群中岳庙，中国三大庄园之一的康百万庄园，中国宋代四大书院之一的嵩阳书院和有“七帝八陵”之称的宋陵等。另外在市郊，还有众多的古城、古墓葬、古建筑、古关隘和古战场遗址。

嵩山（图1-3-16）地处登封市西北，是五岳的中岳，古称外方、嵩高、崇山。嵩山以少林河为界，东为太室山，西为少室山，东西绵延60多千米，两山各有36峰，组成嵩山72峰，最高峰峻极峰海拔1491.7米。嵩山上名胜古迹众多，历史上有30多位皇帝、150多位文人登临。这里有中国古代建筑群之一的、建于秦朝的中岳庙，中国古代四大书院之一的、位于太室山南麓的嵩阳书院，以少林武术闻名天下的少林寺，现存最大的塔林——少林寺塔林，现存最早的砖塔——嵩岳寺塔。

少林寺（图1-3-17）位于嵩山少室山北麓五乳峰下，因其坐落在少室山下的茂密丛林中，

图1-3-16 嵩山

图1-3-17 少林寺

故名少林寺，始建于北魏太和十九年（495年）是少林武术的发源地，号称天下第一名刹。少林寺建筑群主要包括常住院、塔林和初祖庵三部分。常住院是少林寺的主体建筑，中轴线的建筑由南向北依次是山门、天王殿、大雄宝殿、法堂、方丈院、立雪亭、千佛殿等。少林寺文物众多，寺内保存有珍贵的碑碣石刻。

在少林寺西300米处，就是国内现存最大的塔林（图1-3-18）。这些古塔是少林寺历代德高望重的僧侣的坟墓，有230多座，占地面积约2.1万平方米，为砖石混合结构。塔的高低、大小和层数主要根据僧侣们生前对佛学造诣的深浅、威望的高低、功德的大小来决定。塔一般为1~7层，高度在15米以下，水平面形状有四方形、六角形、八角形，立体形状有柱体、锥体等。基本每座塔都有塔铭和题记，是研究我国古代砖石建筑和雕刻艺术的宝库。

嵩阳书院（图1-3-19），因坐落于嵩山南麓而得名，最早为佛教、道教活动场所，原名嵩阳寺、嵩阳观、太乙书院，始建于北魏孝文帝太和八年（484年），宋仁宗时改名为嵩阳书院。程颢、程颐、司马光、范仲淹、朱熹等人曾在此讲学，使嵩阳书院名声大振，与当时河南睢州的应天书院、湖南长沙的岳麓书院、江西九江的白鹿洞书院合称宋代四大书院。后经历代重修，现在嵩阳书院主体建筑基本保持了清代建筑布局，古朴典雅，中轴线上分五进院落，自南向北依次为大门、先圣殿、讲堂、道统祠和藏书楼，中轴两侧有配房相连，均为硬山式建筑。

图1-3-18 塔林

图1-3-19 嵩阳书院

（2）洛阳游览区

洛阳位于河南省西部、黄河南岸，是国家级历史文化名城，因地处古洛水的北岸而得名，横跨黄河中游南北两岸，有“九州腹地”之称。以洛阳为中心的河洛地区是华夏文明的重要发祥地。中国古代与伏羲、女娲、黄帝、尧、舜、禹等有关的神话传说多发源于此。洛阳古都是中国建都最早、朝代最多、历史最长的都城。洛阳以牡丹花、龙门石窟、白马寺闻名，号称 “千年帝都，牡丹花城”和“休闲度假之都”。洛阳近年来还举办一些节会活动，如中国洛阳牡丹文化节、河洛文化旅游节、伏牛山滑雪旅游节、黄河小浪底观瀑节等。

龙门石窟位于洛阳市区东南，分布于伊水两岸的龙门山和香山崖壁上，南北长约1千米，为我国四大石窟之一。龙门石窟始凿于北魏年间，连续大规模营造400多年，为中国现存窟龛最多的石窟。其现有窟龛2345座、造像10万余尊、题记碑刻2800余品，其中最大的佛像高达17.14米，最小的仅高2厘米，是中国古代雕刻艺术的典范之作。石窟中最具有代表性的是宾阳中洞、奉先寺和古阳洞。奉先寺是龙门石窟中最大的窟，位于龙门西山南部的山腰上，是一个南北宽约30米的露天大龛。这里共有9尊大型造像，主尊为卢舍那大佛，佛像总高17.14米，头高4米，耳长1.9米，佛像被赋予了女性的形象，面容丰腴饱满，庄重文雅。另外，龙门石窟的“龙门二十品”是魏碑书法的代表，唐代著名书法家褚遂良所书的《伊阙佛龛之碑》更是初唐楷书艺术的典范。龙门石窟艺术堪称展现中国石窟艺术变革的里程碑，也体现了劳动人民的智慧和深厚的艺术造诣。

位于洛阳老城以东12千米处的白马寺（图1-3-20），创建于东汉。白马寺目前占地约3.4万平方米，为长方形院落。整个寺院坐北朝南，中轴对称，布局严整。在山门外，有一对石狮、石马分立两侧。山门是并排的3座拱门，山门内东南角和西南角是高僧摄摩腾和竺法兰的丘冢。沿中轴线自南向北依次是山门、五层大殿（天王殿、大佛殿、大雄殿、接引殿和毗卢殿），每座大殿都有造像，两侧还有钟鼓楼、门堂、云水堂、祖堂、禅堂、客堂、斋堂、方丈院、齐云塔等附属建筑。白马驮经的故事即源于此。

洛阳牡丹花会始于1983年。2010年11月，经文化部正式批准，洛阳牡丹花会升格为国家级节会，更名为中国洛阳牡丹文化节。节日期间数千株牡丹（图1-3-21）绵延数千米，“昼赏牡丹夜观灯”是洛阳牡丹花会的传统，吸引着世界各地游客前来观赏。

图1-3-20 白马寺

图1-3-21 洛阳牡丹花

（3）开封游览区

开封是一座具有悠久历史的文化名城，曾有8个朝代定都于此，故为“八朝古都”。开封的旅游景观宋代特色明显，著名景观有宋都御街、城门楼、古城墙、清明上河园、龙亭、开封府、铁塔、繁塔、大相国寺、包公祠等，形成了以宋代建筑风格为主体、宋文化氛围浓郁的宋都旅游景区。市区还分布着包公湖、龙亭湖、西北湖、铁塔湖、阳光湖等众多湖泊，水域面积占老城区面积的1/4，享有“一城宋韵半城水”的美誉。

清明上河园（图1-3-22）位于开封城西北角，是以宋代张择端的《清明上河图》为蓝本，复原再现原图风物景观的大型宋代历史文化主题公园。该园占地面积超40万平方米，其中水面约有12万平方米，拥有大小古船50余艘，各种宋式房屋400余间，形成了中原地区最大的宋代古建筑群，也是国家黄河旅游专线重点配套工程、中国第一座以绘画作品为原型的仿古主题公园。主要建筑有城门楼、虹桥、店铺、码头、船坊等。清明上河园建筑古朴典雅，在景观中融入了北宋的民俗风情和市井生活，如酒楼、茶肆、当铺等建筑，汴绣、官瓷、年画等民间技艺，民间游艺、杂耍、盘鼓表演，博彩、斗鸡、斗狗等风情活动。每天晚

图1-3-22 清明上河园

上，还有大型水上实景演出《大宋·东京梦华》，使游园活动达到高潮。

大相国寺位于开封市中心，原名建国寺，是中国汉传佛教十大名寺之一，原是战国四公子之一的魏信陵君的宅院，始建于北齐天保六年（555年），后寺院毁于战火，唐景云二年（711年）重建，唐宋两代是大相国寺的鼎盛时期。北宋时，大相国寺占地达30多万平方米，辖64个禅、律院，僧众千余人，是京城最大的寺院和全国佛教活动中心。后因战乱水患，各代屡次重修，现在大相国寺的主要建筑都是清代修建，占地约2万平方米，布局严谨，建筑宏伟，有山门、天王殿、大雄宝殿、八角琉璃殿、藏经楼、钟鼓楼等古迹。其中最负盛名的是八角琉璃殿中心亭的一尊银杏木雕千手千眼观音像，该像雕于清乾隆年间，整尊雕像高约7米，工艺精美，是清代木雕艺术的杰作。

开封铁塔（图1-3-23）位于开封市铁塔公园内，又称开宝寺琉璃塔、祐国寺塔。因塔身镶嵌红褐色琉璃，形如铁锈，远望似铁铸，所以得名铁塔。塔为13层楼阁式塔，塔身秀丽修长，高大雄伟，为仿木砖质结构，高约55.8米，八角对称。塔身砌满彩色琉璃砖，上面雕有飞天、麒麟、菩萨、乐伎、狮子、花卉等50多种花纹图案，造型优美生动，堪称宋代砖雕艺术杰作。铁塔虽为砖结构，但同木料一样，榫眼沟槽，垒砌严密合缝，设计精密。铁塔窗子的设计也很独特，有明窗和暗窗两种，明窗每层一扇，第一层在北，第二层在南，第三层在西，第四层在东，依次类推，其他为盲窗（即打不开的窗）。它是中国历史最悠久、最高的琉璃砖塔。

图1-3-23 开封铁塔

（四）山东旅游亚区

1. 山东旅游业发展概况

山东省位于我国东部沿海、黄河下游，古为齐鲁之地，西部连接内陆，中部高突，东部山东半岛伸入黄海，北隔渤海海峡与辽东半岛相对，东隔黄海与朝鲜半岛、日本相望。山东历史悠久，名人辈出，是中华文明的发祥地之一，其中最具代表性的为孔子及其儒家思想。全省共有6处国家级风景名胜区、10座国家级历史文化名城、7处国家级自然保护区、4处国家级旅游度假区、4处世界遗产、226处全国重点文物保护单位、1968处省级文物保护单位。山东各地每年还举办各类国际、国内节日会展活动，如青岛国际啤酒节、泰山国际登山节、曲阜国际孔子文化节、潍坊国际风筝会、淄博国际聊斋文化旅游节等。

2. 主要游览区

（1）济南游览区

济南市是山东省省会，山东省政治、文化、经济、金融、教育中心，位于山东省中西部，北临黄河，南依泰山，是龙山文化的发祥地，因境内有七十二名泉被称为泉城，“家家泉水、户户垂杨”，构成了济南独特的自然景观和历史人文特色。济南有四大泉群：趵突泉、珍珠泉、黑虎泉、五龙潭，并有“四面荷花三面柳，一城山色半城湖”的美誉。

趵突泉公园，位于济南市中心，南倚千佛山，北望大明湖，是一座以泉水和人文景观为主的特色名园，是济南的标志，也是泉城三大名胜之首。趵突泉（图1-3-24）又名槛泉，为泺水源头，是七十二名泉之冠，号称“天下第一泉”。“趵突泉，三窟并发，声如隐雷”，泉水昼夜喷涌，水温一年四季在18□ 左右。趵突泉周围泉水众多，有金线泉、漱玉泉、马跑泉、卧牛泉、皇华泉、柳絮泉、老金线泉、洗钵泉、尚志泉、螺丝泉、满井泉、白云泉、望水泉、东高泉、白龙湾泉、石湾泉、杜康泉、混沙泉等27处名泉。公园内名胜古迹众多，泺源堂、娥英祠、望鹤亭、观澜亭、尚志堂、李清照纪念堂、沧园、白雪楼、万竹园、李苦禅纪念馆、王雪涛纪念馆和众多碑文石刻，气势恢宏，古朴典雅，使趵突泉公园成为海内外著名的旅游胜地。

图1-3-24　趵突泉

大明湖（图1-3-25）是济南三大名胜之一，它位于济南旧城区北部，现在市中心偏东北处。大明湖公园的占地面积约为81万平方米，湖水面积约46万平方米，平均深度约为2米。湖内的水来自城区珍珠泉和王府池子附近的泉群，后由北水门流入小清河，向东注入渤海，有“众泉汇流”之说。水质清冽，天光云影，游鱼可见。湖底地质构造为火成岩，泉水不易下渗，再加上排水系统合理，便形成了“淫雨不涨，久旱不涸”的特点。大明湖风景秀丽，水色澄碧，堤柳夹岸，沿湖的亭台楼阁，水榭长廊参差有致。湖畔多处建筑景观是为纪念古人政绩、行踪而修建，如历下亭、月下亭、小沧浪、北极阁、铁公祠、汇波楼、南丰祠、遐园、稼轩祠等， 李白、曾巩、苏轼、王象春、蒲松龄等历代文人曾前来凭吊、吟咏。其中历下亭位于湖心岛，历来为文人会集之地，清乾隆为其御书“历下亭”匾额。

图1-3-25　大明湖

位于济南市东南的千佛山，是济南的三大名胜之一，海拔约为285米。1959年建立以千佛山为主体的公园。千佛山古称历山，传说舜、禹曾于山下开荒种田，因此，又称舜耕山、禹山。后因隋开皇年间，众多佛教徒依山势在山腰处凿刻了数千尊佛像，故名千佛山，并建千佛寺。唐贞观年间千佛寺重新修葺，改称兴国禅寺，成为香火胜地。千佛山峰峦起伏，东西横列，犹如一架巨大锦屏，成为济南的天然屏障。位于山腰的兴国禅寺内有大雄宝殿、观音堂、弥勒殿、对华亭等建筑。山崖上，由西向东有龙泉洞、极乐洞、黔娄洞、吕祖洞。在兴国禅寺东侧的历山院，有舜祠、鲁班祠、文昌阁、一览亭，并保存着北魏、唐、宋时期的石刻造像。千佛山的东麓有辛亥革命烈士陵园。此外还有唐槐亭、齐烟九点坊及云径禅关坊等古迹。

（2）曲阜游览区

曲阜市位于山东省西南部，是我国古代伟大的思想家、教育家、政治家、儒家学派创始人孔子的故乡。曲阜是国家历史文化名城，有各类文物古迹600多处。现保存金元明清古建筑1300多间，历代碑刻5000余块，古树名木近2万株，库藏文物逾11万件，孔府明清文书档案六万余件，具有极高的历史、文化价值。孔庙、孔府、孔林被列入《世界遗产名录》。曲阜因其在中国和世界历史、文化中的显著地位，被世人尊称为“东方圣城”。

孔庙是我国历代封建王朝祭祀孔子的地方，位于曲阜城中央，具有东方建筑特色，规模宏大，气势雄伟，是中国三大古建筑群之一。孔子死后第二年（公元前478年），鲁哀公将孔子故宅改建为庙。此后历代帝王不断加封孔子，扩建庙宇。孔庙建筑仿皇宫规制，沿中轴线左右对称，布局严谨。庙内共有九进院落，分左、中、右三路，包括殿、阁、亭、庑、堂等建筑，总共466间。其中主体建筑大成殿是祭祀孔子的正殿，规模仅次于故宫太和殿。殿外四周回廊下环立28根约6米高的巨大雕龙石柱，石柱全为整石刻成，总计有1296条神态各异、栩栩如生的团龙，是石雕艺术珍品。大成殿内正中高悬“至圣先师”巨匾，其下神龛贴金雕龙，内供孔子彩绘塑像。在孔庙圣迹殿、十三碑亭及大成殿东西两庑，陈列着大量碑碣石刻，有“中国第二碑林”之称。

孔府即衍圣公府，与孔庙毗邻，是孔子嫡长孙世袭衍圣公的衙署和府第，有“天下第一家”之称，是中国封建社会官衙合一的典型建筑，也是我国历史上延续时间最长的封建贵族庄园。他现占地12万平方米，有厅、堂、楼、房共463间，以明清建筑为主，三路布局，前堂后衙，府第功能分区明确，共九进院落。中路前为官衙，是衍圣公处理公务及宗族事务的场所；后为内宅，是衍圣公饮食起居之所；最后是花园，是历代衍圣公及其家属游赏之所。

孔林是孔子及其家族的墓地，它是我国规模最大、持续时间最长、保存最完整的氏族墓葬群和人工园林。孔子去世后，“弟子各以四方奇木来植，故多异树，鲁人世世代代无能名者”，孔林内现有树木10万余株，其中有200年以上历史的古树名木9000多株，还有各种奇花异草，是一座天然植物园。自孔子公元前479年葬于曲阜城北泗上后，其后代从冢而葬，2000多年从未间断，坟冢数量超过10万座，形成了今天的孔林。孔林还是一座集墓葬、建筑、石雕、碑刻于一体的露天博物馆。

（3）泰安游览区

泰安位于山东省中部，因泰山而闻名，城区在泰山南麓，依山而建，山城一体。泰安从古语“泰山安则四海皆安”中来，寓意“国泰民安”。泰安以泰山为中心，周边有中华文明发源地之一的大汶口遗址、中国最古老的齐长城、水浒故事发生地梁山泊，以及莲花山、牛山、徂徕山、腊山、神童山等森林公园。

M1-3-2
泰山

泰安的主要旅游景点为泰山，泰山又称岱山、岱宗、岱岳、东岳、泰岳等，被称为五岳之首、天下第一山，主峰玉皇顶海拔1532.7米。1987年，泰山被联合国教科文组织评为世界首个自然与文化双重遗产。庄严神圣的泰山，2000多年来一直是帝王朝拜的对象，自尧舜直至明清，泰山一直是历代帝王封禅祭天的神山。自古泰山就是文人墨客顶礼膜拜的胜地，他们留下了大量优美诗篇。在景区内，有山峰156座、崖岭138座、名洞72处、奇石72块、瀑潭64处、溪谷130条、名泉72眼、古树名木万余株、寺庙58座、古遗址128处、碑碣1239块、摩崖石刻1277

处，堪称“中国书法名山”。

（4）青岛游览区

青岛位于黄海西岸、山东半岛南端，全市海岸线（含所属海岛岸线）总长约为870千米，素有“东方瑞士”“东方夏威夷”的美誉。青岛是一座国家级历史文化名城、道教的发祥地之一、我国著名的海滨旅游避暑胜地。其属温带季风气候，四季分明，气候宜人。红瓦绿树、碧海蓝天的老城区，与东部现代化新城区交相辉映。

名扬天下的青岛主要得益于其风光秀丽的海滨风景区（图1-3-26），凡是到过青岛的人，无不为青岛海滨的美丽景色所陶醉。青岛海滨风景区位于市区南部沿海一线，东西长约25千米，南北宽约3千米，依山面海，风光融山、海、城于一体，主要景点有栈桥、鲁迅公园、小青岛、小鱼山、八大关、汇泉广场、百花苑（青岛文化名人雕塑园）、五四广场、八大峡公园等。

图1-3-26 青岛海滨风景区

栈桥位于南海湾，桥长约400米，宽10米，始建于1892年，是德国所建的商用码头。栈桥是百年青岛的标志，也是青岛最好的观景点之一。它历经百年海水冲刷腐蚀而不朽，其主要建筑是伸向大海一端的中式2层塔式建筑——回澜阁。

栈桥后面是崂山，古称牢山、劳山、鳌山等，位于黄海之滨，是山东半岛的主要山脉，主峰崂顶海拔1132.7米，是我国海岸线第一高峰，有“海上第一名山”之称。崂山山海相连，山光海色，山上多奇峰异石，古树清泉，是典型的花岗岩地貌，有千姿百态的象形石，被誉为“天然雕塑公园”。崂山是我国著名的道教名山，兴盛时有“九宫八观七十二庵”，为“道教全真天下第二丛林”。其自古被称为“神仙之宅，灵异之府”。位于崂山南麓老君峰下的太清宫又名下清宫，三面环山，一面临海，始建于西汉武帝建元元年（公元前140年），为崂山道教祖庭，是崂山最大的道观、全真道天下第二道场。其现占地约3万平方米，建筑面积约2500平方米，共有房舍150余间，主要由三官殿、三皇殿、三清殿3个院落组成。

（5）烟台游览区

烟台位于胶东半岛北部，濒临渤海、黄海，境内有大小岛屿63个，是山东省最大的渔港、中国北方著名的旅游避暑和休闲度假胜地。烟台依山傍海，自然资源独特，有多处国家级森林公园和国家级自然保护区等。烟台历史悠久，人文旅游资源丰富，如新石器时代的白石村遗址、烟台山领事馆遗址、人间仙境蓬莱阁、海上仙山长岛、莱州云峰山魏碑刻石等。

蓬莱阁（图1-3-27）位于烟台蓬莱市城北的丹崖山上，由几组古建筑群组成，包括三清殿、吕祖殿、苏公祠、天后宫、龙王宫、蓬莱阁、弥陀寺等。蓬莱阁同洞庭湖畔岳阳楼、南昌滕王阁、武昌黄鹤楼合称为中国四大名楼。“八仙过海”的神话故事相传就发生在此，自古为文人墨客聚集之地，阁内随处可见文人观海述景的墨宝和楹联石刻。著名的“蓬莱十景”为：仙阁凌空、狮洞烟云、渔梁歌钓、日出扶桑、晚潮新月、神山现市、万里澄波、万斛珠玑、铜井金波、漏天滴润。蓬莱阁前还常出现海市蜃楼奇观，具有很高的观赏价值。

图1-3-27　蓬莱阁风景

南山景区（图1-3-28）位于山东省烟台市龙口市境内景色秀丽的卢山之中，景区内的南山禅寺、香水庵、灵源观、文峰塔、南山古文化苑等景点，均系古代遗迹。古建筑群中的亭榭廊塔，山林水系，依山构造，古朴典雅，迤逦壮观，气势宏伟。

图1-3-28　烟台龙口南山景区

景区内南山禅寺的前身是黄县境内（今龙口市）最古老、最著名的禅寺——石泉寺，据史料记载：佛教在唐时传入龙口，自唐至清，佛教兴盛，全县800余个村，均建有庙。其中石泉寺最古老，创建于唐贞观年间。1999年为发展旅游业，当地对石泉寺进行重修，改名为南山禅寺。重修后的南山禅寺复旧貌，换新颜，整体建筑气势宏伟，占地4万平方米，建筑面积9800平方米。进入山门，中路有弥勒殿、大雄宝殿、圆通殿、藏经阁，东路有钟楼、地藏殿、伽蓝殿、东方三圣殿、菩提殿、文殊殿，西路有鼓楼、祖师殿、西方三圣殿、普贤殿。

“结庐在人境，而无车马喧。……采菊东篱下，悠然见南山。”南山旅游风景正以它优雅的自然景观和底蕴丰厚的人文景观，勾画出一幅“寿比南山”的人间。

【知识拓展】

陵墓是古代建筑的一个重要类型，你知道世界上哪些著名的陵墓？扫描二维码了解具体内容。

M1-3-3
知识拓展

【单元小结】

黄河是中华民族的发祥地、人类文明的摇篮，黄河中下游旅游区是我国旅游资源最丰富的地区和旅游最发达的地区之一，本区最显著的特点是具有丰富的历史名胜和文物古迹，同时还拥有比较丰富的自然旅游资源。本单元主要介绍了黄河中下游旅游区的旅游资源特色，4个旅游亚区的旅游业发展概况和各自主要游览区的特点。要求重点掌握黄河中下游旅游区旅游资源的特点和各旅游亚区内主要游览区的特点。

【思考与实训】

一、思考

1. 说明本区的旅游资源特征。
2. 举例说明河南省的旅游资源特色。
3. 说明青岛市旅游特点。
4. 介绍西安市的著名古迹。

二、实训

1. 请设计黄河中下游旅游区的旅游主题并进行特色提炼。
2. 介绍十大完美旅游线路之一的“山西陕西民居民俗游”。
3. 家住海南的刘小姐想利用五一假期进行一次中原文化访古之旅，请为其设计一个旅游方案。

学习单元四　长江中下游旅游区

学习目标

知识目标：了解长江中下游旅游区的旅游点概况，掌握长江中下游旅游区旅游资源的基本特征，熟悉长江中下游旅游区的旅游地理环境，了解各旅游亚区一般旅游景点的概况。

能力目标：能够根据长江中下游地区旅游交通的特点设计本区主要的旅游线路，能够对知名景点进行讲解。

素质目标：学习园林、古镇的建造工艺和艺术精华，增强文化自信，培养工匠精神。通过对井冈山、瑞金等景区的了解，厚植爱国主义情怀，弘扬以爱国主义为核心的民族精神和以改革创新为核心的时代精神。了解本旅游区文人志士，提升人文素养，树立家国情怀。

任务导入

2021年10月，漫步在武汉街头，已难以看到疫情留下的印记。虽然秋雨蒙蒙，但武汉街上年轻游客络绎不绝，长江上游轮穿行往复。晚上，长江岸边慢跑的人、散步的人在彩灯映照下来来往往，岸边大楼的灯光秀绚烂而迷人，其中一座大厦打出了彩色的字“好久不见”。

湖北省在旅游产业上开启快进模式，作为湖北省会的武汉更是一跃成为新晋“网红城市”。

在2021年国庆假期，武汉市56家A级景区接待游客272.60万人次，按可比口径（国庆假期日均量），比2020年同期增长28.79%；景区旅游收入创历史同期新高，达到2.16亿元，分别比2019年和2020年国庆假期增长33.9%和87.7%。

数据显示，2021年国庆黄金周期间，武汉是唯一一个接待游客数量超过2000万的城市，今年也是武汉连续第二年国庆接待游客数量登顶。

武汉的旅游业表现如此亮眼，这是怎么做到的？后疫情时代，旅游业又该如何加速发展？

【学习内容】

一、长江中下游旅游区概况

M1-4-1 长江中下游

长江中下游旅游区包括湘、鄂、皖、赣、苏、浙、沪七个省级行政区，是我国自然条件最优越、经济最发达和人口最稠密的地区之一。全区旅游资源丰富，基础条件优越，水陆交通便利，物产丰富，园林荟萃，名山众多，水景丰富，自然风光秀丽，人文底蕴深厚，在全国旅游业中占有重要的地位。

（一）长江中下游旅游区旅游地理环境概况

1. 地表结构复杂，地貌类型多样

本区由北向南依次分布着苏皖沿江平原、长江中下游平原、江南低山丘陵。长江中下游平原包括安徽长江沿岸平原、巢湖平原以及江苏、浙江、上海间的长江三角洲，苏皖沿江平原是指从湖口到镇江之间长江两岸的冲积平原。镇江以东为长江三角洲，这里依山连海，气候温和，人口稠密，是富甲全国的“鱼米之乡”。江南低山丘陵分布于长江中下游平原以南，历史上发生褶皱、断层，并伴有大量的岩浆活动和火山喷发而形成了低山、丘陵、盆地、河谷相间的地貌类型，是本区旅游名山集中之地。

除常态地貌外，本区还有冰川地貌、喀斯特地貌、丹霞地貌、花岗岩地貌等，都具有很高的旅游价值。

2. 典型的亚热带季风气候

本区属于典型的亚热带季风气候，具有夏热冬暖、四季分明、雨量充沛的特点。春末夏初有梅雨，盛夏有伏旱，秋季天高气爽，温和宜人。

本区温暖湿润的气候，使得植物茂盛，种类繁多，森林覆盖率高，形成了山清水秀、丰富多彩的旅游景色。

适宜的气候使得本区四季风景皆可游，春秋两季为旅游旺季。

3. 河流密布，水资源丰富

本区气候湿润、降水充沛，地势低平坦荡，河网如织，湖泊众多，河流水量大，汛期长，泥沙少，无冰期，水流稳定，含沙量小，为开展水上旅游活动创造了十分有利的条件。

主要河流包括淮河、长江及其支流、钱塘江、京杭大运河等。本区湖泊星罗棋布，素有“水乡泽国”之称，鄱阳湖、太湖、洪泽湖和巢湖是我国著名的淡水湖，杭州西湖、扬州瘦西湖、淳安千岛湖、嘉兴南湖等都是我国著名的风景名胜区。

4. 旅游交通网络方便快捷

长江中下游地区旅游交通发达便捷，拥有航空、铁路、公路、水运组成的立体交通网。其中航空网以上海和各省会城市为中心，可通往北京等全国主要城市，上海还有通往世界各地的多条国际航线。铁路主干线有焦柳、京沪、京九、京广、沪杭、浙赣线等，这些铁路干线多数贯通各旅游城市和风景名胜。公路网密度大，基本建成了连接各县市的全天候公路网，大城市之间大多有省际公路或高速公路相连。立体便捷的交通，成为本区旅游业发展的有利条件。

（二）长江中下游旅游区旅游资源特征

1. 以水为主，以山水组合见胜

本区水资源丰富，有风光旖旎的海滨，有清秀俊丽的江河风景，有烟波浩渺的湖泊，还有众多的泉水和瀑布。其中嵊泗列岛、普陀山是我国著名的海滨胜地，横卧东西的长江、纵横南北的京杭大运河、富春江、新安江、楠溪江是我国重要的江河旅游线，太湖、洪泽湖、千岛湖、瘦西湖等都是著名的风景区，雁荡山大龙湫、镇江中冷泉、无锡惠山泉、南京汤泉、杭州虎跑泉等都是著名的景区。

本区名山有武当山（湖北）、黄山（安徽）、九华山（安徽）、天柱山（安徽）、普陀山（浙江）、天台山（浙江）、莫干山（浙江）、雁荡山（江苏）、龙虎山（江西）、庐山（江西）、三清山（江西）等，这些名山融丰富的自然景观和文物古迹于一体，加之宜人的气候和便捷的交通，历来都是著名的避暑和游览胜地。

2. 名城与古典园林云集

本区的名城数量之多、分布之密集居全国之首，著名的有我国最大的工商业城市上海、水巷小桥的苏州、十大古都之一的杭州、六朝古都南京、曾经“富甲天下”的淮左名都扬州、名人辈出的绍兴、亚欧大陆桥的起点连云港、以“三国旧地”闻名的合肥、历史上被誉为中国四大米市之首的芜湖、近代红色革命名城南昌、素有“瓷都”之称的景德镇等。

本区气候温和，河流湖泊众多，地貌类型丰富，常绿阔叶树和花卉种类多，为造园提供了优越的自然条件。自六朝、五代、宋、元、明、清时期以来，各官僚、地主和巨富纷纷兴建园林，使本区成为江南园林荟萃之地。苏州的沧浪亭、狮子林、拙政园、留园，无锡的寄畅园、梅园、蠡园，上海的豫园，绍兴的沈园，扬州的个园等无不体现出江南园林精湛的造园技艺和极深的园林艺术造诣，是了解和研究江南园林的首选之地。

3. 人文历史底蕴丰厚

本区是我国城市文化水平最高、人口分布最密集的地区之一。长江流域开发历史悠久，见证了古老的中华文明。以李白、白居易、刘禹锡、王安石、欧阳修为代表的历代诗人，在本区留下了许多不朽的诗篇。这里还出现过众多杰出的文学家、艺术家，如书画家顾恺之、米芾、唐寅、郑板桥、龚贤等，中国古典小说《水浒传》的作者吴承恩、《红楼梦》的作者曹雪芹，以及近现代散文家朱自清、诗人柳亚子、京剧表演艺术家梅兰芳、书画艺术大师徐悲鸿、刘海粟、陈之佛、傅抱石等。

二、旅游亚区及主要旅游景点

（一）湖北旅游亚区

1. 湖北旅游业发展概况

湖北省是长江中下游地区经济较为发达的省份，也有着丰富的旅游资源，秀丽的自然景观和丰富的人文景观构成了湖北旅游资源的主要内容。湖北省历史悠久，在郧西、郧阳区、长阳等地发现的古人类化石，证明几十万年前这里就有人类生息。在今武汉市黄陂区发掘的盘龙城，四周有夯筑城垣，城内有大片宫殿遗址，城外有作坊遗址和墓葬区，出土了大批精美的铜器，是我国迄今在长江流域发现的最早的商代古城之一。

湖北省又被称为“千湖之省”，那些星罗棋布的湖泊是远古时代的大泽——云梦泽留下的遗迹，它们像散落的珍珠，与交错的河流组成了江汉平原的水乡泽国风光。鄂西北有著名的神农架和武当山风景区，峰峦叠嶂，溪瀑淙淙，是著名的旅游胜地。湖北还有许多名胜古迹，有周瑜大败曹操的赤壁，有“白云千载空悠悠”的黄鹤楼，有“伯牙摔琴谢知己”的古琴台，有辛亥革命武昌军政府旧址……这些地方都足以让湖北成为一个值得观光的地方。

2. 湖北主要游览区

(1) 武汉游览区

武汉市位于湖北省东部、长江与汉水交汇处，是全省政治、经济、文化、科技中心，素有“九省通衢”之称。春秋战国时为楚国所在地，秦属南郡。武汉为兵家必争之地，古城区内形成了鲁山城、却月城和夏口城，即现在的汉阳、汉口、武昌三镇，合称武汉三镇。

归元寺位于汉阳区翠微路西端，始建于清顺治十五年（1658年），历代有所增建，现存建筑有韦驮殿、大雄宝殿、财宝天王殿。罗汉堂内五百罗汉环列，它们用特殊的脱胎漆塑工艺制成，起伏坐卧，各具姿态，喜怒哀乐，各有特色，极富生活气息，为寺中一绝。寺内另有翠微峰、亭廊池坛，颇具园林之胜。

黄鹤楼（图1-4-1）位于武昌区长江大桥东侧蛇山之巅。该楼原建于武昌黄鹤矶头，被世人赞为“千古名胜”，相传始建于三国东吴黄武二年（223年），屡毁屡建。现楼于1985年6月修成，分5层，高约51米，红柱黄瓦，层层飞檐，恰似一只腾飞的黄鹤。由山门沿台阶登上平台，视线开阔，武汉三镇尽收眼底。

图1-4-1　黄鹤楼

古琴台位于汉阳区鹦鹉大道月湖畔，相传为俞伯牙弹琴之处。此台初建于北宋，屡毁屡建，现今主体建筑是一栋单檐歇山顶的殿堂。门前石栏围护一座汉白玉石台，中立古朴方石柱，上书“琴台”两字。殿堂旁有碑廊，块块古碑歌颂着俞钟情谊如高山流水，地久天长。

东湖位于武昌东郊。东湖景观众多，四季风景宜人。湖周围除了古色古香的楼、阁、亭、台建筑外，还有屈原纪念馆、太平天国时的九女墩，以及遍布奇山、怪石、石洞的磨山风景区。

(2) 襄阳游览区

襄阳位于湖北省西北部，因襄阳和樊城两座古城原称襄樊，是鄂北重要城市，面积约2万平方千米。襄阳市内河流众多，汉水横贯市区，名胜古迹比比皆是。

曾侯乙墓是战国早期曾国君主乙的墓葬，位于湖北省随州市西郊擂鼓墩。其墓营建于红砾岩坡上，凿石为穴，墓坑长21米，宽16.5米，深13米，墓分四室。随葬物众多，有礼乐器、兵器、车马器、金玉器、漆木竹器及竹简等达1.5万余件。以九鼎、八簋为中心的铜礼器，品类齐全，造型奇妙，浮雕、透雕、细镂错金嵌玉，巧夺天工。金杯、金盏光灿夺目。璧、环、璜、佩等玉器玲珑璀璨，刻技精湛。漆器造型新颖、图案复杂，蟠龙、卧龙、卧鹿，栩栩如生。钟、磬、鼓、瑟、琴、笙、箫、笛等乐器，种类繁多，排列有序，宛如一间音乐厅，尤其是其中一套拥有65件的编钟，设计精巧，铸造精妙，出土时尚完整地挂在钟架上，音域宽广，音色优美，古今乐曲均能演奏，令人惊叹叫绝。

襄阳古城在汉水南岸，始建于汉，改建于宋，明代扩建。城墙三面环水，一面傍山。城周长约7.3千米，高约8米，每座城门外再筑瓮城，上设城楼箭垛。整个襄阳古城除北城墙濒临汉水外，其余三面都是人工挖掘的护城河，是我国保存最完整的古城之一，素有“铁打的襄阳”之称。古城的北城垣最完整，清代重修的小北门城楼高耸城头，西北角有夫人城。沿古城城头漫步可见汉水萦绕，楚山如屏，一览江山之胜。

古隆中位于襄阳城西15千米处的隆中山东麓，三国时期诸葛亮在此隐居、躬耕10年，是刘备三顾茅庐的地方。隆中从晋代起就有纪念性建筑，后历代设祠立庙，屡毁屡建，现存多为明清建筑。在三顾堂两侧石刻荟萃，既嵌有诸葛亮部分名作，如前后《出师表》等，也有历史名人题诗题记。碑刻中，最珍贵的要数305年晋镇南将军刘弘所立、李兴撰写的《祭诸葛亮丞相文》和361年历史学家习凿齿所撰的《诸葛武侯故宅铭》。

（3）宜昌游览区

宜昌市位于长江上游和中游分界处，堪称三峡门户，地跨长江两岸，周围自然资源和旅游资源丰富，并拥有得天独厚的水力资源。宜昌，古称夷陵，有2400多年的历史，因“水至此而夷，山至此而陵”得名，是楚文化的发祥地，是世界四大文化名人之一屈原的家乡和古代四大美人之一王昭君的故里。举世闻名的葛洲坝水电站和长江三峡水利枢纽工程均坐落在宜昌市内，是当之无愧的“世界电都”。

葛洲坝水利枢纽位于宜昌市中心西北约4千米处，因横贯江心小岛葛洲坝而得名，是具有发电、泄洪和通航功能的大型水利工程。大坝全长约2606米，坝顶高70米，设计蓄水60亿立方米，控制坝上流域面积100万平方千米。枢纽工程中有两座电站厂房，分设在大江和二江上，共装机21台，总装机容量为271.5万千瓦，年平均发电量为157亿千瓦时。工程还建有全长280米的现代化大型船闸，包括两座单级船闸和两条航道，可供大型客货轮和万吨级船队通行。

三峡水利枢纽位于宜昌市区以西约40千米处，由拦江坝、发电站和通航建筑物三部分组成。拦江坝建在三斗坪中堡岛，坝顶高为185米，总库容（正常蓄水位以下）为393亿立方米，装机容量为1820万千瓦，年平均发电量约为847亿千瓦时。三峡水电站的功能有10余种，航运、发电、灌溉等。三峡水电站于1992年获得全国人民代表大会批准建设，1994年正式动工兴建，2003年开始蓄水，2009年全部完工。

三游洞（图1-4-2）在宜昌市区西北约10千米处，背靠西陵峡口，洞景奇绝，为长江三峡洞景之冠。相传唐元和十四年（819年）白居易和其弟白行简及元稹3人同游此处，由景生情，各赋诗一首，并由白居易作《三游洞序》书于洞中石壁，称前三游。北宋嘉祐四年（1059年）苏洵、苏轼、苏辙父子3人也慕名而游此洞，亦各

图1-4-2　三游洞塑像

作诗一首书于石壁上，人称后三游。三游洞闻名遐迩，当自唐开始。除原2处三游题刻外，还有欧阳修、黄庭坚、叶衡等宋人题刻10余处，明代重刻《三游洞序》石碑及其他题诗40余处，近人张难先、冯玉祥等人的题词也有30余处，洞室内外，摩崖石刻达100余处，三游洞可称为石刻碑林。

（4）其他游览区

腾龙洞景区——国家地质公园，国家5A级旅游景区，位于湖北省恩施州利川市，距城区仅4千米，景区总面积约69平方千米，以雄、险、奇、幽、秀的洞穴系统景观、震撼创新的民族文化演艺为资源主体，形成了多层次、多类型的旅游景观系统。腾龙洞神奇的景观特质，构成了其最具核心意义的品牌价值，正所谓“腾龙天下雄，演绎人间秀”。

早在1300年前的唐代贞观年间，武当山即兴建了五龙祠，宣扬道教。以后逐渐成了道教名山，“武当”意为“非真武不足当之”。目前山上的宫观多为明代所建。明永乐十年(1412年)，成祖朱棣派侍郎郭琎等率30多万军民工匠，在武当山大兴土木，用了将近10年时间，建成了净乐宫、迎恩宫、玉虚宫、紫霄宫、南岩宫、玉龙宫、遇真宫、太和宫、复真观、元和观等诸多宫观，其中包括39座桥梁、12座台和铺砌了全山的石磴道，整个武当山成为一座真武道场。

武当山主峰天柱峰上的金殿，是我国最大的铜铸鎏金大殿，有“天上瑶台金阙”的效果。殿内栋梁和藻井都有精细的花纹图案。金殿内有真武铜像，重达10吨。山峦清秀，风光壮丽。自然景观有七十二峰、三十六岩、二十四涧、十一洞、十石、九台等，并已列入《世界遗产名录》。

荆州古城为我国著名国家级历史文化名城，传为三国时蜀将关羽所筑，原为土城，古城墙高约9米，厚约1米，周长约10千米，依地势蜿蜒起伏，古朴雄伟。清代重建时改为砖城，现城墙、城厅（6座）、城楼、敌台、堞垛保存完好，古迹众多。城中还有著名古迹多处，如章华寺、春秋阁、万寿宝塔、张居正故居等，现为全国重点文物保护单位。

赤壁在赤壁市区西北约36千米处的长江南岸，古名石头关。此处山体由红砂岩构成，呈赭红色，故名赤壁。沿江摩崖，刻有各种文字诗画。其中有楷书“赤壁”二字，各长约1.5米，宽约1米，相传东汉建安十三年（208年），孙权、刘备联军在此用火攻，大破曹操。此处赤壁、南屏、金鸾三峰相拥，苍翠如绘。摩崖石刻、拜风台、凤雏庵、翼江亭等胜迹和遗址，错落隐现。后来，还在此增建了层台、亭阁，建有周瑜石雕像和赤壁大战陈列馆等。

秭归是中国战国时代伟大诗人屈原的故乡，也是楚文化发源地之一。它位于长江北岸的卧牛山麓，四周城墙环绕，形似一个倾斜的葫芦，具有典型的古典建筑风格，故有“葫芦城”之称。又因城墙均由石头叠砌而成，又叫石头城。秭归的名胜多与屈原有关，秭归县城东门外，矗立着一个高大的牌坊，上书“屈原故里”四字，系郭沫若手书。旁边还有两块石碑，分别刻“楚大夫屈原故里”和“汉昭君王嫱故里”。屈原的诞生地秭归县平里，至今留存着不少关于屈原的遗迹。几乎每个景物都有与屈原有关的优美传说，相传连秭归县的县名也与屈原有密切的联系。

神农架位于湖北、陕西、四川三省的边界，南濒长江，北望武当山，是大巴山脉和秦岭山脉交界的地方，亦是我国南部亚热带向北部温带过渡的地带。1986年，神农架国家级自然保护区建立，面积约900平方千米，主要保护金丝猴、珙桐等珍稀动植物和森林生态系统。相传这里曾是远古时代神农氏（炎帝）定居耕田、遍尝百草、采药治病的地方。因山高壁陡，神通广大的神农氏也只好搭架而上，因此得名神农架。这里拥有丰富的野生动物资源，其中20多种是国家重点保护野生动物，堪称绿色宝库。神农架是我国金丝猴重点保护区之一。主峰近峰顶一带的箭竹林，则是白獐、白猴、白麂、白麝、白松鼠、白苏门羚、白蛇和白熊的集中区，这些白色动物是科学界研究动物白变现象的重要资源。另外此地有关“野人”的传闻，至今仍属世界四大自然之谜之一。

（二）湖南旅游亚区

1. *湖南旅游业发展概况*

湖南山川秀丽，古迹众多，旅游资源丰富。全省有国家级风景名胜区22处，全国重点文物保护单位228处。历史文化名城长沙及马王堆汉墓出土文物、岳阳洞庭湖和岳阳楼、南岳衡山、常德桃花源、株洲炎帝陵、宁远九嶷山和舜帝陵、石门夹山寺和闯王陵、郴州苏仙岭、娄底湄江、韶山毛泽东故居等都久负盛名。张家界武陵源风景名胜区，堪称世界天然大奇观，融峰林独特的造型美和大自然原始野趣于一体，尽显奇、险、幽、秀、野之特色，已被列入《世界遗产名录》。生活在湘西的土家、苗、侗、瑶、白等少数民族，能歌善舞，保留了许多独特的传统风俗。

湖南古称潇湘，它地处华中偏南，人文历史源远流长，如“日夜江声下洞庭”而投身汨罗江的爱国诗人屈原和中兴名臣曾国藩等。这片山明水秀的土地对中国的近现代史更是产生了深远的影响，它孕育了蔡锷、谭嗣同、毛泽东、刘少奇等历史风云人物，使人们对它充满了敬意。这里有范仲淹留下千古绝句“先天下之忧而忧，后天下之乐而乐”的洞庭湖，有传续古代人文传统的岳麓书院，有红色旅游胜地橘子洲头，也有景色奇绝的张家界、古色古香的湘西小镇、2000多年前就已闻名天下的南岳衡山。

湖南物产丰富，古代湘江流域遍植芙蓉，故又称 “芙蓉国”。最具代表性的有驰名中外的湘绣、工艺精美的浏阳花炮。风味特产以君山银针茶、湘莲、洞庭银鱼、长寿五香酱干、松花皮蛋等为代表。

2. *主要旅游景区*

（1）长沙游览区

长沙是国家级历史文化名城，是湖南省的政治、经济、文化中心，位于湖南省东北部、湘江之滨、岳麓山侧。湘江穿越市区，东有浏阳河汇入。长沙又名星沙，素有“楚汉名城，革命圣地”之称。长沙周围地区多楚汉古墓，震惊世界的马王堆汉墓就是在长沙东郊发掘的。

湖南省博物馆位于长沙市东风路，有“长沙马王堆汉墓陈列”和“湖南人——三湘历史文化陈列”2个基本陈列。马王堆汉墓是距今2100多年前西汉初期长沙国丞相利苍的家族墓葬，其中1号墓为利苍妻子之墓（图1-4-3），墓中女尸保存得十分完整，并出土了1000多件珍贵文物，包括巨大的彩绘棺、外椁、丝织品、湘绣、陶瓷、帛画、漆器等。“湖南人——三湘历史文化陈列”从3000多年前的商代青铜器、2000多年前春秋战国的楚国文物，到1000多年前隋唐时的湘阴窑、长沙窑瓷器等，展品数量众多，描绘了历史长河中的湖南文化。

岳麓山（图1-4-4）位于长沙市区之西，东临湘江，古人赞誉其“碧嶂屏开，秀如琢玉”。岳麓山风景名胜区南接衡岳，北望洞庭，西临茫茫原野，东瞰滔滔湘流。唐宋以来，岳麓山即以林壑优美、山幽涧深闻名。六朝罗汉松、唐宋银杏、明清松樟相当著名，古麓山寺号称“汉魏最初名胜，湖湘第一道场”，山顶有道家的云麓道宫，爱晚亭、清风峡、蟒蛇洞、禹王碑、岳麓书院等景观闻名遐迩。这里还有黄兴、蔡锷等名人墓园。岳麓山春天满山葱绿，杜鹃怒放；夏日幽静凉爽，云深滴翠；秋天枫叶流丹，层林尽染；隆冬玉树琼枝，银装素裹：四季风景宜人。

图1-4-3　马王堆汉墓墓葬

图1-4-4　岳麓山

岳麓书院位于岳麓山东面山下，为中国古代四大书院之一。岳麓书院始建于宋开宝九年（976年），潭州太守朱洞采纳刘鳌建议，官府捐资兴建。宋祥符八年（1015年），宋真宗召见山长周式，颁发经书，并书赠“岳麓书院”四字门额。自此“书院之称闻天下，鼓笥登堂者不绝”。南宋时，著名理学家朱熹、张栻曾来此主持讲学，学生达1000余人，是书院的全盛时期。清光绪二十九年（1903年）改为湖南高等学府。1912年又改成湖南高等师范学校。1926年改为湖南大学。书院现存古建筑有御书楼、文昌楼、十彝器堂、濂溪祠、湘水校经堂、自卑亭等，可让人回顾书院辉煌的历史。

爱晚亭（图1-4-5）坐落于岳麓书院后清风峡的小丘上，为清乾隆五十七年（1792年）山长罗典所建。爱晚亭原名红叶亭、爱枫亭。因四周枫树成林，深秋枫叶红艳，当时的湖广总督毕沅取唐代诗人杜牧“停车坐爱枫林晚，霜叶红于二月花”诗意而取名爱晚亭。亭中方石上刻有张南轩、钱南园游岳麓山的七韵诗二首，为晚清湖南高等学堂监督程颂万所刻，题名“二南诗刻”。

橘子洲（图1-4-6）原名水陆洲，位于湘江之中。砥柱江心，西望岳麓山，东临长沙城，四面环水，犹如一艘巨舰行驶江中，击水前进。宋《太平寰宇记》载，橘子洲上盛产美橘，故以之为名。

图1-4-5　爱晚亭

图1-4-6　橘子洲

（2）洞庭湖游览区

洞庭湖（图1-4-7）位于湖南北部、长江南岸，因湖中小岛古名洞庭山而得名。洞庭湖面积为2740平方千米，为中国第二大淡水湖。湖中有各种鱼类110多种，为我国重要的淡水渔业基地之一，其中中华鲟是珍稀鱼类。岳阳楼洞庭湖风景名胜区是我国著名风景名胜区，主要包括岳阳楼、君山、南湖、汨罗江、黄盖湖、福寿山、芭蕉湖、铁山水库8个景区和团湖、城陵矶2个景点。

岳阳楼（图1-4-8）是我国江南三大名楼之一，位于西门城头。主楼高约19米，4柱3层，是一种相当独特的飞檐盔顶结构建筑，楼中4根楠木大柱平地而起，直贯3楼，周围廊、檐围绕，楼顶架在玲珑剔透的如意斗拱上，就像一顶武士头盔。楼内陈列古今名人楹联、《岳阳楼记》等作品。岳阳楼因范仲淹的“先天下之忧而忧，后天下之乐而乐”而声名远扬，成为岳阳最负盛名的景观。楼左是仙梅亭，玲珑雅致；中间立有仙梅石，上记仙梅来历；楼右是三醉亭，因吕洞宾三过岳阳楼而醉得名。岳阳楼保存的历代文物，当属李白的楹联“水天一色，风月无边”最为著名，其次要数清书法家张照书写的《岳阳楼记》雕屏，雕屏由12块巨大紫檀木拼成，文章、书法、刻工、木料全属珍品，人称“四绝”。此外，人们把范仲淹作记、滕子京重修岳阳楼、大书法家苏舜钦书写的《岳阳楼记》和邵竦的篆刻合称为“天下四绝”，并树立了“四绝碑”，至今保存完好。

图1-4-7 洞庭湖

图1-4-8 岳阳楼

“未到江南先一笑，岳阳楼上对君山”。君山是洞庭湖中的一个小岛，位于市区西南，距岳阳楼水程15千米，原名湘山，又名洞庭山，洞庭君山，湖山等，即神仙洞府之意。君山四周环水，景色旖旎，流传于此的神话典故众多。传说舜帝的二妃娥皇、女英曾来这里，死后即为湘水女神，屈原称之为“湘君”，故后人又把这座山叫“君山”。在近1平方千米面积的岛上古迹颇多，原有36亭、48庙等景，现已毁。现已修复二妃墓、柳毅井、传书亭、酒香亭、湘妃庙、飞来钟等。君山上最出名的要数湘妃竹和君山茶，湘妃竹上泪痕点点，紫中透红；君山茶清香沁人心脾，都是珍品。

屈子祠距汨罗县城约15千米，距岳阳市区约95千米。祠前是一块宽大的石坪，三座大门全由花岗石构筑，正面山墙上有17幅关于屈原生平和屈原作品的写意浮雕。中轴线上有前、中、后三殿，中、后殿前后各有一株300年的金桂、银桂，后殿中立有一尊巨型屈原全身塑像。整座建筑结构严整，浑然一体。屈原祠包括山门、大殿和左右配殿等建筑。山门为四柱三层式碑坊，高14米，正中额题“清烈公祠”四字，两侧榜题“孤忠”“流芳”四字。大殿系钢盘混凝土结构，有明清风格，翠瓦飞檐，高耸于崇台之上，益显宏伟壮丽。大殿后的屈原墓，乃人们营建的衣冠冢。今墓前的门阙、石坊等，全是清道光年间原物。

（3）衡阳游览区

衡阳位于湘江中游、衡山之南，是一座历史悠久，风景秀丽的文化名城，被誉为“寰中佳丽”“江南明珠”。相传“北雁南飞，至此歇翅停回”，故又雅称雁城。衡阳拥有南岳衡山等一大批闻名中外的旅游景点，有着灿烂的历史文化，还是造纸术发明家蔡伦、大思想家王船山的故里。

衡山风景名胜区位于湖南省中部，离衡阳市区49千米，是著名的五岳之一南岳，素有“中华寿岳”“五岳独秀”之美誉。衡山山势雄伟，有峰72座，以祝融、天柱、芙蓉、紫盖、石廪五峰最为著名，群峰峥嵘，古木参天，亭台掩映，云海漂浮，祝融峰之高，藏经殿之秀，方广寺之深，水帘洞之奇，被誉为“南岳四绝”。衡山虽是道教圣地，但佛寺也不少，最有名的有南台寺、祝融寺等。

祝融峰（图1-4-9）是衡山最高峰，海拔约1300米。祝融是神话传说中的火神，自燧人氏发明取火以后，即由祝融保存火种，峰上有祝融殿，是明代所建。祝融寺位于祝融峰绝顶，上接苍穹，下临深壑，是供奉南岳天昭圣帝之殿。这是一座用花岗石建成的殿宇，石门石柱，坚固庄严，殿顶加盖铁瓦，更显肃穆。殿中端坐的南岳圣帝，即祝融神君，宋代被加封为南岳天昭圣帝。殿后的舍身岩，云海茫茫，峭壁万丈，远山近黛，宛如图画，站在这里既有心惊肉跳之感，又有飘飘欲仙之感。在殿西峰顶处，有一块突出的巨岩，名望月台，是看日落的最佳处。石上题刻甚多，篆楷草书俱全。

图1-4-9 祝融峰

（4）武陵源游览区

武陵源风景名胜区位于湖南省西北部的武陵源山脉中，以自然风光为主，是天然动植物园和地质公园，具有峰奇、洞幽、水秀、林深等特点，由张家界、天子山、索溪峪、杨家界四大各具特色的风景区组成，面积369平方千米，属张家界市管辖，为国家级风景名胜区。此外还有“武陵之魂”天门山、“百里画廊”茅岩河、“亚洲第一洞”九天洞、国家级自然保护区八大公山、“江南名刹”普光寺、“楚南盛景”五雷山，以及湘鄂川黔省革命根据地纪念馆、中国工农红军第二方面军长征出发地纪念馆、贺农故居等。张家界市生活着汉族、土家族等众多民族，民族风情各异，多姿多彩的民族风情与自然景观相互映衬，浑然一体，成为张家界市旅游资源的重要组成部分。

张家界国家森林公园（图1-4-10）是我国第一个国家森林公园，1982年由国务院批准成立，公园面积130平方千米，以其独特的石英砂岩峰林构成的自然风貌和原始次生林的古野景观著称于世。境内孤峰如巨笋傲指苍穹，溪流如条条彩带铺展于千谷万峡之间。金鞭溪之幽、黄石寨之雄、鹞子寨之险、琵琶溪之秀，畲刀沟之野、袁家界之奇，无不让人叹为观止，被称为“大自然的迷宫”。张家界国家森林公园气候宜人，是避暑、疗养的胜地。

金鞭溪（图1-4-11）是张家界的黄金旅游区，全长7.5千米，溪水发源于土地垭，婉转曲折，幽静异常，随山而移，穿行在峰峦幽谷云间，逶逦延伸于鸟语花香之中。其因溪水流经金鞭岩而得名，自西向东贯通森林公园，两岸奇峰屏列，风光如画。嬉戏的鸟兽、古奇的树木、悠然的游鱼，使景色显得异常幽静。金鞭溪所经之地被誉为“世界上最美丽的峡谷之一”，主要景点有醉罗汉、神鹰护鞭、金鞭岩、花果山、水帘洞、劈山救母、千里相会、楠木坪等。

图1-4-10 张家界国家森林公园

图1-4-11 金鞭溪

天子山自然保护区在桑植县境内，东连索溪峪，南接张家界，总面积67平方千米，主峰昆仑峰海拔约1262米，各种奇特景观主要集中在山腰。这里遍布着古老的亚热带原始次生林，奇树异木比比皆是，珍禽异兽随处可见，是集动植物之大成的天然动植物园。俯视天子山，奇峰如千军万马，浩浩荡荡，尽收眼底。其主要景点有御笔峰、西海、天子阁、神堂湾、大观台、仙人桥、将军岩、神兵聚会等，并有四大自然奇观：云雾、霞光、月夜、冬雪。上天子山可乘天子山索道，亦可从南天门攀登。

索溪峪自然保护区面积160平方千米。索溪峪风景奇特，溪流两岸排列着奇特多姿的石峰，犹如天然的雕塑、绘画，湖瀑、溶洞、森林、云海、峡谷、民俗、珍禽、异兽等融汇一体，门类齐全，寿星迎宾、猛虎啸天、锦鼠观天、众仙女拜观音、夫妻岩、猴子坡、仙女桥等石峰景观闻名中外。黄龙洞、宝峰湖、西海、十里画廊、索溪湖等是其景点精华。

（5）湘西游览区

凤凰古城（图1-4-12）在湘西土家族苗族自治州凤凰县，距县城约25千米。春秋战国时期凤凰古城为“五溪苗蛮之地”，属楚国疆域。在漫长的时代演变中，凤凰曾属不同的县郡，名称也多次变更，直至1957年才最后定为湘西土家族苗族自治州。

图1-4-12 凤凰古城

凤凰古城自然资源丰富，山、水、洞风光无限。南华山国家森林公园面积约21平方千米，生态环境优美，动植物资源丰富，到处郁郁葱葱，鸟语花香。奇梁洞被誉为“华夏第二奇洞”，集幽、奇、秀、峻的特点于一身，奇诡莫测，引人入胜。风光旖旎的屯粮山风景区，山形千姿百态，流瀑万丈垂纱。风景名胜装点着凤凰古城奇幻无穷的大地，给凤凰古城增添了无穷的魅力。

凤凰古城依偎着沱江，群山环抱，关隘雄奇。这里的山不高而秀丽，水不深而澄清，峰岭相摩，河溪萦回，碧绿的江水从古老的城墙下蜿蜒而过，翠绿的南华山麓倒映江心。江中渔舟游船数点，山间暮鼓晨钟兼鸣，河畔上的吊脚楼轻烟袅袅，可谓天人合一。原汁原味的楚文化、韵味独特的凤凰人情、别具一格的苗族服饰、苦辣咸酸的饮食习惯，还有原始戏剧活化石傩堂戏、地方风味十足的阳戏、散发着泥土清香的文茶灯，以及玻璃吹画、蜡染、纸扎、苗族银饰等格调清新高古的民间工艺，构成了凤凰独具特点的民族民俗风情。

猛洞河风景名胜区位于湘西土家族苗族自治州永顺县境内的沅水上游、酉水中段。河岸岩石高耸，曲折迂回，共有50多处峡谷。自凤滩水电站建成后形成高峡平湖，上起不二门，下至龙门峡，全长100多千米，景区面积约255平方千米。平湖两岸石壁耸峙，古木参天，溶洞密布，怪石嶙峋，有龙门峡、观音洞、八音石瓜洞、金狮洞、鸳鸯峡、金蟾洞、断臂石、三月鼎寺、小龙洞、大圣峡、阴阳神风洞、猴儿跳、仙女峡、风流岩、老司岩等15个主要景点。这里有山有水，素有“九九八拐疑无路，五五潭滩一线天”之称，尤其是漂流有惊无险，紧张刺激。从永顺县王村码头乘游船，即可观赏猛洞河。

不二门国家森林公园位于永顺县城南约1千米处的猛洞河边，其名来自佛教“不二法门”，是猛洞河风景名胜区的北大门，面积约50平方千米。这里有形如大佛的观音岩，高约30米。大石前有观音庙一座，有正殿、地藏殿、三观殿、玉泉阁等建筑。这里石林、温泉、寺庙、古木、石刻、历史文物众多，令游人流连忘返。近处还有洗心池、观音岩、八阵图、培英塔、澄潭映月、玉璋屏环、万卷书岩等景点，以及溶洞20多个、野生珍稀动物60多种，这些都在猛洞河两岸170多千米长的景区内。

(6) 其他游览区

图1-4-13 桃花源一角

桃花源风景名胜区（图1-4-13）位于湖南省常德市桃源县城西南15千米处的水溪附近，距常德市区34千米。前面有滔滔不绝的沅江，后面是绵延起伏的武陵群峰，古树参天，修竹婷婷，寿藤缠绕，花草芬芳，有石阶曲径、亭台碑坊装点，宛若仙境。桃花源分桃花山、桃源山、桃仙岭、秦人村4个景区。因陶渊明的《桃花源记》而闻名中外，唐代刘禹锡题、明代赵贤书、清代余良栋立的“桃源佳致”碑立于入口处。江畔到桃花山景致极多：方竹亭、遇仙桥、桃花潭、千斤田、豁然轩、御碑亭、高举阁等各有风致，历代文人雅士对此题咏甚多，几十副楹联匾额一一点明佳景。古朴的集贤祠里竖立着陶渊明、王维、苏轼、王安石等人的塑像，让人缅怀这些把桃花源描绘成人间天堂的古人。

崀山风景名胜区位于邵阳市新宁县城南10余千米处，总面积约108平方千米。崀山是典型丹霞峰林地貌，是一块以水秀、山美、洞奇著称的风光宝地。在崀山这片土地上，突起的石林群落、复杂的石灰岩溶洞、神秘的峡谷群和美丽的夫夷江流，构成了碧水丹崖的自然景观。景区分紫霞峒、天一巷、八角寨、天生桥和夫夷江5大景区。莨山是中国丹霞地貌风景区中最具代表性和最优美的景区之一。资新盆地是全国丹霞地貌风景区在地质历史上升降运动幅度最大、最强烈的红色盆地之一。莨山丹霞地貌区造型多姿多彩，瑰奇险秀，是一座罕见的大型丹霞地貌博物馆，为大自然奉献给人类的自然资源瑰宝，现已入选世界自然遗产名录。

曾国藩故居富厚堂又名毅勇侯第，是曾国藩的侯府，坐落在湖南省娄底市双峰县东部的荷叶镇富托村，与湘乡市、湘潭县、衡山县、衡阳县毗邻，总占地面积4万多平方米，建筑面积约1万平方米，是典型的沿中轴线对称的明清回廊式建筑群。富厚堂背倚的半月形鳌鱼山从东、南、西三面把富厚堂围住。远远看去，富厚堂好似坐在一张围椅中。周围自然环境优美，后山上树木茂密，古树参天。门前是一片较开阔的平地，平地中有小河向东流去，平地四周峰峦叠嶂，群山环抱。其代表性建筑主要有白玉堂、黄金堂、万年堂、大夫第、富厚堂等。

(三) 上海旅游亚区

1. *上海旅游业发展概况*

上海地处长江三角洲前缘，东濒东海，南临杭州湾，西接江苏、浙江两省，北界长江入海，正当我国南北海岸线的中部。上海位于长江三角洲东南部的冲积平原，地形的特点是坦荡低平，有“江南水乡”之称。

上海地处中纬度地区，濒江临海，属亚热带季风气候。冬夏寒暑交替，四季分明，气候宜人，呈现季风性、海洋性和局地性气候特征。上海城区面积大、人口密集，使上海城市气候具有明显的城市热岛效应。

上海丰富的人文资源、迷人的城市风貌、繁华的商业街市和欢乐的节庆活动形成了独特的都市景观。上海有大都市中西合璧、商儒交融、八方来风的氛围，而且有人流熙攘、车水马龙、灯火璀璨的活力。上海在中国现代史上占有十分重要的地位，它是中国共产党的诞生地。许多震动中外的历史事件在这里发生，留下了众多的革命遗迹，有包含民俗的人文景观和纪念地，如中共一大会址、上海孙中山故居纪念馆、外滩万国建筑博览群等。此外还有东方明珠广播电视塔、南浦大桥、杨浦大桥、陆家嘴高楼群、上海博物馆、上海大剧院等。截止到2021年，上海被列入全国重点文物保护单位有40处，市级文物保护单位227处。

2. 主要游览景点

（1）东方明珠

上海东方明珠广播电视塔坐落于上海黄浦江畔、浦东陆家嘴嘴尖，以其468米的绝对高度成为亚洲第二、世界第四之高塔。东方明珠塔卓然矗立于陆家嘴地区现代化建筑楼群，与隔江的外滩万国建筑博览群交相辉映，展现了国际大都市的壮观景色。东方明珠塔集观光餐饮、购物娱乐、浦江游览、会务会展、历史陈列、旅行代理等服务功能于一身，是上海标志性建筑和旅游热点之一。东方明珠塔凭借其穿梭于3根直径9米的擎天立柱之中的高速电梯，以及悬空于立柱之间的世界首部360度全透明三轨观光电梯，让每一位游客充分领略现代技术带来的无限风光。享誉中外的东方明珠空中旋转餐厅位于东方明珠塔267米处的球体，以其得天独厚的景观优势、不同凡响的饮食文化、宾至如归的温馨服务，傲立于上海之巅。东方明珠塔各观光层柜台里1000多款造型独特、制作精美的旅游纪念品，令人目不暇接、流连忘返。东方明珠塔每年接待来自五湖四海的宾客280多万人次，是一个综合性旅游景点。

（2）外滩

外滩位于上海黄浦区的黄浦江畔，它是上海的风景线，是游客的必到之地。外滩又名中山东一路，全长约1.5千米。它东临黄浦江，沿路有20多座折中主义风格的古典复兴大楼，被称为“万国建筑博览群”。19世纪末20世纪初，许多外资银行在外滩建立了，因此，外滩成了鼓励财政投资的场所。

（3）金茂大厦

金茂大厦位于上海浦东新区黄浦江畔的陆家嘴金融贸易区，楼高420.5米。大厦于1994年开工，1998年建成，主体建筑88层（另有顶部机电设备层4层和地下室3层），总建筑面积29万平方米，现已成为上海的一座地标，是集现代化办公楼、五星级酒店、会展中心、娱乐、商场等设施于一体，融汇中国塔形风格与西方建筑技术的多功能型摩天大楼，由著名的美国芝加哥SOM设计事务所的设计师Adrian Smith主要设计，上海现代建筑设计有限公司配合设计。

（4）杨浦大桥

杨浦大桥是一座跨越黄浦江，自行设计、建造的双塔双索面叠合梁斜拉桥，于1991年4月29日动工，1993年10月建成，历时约2年5个月。桥总长为8354米，主桥长1178米，宽30.35米，共设6车道。

（5）中共一大会址

中国共产党第一次全国代表大会会址纪念馆（图1-4-14），坐落于上海市兴业路76号。房屋于1920年夏秋间建成，属上海典型石库门建筑，外墙青红砖交错，镶嵌白色粉线，门楣有矾红色雕花，黑漆大门上配铜环，门框围以米黄色石条。1999年5月27日，中共一大

图1-4-14 中共一大会址

会址纪念馆竣工并正式对外开放。中共一大会址纪念馆建馆70年来，馆藏革命文物超过12万件，累计接待国内外观众近100万人次。

“伟大的开端——中国共产党创建历史陈列”是中共一大会址纪念馆的基本陈列。基本陈列展览厅面积超3000平方米，共陈列展示革命文物、文献和历史照片612件，较原先基本陈列展出的文物数量大幅扩容。

（6）上海博物馆

上海博物馆是一座大型的中国古代艺术博物馆，馆藏珍贵文物14万余件，其中尤以青铜器、陶瓷器、书法、绘画为特色。藏品之丰富、技艺之精湛，在国内外享有盛誉。上海博物馆创建于1952年，原址在南京西路325号旧跑马总会，1959年10月迁入河南南路16号旧中汇大楼。1993年8月，上海市政府做出了决策，拨出市中心人民广场这一黄金地块，建造新的上海博物馆馆舍。

上海博物馆新馆于1993年8月开工，1996年10月12日全面建成开放。上海博物馆建筑总面积39200平方米，建筑高度29.5米，象征天圆地方的圆顶方体基座使新馆产生了不同凡响的视觉效果，整个建筑把传统文化和时代精神巧妙地融为一体，在世界博物馆之林独树一帜。新的上海博物馆设有10个专馆、3个特别展览厅和4个文物捐赠专室。目前，它正以崭新的面貌迎接着八方来客。

（7）上海科技馆

上海科技馆是上海市人民政府为贯彻落实科教兴国战略，提高城市综合竞争力和市民科学文化素养而投资兴建的具有中国特色、时代特征、上海特点的综合性自然科学技术博物馆，是对公众进行科普教育的公益性机构，是中国重要的科普教育基地和精神文明建设基地。

科技馆位于世纪大道2000号、花木行政文化中心区、世纪广场西侧，南邻世纪公园。主馆占地面积约6.8万平方米，建筑面积10.06万平方米，分为11个常设展区、4个高科技特种影院、2个中国古代科技和中外科学探索者浮雕长廊、2个特别展厅和若干个临时展厅，它们共同为四方游客生动地演绎着“自然、人、科技”的永恒话题。

（8）古猗园

古猗园（图1-4-15）为明代嘉靖时河南通判闵士籍的私家花园，原名猗园。古园的设计者是嘉定著名竹刻艺术家朱三松，后归李宜之所有。清乾隆十一年（1746年），洞庭山人叶锦购得后，大兴土木，增建亭榭，拓展园基，改名古猗园。乾隆五十三年（1788年），地方人士集资买园作为城隍庙灵苑。同治至光绪年间，其又作为祀神和当地同业集会的场所，园中增设了茶肆酒楼。 如今古猗园内青竹满园，有亭榭楼阁、曲径回廊、假山池沼、奇树名花，景色极为秀丽。园内还有两座经幢，已有1000多年的历史。

（9）朱家角

朱家角（图1-4-16）素有“上海威尼斯”之称，是上海保存最完好的江南水乡古镇。早在1700多年前的三国时期就形成了村落集市，明代万历年间发展为繁华集镇。弯弯曲曲的石板小径，迂回于狭窄的街巷店铺之间。石桥、乌篷船、小桥流水、明清古宅等，共同构成悠闲安逸、古朴恬淡的田园韵味。

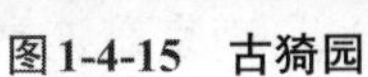

图1-4-15 古猗园

图1-4-16 朱家角

（10）豫园

豫园（图1-4-17）位于上海市老城厢的东北部，北靠福佑路，东临安仁街，西南与上海老城隍庙毗邻，是著名的江南古典园林、闻名中外的名胜古迹和游览胜地，为全国重点文物保护单位。上海豫园原是明代的一座私人园林，始建于嘉靖、万历年间，距今已有400余年历史。豫园主人潘允端，曾任四川布政使。其父潘恩，字子仁，号笠江，官至都察院左都御史和刑部尚书。潘家是当时上海的望门大族。明嘉靖三十二年（1553年），上海城墙建成，使东南沿海的倭患逐渐平息，20余年来生命、财物经常受到威胁的上海人民稍得安定，社会经济得到恢复并开始繁荣。士大夫们纷纷建造园林，怡情养性，弦歌风月。潘恩年迈辞官，告老还乡，潘允端为了让父亲安享晚年，从明嘉靖三十八年（1559年）起，在潘家住宅世春堂西面的几畦菜田上，聚石凿池，构亭艺竹，建造园林。经过20余年的苦心经营，建成了豫园。豫有平安、安泰之意，取名豫园，有豫悦老亲的意思。

图1-4-17 豫园

豫园是上海市区唯一留存完好的江南古典园林。全园擅江南园林之胜，有萃秀堂、仰山堂、三穗堂、玉华堂、点春堂、万花楼、会景楼、快楼、鱼乐榭、大假山等40多处胜景。

（11）崇明岛

崇明岛位于长江入海口，三面环江，一面临海，由崇明、长兴、横沙三岛组成，有“长江门户”“东海瀛洲”之称。其中崇明岛是中国第三大岛，也是世界上最大的河口冲积岛。

崇明岛水洁风清，到处都有未经人工斧凿的天然风光。早在明清两代，岛上就有金鳌镜影、吉贝连云、玉宇机声等瀛洲八景。如今，崇明岛风光更加旖旎。绿树成荫的200多千米长环岛大堤，犹如一条绿色巨龙，盘伏在长江口上。清晨，登上大堤东端，欣赏东海日出，不减泰岱奇观；傍晚，立于大堤西侧，饱览长河落日，耳听归舟晚唱，令人心旷神怡。岛上有众多的历史名胜和人文景观，有面向浩瀚江水的瀛洲公园、千姿百态的城桥镇澹园，有金鳌山、寿安寺、孔庙、唐一岑墓、明潭、郑成功血战清兵的古战场遗址等，还有面积达3.55平方千米的长江中下游地区最大的人造森林公园——东平国家森林公园。

（四）江苏旅游亚区

1. 江苏旅游业发展概况

江苏省简称苏，位于我国东部，跨华北平原和长江中下游平原，北接山东，南邻上海、浙江，西界安徽，东濒黄海，拥有1000多千米长的海岸线。江苏地处美丽富饶的长江三角洲，平原辽阔，主要有苏南平原、江淮平原、黄淮平原和东部滨海平原，自然条件优越，经济基础较好。江苏历史悠久，自然景观秀美，山水相接，旅游资源丰富，拥有世界文化遗产3处、全国重点文物保护单位253处、国家级历史文化名城13个。

随着旅游业的发展，江苏不断涌现新景点，众多的人文景观和旅游度假胜地为江苏旅游增添了新的色彩。此外，江苏每年还举办各具特色的节庆活动，如寒山寺除夕钟声活动、中国南京国际梅花节、中国扬州烟花节、夫子庙金秋美食节、虎丘庙会等。

2. 主要游览区

（1）南京游览区

南京地处长江下游的宁镇丘陵山区，总面积6586平方千米。南京东连富饶的长江三角洲，西靠皖南丘陵，南接太湖水网，北接辽阔的江淮平原，距入海口380千米，“黄金水道”长江穿越境域，江宽水深，万吨海轮可终年畅行，是一个天然的河海良港。

南京属亚热带季风气候，四季分明，冬夏长而春秋短，雨水充沛，光能资源充足。南京是古今文化荟萃之地，城中有玄武湖，城东有中山陵、明孝陵、紫金山天文台等，城南有夫子庙、乌衣巷、李香君故居等，城西有清凉山、石头城、莫愁湖等，城北有珍珠泉度假区、南京长江大桥等。

南京山、水、城、林相映成趣，景色壮丽秀美，是中国著名的风景旅游城市。

南京夫子庙即孔庙，原来是供奉和祭祀孔子的地方，位于秦淮河北岸的贡院街旁。夫子庙以庙前的秦淮河为泮池；以南岸的石砖墙为照壁，其全长110米，高10米，是全国现存最大的照壁。北岸庙前有聚星亭、思乐亭，中轴线上建有棂星门、大成门、大成殿、明德堂、尊经阁等建筑，另外庙东还有魁星阁。夫子庙始建于宋景祐元年（1034年），迭经沧桑，几番兴废，政府连年拨款兴修重建，使夫子庙以大成殿为主体的既有明清风格又有庙市街景合一特色的古建筑群拔地而地。

南京中山陵是中国近代伟大的政治家、革命先行者孙中山先生（1866—1925）的陵墓及其附属纪念建筑群，面积共130万平方米，位于江苏省南京市东郊紫金山南麓，西邻明孝陵，东毗灵谷寺。1926年1月动工兴建，1929年6月1日举行奉安大典，1961年即成为全国重点文物保护单位。

南京长江大桥位于南京市西北面长江上，连通市区与浦口区，是长江上第一座由我国自行设计、建造的双层式铁路、公路两用桥梁。上层的公路桥长4589米，车行道宽15米，可容4辆大型汽车并行，两侧还各有2米多宽的人行道。下层的铁路桥长6772米，宽14米，铺有双轨，2列火车可同时对开。其中江面上的正桥长1576米，其余为引桥。正桥的路栏上，公路引桥采用富有中国特色的双孔双曲拱桥形式。公路正桥两边的栏杆上嵌着200多块铸铁浮雕，人行道旁还有150对白玉兰花形的路灯。

玄武湖为古都南京钟山国家级风景名胜区的重要组成部分、国家4A级旅游景区，名胜古迹荟萃。著名的历史文化人物郭璞、李白、王安石、郭沫若等，都曾在此留下身影，至今尚有遗迹与诗篇。玄武湖景区总面积5.13平方千米，其中湖面积3.78平方千米，陆地面积1.35平方千米。湖中分布着各具特色的5块绿洲，五洲之间，桥堤相通，别具其胜，山水城林相融之美由此彰显。

（2）苏州游览区

苏州是我国重要的国家级历史文化名城和风景旅游城市，自古以来就享有“人间天堂，东方水城”的美誉。它是一座拥有2500多年历史的古城，丰厚的历史文化积淀造就了“小桥、流水、人家”的独特风貌。

苏州滨江近海，北枕长江，西抱太湖，全市地势低平，平原占总面积的54%，平均海拔4米左右，东南部地势低洼，西南部多小山丘，举世闻名的京杭大运河纵贯南北。境内河道纵横，湖泊众多，有大小湖泊300多个、河道2万多条，水域面积占全市总面积的42.5%，这在中国乃至世界都是不多见的，被称为“东方威尼斯”。苏州城因水而兴，吴文化因水而名，水是苏州的灵魂，更是苏州城市的命脉，古城区沿环古城河体现的是古典水韵、园林之都的特色。

苏州是世界园林之都，现有108座园林列入苏州园林名录，其中拙政园、留园、网师园、狮子林等9座园林已被联合国教科文组织列入《世界遗产名录》，集中体现了中国造园艺术的精华。苏州是江南水乡的典范，周庄、同里、木渎、锦溪、角直、枫桥等千年古镇像明珠一般散落在古城四周。古朴的街市、悠长的水巷、蜿蜒流淌的小河、清澈明净的水光桥影，以及“轿从门前进，船在家中过”的水乡风情是苏州水乡古镇的真实写照。苏州的丝绸等工艺品有着悠久的历史和浓厚的文化底蕴，素有“丝绸之府，工艺之市”的美誉。

拙政园（图1-4-18）为江南园林的代表、苏州园林中面积最大的古典山水园林，位于苏州市东北街178号，始建于明朝正德年间，面积约52000平方米。其中园林中部、西部及晚清张之万住宅（今苏州园林博物馆旧馆）为晚清建筑园林遗产。其为中国四大名园之一、全国重点文物保护单位、国家5A级旅游景区、全国特殊旅游参观点，被誉为“中国园林之母”，1997年被联合国教科文组织列为世界文化遗产。

拙政园初为唐代诗人陆龟蒙的住宅，元时为大宏寺。明正德年间御史王献臣辞官回乡，买下寺产，改建成宅园，并借用晋代潘岳《闲居赋》中“此亦拙者之力政也”的语意，取“拙政”二字为园名。1860~1863年其曾为太平天国忠王府的一部分，1954年对外开放。

留园（图1-4-19）为中国著名古典园林，位于江南古城苏州，以园内建筑布置精巧、奇石众多而知名，与苏州拙政园、北京颐和园、承德避暑山庄合称中国四大名园。1961年，留园被国务院列入第一批全国重点文物保护单位。1997年，包括留园在内的苏州古典园林被列为世界文化遗产。

图1-4-18　拙政园

图1-4-19　留园

留园属于私家园林，始建于明万历年间，距今已经有400多年历史，最初是万历年间太仆寺少卿徐泰时所建的东园。徐泰时曾任工部营缮郎中，参与营造万历帝的寿宫，即十三陵中的定陵。他为人耿直，终因得罪权贵，被弹劾回乡。由于长期在朝为官，他深感身心疲惫，因此回到苏州后，便不问正事，每天在自己的园中赏花弄草，吟风诵月，在自然中尽情地复苏着早已受到扼制的心灵。到了明清之际，东园已逐渐荒废。到清乾隆年间，该园归吴县人刘蓉峰所有。他非常喜爱此园，得手后重新整修并加以扩建，同时取“竹色清寒，波光澄碧”之意，将园名改为寒碧山庄。但由于园主姓刘，所以民间俗称为刘园。咸丰年间，苏州阊门外遭兵燹，园子周围街巷宅屋几乎毁尽，唯独该园幸存下来。到了同治年间，常州人盛康，即盛旭人因用偏方治好了慈禧太后的皮炎，得到朝廷赏赐的钓鱼岛等3个台湾海峡中的小岛用以种植草药。盛氏从此发迹，于是购得此园，并重新修建一新。盛康袭“刘园”之音，易其字，将园名改成了留园。尔后，经过盛康之子盛宣怀的用心经营，留园声名大振，成了吴中著名的私家园林。

留园全园占地约23300平方米，大致可分中、东、西、北4个景区，代表清代风格，园以建筑艺术精湛著称，厅堂宽敞华丽，庭院富有变化，太湖石以冠云峰为最，“不出城郭而获山林之趣”。其间以曲廊相连，迂回连绵，达700余米，通幽度壑，秀色迭出。中部是原来寒碧山庄的基址，中辟广池，西、北为山，东、南为建筑。假山以土为主，叠以黄石，气势浑厚。山上古木参天，显出一派山林森郁的气氛。山曲之间水涧蜿蜒，仿佛池水之源。

史载于1086年的周庄，位于江苏省苏州市昆山市内。镇为泽国，四面环水，咫尺往来，皆须舟楫。全镇依河成街，桥街相连，深宅大院，重脊高檐，河埠廊坊，过街骑楼，穿竹石栏，临河水阁，一派古朴幽静，是江南典型的小桥流水人家。唐风孑遗，宋水依依，烟雨江南，碧玉周庄。千年历史沧桑和浓郁吴地文化孕育的周庄，以其灵秀的水乡风貌、独特的人文景观、质朴的民俗风情，成为东方文化的瑰宝。作为中国优秀传统文化杰出代表的周庄，成为吴地文化的摇篮、江南水乡的典范，被列入《中国世界文化遗产预备名单》，荣获亚太地区世界文化遗产保护奖、世界最具魅力水乡、中国首批十大历史文化名镇、中华环境奖、国家卫生镇、全国环境优美乡镇等殊荣。

同里镇位于江苏省吴江区东北，距上海约80千米，距苏州约20千米，是一个具有悠久历史和典型水乡风格的古镇。同里旧称富土，唐初改为铜里，宋时将旧名拆字为同里。同里风景优美，镇外四面环水，镇内由15条河流纵横分割为7个小岛，由49座桥连接。镇内家家临水，户户通舟；明清民居，鳞次栉比；宋元明清桥保存完好。它以“小桥，流水，人家”的格局赢得“东方小威尼斯”的美誉。

太湖面积2420平方千米，相当于400个杭州西湖那么大，是中国第三大淡水湖，位于江苏、浙江两省之间，周围有无锡、苏州、常州、湖州4个城市。2400多年前吴越春秋时，吴王阖闾首开太湖画舫，进行水上旅游，并首创太湖船菜。唐宋时期，太湖又以盛产太湖石出名。太湖有48座岛屿、山峰点缀其间，组成了一幅山外有山、湖中有湖的天然画卷。它以太湖山水、古吴文化、桥岛风光、田园野趣、美食度假、游乐世界为特色，以度假、休闲、观光、游览、康复、运动、娱乐为主要内容，是一个设施完善、环境优美、服务一流的旅游观光、度假休闲胜地。

（3）扬州游览区

扬州市南部濒临长江，与镇江市隔江相望，西部与滁州天长市相连，西南部与南京相连，北部与淮安市接壤，东部和盐城市、泰州市毗连。气候具有明显的亚热带季风性湿润气候向温带季风气候过渡的特征。

“烟花三月下扬州”，每年的春季，扬州会迎来旅游旺季，也是游览扬州的最佳时间。从2005年开始，每年4月18日~5月18日，扬州市都会举行“烟花三月国际经贸旅游节”活动，此时的扬州烟雨蒙蒙，稀有的琼花正在盛开，花香扑鼻，是旅游的黄金时间。主要景区有瘦西湖、个园、扬州八怪纪念馆、朱自清故居等。

瘦西湖其实是扬州城外一条较宽的河道，原名保障湖。景区游览面积约34平方千米，湖长约5000米。它原是唐罗城、宋大城的护城河遗迹，南起北城河，北抵蜀冈脚下。明清时期，许多富甲天下的盐业巨子纷纷不惜重金聘请造园名家擘画经营，在沿河两岸构筑水上园林。乾隆时期沿湖有二十四景：卷石洞天、西园曲水、虹桥览胜、冶春诗社、长堤春柳、荷浦熏风、碧玉交流、四桥烟雨、春台明月、白塔晴云、三过流淙、蜀冈晚照、万松叠翠、花屿双泉、双峰云栈、山亭野眺、临水红霞、绿稻香来、竹楼小市、平岗艳雪、绿杨城郭、香海慈云、梅岭春深、水云胜概，被誉为“两堤花柳全依水，一路楼台直到山”。相传康熙和乾隆2位皇帝均6次南巡来此，对这里的景色赞赏有加。

扬州个园（图1-4-20）全国重点文物保护单位，位于扬州市区东关街318号住宅之后，原为寿芝园旧址。寿芝园之叠石，相传为清初大画家石涛手笔。清嘉庆二十三年（1818年）两淮盐业总商黄至筠改筑，园中多植竹，因竹叶形似“个”故字，故名个园。1949年后曾对其整修4次。个园以叠石精巧闻名。

图1-4-20　扬州个园

园内假山，有春、夏、秋、冬四季景色之意境，由楼、台、厅、轩相连，和谐地统一在一起，独具特色。入园处两边有方形花台，其上修竹青翠，竹丛中石笋参差。正中为园门，上嵌“个园”石额。园门处为湖石花坛，遍植月桂。花坛对面有四面厅，原称桂花厅，单檐歇山顶，厅北有池，临水叠石，曲折高低，逶迤向东，偏东近水有清漪亭。厅西北有湖石山。山腹隧洞幽深，山下有碧池入洞，池上有石梁曲折通洞中。洞内有石下垂，形如钟乳，盛夏入内，顿觉清凉。山顶有鹤亭，亭畔有古柏临岩，苍翠如盖。山西南植竹为林，满目青翠。

扬州八怪是清代活跃在扬州画坛上的一批具有创新精神的画家。扬州八怪纪念馆是宣传和弘扬扬州八怪艺术成就的专业纪念馆。纪念馆占地4452平方米，现存古建筑为明代的楠木大殿，今辟为主展厅，展示古代扬州的风土人情、便利的交通、繁荣的经济……东西廊房及珍品陈列厅，陈列有八怪书画及其他扬州书画家代表作，供游客品赏。此外还有金农寄居室复原陈列，展现金农书画创作生活的历史氛围。馆内保存有千年古树，增设了假山水池，绿草如茵，洁净清幽，是扬州独具特色的参观游览景点。

朱自清故居（图1-4-21）始建于清代，是扬州典型的“三合院”民居建筑，目前是全国重点文物保护单位、省级爱国主义教育基地和小公民道德建设示范基地，并作为名城保护的历史街区景点对外开放。

图1-4-21　朱自清故居

（4）无锡游览区

无锡影视基地位于无锡市滨湖区，始建于1987年，拥有大规模的古典建筑群体，主要分为唐城、三国城和水浒城3个部分，占地面积近1平方千米，可使用太湖水面2平方千米。唐城位于无锡市西南郊大浮山麓，在无锡影视基地以北3千米处，是景区的外景基地。三国城位于无锡影视基地西南方向730米处。三国城城门广场有2尊石雕，称为天禄和辟邪，它们在传说中都是古代的神兽，具有吉祥、喜庆的寓意。水浒城位于无锡影视基地东北方向520米处。水浒城的建筑从东到西分布，主要分为梁山区、州县区和京城区。

基地每天有10多场三国城广场马战、歌舞、影视特技类的节目连续上演。这些节目运用影视表现的手法，集中展示了《三国演义》《水浒传》等名著中家喻户晓、脍炙人口的经典故事。节目强烈的视听效果令观众如临其境，回味无穷。影视基地推出的“乘古船游太湖”项目，可让客人们乘船泛舟湖心，饱览太湖的美景神韵，体味江南的水乡雅致，古船上的江南地方戏曲演出深得客人喜爱。

灵山胜境景区位于江苏省无锡市太湖之滨，占地面积约30万平方米，现为国家5A级旅游景区、中国最佳佛光普照景区、最美中国·文化魅力旅游目的地景区、20个最受欢迎的长三角世博主题体验之旅示范点、世界佛教论坛永久会址。

灵山胜境景区由小灵山、祥符禅寺、灵山大佛、天下第一掌、百子戏弥勒、佛教文化博览馆、万佛殿等景点组成，集湖光山色、园林广场、佛教文化、历史知识于一体。

M1-4-2
鼋头渚

鼋头渚风景区现有充山隐秀、鹿顶迎晖、鼋渚春涛、横云山庄、万浪卷雪、湖山真意、十里芳径、太湖仙岛、江南兰苑、樱花谷、无锡人杰苑、中犊晨雾、广福古寺等10余处景点。其中山长水阔、帆影点点的自然山水画卷，小桥流水、绿树人家的山乡田园风光，典雅精致、古朴纯净的江南园林景致，吃、住、购、行等配套齐全的服务和娱乐设施，加上历代名人雅士游踪、石刻、书画、传说等诸多内涵深厚的文化遗产，构成了此地以天然山水为主、人工点缀为辅的生动隽美、多彩多姿的综合性、多功能风景旅游胜地。

惠山古镇景区由原锡惠公园和惠山历史文化街区合并而成，从区域功能上划分为文物古迹区、锡惠名胜区、历史文化街区和山林保护区4个游览区。景区面积为3.5平方千米，其中核心区域为1.09平方千米。

锡惠公园是国家重点公园，又称锡惠景区，是国家级风景名胜区；惠山历史文化街区是无锡市级历史文化街区，惠山老街被评为中国历史文化名街；惠山祠堂群被列入中国世界文化遗产预备名单。惠山古镇景区文物古迹众多，山水林泉俱佳，有风景名胜景点200多处，有古街、古园、古寺、古泉、古书院、古诗社、古祠堂等多种传统文化资源，时间跨数千年。所谓唐宋元明清，自古说到今。

（五）浙江旅游亚区

1. 浙江旅游业发展概况

浙江省地处中国东南沿海长江三角洲南翼，地形复杂，有山地、丘陵、平原、盆地、河流和湖泊，有“七山一水两分田”之说。地势由西南向东北倾斜，省内有钱塘江、灵江、苕溪、甬江、鳌江、京杭大运河（浙江段）等8条水系，有杭州西湖、绍兴东湖、嘉兴南湖、宁波东钱湖四大名湖及人工湖泊千岛湖。

浙江处于亚欧大陆与太平洋的交界地带，该地带属典型的亚热带季风气候，主要特点是：季风显著，四季分明，年气温适中，光照较多，雨量丰沛，空气湿润，雨热同期，气候资源多样，气象灾害繁多。

浙江旅游资源非常丰富，素有“鱼米之乡”“丝茶之府”“文物之邦”“旅游胜地”之称。全省有重要地貌景观800多处、水域景观200多处、生物景观100多处、人文景观100多处，自然风光与人文景观交相辉映，特色明显，知名度高。

2. 主要游览区

（1）杭州游览区

有着2200年悠久历史的杭州是我国十大古都之一，也是国务院确定的重点风景旅游城市和国家级历史文化名城。杭州的人文景观丰富多彩，古代庭、园、楼、阁、塔、寺、泉、壑、石窟、摩崖碑刻遍布，或珠帘玉带、烟柳画桥，或万千姿态、蔚然奇观，或山清水秀、风情万般，尤以灵隐寺、六和塔、飞来峰、岳王庙、西泠印社、龙井、虎跑等最为著名。

“忆江南，最忆是杭州！” 杭州以其美丽的西湖山水著称于世，“上有天堂，下有苏杭”是古往今来人们对这座美丽城市的由衷赞美。俗语云“天下西湖三十六，其中最好是杭州”。西湖有着少女般的魅力，清丽脱俗。她拥有三面云山、一水抱城的山光水色，她以“淡妆浓抹总相宜”的自然风光吸引天下众生。

杭州在元朝时曾被意大利著名旅行家马可·波罗赞为“世界上最美丽华贵之城”，拥有2个国家级风景名胜区——西湖风景名胜区、两江两湖（富春江、新安江、千岛湖、湘湖）风景名胜区，2个国家级自然保护区——天目山国家级自然保护区、清凉峰国家级自然保护区，9个国家森林公园，1个国家级旅游度假区——之江国家旅游度假区，全国首个国家级湿地公园——西溪国家湿地公园。杭州还有全国重点文物保护单位48个。

“西湖十景”是指浙江省杭州市著名旅游景点西湖上的十处特色风景，最常见的说法是苏堤春晓、曲苑风荷、平湖秋月、断桥残雪、柳浪闻莺、花港观鱼、雷峰夕照、双峰插云、南屏晚钟、三潭印月。西湖十景形成于南宋时期，基本围绕西湖分布，有的就位于湖上。在南宋之后，又分别有元代钱塘十景、清代西湖十八景、清乾隆杭州二十四景、新西湖十景、第九届中国杭州西湖博览会西湖十景等。

六和塔是全国重点文物保护单位，位于钱塘江北岸月轮峰上，此地原为五代吴越国王的南果园。北宋开宝三年（970年），钱弘俶舍园造塔，并建塔院，建塔的目的是镇压江潮。时钱塘江上“舟楫辐辏，望之不见其首尾”。六和塔塔身高约60米。塔顶层装有明灯，为夜航船只指引。宣和三年（1121年），六和塔毁于兵火，后又遭到多次破坏。今塔外部的木檐重建于清光绪二十六年（1900年），外观13层，内为7层。塔身第七层和塔刹为元代重修。六和塔中须弥座上有砖雕约200处，题材丰富，造型生动，有斗艳争妍的石榴、荷花、宝相，有展翅飞翔的凤凰、孔雀、鹦鹉，有舞腾跳跃的狮子、麟麟、狻猊，还有昂首起舞的飞仙、嫔伽等。这些砖雕与宋《营造法式》所载如出一辙，是我国建筑史上珍贵的实物资料。六和塔为杭州著名风景之一，游人至此，既可欣赏古塔雄姿，又能领略钱塘江风光，难怪古人云：“孤塔凌霄汉，天风面面来。江光秋练净，岚色晓屏开。”

秀丽的千岛湖是国家5A级旅游景区，它坐落在浙江省杭州市淳安县境内。凡来千岛湖观光过的人，都说千岛湖美得像一幅多彩的山水画。

千岛湖是一个非常年轻的湖泊，是在1959年为了修建我国第一座自行设计、自行建造的大型水利水电站——新安江水电站的时候形成的一个水库。1982年之前都被称为新安江水库。千岛湖这个迷人的名称是怎样来的呢？这是因为新安江水库中有大大小小1000余个岛屿，所以将其更名为“千岛湖”。

千岛湖有着大海的壮美，不光是因为它的水域面积如此之宽广，还在于湖中那些星罗棋布的岛屿。千岛湖山峦青翠，湖水澄碧，旅游资源丰富。湖周群峰环拱，曲折崎岖。多姿多态的山峦和岛屿把整个湖区分隔成中心、东南、西北、西南、东北五个各具特色的景区，称为五大湖区。

除湖区景点外，千岛湖周围的石景很多，最为壮观的要数地处东南方向的赋溪石林了。这片石林占地面积10余平方千米，属迷宫式的喀斯特地貌，最有观赏价值的有蓝玉坪、玳瑁岭和西山坪三处。这三处石林各有各的特色，处处都有玲珑剔透、鬼斧神工的奇景，被广大游客誉为“长江中下游第一石林”。

（2）舟山游览区

“海天佛国”普陀山位于杭州湾以东，与上海、宁波隔海相望，是中国佛教四大名山之一、国务院首批公布的国家级风景名胜区、国家5A级旅游景区。山上寺院林立，佛教氛围浓郁，鼎盛时期，全山共有3大寺、88庵、128茅棚、4000余僧侣，史称“震旦第一佛国”。

普陀山四面环海，风光旖旎，幽幻独特，被誉为“第一人间清净地”。岛上树木丰茂，古樟遍野，鸟语花香，素有“海岛植物园”之称。虽然全岛面积才12.76平方千米，但景点分布非常集中，可谓“处处皆景”，在有心人眼中，又是“景景皆禅”。这里的每一块石头，每一个山洞，每一片树叶，每一朵浪花，甚至天上之清风明月、白云霞光，林间之鸟语花香、流泉净水，无不与佛心相通，有一种灵性贯通其间。我们流连于此，观身、观世、观声、观色，心灵便会得到净化。

嵊泗列岛位于舟山群岛北部、长江口东南、杭州湾以东，东临大海，南与佛教圣地普陀山相峙，西与上海金山卫相望 ，北接黄海，扼长江、钱塘江之咽喉，是国际远洋轮船出入长江、吴淞口的必经之路，是目前我国唯一的国家级列岛风景名胜区。其具有海瀚、礁美、滩佳、石奇、崖险等特点。嵊泗列岛海域辽阔，岛屿星罗棋布，海景绚丽多姿，山色四季各异，奇岩异石，比比皆是；摩崖峭拔，锦上添花。青山碧海之间，金沙连绵。奇洞幽邃，悬崖峭拔，险峰耸立。渔场辽阔，渔港遍布，万船齐集，桅樯林立。入夜，渔火齐明，红绿黄白，交相辉映，繁如星海。渔场风情浓郁，海市景象壮观。这里有大小岛屿630个，其中16个大岛有人居住，海陆总面积8824平方千米，陆地面积86平方千米。嵊泗列岛属亚热带海洋性季风气候，冬无严寒，夏无酷暑，姝丽迷人，独具魅力，素有“海上仙山”之称，是旅游、观光、度假、休闲、海钓、尝购海鲜和海上运动的理想场所。

（3）温州游览区

雁荡山国家森林公园位于温州市乐清市东北部，雁荡山因“岗顶有湖，芦苇丛生，结草为荡，秋雁宿之”而得名。它以奇异的造型地貌，形成景色万千的峰、洞、嶂、瀑，有“海上名山”“寰中绝胜”之称，被誉为“东南第一山”。这里山怪峰奇，层峦叠嶂，惟妙惟肖，千姿百态，古洞石室，飞瀑流泉，形成独特的景观。雁荡山以流纹岩为主岩体，其节理垂直，断裂特别发育。经亿万年的构造运动、水流冲切、岩层崩塌、风化剥蚀作用形成锐峰叠嶂、“如削如攒、如笔如笋、奇巧百出”的独特景观。雁荡山不仅以“雄奇”著称，而且以“秀”增辉。雁荡瀑布多为条形飞流，悬空而泻，因风作势，绰约多姿。众多瀑布中，以大龙湫最负盛名。此瀑高约190米，是我国落差最大的山岳飞瀑之一。盛水季节，飞瀑奔泻似白龙狂舞，旋风般直捣瀑下深潭，声嚣如雷。少雨时节，其又似罗纱徐徐垂下，化作潇潇烟雨，凌空飘洒。

雁荡山著名的岩嶂有10余列，从灵峰的倚天峰到大龙湫的莲云嶂，如蜿蜒蟠结蛟龙，气势磅礴。如净名坑的铁城嶂，高约160米，长约220米，“色皆紫黑如铁，势若长城”，与游丝嶂对峙，如雄关天险，可谓深山穷谷。这里还有丹黄灿烂、间以斑白花卉的蓼花嶂，阔而高的翠微嶂，屏霞嶂等。

古今许多文人墨客、学者仕宦曾游历雁荡山水，留下了大量的摩崖石刻和诗文画卷，为雁荡山水润色增辉。古代的谢灵运、沈括、徐霞客、王十朋等，近现代的康有为、郁达夫、郭沫若、黄宾虹、张大千等，都为雁荡山留下了许多珍贵的名篇佳作。雁荡山现存摩崖石刻300多处，其中龙鼻洞内80多处摩崖碑刻出自唐、宋、元、明、清等朝代，具有很高的研究、鉴赏价值。

自古名山多古刹，全盛时期的雁荡山曾有18处古刹，公园内有5处，都建于宋朝年间，其巧于借势、避风、向阳，或倚靠山岭巨岩，或背嶂，建筑与自然美景融为一体。现保存的著名古刹有灵峰寺、灵岩寺等。

楠溪江国家级风景名胜区（图1-4-22）总面积约625平方千米，共分为楠溪江及沿江农村文化（又称岩头景区）、大若岩、石桅岩、水岩、北坑、陡门和四海山七大景区，共计800多个景点。悠悠楠溪江融天然风光与人文景观于一体，以水秀、岩奇、瀑多、村古、滩

图1-4-22　楠溪江国家级风景名胜区

林美而闻名遐迩，是我国国家级风景名胜区中唯一以田园山水风光见长的景区。楠溪江的人文景观相当丰富，宋明清的古塔、古桥、古牌坊，以“七星八斗”和“文房四宝”布局而建的芙蓉村、苍城村，能让游客领略到原古的风貌。

楠溪江，美在原始古朴，野趣天然；楠溪江，美在纯净柔和，极少污染。经检定，江水含沙量仅为每立方米万分之一克，水质呈中性，符合国家一级标准，被专家们誉为“天下第一水”。溪流秀丽多姿，水清见底，随江倒影，游鱼碎石，历历在目。日间泛舟坐筏漂游江上，远眺绵绵青山，近看郁郁滩林，俯赏碧蓝江水，饱览溪光山色，令人心旷神怡，宠辱皆忘；夜间游江，见渔火点点，闻渔舟晚唱，享江风柔拂，聆淙淙流水，足以尽抒幽情逸致。歇息于滩林上，横柯上蔽，草坪如茵，白昼如昏，朦胧幽静，促膝谈心，诗意盎然，此乐何极。

（六）安徽旅游亚区

1. 安徽旅游业发展概况

安徽位于长江中下游腹地，是我国东部襟江近海的内陆省份，跨长江、淮河中下游，东连江苏、浙江，西接湖北、河南，南邻江西，北靠山东。安徽省地形地貌呈现多样性，长江和淮河自西向东横贯全境。安徽地处暖温带与亚热带过渡地区，气候温暖湿润，四季分明，淮河以北属暖温带半湿润季风气候，淮河以南为亚热带湿润季风气候。

安徽，建省始于清康熙初年，取旧时安庆、徽州两府的首字而得名。在安徽的地形图上，可以很清晰地看到长江和淮河两条江河像两根筷子，巢湖如碗，西面的大别山和东南面的天目山如屏，北面是一马平川的江淮大平原。以长江为界，安徽形成了皖北和皖南两大地域，皖南的黄山、九华山是安徽最有名的风景名胜区。

安徽是中国旅游资源最丰富的省份之一，自然景观与人文景观交相辉映，现有12个国家级风景名胜区：黄山市的黄山风景名胜区、池州的九华山风景名胜区、安庆的天柱山风景名胜区、滁州的琅琊山风景名胜区、黄山市的齐云山风景名胜区等。其中黄山为安徽山水典范，区内奇松、怪石、云海、温泉堪称“四绝”，为世界文化和自然遗产。黄山附近的西递、宏村亦是世界文化遗产。

安徽文化遗存丰富而别具特色。歙县、寿县、亳州为国家历史文化名城，凤阳中都城和明皇陵遗址、和县猿人遗址、歙县许国石坊、亳州花戏楼等175处为全国重点文物保护单位。歙县是历史上的徽州府所在地，新安画派、新安医学、歙派篆刻、徽派版画、徽派园林建筑、徽菜和徽剧的发祥地就在此。集中在歙县、黟县境内的明清民居、祠堂和石舫，数以千计，历经沧桑而古貌犹存，其数量之多，构思之奇巧，石、木、砖雕之精美，举国罕见，是民间建筑的杰作，是安徽民俗旅游的必游之地。

2. 主要游览区

（1）黄山游览区

黄山位于中国安徽省南部，属中国南岭山脉的部分，全山面积约1200平方千米。黄山山系中段是黄山的精华部分，也就是黄山风景名胜区，面积约160平方千米。它在黄山市境内，南邻歙县、徽州区、休宁县和黟县，北连黄山区，这五个县、区也都属于黄山市管辖。

黄山在唐玄宗以前叫黟山，因为山上岩石多为青黑色的，古人就给它起了这样一个名字。传说轩辕黄帝在这里采药炼丹，在温泉里洗澡，因而得道成仙。唐玄宗非常相信这个说法，就在天宝六年（747年）下了一道诏书，将黟山改名黄山。从那以后，黄山这个名字就一直沿用至今。

黄山的美，首先就美在它的奇峰。黄山峰峰称奇，各有特色，各具神韵。黄山奇峰到底有多少，至今还没有一个确切数字。历史上先后命名的有36大峰、36小峰，近年又有10座名峰入选《黄山志》。这80多座山峰的海拔大多数都在千米以上，其中莲花峰最高（1864米），光明顶次之（1841米），天都峰排行第三（1829.5米）。

黄山有“五绝”：奇松、怪石、云海、温泉和冬雪。除了“五绝”之外，黄山的瀑布、日出（图1-4-23）和晚霞也是十分壮观和奇丽的。黄山山高坡陡，溪流从高山峡谷中奔涌出来，从陡谷悬岩上飞落下来就形成了瀑布。“山中一夜雨，处处挂飞泉”，就是黄山瀑布的生动写照。黄山瀑布很多，最壮观的有九龙瀑、人字瀑和百丈瀑。

图1-4-23 黄山日出

黄山四季分明：春天青峰滴翠，山花烂漫；夏季清凉一片，处处飞瀑；秋天天高气爽，红叶如霞；寒冬则是银装素裹，冰雕玉砌。黄山确实是一个旅游、避暑、赏雪的绝好去处。

黄山市古徽州文化旅游区位于安徽省黄山市，北依黄山，南接千岛湖，面积 9.5平方千米，是一个聚集古城生活、宗祠文化、牌坊文化、徽商文化、村落文化、民居文化的古徽州文化旅游区。2014年12月，黄山市古徽州文化旅游区获得国家5A级旅游景区的荣誉称号。

古徽州文化旅游区位于徽文化发祥地安徽省黄山市，由徽州古城、牌坊群·鲍家花园、唐模、潜口民宅、呈坎五大精品景区组成，新安江缓缓流过，2000年的历史积淀，使这里的一草一木、一砖一瓦都彰显着古城、古村、古建筑所特有的地域文化气质。

5个具有差异的景区共同创建，汇聚了徽州古村落、古城、官署、民居、牌坊、徽派园林等古徽州具有代表性的元素，呈现了中华三大地域文化之一的徽文化的魅力，有力地促进了徽文化的传承。

（2）池州游览区

九华山位于池州市青阳县境内，距池州港约53千米，从池州乘车南行约1小时可达。九华山原名九子山，因李白从长江上远望山景之诗作而易名。九华山风景名胜区面积120平方千米，主峰十王峰海拔1344.4米，山色清俊秀美，有缆车可直通天台和百岁宫景区。九华山与峨眉、五台、普陀合称为中国佛教四大名山。九华山现有保存完好的寺庙近百座，散布于悬崖上和山林中，其主要庙宇均为未受破坏的明清建筑。

（3）安庆游览区

在1000多年前，天柱山的知名度甚至超过黄山，它曾被汉武帝封为南岳。其主峰天柱峰直耸云霄，如擎天一柱，有1489.8米高。到了唐宋时期，天柱山依然盛名不减，李白、白居易、苏轼、王安石、黄庭坚等文人墨客都曾登临此山，遗留下近300方摩崖碑刻，既可怀古，又是学习、欣赏书法的绝佳范本。

天柱山不仅人文积淀深厚，而且不乏美景。它的风光雄奇灵秀，兼而有之。有时雾潮云海，飘飘荡荡；有时日出晚霞，瑰丽壮观。除了奇松怪石、飞瀑流泉，还有峡谷、幽洞、险关、古寨，令人乐而忘返。天柱山还有许多珍贵植物：香果树、天女花、鱼鳞木、珍珠黄杨、云锦杜鹃等，这里的珍稀动物有花面狸、琴鸟、大鲵等几十种。

(七)江西旅游亚区

1. 江西旅游业发展概况

江西省地处中国东南偏中部、长江中下游南岸，古称“吴头楚尾，粤户闽庭”，乃“形胜之区”，东邻浙江、福建，南连广东，西靠湖南，北毗湖北、安徽而共接长江。江西处北回归线附近，为亚热带湿润气候。

全省有5处世界遗产、3处世界地质公园、5处国家地质公园、18个国家级风景名胜区、15个国家级自然保护区、46个国家森林公园、160处全国重点文物保护单位、39处国家湿地公园，有全国最大的淡水湖鄱阳湖和风景如画的柘林湖、仙女湖等。

江西红色文化闻名中外。井冈山是中国革命的摇篮，南昌是中国人民解放军的诞生地，瑞金是苏维埃中央政府成立的地方，安源是中国工人运动的策源地。第二次国内革命战争时期，江西籍有名有姓的革命烈士就有25万多人，占全国的六分之一，为中国革命胜利做出了重大贡献。

2. 主要旅游景点

(1)庐山

公元817年，伟大的诗人白居易评价了庐山(图1-4-24)自然美的价值，他把庐山放在了中国名山中的第一位，称其“匡庐奇秀甲天下”。庐山的奇秀，突出表现在险峰、幽谷、瀑布、云雾等类型的景观之中。

这里有李白诗下的庐山秀峰瀑布，有酷似5位老人的五老峰，有气吐江湖的含鄱口，还有风光秀丽的锦绣谷。锦绣谷因为一年四季花开灿烂，四季如春，就像一块五彩斑斓的锦绣而得名。此外，劲松、仙人洞、险峰都是庐山有名的景点。庐山的著名，不仅因为它是一座风景名山，还因为它是一座文化名山，早在《禹贡》《山海经》等古书中，就有关于庐山的记录。

图1-4-24 庐山

庐山的白鹿洞书院号称“天下书院之首”，它和湖南的岳麓书院，河南的嵩阳书院、应天书院合称为四大书院。白鹿洞书院位于庐山五老峰下，五代十国时期的南唐，曾在庐山白鹿洞设庐山国学，这是庐山建书院的开始，也是白鹿洞书院的前身。到了南宋时期，著名的理学家、教育家朱熹来到庐山，修建了著名的白鹿洞书院，并亲自任教，订立了《白鹿洞书院教条》，成为南宋以后中国封建社会近700年书院办学的范式，也是我国教育史上最早的教育规章制度之一。在古代，白鹿洞书院的地位相当于现在清华大学、北京大学的地位，这使庐山成为一座教育名山了。庐山的最高峰是大汉阳峰，海拔约1474米。由于庐山地势较高，加上植被繁茂，空气清新，非常适合夏季避暑疗养。

图1-4-25 井冈山

(2)井冈山

井冈山(图1-4-25)位于湘赣边界、罗霄山脉中段，山势高大，地形复杂，主要山峰海拔多在1000米以上，最南端的山峰海拔2120米，是井冈山地区的最高峰。

井冈山山高林密，沟壑纵横，层峦叠嶂，地势险峻。其中部为崇山峻岭，两侧为低山丘陵，从山下往上望，巍巍井冈就如一座巨大的城堡，五大哨口是进入“城堡”必经的“城关”，把守此地，有“一夫当关，万夫莫开”之势。1982年，这里被选为国家级风景名胜区，1991年被评为“中国旅游胜地四十佳”，1994年又被选为全国爱国主义教育基地和国家园林城。

这里的30多处革命遗址仍保存良好，其中有全国重点文物保护单位22处、省级重点文物保护单位26处、市级重点文物保护单位34处。馆藏文物3万余件的井冈山革命博物馆和集纪念堂、碑林、雕像园、纪念碑、门庭于一体的井冈山烈士陵园详细记述了井冈山斗争的光荣历史。井冈山不仅革命遗址众多，而且风景非常秀丽，风景名胜区面积达213.5平方千米，分为茨坪、龙潭、黄洋界、五指峰、笔架山、仙口、桐木岭、湘洲八大景区，有景点60余处，景物景观270多处。雄伟的山峦、怪异的山石、参天的古树、神奇的飞瀑、磅礴的云海、瑰丽的日出、烂漫的杜鹃、奇异的溶洞，令人心旷神怡，流连忘返。这里夏无酷暑，冬无严寒，气候宜人，四季咸游。春赏杜鹃，夏观云海，秋眺秀色，冬览雪景，是观光游览、避暑疗养、科学考察、历史研究的好去处。难怪中国当代文豪、著名历史学家郭沫若在瞻仰革命遗址、游览龙潭风景区后，发出了“井冈山下后，万岭不思游”的慨叹。

（3）三清山

三清山位于上饶市玉山、德兴两县交界处。主峰玉京峰海拔1819.9米，因山有三峰，名为玉京、玉华、玉虚，如三清（即玉清、上清、太清）列坐其巅，故名。三清山南北狭长，景区总面积约229.5平方千米，由于长期地貌变化，三清山形成了别具一格的奇峰怪石、急流飞瀑、峡谷幽云等雄伟景观。最先在三清山修建道观的为唐朝信州太守王鉴的后裔。唐僖宗时王鉴奉旨抚民，到达三清山北麓，见到此山风光秀丽，景色清幽，卸任后即携家归隐在此。 到宋朝时，其后裔王霖捐资兴建道观。延至明景泰年间，王霖后裔王祜又在三清山大兴土木，重建三清宫。从登山处步云桥直至天门三清福地，共兴建宫观、亭阁、石刻、石雕、山门、桥梁等200余处，使道教建筑遍布全山，其规模与气势，可与青城山、武当山、龙虎山媲美。因此，三清山有“中国古代道教建筑的露天博物馆”之称。

（4）龙虎山

龙虎山是一座历史悠久的道教名山，也是一处新兴的旅游胜地。它位于江西省鹰潭市区西南约20千米处，自古以“神仙都所”“人间福地”而闻名天下。中国古典名著《水浒传》第一回就把它的美妙与神奇描绘得出神入化、淋漓尽致。龙虎山的美妙在其山水。由红色砂砾岩构成的龙虎山有99峰、24岩、108处自然及人文景观，奇峰秀石，千姿百态，有的像雄狮回头，有的似文豪沉思，有的如巨象汲水……还有被当地人俗称为“十不得”的景致，如“云锦披不得”“蘑菇采不得”“玉梳梳不得”“丹勺盛不得”等，更可让人想象到其景之妙。这些又逼真又“不得”的景观中，都隐含着奇妙的传说，听来活灵活现，让人回味无穷。龙虎山中的泸溪河发源于崇山峻岭之中，似一条逶迤的玉带，把龙虎山的奇峰、怪石、茂林、修竹串联在其两岸。河水碧绿似染，楚楚动人。水急时千流击崖，水缓时款款而行，水浅处游鱼可数，水深处碧不见底。与山岩相伴，便构成了“一条涧水琉璃合，万叠云山紫翠堆”的奇丽景象。

龙虎山的神奇在其崖墓群。泛舟泸溪河上，两岸的崖壁犹如一幅历史画卷展现在眼前。一个个山崖墓穴，形态各异，高低不一，有的单洞单葬，有的连洞群葬。淡黄色的古棺木和垫底封门之间的泥砖清晰可见。据考证，这是春秋战国时期古越人的墓，距今已有约2600年的历史。

龙虎山是一座名山还在于它是中国道教的发源处。

（5）滕王阁

素有“西江第一楼”之誉的滕王阁（图1-4-26），雄踞南昌抚河北大道，坐落于赣江与抚河故道交汇处，依城临江，瑰玮绝特，因“初唐四杰”之首的王勃一篇雄文——《秋日登洪府滕王阁饯别序》（简称《滕王阁序》）而得以名贯古今，誉满天下。王勃的《滕王阁序》脍炙人口，传诵千秋。文以阁名，阁以文传，历千载沧桑而盛誉不衰。

今天的滕王阁乃仿宋建筑。唐宋一脉相承，宋代建筑是唐代建筑的继承和发展。宋代的楼阁建筑极窈窕多姿，建筑艺术达到极高水平。1942年，古建筑大师梁思成先生偕同其弟子莫宗江根据“天籁阁”旧藏宋画绘制了8幅《重建滕王阁计划草图》。在第29次重建之时，建筑师们以此为依据，并参照宋代李明仲的《营造法式》，设计了这座仿宋式的雄伟楼阁。1983年10月1日举行了奠基大典，1985年10月22日重阳节正式开工。在中华人民共和国成立四十周年之际，第29次重建的滕王阁于1989年10月8日重阳节胜利落成。其不仅仅给古城南昌增色添辉，而且以其特有的魅力，吸引着纷至沓来的中外游人。滕王阁是南昌的骄傲，是豫章古文明的象征，乃中华民族文化遗产之瑰宝。

图1-4-26 滕王阁

(6) 婺源

中国最美的乡村——婺源，具备东方的、历史的、文化的、生态的、艺术的特质，可开展观光、考察、体验、度假、休闲、疗养等活动。

婺源的山水保存完好，婺源的乡村与山水融为一体。婺源乡村的格局宜人聚居，这里氏族繁盛，人脉兴隆。显赫宗祠蕴含着东方伦理的精奥，宏丽豪宅体现了农耕社会的理想和积聚的财富。山灵水秀之地必有村落民居，民居村落无不占尽山水风光。中国最美的乡村——婺源，是东方特有的，吐纳天地阴阳，富有历史文化底蕴，绕过了工业文明而留存给今人的精品生态宝地。

(7) 景德镇

景德镇（图1-4-27）是中外著名的瓷都，制瓷历史悠久，文化底蕴深厚。史籍记载“新平冶陶，始于汉世”，可见早在汉代这里就开始生产陶瓷。宋景德元年（1004年），宫廷诏令此地烧制御瓷，底款皆署“景德年制”，景德镇因此而得名。自元代至明清，历代皇帝都派员到景德镇监制宫廷用瓷，设瓷局、置御窑，创造出无数陶瓷精品，尤以青花、粉彩、玲珑、颜色釉四大名瓷著称于世，各类艺术陶瓷备受世人赞赏。景德镇瓷器享有“白如玉，明如镜，声如磬，薄如纸”的美誉。郭沫若曾以“中华向号瓷之国，瓷业高峰是此都”的诗句盛赞景德镇灿烂的陶瓷历史和文化，陶瓷把景德镇与世界紧密相连。

图1-4-27 景德镇

景德镇市旅游资源丰富，独具优势，包括陶瓷文化资源、人文景观资源、生态环境资源等，尤以陶瓷文化资源独具优势。全市现已发现30多处陶瓷历史遗址，如古代著名的瓷用原料产地及世界通用制瓷原料高岭土名称来源地高岭遗址、湖田古窑遗址、明清御窑厂遗址等，具有世界性的影响力和吸引力。景德镇市的风景名胜和景观众多，有保留完好的明清古建筑村、徽派建筑群、古戏台，有号称中国第二、江南第一的浮梁古县衙，有以三闾大夫屈原命名的古建筑三闾庙，有宋太祖朱元璋作战时藏身的红塔，也有仰贤台、洪源仙境、太阳岛、月亮湖、阳府寺、历居山、翠屏湖等。景德镇也是具有光荣革命传统的地区，著名的新四军瑶里改编地就在浮梁县瑶里镇，红十军的诞生地在乐平市众埠镇。1997年，景德镇市被国家旅游局等单位推介为全国35个王牌景点之一。

(8) 瑞金共和国摇篮景区

瑞金共和国摇篮景区位于江西省瑞金市沙洲坝镇金都大道，占地面积约3平方千米，由叶坪景区、红井景区、二苏大景区、中华苏维埃纪念园（南园和北园）四大景区组成，是中宣部首批公布的全国爱国主义教育示范基地，也是全国红色旅游经典景区之一。

叶坪景区曲径通幽，古木参天，绿树成荫，宗祠巍然，位于市区东3千米处，拥有全国保存最完好的革命旧址群之一，有革命旧址和纪念建筑物22处，其中全国重点文物保护单位就有16处。中华苏维埃第一次全国代表大会在这里召开，中华苏维埃共和国临时中央政府在这里成立。

红井景区背负青山，田畴拥翠，树影婆娑，恬静质朴，位于市区西1千米处，有旧居旧址35处，其中全国重点文物保护单位10处。红井景区有家喻户晓、妇孺皆知的水井——红井，还有大片部委旧址和新建的群众路线广场，掩映在田园风光之中。

二苏大景区松涛阵阵，梅占魁阁，歌山花海，礼堂肃穆，位于城区西北1.5千米处的沙洲坝境内，有中华苏维埃临时中央政府大礼堂。从空中俯视，它宛若红军八角帽，是苏区时期的标志性建筑，中华苏维埃共和国第二次全国代表大会在此召开。景区内开辟了中央革命博物馆、红歌山等新景点。

纪念园景区玉带缠流，绿意扶疏，古塔雄峙，位于城区西侧，分为南园和北园。南园主要有瑞金革命烈士纪念馆、红军烈士亭、滨水景观区、龙珠塔等景点。北园是一个集革命传统教育、情景体验于一体的大型红色旅游公园，主要有中央革命根据地历史博物馆、红五星音乐广场、苏区精神铜字、中华苏维埃纪念鼎、四省百县林，以及十三苏区景观。

如今的共和国摇篮景区，既保留了“形体”的简朴，又展现了内涵丰富的“身价”，旧址群、纪念园、博物馆各具特色，真可谓一处一诗，一步一景，是一个融参观、瞻仰、会议、休闲、度假于一体的爱国主义教育示范基地和红色旅游经典景区。

【知识拓展】

M1-4-3
知识拓展

除本章介绍的旅游资源外，本区还有哪些著名的旅游吸引物？扫描二维码了解详细内容。

【单元小结】

长江中下游旅游区旅游资源丰富，具有名山众多、水景秀丽、园林荟萃、古城云集的特点。本单元主要介绍了长江中下游旅游区的旅游资源特色，湖北、湖南、上海、江苏、浙江、安徽和江西7个旅游亚区的旅游业发展概况和各自主要游览区的特点。要求重点掌握长江中下游旅游区旅游资源的特点和各旅游亚区内主要游览区的特点。

【思考与实训】

一、思考

1. 分析上海旅游资源有哪些特色。
2. 试举例说明江南园林的主要成因。
3. 黄山景区的特点是什么？
4. 江西著名的红色旅游景区有哪些？

二、实训

1. 请指出本区你所喜欢的旅游景点并说明原因。
2. 请为中国香港的客人设计3条能代表长江中下游地区旅游特色的旅游线路。
3. 某学校艺术系学生打算到安徽实地写生一周，请为他们设计一个旅游方案。

学习单元五　东南旅游区

学习目标

知识目标：了解东南旅游区的旅游点概况，掌握东南旅游区旅游资源的基本特征，熟悉东南旅游区的旅游地理环境，了解各旅游亚区一般旅游景点的概况。

能力目标：能够根据东南地区旅游交通的特点设计本区主要的旅游线路，能够对知名景点进行讲解。

素质目标：通过对本旅游区旅游资源的学习，培养学生爱国主义情怀，坚定“四个自信”。通过对古代海上丝绸之路的学习，使学生了解丝绸之路在促进全球经济发展和区域经济深度合作方面发挥的重要作用，提升人文素养，树立家国情怀。

任务导入

东南旅游区地形以低山丘陵为主，地理纬度偏低，气温高，长夏无冬，或夏长冬暖，自然景观具有明显的亚热带特征。试分析东南旅游区的地理环境特点与旅游资源特征的关系。

【学习内容】

一、东南旅游区概况

M1-5-1
东南旅游区

（一）旅游地理环境概况

东南旅游区包括闽、粤、琼三省，总面积约247万平方千米，总人口约17879万。闽、粤、琼三省是我国沿海开放的主要省份，经济发达。

1. 地理位置优越，经济发达

本区位于我国南部沿海，地近东南亚。南海诸岛位于亚洲至欧、非和大洋洲的航道要冲，地理位置优越，是我国发展对外旅游条件最优越的地区。

本区航空网以广州、福州和厦门三地的机场为枢纽，连接国内外主要城市；铁路运输以京广线、京九线、鹰厦线、来福线为主干；海上运输有福州、厦门、广州等城市的大港口，珠江三角洲内河航运占相当重要的地位。

东南旅游区气候湿热，有利于农业生产，这里物产富饶，珠江三角洲素有“鱼米之乡”的称号。平原盆地以种植水稻为主，兼有多种粮食作物，甘蔗是本区最重要的经济作物。海南岛是我国热带作物生产基地。本区还以盛产热带、亚热带水果而闻名全国。福建盛产龙眼、柑橘、荔枝、菠萝、柚子等。而荔枝、香蕉、柑橘、菠萝被称为广东四大名果。宋代苏轼曾有诗赞荔枝：“日啖荔枝三百颗，不辞长作岭南人。”

2. 典型的热带、亚热带季风气候

东南旅游区位于我国纬度最低的地区，约有 2/5的陆地处于太阳的直射范围内，东临东海，南临南海，西南距印度洋不远，受东南亚季风环流的影响，形成典型的热带、亚热带季风气候。

长夏无冬，秋去春来，季节交替不明显，是东南旅游区气候一大特点。1月气温开始回升，3~5月回升最快，高温出现在7~8月，极端气温可达38~39□，8月以后气温开始下降。本区大部分地区年平均气温在20□以上，居全国之冠。

本区濒热带海洋，水汽来源丰富，同时受地形的影响，具备各种降水的条件，是全国雨量最充沛的地区，平均年降水量为1000~2000毫米。本区大部分地区70%~80%的降水集中在5~10月。降水的空间分布是沿海、岛屿少于内陆，平原少于山地，背风坡少于迎风坡。

受台风影响大是东南旅游区气候的重要特色，途经我国的台风，80%在东南沿海登陆，其中在广东、海南登陆的近一半，在台湾登陆的占四分之一。台风活动频率较大的时间在5~11月，台风给本区带来一定损失，但对缓解本区夏季旱情起较大作用。台风雨占东南降水量的10%~20%，强度大，是导致东南水灾的重要原因。

总之，东南旅游区长夏无冬，春秋相连，夏季酷热不及江南，因此旅游季节长。一些沿海城市受海洋的影响，几乎一年四季皆可旅游，冬季温暖，是全国的避寒疗养和旅游中心。但降水多，台风会对旅游活动造成一定的影响。

3. 破碎的地形和稠密的水网

本区地形以丘陵、山地为主，有南岭山脉、武夷山脉和五指山等。南岭山脉分布在湘、桂、粤、赣边界地区，它并不是一条东西连贯的山脉，而是由越城、都庞、萌渚、骑田、大庾等著名山岭组成，山峰海拔约1500米，山虽不高却是珠江、长江水系的分水岭，对南北气流起一定阻滞作用。武夷山脉绵亘于闽赣边境，海拔1000~2200米，最高峰黄岗山海拔约2160米，山脉呈东北—西南走向，是福建的天然屏障。五指山分布在海南省的中部，呈穹隆状，海拔500~1900米。除上述山脉组成的山地外，本区大部分地区多为海拔500米以下的丘陵，但是不少山地丘陵由于岩性的影响，在外力侵蚀下，形成各种奇异的地貌形态，成为旅游景点，如武夷山、鼎湖山、西樵山等。

本区山地丘陵经长期侵蚀切割，地形较为破碎，平原面积较小，多分布在河流下游和河流两岸。面积较大的平原有广东、珠江三角洲和韩江三角洲。珠江三角洲面积约1.1万平方千米，河道密布，一派水乡泽国风光。

本区海岸线漫长曲折，有许多优良的港湾。岛屿众多，不仅有大陆岛，而且有海洋岛、火山岛和珊瑚岛。大陆岛较大的有海南岛、台山岛、东山岛、海坛岛。南海诸岛由东沙、西沙、中沙和南沙等四组群岛组成，岛屿多属珊瑚礁岛类型。蓝天、大海、椰子林和礁岛组成了南海独特的热带海洋风光。

本区水系发育，水网密度大，汛期长，含沙量小，流量大，水力资源丰富。珠江和闽江是本区最大的两条河流。珠江是西江、东江、北江三条河流的总称，是我国年径流量第二大河流，流量仅次于长江，约为黄河年径流量的7倍，全年均可通航。闽江是闽浙丘陵地区最大的河流，上游三源均出自武夷山脉，沿岸景色秀丽，流域内崇山峻岭，森林茂密。海南岛的河流短小，著名的河流有万泉河。由于受岩浆活动和构造运动的影响，本区有四条断裂带，有利于温泉的形成。广东境内有温泉230多处，福建有150多处，温泉出露处宜发展温泉旅游疗养。

（二）旅游资源特征

1. 热带、亚热带自然景观

东南旅游区的自然植被为终年常绿热带雨林、热带季雨林和亚热带常绿阔叶林，它和东南地带性土壤——砖红壤和赤红壤构成了东南自然景观的基本元素。

东南的植被种属以热带区系成分为主，但由于本区自古生代起就一直处在比较稳定的热带性气候环境中，第四纪冰期对本区影响不大，所以保存了大量较古老种属，如苏铁、银杏、紫杉、水松、金钱松、罗汉松、鹅掌楸、钟萼木、黄山木兰、银种树等孑遗植物。这些植物在地球上其他地区大都已经绝迹。

东南旅游区热带雨林、热带季雨林特征明显，植被终年青绿，种类多，成分复杂。森林中林冠参差不齐，散生着巨树，特别是棕榈科植物，巨叶聚集于茎顶，高高耸立在滨海、村落等地，构成特殊外貌，成为本区热带景观的标志。茎花、茎果植物在热带雨林中很普遍，菠萝蜜、木奶果、青果榕等都是常见的茎花植物。板根、支根现象在榕属、杜英属等植物中均可见到。榕属植物的绞杀现象也很普遍。红树林还有特殊的呼吸根以适应海潮环境。

自然林中常有多层结构，乔木高大，通常乔木层有3~4个亚层，下有灌木层，草层不发达，层间植物丰富，且多为木质藤本。此外还有附生植物、寄生植物和腐生植物。

这里也是热带经济作物的重要生产基地，热带和亚热带水果种类繁多，名花、名茶数不胜数，如素有盛名的乌龙茶、“凌波仙子”漳州水仙等。广州则四季名花异草不绝，每年春节举行的花会与灯展相结合，吸引不少游客来此聚会。

东南旅游区还有不少野生动植物保护区，如武夷山、梅花山、莘口、万木林、火田、新港、五指山、青溪洞、鼎湖山等自然保护区。它们除了保护热带森林生态系统外，还重点保护海南坡鹿、水鹿、长臂猿、猕猴、孔雀雉、黄腹角雉等珍稀动物。

热带、亚热带自然景观是东南旅游区一项重要的、有特色的自然旅游资源。这里海浪滔滔，椰林婆娑，独榕成林，木棉花开如火，草木常青，四季花开，参天的热带林木和明媚的海景构成一派有特色的南国风光。这对非亚热带、热带的旅游者而言是极有魅力的。

2. 丹霞等地貌旅游资源丰富

东南旅游区地貌旅游资源丰富，既有丹山碧水的丹霞地貌，又有以奇岩怪石为特色的花岗岩地貌，喀斯特地貌和海岸地貌旅游价值也很高。

（1）丹霞地貌

本区丹霞地貌发育十分典型，除前面介绍过的福建武夷山以外，还有国务院1994年公布的第三批国家级风景名胜区中的桃源洞、冠豸山等著名景区。

桃源洞位于福建永安市区北10千米处的燕溪两岸，景区面积约30平方千米。区内有百丈岩、葛里、修竹湾、栟榈潭等几十处景点。区内岩石嶙峋，林木葱郁，碧水丹崖融为一体，具有奇、绝、秀、幽、险等特点。暮春时，燕溪从深山幽谷中流出，桃花夹岸，落花缤纷，飘香流红。洞口绝壁上有明万历年间两郡司马陈源湛所书的“桃源洞口”4个大字，周围有鲤鱼石、龟蛇镇洞桥、观音大士殿、通天亭、一线天、风洞环玉、飞来石、仙人棋盘、跨虹桥、凤冠亭、古井寒泉、望象台、象鼻岩、佛庙、叠彩石、凉风台、奇云关寨门、不尘馆等十八景。其中最著名的是一线天，只见悬崖断壁上一隙通明，全长约120米，拾级而上，最窄处仅容侧肩而过，徐霞客称“余所见一线天数处，武夷、黄山、浮盖，曾未见若此大而逼、远而整者。”

福建连城县的冠豸山也是典型的丹霞地貌风景区。它集雄、奇、峻、险于一身，山峻石奇，远望如欲放的莲花，故又名“莲花山”。因其峰似巨冠，故名“冠豸”。山中风景秀丽，独树一帜。

（2）花岗岩地貌

本区花岗岩地貌分布很广，在长期湿热的气候下花岗岩球状风化突出，尤以闽东沿海和闽南山地为最。风化壳被剥蚀后，地表露出许多球状石块，形态古朴纯厚，景观别具一格，这类石景旅游价值大，吸引力强，如厦门的日光岩和万石岩，漫山皆石。大自然把这些岩石雕琢成千姿百态的奇岩怪石，又如泉州的清源山，山峦参差，拟状摹形，似人似物，形态逼真，引人入胜。

还有一些地区的花岗岩节理发达，由于地体不断抬升，流水沿节理强烈下蚀，常形成危崖峭壁形态，如福建福鼎的太姥山异峰高耸，突兀险峻，气势磅礴，奇岩怪石比比皆是，有十八罗汉上山、仙人锯板、金猫扑鼠、九鲤朝天、和尚讲经等景点，故有“太姥无俗石，个个是神工”之谚。

此外还有单块的花岗岩体形成独立悬而不倒的风动石，如在福建东山县铜陵镇岣嵝山东麓的风动山，上刻有黄道周所书的“风动石”3个大字。

（3）喀斯特地貌

本区的粤北、粤西、闽西都有喀斯特地貌分布。它们大都发育在古生代石灰岩中。地质构造的演化及间歇性抬升，流水溶蚀、冲蚀和刻蚀作用，以及重力崩塌，造就了洞群套叠、仪态万千的独特的以溶洞为主的喀斯特地貌景观，较著名的有广东肇庆的星湖、福建永安鳞隐石林、将乐的玉华洞等。

（4）海岸地貌

东南大陆海岸多属于岩岸，山地直逼海岸，岸线曲折。有些岸段海积地貌相当发育，有些岸段台地或山地受蚀为海崖，崖前为沙堤和海滩。海南五指山南坡流出的河流携带大量颗粒较粗的泥沙，在东南风浪、西南风浪作用下，在三亚—莺歌海—昌化港一带西南海岸堆积成较宽的沙堤，是良好的海滩资源。在三亚附近已开辟了大东海游泳场，此地被认为世界最佳浴场建地之一。

海蚀地貌在本区分布甚广，如三亚市的“鹿回头”等。福建海蚀地貌十分发育，特别是海坛岛，有海蚀崖、海蚀平台、海蚀洞、海蚀柱、海蚀碑、海蚀天桥等许多类型，形态万千，已列为以海蚀地貌为主的国家级风景名胜区。

生物海岸也是本区海岸地貌一大特色。由于本区特殊的气候、水文等自然条件，从福建的福鼎直到海南岛断续分布着红树林。红树林是热带、亚热带特有的盐生木本植物，生长在海岸潮间细粒物质组成的滩涂上。高潮时树冠飘荡在水面，葱郁浓绿，景色独特。分布在较北处的红树林矮小，高仅1米，种类也少；而海南岛一带的红树林可高达10米，种类也较多。红树林有护岸促淤的功能。在海南琼山区，建有东寨港红树林自然保护区。珊瑚礁海岸也是生物海岸。本区珊瑚礁海岸主要分布在海南岛和南海诸岛，这些珊瑚礁白沙耀目，鸥鸟翔集，是热带、亚热带特有的海岸景观。

3. 海上丝绸之路

我国同邻邦的友好商路古已有之。中国是丝绸的故乡，汉代盛产丝绸，花色质量均达上乘，公元前138~公元前115年，张骞出使西域，开辟了横穿亚洲内陆的东西交通要道——丝绸之路。由于政治、经济形势的影响，我国西部丝路贸易时盛时衰，8世纪以后逐渐让位于交通工具较为先进的海上商道。

海上丝绸之路也称瓷器之路，经过东南亚、印度、波斯湾，最后到达非洲的埃及、肯尼亚。早在汉代时我国远洋航运已能抵达日本、东南亚地区，唐代又有发展，海上贸易更为活跃，向西可直达阿拉伯地区。唐时日本曾13次派遣唐使来华，我国使臣、僧侣也不断东渡日本，如鉴真6次东渡，最后到达日本。宋代指南针广泛应用于航海，又因北方战火不断，陆上丝路中断，国家政治、经济中心南移，因此与国外联系的海上丝路有了更快的发展。泉州港逐渐成为大港，当时从泉州港南航可达菲律宾；西航经东南亚、阿拉伯海，可达波斯湾和非洲东海岸各国；向北可至朝鲜半岛和日本；可与世界上70多个国家和地区通航。泉州作为海上丝绸之路的起点，早在唐朝时期就是对外交流的重要港口。宋元时期，泉州经济和海外贸易繁荣，许多国家的商人、旅行家和传教士纷至沓来，贾商云集，盛况空前，促进了泉州与各国、各民族间的经济、文化交流。亚非各国侨寓泉州者达数万人，有的还在泉州长期任职，例如阿拉伯商人蒲寿庚家族数代侨居中国。明清以来，由于战乱、海禁，加之晋江泥沙淤积等自然原因，泉州港逐渐衰落，变成区域性的小港，但民间商贾的海外贸易仍未间断。明代郑和7次下西洋，都曾到泉州港停泊。

泉州城内现在还保留着大量海上丝绸之路的文物。泉州海外交通史博物馆中的文物反映了中外人民的友好往来。其中的泉州湾古船陈列馆陈列了一艘沉没泉州湾后渚港西南海滩的古船，是一艘尖底形的多桅杆船，船身长242米，宽19.5米，平面近椭圆形。船身有3层木板、13个隔舱，是可载2000吨以上货物的宋代大船福船的前身。馆内泉州外销瓷陈列馆陈列了新石器时代到新中国成立后的300多件展品。泉州宗教石刻陈列馆陈列了300多件宋元时期侨居泉州的外国人所遗留下的宗教石刻，如墓碑、墓盖、雕像、寺庙建筑的石构残件等。

泉州城内海上丝绸之路的古迹还有后渚港、聚宝街、市舶司等遗址。后渚港自宋以来就是泉州湾内的大港，元代时常泊大船百余艘，小船不可胜数，当时摩洛哥旅行家伊本·白图泰称之为世界最大海港。聚宝街在泉州东南角，临晋江，长约400米，宋元以来泉州海运发达，外国人把船驶进泉州湾内，沿晋江溯源而上，到此处装卸货物、交易。据说当时从早到晚街上摆满珍珠、玛瑙、钻石、琥珀等奇珍异宝，故名聚宝街。

明初郑和7次出使西洋，先后到达30多个国家和地区，其船队规模之大、航海技术之高超，都是举世无双，成为世界航海史上的伟大创举。船队所绘制的《郑和航海图》，对航向、停泊港口、暗礁、浅滩的分布都有较详细的记录，是我国早期海洋地理的珍贵地图。

从某种意义上说，海上丝绸之路持续时间更长，通达范围更广，贸易规模更大。海上丝路沿线各国保存的历史文物都是中外交通史的见证。

4. 现代化建筑鳞次栉比

本区几个大城市，如广州、深圳、珠海、海口、福州、厦门等，都是现代化国际性大都市，市内耸立着各种风格的高楼大厦，街道上车水马龙，人流如潮。当夜幕降临时，各种广告霓虹灯不知疲倦地闪烁着，整个城市沉浸在灯海光雾之中。登高远眺城市夜景，不仅使人心旷神怡，而且能让人真切地感受到城市的生机。这些高楼大厦中分布着许多现代化商场和饭店酒楼，异地旅游者不仅可以饱览城市风光，而且能充分满足购物的需求。

随着城市的发展，城市人口不断增加，城市居民的生活节奏愈来愈快，人们逐渐远离了大自然。为了满足现代城市居民的游乐需求，几乎所有现代化城市都建有许多人工游乐场所，如深圳西丽湖、香蜜湖度假村，深圳湾，大小梅沙，西冲等。深圳锦绣中华是深圳华侨城的一个旅游区，是世界上面积最大的实景微缩景区。近百处景区大致按中国区域版图分布，是中国自然风光与人文历史的缩影。珠海市建成了一个环境优美、设备先进、管理完善、服务优良的国际旅游度假体系，其中国际高尔夫球场占地140万平方米，草质良好，完全符合国际标准；珍珠乐园游乐场占地50多万平方米，有过山车、快速滑行车等老少皆宜的娱乐项目；九洲城则是游客理想的购物天堂。

（三）旅游业概况

1. 旅游业历史悠久

本区区位和自然条件为发展海上交通提供了良好条件，故闽粤自古即为我国国际交往的重要通道，泉州、漳州、福州、汕头、广州都是历史悠久的对外贸易港。

改革开放以来，本区旅游业发展迅速，不管是游客数量，还是经济效益、社会效益都居全国前列。

2. 客源充足

东南旅游区经济发展快，交通便利，是我国的侨乡和改革开放的南大门，面对的是华侨最多的东南亚各国，因此客源充足。同时本区经济腾飞，对国内其他地区的旅游者很有吸引力，来此观光、购物的国内游人也不断增加。

3. 旅游项目多

游客在东南旅游区除可参观文物古迹，享受自然风光、温泉浴，看特艺表演外，还可选择许多项目，如骑马、射箭、打高尔夫球、划船、沙滩浴和篝火野营等。针对本区特殊的人文旅游资源，各地旅游部门还推出了许多独特的游览项目，如福建的妈祖朝圣游、客家土楼游、客家祖地游、海上丝绸之路游等。

4. 发展方向明确

经过多年的开发经营，本区旅游业已取得喜人的成就。旅游设施相当完备，旅游市场不断扩大，旅游业发展前景良好。旅游业是服务性很强的行业，旅游产品质量的高低与服务人员及管理人员的素质有关。旅游市场的竞争其实就是人才的竞争。培养管理人才和服务人员，努力提高从业人员的外在和内在素质十分重要。同时要加强老景区完善工作，不断挖掘新景点，进行旅游设施配套建设，不断改善接待条件。要针对目前国际旅游兴趣由求“乐”向求“新”、求“知”、求“奇”转变的趋势，发挥本区优势，开辟独特的旅游项目，特别要在旅游文化内涵和外延上下功夫，有意识地组织民俗、学术、美学、社会学等专项旅游，丰富旅游内涵。

二、旅游亚区及主要旅游景点

（一）福建旅游亚区

1. 概述

福建地处祖国东南部、东海之滨，东隔台湾海峡与台湾地区隔海相望，东北与浙江省毗邻，西北横贯武夷山脉与江西省交界，西南与广东省相连。福建属于中国华东地区，是中国著名侨乡，旅居世界各地的闽籍华人华侨人数众多。其中，菲律宾、马来西亚、印度尼西亚的闽籍华人华侨最多。福建居于中国东海与南海的交通要冲，是中国距东南亚、西亚、东非和大洋洲最近的省份之一。

唐开元二十一年（733年）设福建经略使，始称福建。南宋设有1府5州2军，故又称八闽。清置福建省。

关于八闽的来源，还有另一种说法：福建省在元代分福州、兴化、建宁、延平、汀州、邵武、泉州、漳州八路，明改为八府，所以有八闽之称。

福建在历史上是海上丝绸之路、郑和下西洋的重要地点，福州、厦门曾被辟为全国5个通商口岸之一。泉州曾是古代世界第一大港口。闽江口的马尾港是中国近代造船工业的先驱和培养科技人才的摇篮。

2. 主要旅游路线与景点

（1）滨海、温泉游：鼓浪屿、日月谷

鼓浪屿（图1-5-1）位于厦门市西南隅，面积约1.88平方千米，为厦门市辖区。鼓浪屿原名圆沙洲、圆洲仔，因海西南有海蚀洞，受浪潮冲击，声如擂鼓，明朝雅化为今名。由于历史原因，中外风格各异的建筑物在此地被完好地汇集、保留，有“万国建筑博览”之称。小岛还是音乐的沃土，人才辈出，建成了国内首家、世界一流的钢琴博物馆，又得美名钢琴之岛、音乐之乡。岛上气候宜人，四季如春，无车马喧嚣，有鸟语花香，素有“海上花园”之誉。主要观光景点有日光岩、菽庄花园、皓月园、毓园、环岛路、鼓浪石、博物馆、郑成功纪念馆、海底世界和天然海滨浴场等，融历史、人文和自然景观于一体，为国家级风景名胜区、福建十佳风景区之首、全国35个王牌景点之一。随着厦门经济的腾飞，鼓浪屿各种旅游配套服务设施日臻完善，成为观光、度假、旅游、购物、休闲、娱乐为一体的综合性海岛风景文化旅游区。

日月谷温泉度假村（图1-5-2）坐落于厦门市海沧区东孚镇汤岸，位于324国道与孚莲路交会处，交通便捷，闹中取静，独享优越的地理环境。整体规划面积约26万平方米，包括日月谷温泉主题公园、日月谷温泉酒店以及日月谷温泉私人会所，是集观光度假、休闲疗养、商务会议、运动健身、生态教学与环保宣传等于一体的综合性旅游度假村。

图1-5-1　鼓浪屿

图1-5-2　日月谷温泉度假村

（2）山水风光游：南普陀寺、武夷山

南普陀游览区位于厦门老城区的东面，从思明南路到胡里山海滨，沿途有鸿山公园、华侨博物馆、南普陀寺（图1-5-3）、胡里山炮台等游览点，连同厦门大学的鲁迅纪念馆、人类博物馆和陈嘉庚先生纪念堂，组成了南普陀游览区。这里山海映趣，一派南国风光。该景区风景妩媚动人，文化氛围浓郁。

图1-5-3　南普陀寺

武夷山（图1-5-4）游览胜地，一般是指位于福建省武夷山市区西南15千米处的小武夷山，面积约70平方千米，自成一处胜地，称福建第一名山。武夷山风景区以丹霞地貌为特色，有“三三”“六六”之胜。“三三”是指迂回曲折的九曲溪，“六六”指两岸的36座山峰。碧山丹水，一曲一个景，曲曲景相异。游武夷山既可乘竹筏沿九曲溪观光，又可徒步登山探胜，二者也可在溪流中相互结合。在登山探胜中也可去天心岩一带探奇。放筏九曲，是游武夷山最独特之处，它起于星村，止于崇阳溪入口处的武夷宫，全长约7.5千米。

M1-5-2
武夷山

图1-5-4 武夷山

（3）福建土楼永定景区

福建土楼永定景区，被称为开放的中国客家土楼博物馆。它不仅是客家人将古代生土建筑艺术发扬光大并推向极致的杰作，更是世世代代客家先民智慧的结晶；它既是客家文化的象征，也是全球客家人共同的精神家园。

数以万计用生土夯筑的客家土楼千姿百态，布局合理，错落有致，是人与自然完美结合、和谐相处的典范，是一幅神奇、古朴、壮观、诗意的美丽画卷，被国内外专家誉为“一部永远读不完的百科全书”“东方文明的一颗璀璨明珠”“世界独一无二神话般的山区民居建筑”。其中初溪土楼群、洪坑土楼群、高北土楼群、衍香楼、振福楼等三群两楼更是于2008年7月被列入《世界遗产名录》。

3. 特产及美食

（1）特产

有橄榄、福橘、龙眼、闽姜、荔枝、芙蓉李、茉莉花茶、脱胎漆器、木画、木雕、纸伞、贝雕、瓷器等。

（2）美食

有白拌黄螺、白炒响螺、白蜜黄螺、爆糟排骨、爆炒鳝片、菜包、糟片鸭、炒海瓜子、炒海蜇、醉排骨、葱爆肉丝、葱油饼、蛋拌豆腐、淡糟香螺片、海鲜豆腐羹、芙蓉海蚌、咖喱鸡、咖喱牛肉、干贝水晶鸡等。

（二）广东旅游亚区

1. 概述

广东省简称粤，是中国大陆南端沿海的一个省份。广东位于南岭以南、南海之滨，与香港、澳门、广西、湖南、江西和福建接壤，与海南隔海相望，省会广州。广东辖21个地级市，副省级城市2个（广州、深圳），县级市20个。广东人口以汉族为主体，56个民族齐全。广东在语言风俗、历史文化等方面都有着独特的一面。广东是中国经济最发达的省份之一，也是经济、教育发展最不平衡的省份之一。

图1-5-5 东澳岛

2. 主要旅游路线与景点

（1）经典海岛游：东澳岛—外伶仃岛—荷包岛—白沥岛

东澳岛（图1-5-5）是万山群岛中的经典海岛，面积约4.62平方千米。原始自然的生态环境、洁白的沙滩、湛蓝的海水、明媚的阳光与岛上浓绿的森林构成了东澳岛几近完美的生态旅游环境。斧担山登高，蜜月阁眺海，大竹听涛，东澳湾观日出，构成了东澳岛丰富的游览活动；南沙湾新石器时代遗址、海关遗址、铳城残墙、烽火台遗址、“万海平波，武当胜景”石刻，描绘了东澳岛悠久的历史画卷；深海潜水，沙滩戏水，岸边垂钓，环岛畅游，展示了大海的瑰丽与亲和；直接取自大海的海鲜、具有海岛特色的酒店、海产品购物一条街和浓郁的渔村风情将使游客的东澳之旅新奇、浪漫和舒适。

外伶仃岛面积4.23平方千米，距香港约11千米，是唯一可看见香港市中心的海岛。它天生丽质，优雅恬静，空气清新，闻名遐迩，是旅游度假、召开大小会议、举办各类培训的理想去处。外伶仃岛雄奇秀美，主峰伶仃峰高约311.8米。岛上四时花木葱茏，美不胜收。登高望远，可见群岛星罗棋布；逐浪飞舟，更觉波涛激荡，沧海横流。熏风丽日里，伶仃洋上蔚蓝相接，海天一色；薄雾黄昏时，霞绯映海，渔舟唱晚；云霓雨雾中，香江景物时隐时现，恍如梦幻中的海市蜃楼。

荷包岛地处黄茅海、太平洋的交界，位于珠海市的西南端，总面积约13平方千米，其海岸线总长约28千米，海水清澈透明。岛内有大南湾、藏宝湾（宝石滩）、笼统湾等8个海湾，可以利用的沙滩有几处，其中大南湾沙滩长度约4千米，纵深达200~500米，沙质柔软、均匀，有“十里银滩”之称，是一处难得的天然海滨泳场。

白沥岛长约3.8千米，宽约3.2千米，面积约8平方千米。主峰白沥顶高约300米。其地处广东省珠江口万山海洋开发试验区，距珠海市区约33千米，东北距香港约54千米，北距广州约150千米，西北距澳门约30千米，北靠国际锚地和国际游艇垂钓区，南连国际水道，是港、澳及珠江三角洲众多城市出海航道的必经之地，与东澳旅游开发试验区、万山岛、黄茅岛、竹洲岛等岛屿仅隔3千米左右。

（2）广深珠经典游：白云山—黄埔军校—深圳海洋世界—世界之窗—民俗文化村

白云山（图1-5-6）位于广州市北部，是九连山脉的南延部分，由多座山峰簇集而成，山区面积约28平方千米。最高峰摩星岭海拔约382米，是广州市最高峰，又称天南第一峰。据说每到秋季，雨过天晴时，山上白云缭绕于青山绿水间，景色十分秀丽，由此得名。 白云山很早就闻名于世。战国时已有名士出入，晋朝时已风景宜人，唐朝便以胜地著称。宋代以来的羊城八景，菊湖云影、白云晚望、蒲间濂泉、景泰僧归都在白云山里。

图1-5-6 白云山

黄埔军校（图1-5-7）位于广州市黄埔区长洲岛上，校名曾多次变更，但通称黄埔军校。

图1-5-7 黄埔军校

它是1924年孙中山在中国共产党和苏联的帮助下创办的一所新型陆军军官学校，是国共第一次合作的产物。它以“创造革命军，来挽救中国的危亡”为宗旨，为中国新民主主义革命培养了大批优秀的军事人才，在当时是与美国西点军校、日本士官学校、英国皇家军官学校、苏联伏龙芝红军大学齐名的世界著名军校之一。

珠海长隆国际海洋度假区位于广东省珠海市横琴新区，是集主题公园、豪华酒店、商务会展、旅游购物、体育休闲于一体的超级旅游度假区，同时也是大型海洋主题旅游度假区。长隆海洋王国全面整合顶级的游乐设备和新奇的大型演艺，全力打造世界顶级、规模最大、游乐设施最丰富，也是最富有想象力的以海洋为主题的休闲公园。长隆海洋王国拥有多项世界或行业之最：世界最大的海洋主题乐园；亚洲第一台飞行过山车，其轨道全球最长；亚洲第一台水上过山车；世界最大的海洋馆；世界最庞大的海洋主题花车巡游阵容等。

长隆海洋王国海洋馆同时荣获5项吉尼斯世界纪录，是整个珠海长隆国际海洋度假区拥有世界领先实力的一个有力证明。

“世界之窗”（图1-5-8）位于深圳湾畔，以弘扬世界文化为宗旨，把世界奇观、历史遗迹、古今名胜、民间歌舞表演汇集一园，营造了一个精彩美妙的世界。“世界之窗”景区按五大洲划分，与世界广场、世界雕塑园、国际街、侏罗纪天地共同构成千姿万态、美妙绝伦、让人惊叹的人造主题公园。公园中的各个景点，都按不同比例自由仿建，精巧别致，惟妙惟肖。“世界之窗”的每一个景点都是一首流动的交响乐，那些异彩纷呈的民俗表演则是一幅幅活泼生动的风情画。

图1-5-8 深圳“世界之窗”

3.特产及美食

（1）特产

有红茶、香蕉、甘蔗、荔枝、菠萝、粤绣、牙雕、端砚、陶瓷等。

（2）美食

有八宝酿冬菇、八宝酿凉瓜、八宝窝鸡、白果鸡球、白果鸭煲、百花鱼肚、百鸟朝凤凰、白切鸡、白玉藏珠、白云猪手、白玉藏龙、白斩河田鸡、白斩鸡、白焯响螺片、煲仔鱼丸、八珍扒鸭、北菇鹅掌、菠菜鸡煲、玻璃酥鸡、玻璃白菜等。

（三）海南旅游亚区

1. 概述

海南省简称琼，位于祖国的南端，是南海上的一颗明珠。辖区为海南岛和西、南、中沙群岛的岛礁及其海域。它北以琼州海峡与广东省划界，东濒南海与台湾地区相望。海南岛的地势中部高，四周低，山地、丘陵、台地、平原呈环形层状分布。山地和丘陵面积占全岛面积的71.3%。主要河流有南渡江、昌化江、万泉河等，这些河流均发源于五指山区，向四周分流入海。

海南旅游资源丰富，号称“东方夏威夷”。东海岸海滨旅游度假区有风景秀丽的桂林洋、洋溢着椰风海韵的东郊椰林湾、有“天下第一湾”之称的亚龙湾和被誉为“海上乐园”的大东海。其有兴隆温泉、官塘温泉、南洋温泉、南田温泉等温泉旅游胜地，通什旅游山庄及太平山度假村也是游客的好去处。著名的风景区有东山岭、天涯海角、鹿回头公园、南山文化旅游区、红树林保护区、五指山和尖峰岭热带雨林森林保护区，南湾猕猴、屯昌坡鹿、霸王岭黑冠长臂猿保护区，以及世界上保存得最完整的石山火山口及其火山溶洞。著名古迹有建于清光绪年间的五公祠、建于清康熙年间的琼台书院、北宋文豪苏东坡居琼遗迹东坡书院及明代名臣邱浚和清官海瑞的墓陵。海南省主要旅游开发区有亚龙湾国家旅游度假区、南山文化旅游区、石梅湾旅游区、桂林洋旅游区、高隆湾旅游区、铜鼓岭旅游区、琼海博鳌旅游区、木兰湾旅游区、海棠湾旅游区、东寨港红树林旅游区、南湾猴岛旅游区、南丽湖旅游区、七仙岭旅游区、尖峰岭旅游区、临高角旅游区。自然保护区共72处，其中国家级的有10处，省级的有23处。历史文化名城有1座。

2. 主要旅游线路与景点

主要旅游线路为：海口—东寨港—文昌市—琼海—万宁—五指山—三亚。

（1）海口

在海南思古抒怀，一定要去五公祠（图1-5-9）。该祠位于海口市与琼山区接壤处，由五公祠、苏公祠、观稼堂、学圃堂、五公精舍、琼园等一组古建筑构成，人们习以五公祠统称，有“海南第一楼”之誉、海口市八景之一的“圣祠叠彩”就在这里。这片园林式结构建筑群始建于明代万历年间，陆续建至20世纪初。这里奇花异木掩映楼阁，地近闹市，独有清幽。该祠是为纪念唐宋时期贬谪到海南岛的五位著名历史人物——唐朝名相李德裕，宋朝名相李纲、赵鼎，宋朝名士李光、胡铨而建的，故名五公祠。建筑面积2800余平方米，连同园林、井泉、池塘约占地6.7万平方米。这是一幢以上等木料精心构筑的红楼，楼高十几米，分上下二层，四角攒尖式的屋顶，素瓦红椽，为海南最早的楼房，故称海南第一楼。其与四周烂漫的绿叶繁枝相辉映，显得格外庄严肃穆。

图1-5-9 海口五公祠

海口海瑞墓位于海口市西郊滨涯村，为全国重点文物保护单位。海瑞（1514—1587），字汝贤，一字国开，号刚峰，琼山市府城镇金花村人。举乡试入都，恩赐进士，初任南平教谕，后升任淳安知县、兴国知县。在任内推行清丈、均徭，廉洁自持，人言“布袍可脱粟”。明世宗嘉靖四十五年（1566年）任户部云南司主事，其时世宗宠信方士，妄求长生不死之药，怠朝失政，无人敢谏，只有海瑞备死上疏，犯颜直谏，震惊朝野，被罢官入狱，世宗死后获释。隆庆三年（1569年）任应天巡抚，任内主持疏浚吴淞江、白茹河，大力推行一条鞭法，遭到张居正等人的反对，被革职回乡。海瑞一生刚直不阿，居官期间，平反了一些冤狱，被誉为海青天，亦称包公再世、南包公。他72岁出任南京都察院右金都御史，仍力惩贪污官员，不久病逝于住所。死后，朝廷赐祭八坛，赠太子少保，谥号忠介，由官员许子伟护灵柩归葬。相传出殡那天，南京城里商者罢市，农者辍耕，大众夹道送殡，哭奠者百里不绝。

东坡书院（图1-5-10）位于儋州市中和镇，离现儋州市政府所在地那大镇40多千米，是为纪念北宋大文豪、谪臣苏东坡而建的。其始建于1098年，后经重修，1549年更为现名。900多年前，苏东坡由幼子苏过陪伴，在这里度过了3年的流放生活。后人把他讲学、会友、寓居过的地方命名为东坡村、东坡田、东坡井、东坡路、东坡坐石，并建东坡居士塑像以示纪念。

图1-5-10　东坡居士塑像

东寨港红树林（图1-5-11）位于海口市东南的东寨港红树林保护区，占地约40平方千米。该区于1980年2月被划为国家级自然保护区，1992年被定为海南省十大重点旅游开发区之一，是知名度极高的风景胜地。这里的红树终年生长在海水之中，树冠硕大，树干形态奇特，划小船进入红树林曲折的“走廊”，犹如进入幻境。这里现已成为游览胜地和国内外学者科学考察的基地，最近发现的海桑是中国最珍贵的植物稀有品种之一。红树林、阳光、海

图1-5-11　东寨港红树林

水、海滩、海鲜产品及明代古迹——海底村庄，构成了该区的奇特景观。红树林是热带、亚热带海滨泥滩上特有的植物群落，是一种多功能、多效益的特种植物资源，品种奇特。因而，国际上成立了红树林学会，定期举行学术交流，促进对红树林的保护和发展。东寨港红树有15个科29个品种，因其树冠千姿百态，并生长在海边滩涂上，故有“海上绿洲”“海上森林公园”之美称。自辟为旅游区后，前来参观、考察、观光的游客络绎不绝。

（2）文昌

东郊椰林（图1-5-12）位于文昌市东郊镇海滨，从清澜港乘船过渡即到，是海南著名景区之一。这里椰树成片，椰姿百态，有红椰、青椰、良种矮椰、高椰、水椰等品种，共50多万株。当地农民能徒手飞快地爬上20多米高的椰树，摘下椰果，娴熟的技艺令人惊讶。在椰林里喝新鲜椰子水，能让人感到通体舒畅。椰子水被当地农民称为天水，清甜甘美，含有多种有益元素。

图1-5-12　东郊椰林

椰子大观园是农业农村部中国热带农业科学院椰子研究所在原有椰子种质资源库的基础上改建而成的，位于我国椰子之乡——海南省文昌市，毗邻海南著名风景区东郊椰林。园区始建于1980年，占地面积约54万平方米，是以椰林为主体背景，集科学研究、科普教育、旅游观光、休闲娱乐于一体的具有浓郁椰子文化特色的生态景区。园区分为解说中心区、椰林观赏区、棕榈观赏区、园艺观赏区、湖滨休闲区、产品开发区和科技研发区七大功能区，汇集了200多种棕榈植物和130多种海南特色树种，是目前我国棕榈植物品种保存最多的植物园区。园区充分挖掘丰富的椰乡文化内涵，集中展示了椰子的饮食文化、产品文化、历史文化和精神文化。园内椰林葱郁，花繁叶茂，鸟语花香，令人心旷神怡，乐而忘返。以园区为平台，其承担着国家、农业农村部、科技部、海南省及国际合作等数十项科研项目，并获得多项科技成果，为我国椰子产业的发展和椰区农民致富做出了贡献。

（3）琼海

万泉河（图1-5-13）是海南岛一条夺目的锦带，全长约163千米，是海南岛第三大河，

图1-5-13　琼海万泉河

发源于五指山东和黎母岭南。上游两岸，山峦起伏，峰连壁立，乔木参天，奇伟险峻。有莽莽苍苍的热带天然森林、琼侨何麟书先生1906年创办的琼安橡胶园、琼崖红军云龙改编旧址、石虎山摩崖石刻等自然、历史、人文景观。一座巨型水坝将万泉河拦腰截断，上游的狭窄河道变成了一个大湖。整个上游区域，犹如一幅水绕山转、波拍山尖、碧波万顷的山水画长轴。万泉河的中下游，从石壁至椰子寨一带，河水温顺平缓。在文曲、温泉、沙美，河面更是段段开阔，漫江碧透，水清见底，沙礁可辨，卵石可数。两岸晨昏景色变幻神奇，清晨，晨曦初现，椰林、村庄拨纱露面；黄昏来临，残阳洒金，河面倒影沉壁，薄雾织纱，晚风习习，此情此景，让人心醉。万泉河在琼海市境内的长度约81千米，在流经市区时，在河心形成一个沙洲岛。河畔有著名的官塘温泉，有风光秀丽的白石岭风景区。万泉河入海口风光更为迷人。那里集三河（万泉河、龙滚河、九曲江）、三岛（东屿岛、沙坡岛、鸳鸯岛）、两港（博鳌港、潭门港）、一石（砥柱中流的圣公石）等风景精华于一地，既有海水、沙滩、红礁、林带，又有明媚阳光、新鲜空气、清柔流泉，是目前世界河流入海口自然风光保护最好的地区之一。万泉河入海口处的沙滩洁白、柔细，每当夕阳西下，沙滩上人潮如涌，人山人海。此外，这里还建有海边浴场、度假村、博鳌国际高尔夫球场，是休闲度假的好去处。

（4）五指山

五指山（图1-5-14）是海南第一高山，是海南岛的象征，也是我国名山之一，被国际旅游组织列为A级旅游点。该山位于海南岛中部，峰峦起伏呈锯齿状，形似五指，故得名。远眺五指山，只见林木苍翠，白云缭绕，绿山盘旋而上峰巅，顿觉云从脚下生，人在太空游。近看五指山，只见5个“指头”由西南向东北、先疏而后密地排列。五指山主峰海拔1867米，峥嵘壁立，那顶峰倾斜指着天际。

图1-5-14 海南五指山

（5）三亚

亚龙湾国家旅游度假区是我国唯一具有热带风情的国家级旅游度假区，位于中国最南端的热带滨海旅游城市——三亚市区东南25千米处。度假区规划面积18.6平方千米，是一个拥有滨海公园、豪华别墅、会议中心、高星级宾馆、度假村、海底观光世界、海上运动中心、高尔夫球场、游艇俱乐部等设施的国际一流水准旅游度假区。亚龙湾（图1-5-15）气候温和，风景如画，这里不仅有蓝蓝的天空、明媚温暖的阳光、清新湿润的空气、连绵起伏的青山、千姿百态的岩石、原始幽静的红树林、波平浪静的海湾、清澈透明的海水、洁白细腻的沙滩以及五彩缤纷的海底景观等，而且8千米长的海岸线上椰影婆娑，生长着众多奇花异草和原始热带植物，各具特色的度假酒店错落有致地分布于此，又恰似一颗颗璀璨的明珠，把亚龙湾装扮得风情万种，光彩照人。

亚龙湾集现代旅游五大要素——海洋、沙滩、阳光、绿色、新鲜空气于一体，呈现明显的热带海洋性气候，全年平均气温约25.5℃，冬季海水最低温度约22℃，适宜开展各类海上运动。这里海湾面积达66平方千米，可同时容纳10万人嬉水畅游、数千只游艇游弋追逐。如今，亚龙湾已经美名远扬，并成为国内外知名的旅游品牌。在国内，去亚龙湾度假已是一种时尚。如诗如画的自然风光、舒适完善的旅游度假设施和独具特色的旅游项目已使这里成为旅游者向往的度假天堂。

天涯海角风景区（图1-5-16）位于三亚市区以西26千米处。游客至此，似乎到了天地之尽头。古时候交通闭塞，“鸟飞尚需半年程”的琼岛，人烟稀少，荒芜凄凉，是封建王朝流放“逆臣”之地。来到这里的人，来去无路，望海兴叹，故谓之“天涯海角”。宋朝名臣胡铨哀叹“区区万里天涯路，野草荒烟正断魂”。唐代宰相杨炎用“一去一万里，千之千不还”的诗句倾吐了贬谪的际遇。这里记载着历史上许多被贬官员的悲剧人生，经历代文人墨客的题咏描绘，成为我国富有神奇色彩的著名游览胜地。现在景区内还有海水浴场、钓鱼台及海上游艇等。现代建筑风格和仿古典传统园林式建筑风格相结合的天涯购物寨、天涯漫游区、天涯画廊、天涯民族风情园、天涯历史名人雕像等屹立在景区，令人目不暇接，流连忘返。附近还有点火台、望海阁、怀苏亭和曲径通幽组成的多层次游览胜地。

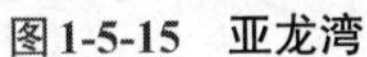
图1-5-15　亚龙湾

图1-5-16　天涯海角风景区

作为旅游者非常喜爱的海南旅游景点，蜈支洲岛（图1-5-17）集热带海岛旅游资源的丰富性和独特性于一体。岛上绮丽的自然风光，极具特色的各类度假别墅、木屋、酒吧、网球场、海鲜餐厅等配套设施，已开展的包括潜水、半潜观光、海钓、滑水、帆船、帆板、摩托艇、香蕉船、独木舟、拖曳伞、蹦跳船、沙滩摩托车、水上降落伞、沙滩排球、沙滩足球等30余项海上和沙滩娱乐项目，给前来观光和度假的旅游者带来原始、静谧、浪漫和动感时尚的休闲体验。岛东、南、西三面漫山叠翠，85科2700多种原生植物郁郁葱葱，不但有高大挺拔的乔木，也有繁茂葳蕤的灌木， 其中不但有从恐龙时代流传下来的沙椤这样的奇异花木，还生长着迄今为止地球上留存下来最古老的植物、号称“地球植物老寿星”的龙血树，寄生、绞杀等热带植物景观随处可见。临海山石嶙峋陡峭，直插海底，惊涛拍岸，蔚为壮观。中部山林草地起伏逶迤，绿影婆娑。北部滩平浪静，沙质洁白细腻，恍若玉带天成。四周海域清澈透明，海水能见度6~27米，水域中盛产夜光螺、海参、龙虾、马鲛鱼、海胆、鲳鱼及其他五颜六色的热带鱼，南部水域海底有着保护很好的珊瑚礁，是世界上为数不多的没有礁石或者鹅卵石混杂的海岛，是国内最佳潜水基地。

大东海旅游区（图1-5-18）位于三亚市区3千米处的兔子尾和鹿回头两山之间。月牙形的海湾、辽阔的海面、阳光、碧水、沙滩、绿树构成了美丽如春、水暖沙平的大东海旅游区。冬季水温在18~22℃，是冬泳避寒胜地和度假休闲者进行潜海观光、海水浴、阳光浴的理想之地，被评为中国旅游胜地四十佳之一。区内海滨度假旅游设施集中而丰富，有嬉水乐园、旅游潜艇码头、潜水和跳水基地等，可常年进行多种水上活动和沙滩运动，是目前海南颇具规模的热带海滨旅游度假区。畅游大东海，沐浴着和煦的阳光，安然自在，人生的烦恼和纷繁的事务，通通被洗刷得干干净净。

图1-5-17 蜈支洲岛

图1-5-18 大东海旅游区

3. 旅游节庆活动及地方风味特产

(1) 旅游节庆活动

三亚天涯海角国际婚庆节。天涯海角国际婚庆节自1996年以来已成功举办25届，成为海南一项集大型婚庆活动和蜜月度假旅游于一体，有海誓山盟、放漂、共饮幸福甘露、共植爱情长青松、浏览海山奇观和亚龙湾等活动，是在国内外有影响力的主题节庆活动。

海南国际椰子节。椰子树是海南岛的象征，人们也常把海南岛称为“椰岛”。每年3月底或4月初，海南省海口、三亚、五指山、文昌等地都要过椰子节。这是海南省大众参与、面向世界的综合性、国际性的大型商旅文化节庆。节日期间活动丰富多彩：海口有椰子街并开办椰子灯会，在椰子之乡文昌市可品尝鲜美椰子。

(2) 地方风味特产

土特产品有椰子糖果、椰丝、椰花、椰子糖角、椰子糕、椰子酱等。

民族工艺品有牛角雕、藤器、海南红豆、木画、木雕、根雕系列产品等。

【知识拓展】

M1-5-3

知识拓展

海滨城市风光旖旎，气候宜人，总是深受游客的青睐，你知道我国十大最有魅力的海滨城市都有哪些吗？扫描二维码了解。

【单元小结】

东南旅游区旅游资源丰富，以热带、亚热带风光为主。本单元主要介绍了东南旅游区的旅游资源特色，福建、广东、海南3个旅游亚区旅游业发展概况和各自主要游览区的特点。要求重点掌握东南旅游区旅游资源的特点和各旅游亚区内主要游览区的特点。

【思考与实训】

一、思考

1. 举例说明海南省的旅游资源特色。
2. 简述广东省旅游资源的特色。

二、实训

1. 请设计东南旅游区的旅游主题并进行特色提炼。
2. 设计一条涵盖广东、福建、海南特色景点的十日游线路。

学习单元六　西南旅游区

学习目标

知识目标：了解西南旅游区的旅游点概况，掌握西南旅游区旅游资源的基本特征，熟悉西南旅游区的旅游地理环境，了解各旅游亚区一般旅游景点的概况。

能力目标：能够根据西南地区旅游交通的特点设计本区主要的旅游线路，能够对知名景点进行讲解。

素质目标：通过对西南旅游区非常丰富的旅游资源的学习，增强对祖国的热爱之情，弘扬以爱国主义为核心的民族精神和以改革创新为核心的时代精神。

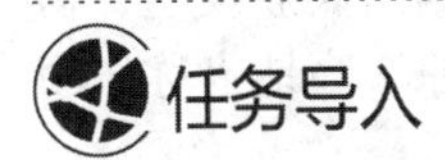

任务导入

云南有“十八怪”：鸡蛋用草串着卖，摘下斗笠当锅盖，三只蚊子一盘菜，火筒能当水烟袋，姑娘被叫作老太，和尚可以谈恋爱，老太太爬山比猴快，娃娃全由男人带……请选择其中“一怪”分析云南旅游活动中显著特征有哪些。

【学习内容】

一、西南旅游区概况

M1-6-1
西南旅游区

西南旅游区包括云南、贵州、四川、重庆和广西壮族自治区5个省级行政区。西南旅游区作为我国喀斯特景观荟萃、少数民族风情突出的地区，具备发展旅游业得天独厚的条件。到西南旅游区旅游，可以看到神奇绝世的沧桑石海、天坑、溶洞；可以在雪山冰峰、高岭陡壁间登高探险；可以漫游于广阔的高原或汹涌湍急或轻流慢淌的江河间；可以寻访远离喧闹人群的民居，围着篝火，聆听山歌，观赏舞蹈；可以在千姿百态的瀑布中畅想，在如诗如画的竹海中穿梭；还可以追寻民族部落之足迹与遗风。

（一）西南旅游区旅游地理环境概况

1. 自然地理环境

本区地处我国西南地区，有着丰富的旅游资源，拥有我国其他地区所不具备的许多人文自然景观、生态休闲环境和历史文化古迹等。同时，本区还是我国少数民族主要聚居地，分布有50多个少数民族，各民族的风土民情和丰富多彩的传统文化娱乐活动成为本区最具特色的旅游资源。本区由于高山急水的阻隔保护了大西南丰富多彩的民族文化和原始优美的自然风光。

（1）高原峡谷大川、喀斯特地貌分布广泛

本区地表结构极其复杂，横跨我国地形第一和第二级阶梯，高原、山地、丘陵、平原、盆地5种地貌俱全。多峡谷大川是本地区的一个特色，山脉间多河流穿行，山高谷深，丽江玉龙雪山、梅里雪山、长江三峡、香格里拉大峡谷等景观蔚为壮观。多喀斯特地貌是本区的另一个显著特征。云南有著名的石林；贵州是世界上喀斯特地貌发育最典型的地方，分布面积广，发育充分，被称为“喀斯特王国”；广西的喀斯特地貌形成了山清、水秀、洞奇、石美的独特风光，峰林是发育完美的热带喀斯特地貌的典型代表。

川西高原位于岷山—邛崃山—大凉山一线以西，其北部是青藏高原的组成部分，南部属广义的横断山脉。其地势北高南低，金沙江、雅砻江等平行南流，河流下切侵蚀强烈，越往南河流下切越深；反之，越向北高原平面保存越好，切割侵蚀越轻。山脉呈南北走向，与河流交替排列，自西向北依次分布着金沙江、沙鲁里山、雅砻江、大雪山、大渡河、邛崃山、岷江、岷山等。川西高原南部的主要特点是河谷深切，尤其是大雪山、锦屏山、小相岭、大凉山一带，湍急的河流沿两山峡谷向南奔入金沙江，形成举世闻名的高山峡谷区。山岭与河谷高低悬殊，差值超过千米，形成“一山有四季，十里不同天”的山地气候和“见面能说话，握手需半年”的峡谷景观。

四川盆地是我国四大盆地之一，盆地内部地形可分为三部分。盆西平原因成都位居其中央，又称成都平原。平原上河流纵横，渠堰密集，自古以来，即为我国水利事业发达的地区，有“天府之国”的美名。盆中大河蜿蜒，丘陵起伏，大部分丘陵为坡陡顶平的方山丘陵。地表土壤为紫色砂岩风化而成的富含矿物质的紫色土，土层疏松，是四川农业发达、物产丰饶的地区。盆东指华蓥山以东、方斗山以西的地区，分布着丘陵和平原，当地人称作坝子，是川东最富庶的地区。

（2）气候类型复杂，四季皆宜旅游

本区位于青藏高原东部边缘，纬度较低，北回归线横穿本区南部，为热带、亚热带季风气候，一年四季皆宜旅游。但由于所处位置、海拔高度以及距海远近不同，区内气候也有明显差异。云贵高原西部冬季受热带气团控制，气温较高，夏季受海拔高度影响，天气凉爽，四季如春。昆明是我国著名的春城，这里一般没有夏天，春秋长达9~10个月，冬季约2个月。广西北部属于亚热带季风气候，温暖湿润；南部为湿热的热带气候，没有真正的冬季，夏季炎热，但雨后较凉爽，因此有“四季皆为夏，一雨便成秋”之说，南宁是一个“草经冬而不枯，花非春仍奔放”的城市。西部横断山区海拔高，地势相对高差变化大，导致气候垂直变化明显，有“一山有四季，十里不同天”之说。

（3）地域差异明显，生物资源丰富

本区因地形复杂，地势高低悬殊，加以南北跨度大，气候垂直和水平变化明显，环境千差万别，为多种动植物的生存提供了适宜的条件。区内各种热带、亚热带的植物几乎都有，种类达15000种以上；其中云南占12000多种，几乎占全国植物种数的一半，居全国第一，被誉为“植物王国”。本区动物种类亦为全国之冠，有大小灵猫、云豹、大熊猫、小熊猫、金丝猴、绿孔雀、印度象、水獭、懒猴、白颈长臂猿、双角犀鸟、飞蛙等珍稀品种。本区在野生动物繁多的地区还建有许多自然保护区，如卧龙、梵净山、西双版纳等。

2. 人文历史环境

（1）民族荟萃，民风民情特色鲜明

本区是我国少数民族人口最多的地区，少数民族的服饰、礼仪、习惯、建筑及节庆活动等对旅游者均具有极大的吸引力，如苗族的斗牛会、芦笙节、独木龙舟节，白族的三月节，傣族的泼水节，彝族的火把节，傈僳族的刀杆节，壮族的山歌会等。

（2）高品位资源与通达的交通

西南旅游区中各省的旅游资源得天独厚，拥有神秘雄奇的自然景观、古朴浓郁的民族风情、悠远厚重的历史文化、舒适宜人的气候条件。这些丰富的旅游资源加之日渐成熟的市场，决定了该区旅游业必然会成为最具比较优势和发展前景的产业。紧抓国家西部大开发和建立中国—东盟自由贸易区机遇，利用该区承东启西、连南接北的区位优势，促进旅游业快速发展。云南现在已基本形成以昆明市为中心（枢纽），辐射全省，连接四川、贵州、广西、西藏的公路交通网。广西以沿海港口为龙头，南昆铁路为骨干，高等级公路、水运、航空和其他基础设施相配套的出海大通道框架已形成，将成为沟通内地与东盟各国的最便捷、综合效益最佳的国际大通道。

（二）西南旅游区旅游资源特征

1. 喀斯特地貌发育典型，分布广泛

本区是我国喀斯特地貌发育最典型、分布最广泛、规模最大、类型最全的区域。极具观赏价值的喀斯特地貌景观有溶洞、孤峰、石林、天生桥、岩洞瀑布等，尤以广西、贵州最为普遍，较为著名的喀斯特地貌景观有云南路南石林，贵州龙宫、织金洞，广西七星岩、芦笛岩，四川兴文石林等。

2. 自然景观原始奇异

与我国其他旅游区相比，本区自然景观更加原始淳朴，人为破坏较少，茫茫雪山、峡谷高峰、湖光山色、林海湖泊，完全呈现出一种天然未加雕饰的自然美，吸引着众多海内外游客。本区自然景观不仅原始秀美，且多为其他地区所不曾见到的奇景，如雄伟的三江并流、仙境般的漓江、壮美的长江三峡等，这些奇景不仅是我国，也是世界上都少有的美景。

二、旅游亚区及主要旅游景点

（一）广西旅游亚区

1. 广西旅游业发展概况

广西历史悠久，在旧石器时代晚期，就有柳江人和麒麟山人在此劳作生息。悠久的历史，形成了广西绚丽多彩、独具特色的民族文化。广西旅游资源非常丰富，已开发的景区、景点有400多处，其中有国家级风景名胜区3个、国家级旅游度假区1个、全国重点文物保护单位81个、国家级森林公园24个，其中最著名的是桂林到阳朔的百里漓江风景区，集喀斯特风景之大成，曾被明代旅行家徐霞客誉为“碧莲玉笋世界”，素有“山水甲天下”之美称。

2. 主要游览区

一是以国际旅游城市桂林为领衔品牌，包括堪称世界一绝的桂林市喀斯特地貌和周边县市的丹霞地貌的山水资源；以灵渠、龙脊梯田、桂海碑林、桂林愚自乐园等为代表的历史人文资源；壮、苗、瑶、侗等少数民族丰富的民族民俗资源；以桂林两江四湖、桂林乐满地、阳朔西街和遇龙河—月亮山等为代表的休闲旅游资源在内的大桂林国际旅游度假区。二是包括桂平西山、贺州姑婆山、玉石林、梧州白云山、陆川温泉、大桂山森林资源、容县真武阁等在内的桂东历史文化名胜、自然生态旅游区。三是以金秀大瑶山、宜州刘三姐故乡为领衔品牌的金秀大瑶山生态民俗文化旅游区。四是以百色大天坑群为领衔品牌的世界第一大天坑群——百色大天坑群旅游区。五是以北海银滩、德天瀑布为领衔品牌的北部湾滨海旅游区。

（1）南宁游览区

南宁是广西壮族自治区首府，一年四季绿树成荫，花果飘香，市区植被覆盖率近40%，可谓“半城绿树半城楼”，形成了“城在绿中，绿在城中”的独特亚热带风光，因而被中外游人盛誉为中国的“绿都”，是名副其实的花园城市。南宁历史悠久，具有深厚的文化积淀。在古代，南宁属于百越领地。秦始皇统一岭南地区后，南宁属于桂林郡。西汉时期，汉武帝又将它置于玉林郡管辖。东晋大兴六年（318年），置大兴郡，以南宁为郡治所在地，南宁建制从此开始，至今已有1700多年。唐朝贞观六年（632年），唐太宗将该地命名为邕州，设邕州下都督府，这就是南宁简称邕的由来。元朝泰定元年（1324年），中央政府将邕州路改为南宁路，取其南疆安宁之意，即为南宁。

以南宁为中心的桂南旅游区是广西三大旅游区之一，这里有壮丽的河山风采、浪漫的海滩风貌、星罗棋布的灵山秀水、奇岩异洞，有历史悠远的古迹故址、蕴含千古之谜的花山壁画、世界第二大跨国瀑布，还有丰富多彩的民族风情……山、水、人、情构成了南宁多层次的旅游景观，展现出撩人的亚热带风光和浓郁的少数民族风情。它强烈地吸引着众多的中外游客。

德天瀑布（图1-6-1）位于崇左市大新县，瀑布气势磅礴、蔚为壮观，是世界第二大跨国瀑布。德天瀑布雄奇瑰丽，变幻多姿，碧水长流，似乎永不涸歇。瀑布四季景色不同，春天林草泛青，山花吐艳，瀑布四周被镶上五彩缤纷的花边；夏天激流如龙，排山倒海，似万马奔腾而来；秋天梯田铺金，层林尽染，高挂的银帘雾气冲天；冬天琼珠闪闪，玉液潺潺，山风把细流吹得飘飘洒洒。除了瀑布以外，德天景区一带还有明仕田园风光、沙屯的多级叠瀑、奇峰夹峙的黑水河、绮丽多姿的那岸奇景、雷平石林、恩城山水等景点。

青秀山（图1-6-2）又名青山，泰青岭，因林木青翠、山势秀拔而得名，坐落在南宁市区东南约5000米处的邕江江畔。它海拔约207米，占地近8平方千米，山上林木茂盛，遮天蔽日，清风吹过时，发出海涛般的声浪，形成青山著名一景——青山松涛。有为纪念御史王守仁在南宁办学之德而于崖壁刻的“阳明先生过化之地”，有为董传策而筑的洞虚亭、白云精舍和董泉亭。山顶上矗立的宝塔叫龙象塔，俗称青山塔，它是青秀山的象征，始建于明万历年间，八角叠檐，塔有九层，高60米，为广西最高、最大的塔。山腰上有天池和瑶池两个巨大的人工湖。另有海天一览、塔影凌虚、狮林、荷花伴月、翠屏飞瀑、子夜松风、泰青远眺、山间花港、古榕抱石、千步廊等景点。

图1-6-1　德天瀑布

图1-6-2　青秀山

广西民族文物苑是宣传介绍广西各民族传统文化的窗口，位于南宁市民族大道，是一座融合知识性、娱乐性和趣味性的户外博物馆，也是广西壮族自治区博物馆民族民俗文物室内陈列的延伸和扩展。文物苑的大门迎面是一个巨大的铜鼓。铜鼓是我国古代青铜文化中的一朵奇葩，至今已有2700多年的历史。广西是古代生产和使用铜鼓的主要地区，广西北流市六靖镇水冲村发现的云雷纹大铜鼓是广西最大的铜鼓，也是迄今世界上最大的铜鼓，鼓面直径165厘米，高67.5厘米，重300多千克，堪称“铜鼓之王”。铜鼓是铜锡合金铸成的一种特殊乐器，是古代壮族人民跳舞娱乐、练兵打仗时助兴的工具，更是贵族财富与权力的象征。在侗族风格大寨门之后，有宏大的古代铜鼓雕塑群、壮族民居、苗族吊脚楼、瑶族竹楼、毛南族山居、侗族风雨桥和鼓楼等民族建筑。

大明山四季景色迥然不同：春季百花盛开，色彩斑斓；夏季烟雨蒙蒙，瀑布飞舞；秋季红叶满山，如霞似火；冬季下雪结冰，银装素裹。大明山景色如此迷人，被人们称作广西庐山。主要游览景点有：奇峰幽谷，河谷以甘南大河谷最为壮观，烟雾缭绕，难以见底，两岸奇峰陡峭；高山草坪，大明山主脉群峰之顶有6片天然大草坪，草坪四周古木环绕，中间长草不长树，人称天坪山圩；深山飞瀑，连冲三级，最大一级高60多米，如龙尾摆动，称三滩龙尾瀑布，夏季还有瀑布穿过山崖石壁而飞泻直下；山脚有古代作战的石城，东端有商、周时期的古墓群等。

花山位于宁明县驮龙镇的左江岸边，在临江高260米的山崖上画满了各种呈土红色的图案。据考证，绘画年代在东汉以前，距今已有2000年以上的历史。花山崖壁画是壮族的艺术瑰宝，整座峭崖画满了人像和物像。人像有正面和侧面2种姿势。正面人像两手高举、两脚叉开成立马式。侧面人像两手平伸、两腿微蹲成跳跃式，既像练兵习武，又如狂舞欢歌。物像中有似马似狗的，有像藤牌、锣鼓、太阳的。整个画像，笔法原始粗犷，虽经世世代代的风雨，依然清晰可见。这样规模宏大、内容丰富的壁画，不仅在我国是少有的，而且在世界上也是罕见的，难怪人们说花山崖壁画这壮族古代艺术璀璨的明珠可与敦煌壁画媲美，体现了古代壮族人民的审美情趣和高超的艺术水准。其现为国家级风景名胜区。

（2）桂林游览区

桂林市是中国著名的风景游览城市和历史文化名城，位于广西东北部、漓江西岸，以盛产桂花、桂树成林而得名。桂林地区属喀斯特地貌，类型齐全，发育完美，不仅具有极高的科学价值，而且是具有世界意义的自然旅游资源，第25届国际地质大会主席费希尔认为“桂林的喀斯特，可称为世界喀斯特之最”。神姿仙态的峰林、幽深瑰丽的溶洞和神秘莫测的地下河，与景象万千的漓江及其周围美丽迷人的田园风光融为一体，形成了独具一格、驰名中外的山青、水秀、洞奇、石美的特点，自南宋就享有“桂林山水甲天下”的美誉。

象山景区位于桂林市中心，包括象鼻山（图1-6-3）、伏波山、叠彩山，三座山相距不过二三千米，濒临漓江，半枕陆地，半枕江流，山水相依，是桂林山水的精华。象鼻山简称象山，是桂林城的象征。象山海拔220米，高出水面55米，在“象鼻”与“象腿”之间有一水月洞，犹如一轮明月静浮水上，形成著名的“象山水月”。此景集青山、秀水、奇洞、美石、倒影于一体，成为历代诗人吟咏不绝的千古题材。伏波山位于桂林城中心东北部，孤峰突起，海拔213米，半枕陆地，半插漓江。山体高出平地63米，陡然直立，如刀劈斧削一般，尤其是临江一面，给人以壁立千仞之感。叠彩山位于桂林市中心偏北部，由3.67亿年前沉积的石灰岩和白云质灰岩组成，石质坚硬，一层层堆叠起来，如同堆缎叠锦，因而将其命名为“叠彩山”。

图1-6-3　象鼻山

“桂林山水甲天下，芦笛美景堪最佳”。芦笛岩景区位于桂林市西北的桃花江畔，距市中心约6千米，是一个以游览岩洞为主、观赏山水田园风光为辅的风景名胜区，是整个漓江风景名胜区的重要组成部分，也是1982年11月国务院颁布的第一批国家级风景名胜区。芦笛岩被人们誉为“大自然艺术之宫”。芦笛岩是一个囊状的岩洞，进口与出口相邻，进洞处为原来的天然洞口，出洞处是人工开凿的洞口，洞深约240米，游程约500米。岩洞是70余万年前，地下水沿着岩石的破碎带流动溶蚀而形成的。洞中大量的石钟乳、石笋、石柱、石幔、石花，是在岩洞形成以后，含有碳酸盐类物质的地下水顺着岩石裂隙流出，水分蒸发，碳酸盐类物质沉淀结晶，逐渐堆积而成的，千态万态，琳琅满目。芦笛岩景区由候山、芦笛岩，以及桃花江、芳莲池等水体水景组成，群峰环抱，碧水长流，是中外游客游览桂林的必到之处。

漓江（图1-6-4）是桂林风光的精华，发源于桂林东北兴安县的猫儿山，流经广西桂林、阳朔，至平乐县恭城河口，全长约437千米。漓江自桂林至阳朔83千米的水程，酷似一条青罗带，蜿蜒于群山奇峰之间，沿江风光旖旎，碧水萦回，奇峰、倒影、深潭、喷泉、飞瀑参差，构成一幅绚丽多彩的画卷，人称“百里漓江，百里画廊”。漓江兼有山清、水秀、洞奇、石美四绝，还有洲绿、滩险、潭深、瀑飞之胜，千百年来不知吸引了多少文人墨客。

图1-6-4 漓江

市区至黄牛峡可以看作漓江的第一部分，这里两岸奇峰林立，城镇、农村、田园错落分布，景观多样，是观赏远山近水与人文民风的佳处，构成了画卷的开头部分，主要景点有象鼻山、斗鸡山、净瓶卧江、奇峰林立、父子岩、龙门古榕、大圩古镇、磨盘山等。黄牛峡至水落村一段，夹岸石山连绵不断，奇峰围峦映带，是漓江风光的精华所在，构成画卷的主体部分，主要景点有望夫石、草坪帷幕、冠岩幽府、半边渡、鲤鱼挂壁、浪石风光、童子拜观音、八仙过江、九马画山等。水落村至阳朔两岸土岭青葱，翠竹、茂林、田野、山庄、渔村随处可见，给画卷添上了幽美的田园色彩。同时在不同季节、不同气候，漓江自然有它不同的神韵。晴天的漓江，青峰倒映特别迷人。可烟雨漓江，赐给人们的却是另外一种美的享受：细雨如纱，飘飘沥沥，云雾缭绕，似在仙宫，如入梦境。

独秀峰（图1-6-5）位于桂林市中心的王城内，处漓江之畔，与叠彩、伏波三足鼎立，是桂林主要山峰之一。“桂林山水甲天下，阅尽王城知桂林”。独秀峰北距叠彩1000米，东距伏波500米，海拔216米，高出平地66米，由3.5亿年前浅海生物化学沉积的石灰岩组成，主要有3组几乎垂直的裂隙，从山顶直劈山脚，通过水流作用，不断溶蚀、崩塌，形成旁无坡阜的孤峰。独秀峰山体扁圆，端庄雄伟，峭拔俊秀，有“南天一柱”之誉。晨曦夕照，披上太阳的光辉，俨然一位紫袍玉带的王者，故又被称为紫金山。“未若独秀者，峨峨郛邑间”“孤峰不与众山俦，直上青云势未休”都突出了它介然兀立的气势。在独秀峰顶的独秀亭，为2层、红柱、6角、重檐、瓦顶的仿古亭。亭前有10平方米的平台，周围有栏杆，高踞悬崖之巅。峰下的太平岩洞内有世界文化奇观“太岁”摩崖石刻。清代，王城成为广西贡院，屡出状元，1996年被列为全国重点文物保护单位。

图1-6-5　独秀峰

阳朔位于广西东北部、桂林市区南面。阳朔历史悠久，人居历史逾5000年。“桂林山水甲天下，阳朔堪称甲桂林”，高度概括了阳朔的自然风光在桂林所占有的重要位置。青山、秀水、奇洞、美石造就了阳朔这方人间仙境。全县拥有奇特山峰20000多座、大小河流17条、8大景区、250多个自然景点和人文景观。1982年阳朔被国务院列为首批国家级风景名胜区。阳朔县有传说中壮族歌仙刘三姐抛绣球定情的千年古榕，有国内外游客叹为观止的月洞奇观，有被誉为“小漓江”的遇龙河。阳朔名胜古迹、人文景观遍布，诸如县城碧莲峰下古道石刻摩崖及县城古朴的街道、建筑等，构成了阳朔独特的风光、风貌、风俗和风物，阳朔西街声名远播，是本县最古老的街道。这些都成为驰名中外的风景旅游胜地。

大型桂林山水实景演出《印象刘三姐》由我国著名导演张艺谋出任总导演，历时三年半制作而成。它集漓江山水风情、广西少数民族文化及中国精英艺术家创作之大成，是全世界第一部全新概念的山水实景演出。演出集唯一性、艺术性、震撼性、民族性、视觉性于一身，是一次演出的革命、一次视觉的革命。阳朔书童山段漓江水域、12座背景山峰、广袤无际的天穹，构成迄今世界上最大的山水剧场。以“印象刘三姐”为主题，将人们印象中的经典山歌、民族风情、漓江渔火等元素创新组合，不着痕迹地融入于山水，还原于自然，成功诠释了人与自然的和谐关系，创造出天人合一的境界，被称为“与上帝合作之杰作”。演出立足于桂林，与桂林的音乐资源、自然风光、民俗风情完美地结合。观众看演出的同时，也在看漓江人的生活。

两江四湖景区是指漓江、桃花江、榕湖、杉湖、桂湖、木龙湖构成的环城风景带。风景带有3个主题景区，即以木龙古渡、古城墙为主景，宝积山、叠彩山为背景，体现城市文化的木龙古水道景区；以山林自然野趣为特色的桂湖景区；以体现“城在景中，景在城中”的山水城市空间特征为特色的榕、杉湖景区。3个景区的园林绿化、园林建筑、名人雕塑和桂林山水诗廊，均可让人感受到桂林的天生丽质与深厚的文化底蕴。和漓江自然山水游不同的是，两江四湖游突出了桂林作为著名历史文化名城所具有的深厚历史积淀与文化内涵，游客不仅可游览三大主景区，而且在船上还可观赏水系周边的象山、伏波山、叠彩山、尧山、宝积山等10多座传统名山。

蝴蝶泉位于阳朔月亮山风景区“十里画廊”的精华旅游地段，因景区内一岩洞中有一酷似蝴蝶的钟乳石而得名，是目前我国最大的活蝴蝶观赏园。蝴蝶泉景区内主要可观景点有蝶洞、蝶山瀑布、蝶桥、蝶山胜景、蝶缘、蜂缘、蝴蝶馆等。景区里有上千种、数万只蝴蝶与人和谐相处，且集奇山、秀水、幽洞、田园风光于一体，有“不到蝶山顶，不知阳朔景”之美誉。这里有阳朔唯一的原始吊桥、高山音乐流水瀑布、可鸟瞰阳朔“香格里拉”遇龙河和羊角山等精华田园风光的最佳观赏台、蜜蜂园、蝴蝶园等景点，还有“岩壁上的芭蕾舞”——攀岩、梁祝歌舞实景演出，让游客超脱喧嚣，回归自然。

龙脊梯田是桂林地区龙胜各族自治县和平乡龙脊村及平安村梯田的统称，位于龙胜县东南部和平乡境内，距桂林市区80千米。它以恢宏磅礴的气势，集壮丽与秀美于一体，有“世界梯田之冠”的美称。梯田如链似带，把一座座山峰环绕成一只只巨大的螺蛳，有的像巨扇一样半折半开，斜叠成一个个狭长的扇，有的则像天镜被分割，然后有层次地镶嵌成多种图形的碎块。龙脊梯田区域内最高海拔1180米，最低海拔300米，梯田一般分布在海拔300~1100米之间，坡度大多在26°~35°之间，最大坡度达50°，主要景观有龙脊梯田、大寨梯田、小寨梯田、龙脊古壮寨、金竹壮寨、黄洛瑶寨等。

灵渠又名秦凿渠。陡河，位于桂林市兴安县，距离桂林市中心60千米。其建成于秦始皇三十三年（前214年），与都江堰、京杭大运河合称为我国古代三大水利工程，是世界上最古老的运河之一，至今已有约2200年的历史，对中原与岭南地区的经济文化交流起到了极为重要的作用，对维护国家统一、巩固边防有着不可磨灭的功绩。灵渠分南渠和北渠，全长约34千米，整个工程由铧嘴、大小天平、南渠、北渠、秦堤和陡门构成。灵渠岸上有三将军墓和四贤祠，纪念为开凿和修整灵渠有重大贡献的三将军（秦代的张将军、刘将军、李将军）和四贤（秦代的史禄、汉代的马援、唐代的李渤和鱼孟威）。新中国成立后，灵渠多次修整，可灌田数万亩，现已成为旅游胜地。

（3）柳州游览区

柳州市位于广西中部，又称龙城。柳江绕城回流，北岸城中心三面环水，形成一个巨大的U字，古籍称其为“三江四合，抱城如壶”，故又有“壶城”之称，世人则称之为“巨大的天然盆景”。柳州属亚热带气候，冬无严寒，夏无酷暑，四季常青，市区内外由石灰岩构成的奇山峻峰拔地而起，千姿百态，具有丰富独特的旅游资源和自然景观，是常年可以旅游度假的良好去处。“柳州奇石甲天下”，柳州还被誉为“中华石都”。柳州的民族风情独具神韵，壮族的歌、瑶族的舞、苗族的节和侗族的楼，堪称“四绝”。柳州市和毗邻的桂林市，共同构成了享誉世界的大桂林旅游风景区。

金秀大瑶山（图1-6-6）位于柳州市东南的金秀瑶族自治县，具有“世界第一瑶乡”之

图1-6-6 金秀大瑶山

称，这里有集雄、奇、幽、秀于一体的大瑶山风景区，景区内的圣塘山、莲花山等，千峰挺秀，处处是奇丽壮观的景色，集黄山、庐山、张家界之美于一身，是度假避暑的好地方。当地有着纯朴的民风和奇特的民俗，颇有意趣。游人还可领略瑶族独有的民俗、村寨、歌舞、佳肴，感受风情万种的瑶族风情。目前已经开发的风景区主要有莲花山景区、圣堂山景区、老山原始森林景区、天堂山景区、香草湖和民俗村等。大瑶山，一个神秘的地方。金秀，一块古朴自然的土地。

大龙潭风景区位于柳州市区南部，距市中心约3000米，规划面积约5.44平方千米，是一个融喀斯特自然山水景观、南方少数民族风情文化、亚热带喀斯特植物景观为一体的大型风景游览区。龙潭公园林木苍翠，群山环抱自成屏障，卧虎山、美女峰、孔雀山等二十四峰形态各异，耸立于一湖（镜湖）、二潭（龙潭、雷潭）、四谷地之间。雷、龙二潭水温如恒，每逢隆冬，水汽蒸腾，烟雾缭绕，故称“双潭烟雨”。唐代著名文学家、柳州刺史柳宗元曾为民祷雨于此，著有《雷塘祷雨文》传世。雷山绝壁下涌出一泓清泉，在雷、龙二潭间汇成“龙潭”，古称“雷塘”，咫尺相隔的雷潭经地下河与之相潜通。清澈的潭水经“八龙喷雪坝”泻入镜湖后，蜿蜒如游龙穿园而过，注入园外莲花山下的溶洞里，消失得无影无踪。园内近700种亚热带植物枝繁叶茂，还有贝丘遗址、雷塘祷雨碑亭、张羽中钓台等许多名胜古迹。

柳侯公园位于柳州市中心，是为纪念曾任柳州刺史的唐代大文豪柳宗元所建的祠，原名罗池庙，后改建为公园，占地约15.5平方千米。在柳州期间，柳宗元做了许多有益于人民的事，病死柳州3年后，百姓建了罗池庙纪念他。北宋末年，宋徽宗追封他为文惠侯，因而纪念柳宗元的祠堂称为“柳侯祠”。现在的柳侯祠是按照清代建筑重建的。柳侯祠古朴轩昂，塑有柳宗元及其部将的仿铜塑像，陈列有文物、图表、书画，详尽介绍了柳宗元的生平和历史功绩，祠内还有柳宗元书写的“龙城石刻”和苏轼书写的“荔子碑”等碑刻40余方。园内亦有柳宗元衣冠墓、罗池、柑香亭等古迹，山水来归盆景园、动物园、儿童乐园，人工湖、亭、桥、廊等园林设施，是广西主要旅游名胜之一。

（4）北海游览区

北海市位于广西的南部、北部湾东北岸，背靠大西南，面向东南亚，具有独特的区位优势，是中国首批对外开放的沿海港口城市之一。海水、海滩、海岛、海鲜、海洋珍品、海上森林、海底珊瑚、海洋文化、海滩海洋运动、海上航线，构成了一个完美的海洋旅游体系。1988年，被列为中国重点旅游城市，现已成为中国南方重要的滨海旅游城市。

银滩西起侨港镇渔港，东至大冠沙，由西区、东区和海域沙滩区组成，东西绵延约24千米，海滩宽度在30~3000米之间，总面积约38平方千米。沙滩均由高品位的石英砂堆积而成，在阳光的照射下，洁白、细腻的沙滩会泛出银光，故称银滩，北海银滩以其“滩长平、沙细白、水温净、浪柔软、无鲨鱼”的特点，被誉为“中国第一滩”。1992年被列为国家级旅游度假区。这里空气清新自然，负氧离子含量是内陆城市的50~100倍，年平均气温约22℃，是康复休养、休闲度假的胜地。度假区由三个度假单元和陆岸住宅别墅、酒店群组成。海水浴、海上运动、沙滩高尔夫、排球、足球等沙滩运动及大型音乐喷泉观赏、旅游娱乐等是北海银滩旅游度假区的主要游览项目。

涠洲岛（图1-6-7）位于北海半岛东南面约67千米处，由南至北长约65千米，由东至西宽约6千米，最高海拔约79米，是我国最大、最年轻的火山岛，也是广西最大的海岛。岛上气候宜人，资源丰富，风光秀丽，景色迷人，四季如春，气候温暖湿润，富含负氧离子的空气清新宜人，故素有“大蓬莱”“仙岛”之称。明代著名戏曲家汤显祖游览该岛后，写下了“日射涠洲郭，风斜别岛洋”的诗句。

图1-6-7 涠洲岛

红树林是热带、亚热带海岸潮间带特有的"胎生"木本植物群落，素有"海上森林"之称，幽秘神奇，倚海而生，随潮涨而隐、潮退而现，是国家级重点保护的珍稀植物群落。北海山口镇的国家级红树林自然保护区位于北海市合浦县境内，海岸线长约50千米，面积约80平方千米，光热充足，港湾深入内陆，封闭好，海水污染程度低，理化性质稳定，滩涂淤泥肥沃，适宜红树林生长。红树林保护面积为7.2平方千米，共有红海榄树、秋茄、桐花树等12种红树林植物，是广西乃至全国大陆海岸发育良好、连片大、结构较典型、保护较完整的红树林区，作为首批国家级海洋自然保护区和国家级红树林生态自然保护区，加入了联合国教科文组织世界生物圈保护区网络。

（5）其他旅游胜地

三娘湾地处美丽的北部湾，这里风光独特，温馨迷人，集众多滨海风光特点于一体，更具有自然、原始风情。海豚、海滩、海石、海鲜、海趣无限，渔村、渔夫、渔钓、渔船、渔乐无穷。三娘湾是中华白海豚（图1-6-8）之乡。白海豚被誉为"海上大熊猫""海上国宝"。最令人叫绝的是中华白海豚十分热情好客，像主人欢迎亲朋好友那样恭候八方游客。渔民和游人历来认为看到海豚会带来好运气，聪明的海豚总不会让来宾失望，幸运的人们往往还能看到成群的海豚欢跃腾飞，流连忘返。它们常常追逐渔船，亲近渔夫，耍逗游客，时而邀海鸥共舞，时而邀游客同乐，奏响亲密无间、和谐温馨的精彩乐章。

图1-6-8 三娘湾风景区中华白海豚

姑婆山国家森林公园位于广西东北部的贺州市境内，距市区21千米，总面积80平方千米，具有峰高谷深、山势雄伟、森林繁茂、动植物丰富、瀑飞溪潺、环境幽雅等特点，集雄、奇、秀、幽于一体，兼有山水型、城郊型公园之特点。公园里海拔千米以上的山峰有25座，最高峰天堂顶海拔1844米，是桂东第一高峰。公园内气候宜人，年均气温约18.2□，冬暖夏凉，是良好的疗养度假场所。

（二）贵州旅游亚区

1. 贵州旅游业发展概况

贵州被誉为天然“大公园”。特殊的喀斯特地貌、原生态的自然环境、浓郁的少数民族风情，形成了自然风光、人文景观和民俗风情交相辉映的丰富旅游资源。西部的草海绿如碧玉，被称为“高原上的明珠”。其拥有黄果树、龙宫、织金洞、红枫湖、舞阳河、兴义马岭河峡谷、荔波漳江、赤水等18个国家级风景名胜区，铜仁梵净山、茂兰喀斯特原始森林、赤水原生林及草海鸟类栖息衍生地和习水中亚热带常绿阔叶林等11处国家级自然保护区，遵义会议会址、从江增冲鼓楼、盘州市大洞等81处全国重点文物保护单位。同时贵州交通比较便利。这些都促进了当地旅游业的发展。

2. 主要游览区

（1）贵阳游览区

贵阳位于云贵高原东部，是贵州省省会，地处山地丘陵环抱之中，素来被称为山国之都，又称筑城，是一座山中有城、城中有山、绿带环绕、森林围城、城在林中、林在城中的具有高原特色的现代化城市，享有“森林之城，休闲胜地”的美名。早在春秋时期，贵阳属柯国，至战国时属夜郎国。宋宣和元年（1119年）得名贵州，明朝永乐年间开始逐渐成为贵州省的政治、经济、文化中心。贵阳属亚热带湿润温和气候，气候宜人，博得了“上有天堂，下有苏杭，气候宜人数贵阳”的美誉。

甲秀楼（图1-6-9）是贵阳市的标志。相传建楼以前，王阳明的再传弟子马廷锡曾在此建栖云亭讲学传道，张三丰曾云游至此，赞叹此地气象万千，将来必是藏龙卧虎之地。明万历二十六年（1598年），贵州巡抚江东之在此地建楼，名甲秀楼，取科甲挺秀之意。甲秀楼是三层三檐四角攒尖顶阁楼，这种构造在中国古建筑史上是独一无二的。楼高约20米，飞檐翘角，12根石柱托檐，护以白色雕花石栏杆，翘然挺立，烟窗水屿，如在画中。历代骚人墨客对甲秀楼题咏甚多，其中清人刘玉山所撰长联脍炙人口。

图1-6-9 甲秀楼

黔灵山位于贵阳市区西北约1.5千米处，集贵州高原灵气于一身，素有“黔南第一山”之称，由象王岭、檀山、白象山、大罗岭等群山联结而成。山上古树参天，泉石奇特，有1500多种高等植物、1000多种名贵药材、50多种常见鸟类。成群栖息的猕猴，或游聚在长廊、水榭，或蹲跳于道旁、树梢，追逐嬉闹，悠然自得，令闹市中人顿生无限情趣。山顶呈凹形，系第四纪冰川期遗迹。沿九曲径登山可到达弘福寺。弘福寺建于清代初期，是一个殿、堂、庙、廊齐备的古建筑群。登上山顶望筑亭，贵阳市全景尽入眼帘。山前有麒麟洞、古佛洞、洗钵池及“虎”字摩崖等古迹多处。山后有动物园，饲养着具有观赏与科研价值的动物近100种。山麓有碧波粼粼的黔灵湖，湖畔建有解放贵州革命烈士纪念碑。抗日战争时期，著名爱国将领张学良、杨虎城曾被囚禁在洞旁的水月庵中。

花溪位于贵阳市南郊，是贵阳市最为著名的旅游度假胜地。花溪公园在布局上的特点是四山夹一水、一水带四山，山环水绕，相依相存。周围布依村寨依山傍水，苗族村寨踞山临谷。浓郁的民俗文化，使花溪风光更富魅力。花溪公园山岭玲珑小巧、错落有致，溪水纯净澄碧、曲折善变，花木繁茂葱茏，秀拔多姿，桥榭亭阁，各具特色。青岩古镇位于花溪公园以南12千米处，距贵阳市区29千米，为贵州四大古镇之一，已有600多年历史。青岩古镇的古建筑众多，有一楼、一宫、一院、二祠、三洞、五阁、八庙、九寺等共30多处。至今，万寿宫、赵国澍祠、文昌阁、川祖庙、云祥寺、凤鸣寺、白石雕刻牌坊等尚保存完好。青岩古镇还保存有一段用方形巨石砌筑的古城墙，城墙上筑有瞭望楼和炮台。小镇中除了众多的寺庙，还保留着一座基督教堂和一座天主教堂，中西方文化在此达到了空前的交融。

文昌阁（图1-6-10）位于贵阳城区东隅，始建于明万历二十四年（1596年），占地约1200平方米，以设计巧妙、结构独特而著名，是全国重点文物保护单位。其结构为三层三檐九角不等角攒尖顶。目前国内阁楼的角均为偶数等角，贵阳文昌阁这样的造型属国内唯一。阁内二、三层楞木各9根，屋顶9角，柱54根，梁81根，均为9的倍数，可谓匠心巧运。古时“9”含极大极多之意，是最高权力、最高等级的象征。

图1-6-10 文昌阁

红枫湖（图1-6-11）位于贵阳市西郊，是贵州西线黄金旅游第一站。风景区规划面积200平方千米，是一个融高原湖光山色、喀斯特地貌、少数民族风情为一体的国家级风景名胜区。红枫湖是一个典型的喀斯特高原湖泊，湖中分布着大大小小170多个岛屿，还分布着不可胜数的天然溶洞，形成了山里有湖、湖里有岛、岛中藏洞、河中藏湖的奇妙景观，尤以将军湾一带溶洞群最负盛名。红枫湖周边世代居住着苗、布依、彝等少数民族，民族风情旅游是红枫湖旅游的重要组成部分。

（2）安顺游览区

安顺位于贵州省中部，历史文化底蕴十分丰厚。这里有被誉为“亚洲文明之灯”的普定

图1-6-11 红枫湖

穿洞古人类文化遗址，有中国八大神秘文字之一、世称“千古之谜”的关岭红崖天书，有号称“东方第一染”的安顺蜡染，有关岭“中国龙”“海百合”古生物化石群和平坝恐龙化石群，有较完整地保存着明代江南汉族遗风的屯堡文化村落群，有平坝天台山等上百处古遗址、古建筑、摩崖石刻、壁画等人文景观。各具特色的自然景观、人文景观与少数民族风情相映成趣。安顺素有“西部之秀”的称谓，汇集了黄果树、龙宫等国家级风景名胜区，关岭古生物化石群国家地质公园，夜郎湖等，是国家最早确定的甲类旅游开放城市之一，是世界喀斯特风光旅游中心。

黄果树景区位于安顺市区以西45千米，由黄果树瀑布（图1-6-12）、天星景区、灞陵河峡谷等景点构成。景区以黄果树瀑布为中心，以瀑布、溶洞、地下湖为主体，素有“天下奇景”之称。瀑布高74米，宽81米，气势磅礴，宏大壮观。瀑布后有一水帘洞，长134米，贯穿全瀑，称“天下第一奇洞”。黄果树瀑布是世界上唯一能够从前后、左右、上下多角度观看的瀑布，其景观变幻无穷。在瀑布上游和下游，18个雄奇险秀、风格各异的瀑布组成黄果树瀑布群，有落差高达400米的滴水滩瀑布，有瀑面宽达110米的陡坡塘瀑布，有滩面长达350米的螺丝滩瀑布及形态秀美的银链坠潭瀑布等，是天然的瀑布博物馆。

图1-6-12 黄果树瀑布

安顺府文庙又名府学宫，位于安顺市区内城东北，始建于明宣德八年（1433年），历代增建、复修，臻于完备。它是一组中轴对称、典制齐备、规模宏大、布局严谨、庄严典雅、以石雕艺术为主要特色的坛庙与儒学合一的古建筑群。整个建筑群巧妙利用坡地，层层升高，依次排列各建筑物，既体现礼制的规范，又充分表现了孔庙的威严和庄重。尤其大成殿前2根整石透雕龙柱，集浮雕、圆雕、镂空雕等多种石雕技艺于一身，成为一件独具个性的艺术佳品，被认定为国宝。安顺府文庙是现今中国保存下来的最完整、艺术性最高的文庙之一，是贵州著名的人文旅游景点，全国重点文物保护单位。

（3）其他游览区

遵义是贵州北线旅游的中心，是国家级历史文化名城之一。它的历史悠久，唐代即称遵义县，南宋时播州治所迁于此地，并修筑城垣。1935年1月，中国工农红军长征达到遵义，中共中央在这里召开了具有伟大历史意义的政治局扩大会议，遵义从此作为革命历史名城而载入了中国革命的光辉史册。会址是一座坐北朝南的二层楼房，为中西合璧的砖木结构建筑，分主楼、跨院两部分。房屋原是黔军二十五军第二师师长柏辉章的私人官邸，是遵义城当时最宏伟的建筑。遵义会议会址1954年1月开始复原陈列，1961年3月，经国务院公布为第一批全国重点文物保护单位。

赤水风景名胜区位于黔北赤水市，面积300平方千米，森林面积约268平方千米。丰富的水源和跌宕的地形，形成了大大小小的瀑布，高3米以上的就有数千处，故被人们誉为千瀑之乡。最壮观的当推十丈洞大瀑布，高76.2米，宽80米，为川南黔北胜景。瀑布中心有个深达10米的溶洞，人称水帘洞。景区还有不少以红军四渡赤水、酒乡文化为主体的人文景观。茅台镇在仁怀市赤水河畔，被称为国酒之都。1935年中国工农红军第一方面军长征，在此第三次渡赤水河，向川南挺进。在郁郁葱葱的河滨地带，建有红军烈士陵园和红军渡河纪念碑。当地生产的茅台酒，历史悠久，18世纪中叶即有酒坊20家，到20世纪初已跻身世界名酒之林。现在，茅台酒已经与法国的白兰地和英国的威士忌齐名，被公认为世界三大蒸馏名酒。

织金洞原名打鸡洞，位于织金县城东北23千米处的官寨乡，距贵阳120千米。它是一个多层次、多类型的溶洞，洞长6.6千米，最宽处175米，相对高差150多米，全洞容积达500万立方米，空间宽阔，有上、中、下三层，洞内有40多种喀斯特堆积物，显示了溶洞的一些主要形态类别。根据不同的景观和特点，分为迎宾厅、讲经堂、雪香宫、寿星宫、广寒宫、灵霄殿、十万大山、塔林洞、金鼠宫、望山湖、水乡泽国等景区，有47个厅堂、150多个景点。洞内有各种奇形怪状的石柱、石幔、石花等，组成了奇特景观，犹如神话中的奇幻世界。最大的洞厅面积达3万多平方米。每座厅堂都有琳琅满目的钟乳石，大的有数十丈，小的如嫩竹笋，千姿百态，还有玲珑剔透、洁如冰花的卷曲石、霸王盔、玉玲珑、双鱼赴广寒、水母石、碧眼金鼠等景观，形态逼真，五彩缤纷。特别是高17米的银雨树，挺拔秀丽，亭亭玉立于白玉盘中，人人赞叹。织金洞不仅有很高的旅游、美学价值，而且对研究中国的古地理、古气象等都有极高的科学价值。

永恒的净土——中国梵净山（图1-6-13），梵净山国家级自然保护区位于贵州省铜仁市江口、印江和松桃三县交界处，是地球同一纬度上生态保持最完好的原始生态地带，是联合国世界生物圈保护区网络成员。梵净山的特殊地质结构，塑造了它千姿百态、峥嵘奇伟的山岳地貌。梵净山区域众多的历史遗址和文物、浓郁的地方民俗风情更为其增添色彩。这里有巍然屹立于群山之巅的红云金顶、奇特的蘑菇石、雄伟的万卷书、罕见的金刀峡与剪刀峡、神奇的仙人桥、栩栩如生的老鹰岩、百丈深谷中拔地而起的太子石、佛光幻影、云海波涛、山花红叶、山涧清泉，可谓独一无二、惊世骇俗。

马岭河大峡谷位于贵州省黔西南布依族苗族自治州兴义市内，景区总面积达450平方千米，重点景观有56处。马岭河大峡谷拥有国家自然遗产、国家级风景名胜区、国家地质公

图1-6-13 梵净山

园三大荣誉称号。景区以自然风光的雄奇险峻、优美壮阔著称，集中展示了云贵高原喀斯特地貌的典型特征，峡谷中的大裂缝全长70多千米，最深处有300多米，有“天下第一缝”“地球上最美丽的伤痕”的美誉。

（三）云南旅游亚区

1. *云南旅游业发展概况*

云南突兀壮观的玉龙雪山、哈巴雪山、梅里雪山以其陡峭险峰吸引着海内外众多的雪山探险者；气势磅礴的虎跳峡是徒步冒险者挑战自我的去处。在丽江古城中，人们喜欢闲居在古城的民居里，沉浸在东巴文化和纳西古乐的熏陶中；西双版纳柔情的孔雀赋予了傣家姑娘优雅的气质和似水的风情。每到9月，罗平油菜花漫山遍野，成为山区中迷人的一景。现已初步形成滇中高原观光度假游线、滇西北香格里拉生态文化精品游线、滇东南喀斯特地貌景观及民族文化游线、滇东北红色旅游线等主要旅游线路。目前有观光旅游、会展度假旅游、特种旅游三个层次，以及生态、民俗、商务会展、休闲度假、体育健身、科考和探险类旅游产品。

2. *主要游览区*

（1）昆明游览区

昆明是云南省会，有2400多年的历史，是我国著名的历史文化名城和优秀旅游城市。它地处云贵高原中部，南濒滇池，三面环山，气候温和，夏无酷暑，冬无严寒，四季如春，气候宜人，是极负盛名的“春城”。悠久的历史、独特的地质结构，让昆明留下了众多的文物古迹和风景名胜。

滇池（图1-6-14）古名滇南泽，又名昆明湖，位于昆明市南的西山脚下，是个烟波浩渺、风姿秀逸的高原湖泊，这里一直是度假观光和避暑的胜地。滇池形似弦月，南北长39千米，东西宽13.5千米，平均宽度约8千米，湖岸线长约200千米，湖面面积约300平方千米，居云南省首位，素称“五百里滇池”，是中国第六大内陆淡水湖。滇池周围有大小数十个山峰，山环水抱，天光云影，湖光山色，十分壮丽，有“高原明珠”之称。周围风景名胜众多，有西山森林公园、大观公园、云南民族村、国家体育训练基地、云南民族博物馆等，既相连成片又相对独立，互为依托，是游览、娱乐、度假的理想场所。现在的滇池是首批12个国家级旅游度假区之一。海埂距离市区8千米，海埂就是横海之埂，原是一条由东向西横插在滇池中的楔形长堤，东起海埂村，西迄西山脚，全长5千米，宽60~300米不等，它把约300平方千米的滇池一分为二。埂南为浩渺的滇池，埂北为草海。这里绿柳成荫，碧波荡漾，渔舟风帆、园林景色与池畔渔村融为一体，景色迷人。

图1-6-14　滇池

昆明世界园艺博览园设在昆明东北郊的金殿风景名胜区，距昆明市区约4千米。世界园艺博览园占地面积约2.18平方千米，植被覆盖率达76.7%，其中有1.2平方千米灌木丛茂密的缓坡，水面占10%~15%。共有94个国家和国际组织分别在这里建起了自己的专题展示园（台），国内许多省区市也都建有能集中反映本地区园林艺术的展示场所。博览园主要有5个展馆、6个专题展园、34个国内展园和33个国际展园。

云南石林（图1-6-15）位于距昆明市区100千米的石林县境内。该县是我国喀斯特地貌比较集中的地区，全县石林面积约400平方千米。景区由大、小石林，乃古石林，大叠水，长湖，月湖，芝云洞，奇风洞7个风景片区组成。其中石林的像生石数量多，景观价值高，为世界罕见的风景名胜，是大自然的鬼斧神工。1982年，经国务院批准，定为第一批国家级风景名胜区。2007年6月，在新西兰基督城召开的第31届世界遗产大会表决通过了“中国南方喀斯特”申遗项目，云南石林正式列入了《世界遗产名录》。

图1-6-15　云南石林

云南民族村位于昆明市区南6千米处，占地约85万平方米。它南临滇池，北望昆明，西靠西山风景区，湖光山色秀美无比。民族村为云南的26个民族各建一村，并配以民族团结广场、民族歌舞演出厅、民族博物馆、民族蜡像馆等。到处花红柳绿，碧波粼粼，笙歌不绝，舞影婆娑，被人们誉为“人间仙境”，云南多个民族的房屋建筑、音乐舞蹈，都可以在这里见识到，它是云南民族的一个缩影。民族团结广场坐落在翠漪洲北面，象征着云南各民族团结向上的精神，它汇集了云南各民族体育、民俗活动之精华。每天有苗、彝、藏、佤、傈僳等民族歌舞表演和民俗活动表演。在民族村旁，有一个目前全国最大、最好的民族博物馆——云南民族博物馆，共有16个展室，展区建筑面积约3万平方米，收藏品达12万件。

玉案山位于昆明市西郊，盘旋逶迤，翠峰屏列，林壑幽深，山泉叮咚，白云环绕。“玉案晴岚”为古代“滇阳六景”之一。山上的筇竹寺环境清幽，特别是五百罗汉的塑造工艺高超，在中国首屈一指，闻名中外。筇竹寺最具魅力的当数由清代四川民间泥塑大师黎广修师徒5人历经7年塑造的五百罗汉。这组泥塑作品从社会生活出发，把现实主义和浪漫主义相结合，使不同罗汉有不同的个性、神情，形态各异，形象逼真，无一雷同，被誉为“东方雕塑艺术宝库中的一颗明珠”。

（2）大理游览区

大理市是大理白族自治州州府所在地，是唐代南诏和宋代大理国都邑所在地，素称“文献名邦”。以风、花、雪、月著称的大理，自然旅游风光以苍山洱海著称。秀丽的自然风光、悠久的历史文化和古朴的少数民族风情，使大理集国家级历史文化名城、国家级风景名胜区、国家级自然保护区、中国优秀旅游城市和最佳中国魅力城市等多项荣誉称号于一身。

崇圣寺三塔（图1-6-16）又称大理三塔，历来都是大理的象征，位于大理古城西北2千米处的苍山应乐峰下，为南诏时期修建的一组颇具规模的佛教寺庙，现在原寺已毁，但三塔犹存。主塔又名千寻塔，为方形密檐式空心砖塔，底边长9.9米，高69.13米，共16级，塔顶有铜制覆钵，上置塔刹，造型与西安小雁塔相似，为唐代的典型塔式之一，塔为上下两台形双基座，有“永镇山川”4字。南、北二小塔，在主塔之后，与主塔相距70米，成鼎足之势，两塔均为八斛形檐式空心砖塔，10级，各高43米。崇圣寺三塔为第一批全国重点文物保护单位。

图1-6-16　崇圣寺三塔

苍山，又名点苍山，共有19座山峰，最高峰海拔4000多米。苍山景色向来以雪、云、泉著称。经夏不融的苍山雪，被称为“炎天赤日雪不融”，是素负盛名的大理风、花、雪、月四景之最。在风和日丽的阳春三月，苍山顶显得晶莹纯净，是一个冰清玉洁的水晶世界。洱海堪称云南省著名的高原湖泊，海拔约1972米，共有3道、4洲、5湖、9曲，由于受污染少，湖水清澈，透明度高，自古以来一直被称作“群山间的无瑕美玉”。洱海北起洱源县江尾乡，南止大理下关，南北长约41.5千米，面积约251平方千米，因为湖的形状酷似人耳，故名洱海。在洱海最南端的团山有一座洱海公园，是观赏苍山洱海（图1-6-17）景色的好处所。洱海是仅次于滇池的云南第二大湖。洱海到苍山之间是一片扇形的冲积平坝，这里田地肥沃，村落相连，崇圣寺三塔笔立挺拔，素有“风景画廊”之称，风光、名胜、民俗融为一体。

图1-6-17 苍山洱海

大理古城简称榆城，是1982年2月国务院批准的我国第一批24座历史文化名城之一，也是国家级风景名胜区之一，位于南诏和大理国都城遗址的东部，始建于明朝洪武十五年（1382年），历代屡经修建。大理悠久的历史留下了许多重要文物古迹，最著名的古迹即古城、古塔、古碑。大理古城面积约3平方千米，城墙高7.5米，厚6米。东西南北各有一城门，上有城楼，城的四角还有角楼。城内市井俨然，布局呈棋盘状，从南到北有5条街，从东到西有8条巷。如今保存下来的还有南北城的部分城墙、南城楼。

鸡足山是中国佛教名山之一，距大理市区100余千米。山背西北而面东南，前列三峰，后拖一岭，形如鸡足。40座奇山、30座险峰、34处崖壁、45个幽洞，吸引了无数的旅游者。鸡足山金顶海拔3240米，棱严塔高耸入云。登顶眺望，东观日出，西望苍山洱海，南赏祥云，北眺玉龙雪山。徐霞客赞叹：“此不特首鸡山，实首海内矣。”目前其在国内外享有盛名。

蝴蝶泉距离大理古城35千米，是苍山云弄峰下绿树丛中的一泓清泉，泉池面积约50平方米。传说从前曾有一对恋人在此殉情并化为蝴蝶，故名为蝴蝶泉。这里泉水清澈，周围有大理石杆，上方有郭沫若手书“蝴蝶泉”三字。泉旁有一棵古老的双香树，横跨泉上，状如伞，因叶似蝶，又称为蝶树。每年夏天，是这棵蝴蝶树开花的季节，它会发出一股淡淡清香，香味四溢，招来大批蝴蝶在泉边飞舞，有的还成串吊挂在树枝上，形成蝴蝶泉奇观。如今，清泉已不旺盛，但蝴蝶会堪称奇景，届时正是春花怒放的时节，蝴蝶与白族青年男女的聚会相映衬，构成一个五彩缤纷的世界。蝴蝶泉离周城很近，周城是大理州内最大的白族村镇，这里曾是大理国王的御花园。村内有古戏台，还有本主庙、文昌宫等古建筑，现已被辟为白族民俗旅游村。

（3）丽江游览区

丽江位于云南省西北部、金沙江中游，因美丽的金沙江而得名，它处在青藏高原和云贵高原衔接地段，是纳西族人民聚居的地方。丽江地区秀丽的风景、丰饶的物产、独特的民族风情、古老的文化构成了得天独厚的旅游资源。境内玉龙雪山风景区和泸沽湖风景区以各自丰富、独特的自然景观和文化内涵而闻名中外。丽江古城于1997年被联合国教科文组织列入《世界遗产名录》。

玉龙雪山（图1-6-18）是丽江各族人民心目中的一座神圣之山。雪山位于丽江县城北面约15千米处，是北半球距离赤道最近的雪山，它处于青藏高原东南边缘。横断山脉分布地带，在大地构造上属横断山脉皱褶带。雪山面积960平方千米，高山雪域风景位于海拔4000米以上。整个雪山集亚热带、温带及寒带的各种自然景观于一身，构成独特的“阳春白雪”主体景观。冰封雪盖的玉龙雪山，还是一座巨大的天然水库。每当冰消雪融，山上流下来的“琼浆玉液”使丽江坝子周围的泉水四季喷涌。它不仅滋润了大地，而且促成了丽江“家家流水，户户垂柳”的独特风貌。

图1-6-18　玉龙雪山

丽江古城坐落在玉龙雪山下丽江坝中部，北依象山、金虹山，西枕狮子山，东南面临面积广阔的良田沃野，海拔2400米，为国家级历史文化名城、世界文化遗产。古城以江南水乡般的美景、别具风貌的布局及建筑风格特色，被誉为“东方威尼斯”“高原姑苏”等。丽江古城建筑最奇的是造城建镇者巧妙地调用了清澈的玉泉水，当汩汩泉水流至城头双石桥下时，人们将泉水分为三支，分别穿街过巷，就像人体的经脉，泉水流遍全城千家万户。丽江古城，已有800多年的历史，是一个以纳西族居民为主的古老城镇。它以古朴的艺术风格和科学的布局闻名于世，如驰名中外的纳西古乐等。

虎跳峡是世界上著名的大峡谷，以奇险雄壮著称。虎跳峡距离丽江市区约80千米，在金沙江上游。峡长约16千米，分为上虎跳、中虎跳、下虎跳三段。峡口海拔1800米，海拔高差3900多米，峡谷之深位居世界前列。江流最窄处，仅约30米，相传猛虎下山，在江中的礁石上稍一抬脚，便可腾空跃过，故称虎跳峡。峡内礁石林立，有险滩21处。虎跳峡天下险，但险中却蕴藏着摄人心魄的壮美，正是这种险，吸引着国内外无数游客到此寻幽探险。

泸沽湖位于云南宁蒗县与四川盐源县之间，南距宁蒗县城约72千米。湖面海拔约2600米，面积约48.5平方千米，平均水深40米，最深处达93.5米，在云南湖泊中，仅次于抚仙湖，为云南省第二深湖。整个湖泊，状若马蹄，南北长而东西窄，形如曲颈葫芦，故名泸沽湖。湖中有6个全岛、4个半岛、1个海堤连岛、17个沙滩、14个海湾。

（4）迪庆游览区

迪庆藏族自治州位于云南省西北部，距昆明659千米。迪庆在藏语中的意思为“吉祥如意的地方”。由于地处青藏高原东南边缘、横断山脉南段北端、三江并流的腹地，其形成了独特的融雪山、峡谷、草原、高山湖泊、原始森林和民族风情为一体的景观，为多功能的旅游风景名胜区。自治州内有著名的金沙江虎跳峡、澜沧江峡谷等大峡谷，辽阔的高山草原牧场，莽莽的原始森林及星罗棋布的高山湖泊。这里生活着26个民族，他们团结和睦，在生活方式、服饰、民居建筑及婚俗礼仪等方面，都保持了本民族的特点，形成了各民族独特的风情。

三江并流地区位于丽江、迪庆藏族自治州、怒江傈僳族自治州。三条大江（怒江、澜沧江、金沙江）并行而流，称为“三江并流”。这一地区占我国国土面积不到0.4%，却拥有全国20%以上的高等植物和全国25%的动物种数。目前，这一区域内栖息着滇金丝猴、羚羊、雪豹、孟加拉虎、黑颈鹤等77种国家级保护动物和秃杉桫椤、红豆杉等34种国家级保护植物，因此植物学界将三江并流地区称为“天然高山花园”。同时，该地区还是16个民族的聚居地，是世界上罕见的多民族、多语言、多种宗教信仰和风俗习惯并存的地区。由于本区特殊的地质构造、多样的生物资源、丰富的人文资源、美丽神奇的自然景观，该地区于2003年7月2日被列入《世界遗产名录》。

梅里雪山位于云南迪庆藏族自治州德钦县和西藏察隅县交界处，距离昆明849千米。梅里雪山属于怒山山脉中段，处于金沙江、澜沧江、怒江三江并流地区，由于垂直气候差异明显，梅里雪山的气候变幻无常，雪雨阴晴全在瞬息之间。梅里雪山既有高原的壮丽，又有江南的秀美。它北靠西藏阿冬格尼山，南与碧罗雪山相连接，海拔6000米以上的山峰有13座，称为太子十三峰，其中最高的卡瓦格博峰为云南第一高峰，海拔为6740米。

白水台是迪庆藏族自治州香格里拉县的重要景点之一，位于中甸县城东南101千米处，海拔约2380米，其造型酷似一层层梯田。水中的碳酸氢钙经太阳光照射，水分蒸发后形成碳酸钙白色沉积物，之后又不断覆盖地表，形成了泉华地，是中国最大的泉水台地之一。

（5）西双版纳游览区

西双版纳国家级自然保护区位于云南南部西双版纳傣族自治州境内，距昆明740千米。景区包括景洪县风景片区、勐海县风景片区、勐腊县风景片区三大部分。每一部分内又有若干景区，共有19个风景区、800多个景点，总面积2425平方千米。该区有种类繁多的动植物资源，被称为动植物王国。其中许多珍稀、古老、奇特、濒危的动植物是西双版纳独有的，引起了国内外游客和科研工作者的极大兴趣。本区景观以丰富迷人的热带、亚热带、沟谷雨林风光，珍稀动物和绚丽多彩的民族文化、民族风情为主体，景观独特，知名度高。1982年其被定为第一批国家级风景名胜区。

景洪傣语意为黎明之城，旧称彻里、车里，自古至今一直是西双版纳傣族自治州的政治、经济、文化中心。其动植物、地热、矿产、水资源极其丰富，有“绿色宝库”“物种基因库”之称，建有亚洲最大的灵长类动物研究中心、出口生产基地和中国最大的蝴蝶养殖场，入选首批“中国优秀旅游城市”。在景洪的深山密林中，生长着许多野生茶树，有的树龄已逾千年，主干树围达3.8米，树高34米，使茶坛震惊。除野生大茶树外，这里还有树龄达800多年的栽培型茶树王，此树主干直径达1.38米，树高仅5.5米。当地茶农称其为沙归八玛。

傣族园位于距景洪市区27千米处的勐罕镇，园内有五个傣族自然村寨。这里景色秀丽，民风淳朴，充满诗情画意，一年四季青翠嫩绿，竹林环绕，果木成林，给寨子洒下了一片片浓浓的绿荫。幢幢竹楼掩映在青树绿竹之中，阵阵热带花开的幽香随风而来，一片清幽恬静。古色古香的佛塔、佛寺与旖旎风光相互掩映，形成了具有独特文化内涵的风景名胜和园林景观，给人一种新奇、美妙的感受。

(四) 四川旅游亚区

1. 四川旅游业发展概况

四川省简称蜀，省会为成都市，位于中国西南部。四川省具有多种自然景观和人文景观，是有名的旅游资源大省，历来就有“天下山水之观在蜀”之说。

成都是四川省省会，又称蓉城，位于成都平原中部。公元前4世纪，古蜀国开明五世（一说九世）迁蜀都城至成都，取“二年成邑，三年成都”之意命名。成都自古为西南重镇，三国时为蜀汉国都，五代十国时为前蜀、后蜀都城。成都自秦汉以来即以农业、手工业和文化发达著称。汉代成都与洛阳等并列为五大都会之一。唐代商贸繁荣，与扬州齐名，称为“扬一益（成都）二”。宋代成都印刷的交子也是世界上最早的纸币。成都织锦业发达，又有“锦（官）城”之称。成都已有约2300年的建城史，文化遗存十分丰富。金沙遗址被称为20世纪我国最大的考古发现之一，表明早在古蜀时期成都的文化就相当发达。

2. 主要游览区

（1）天府之都游览区

武侯祠是纪念三国时蜀汉丞相武乡侯诸葛亮的祠堂，始建于西晋末年，到唐代已具规模，明初与纪念刘备的汉昭烈庙相并，成为君臣合庙，清康熙十一年（1672年）重建，距今已有1500多年的历史。武侯祠占地面积约15万平方米，祠内翠柏森森，殿宇重重，布局严谨，庄严肃穆。其今存高达12米的刘备墓（惠陵）、蜀汉“直百五铢”钱和47尊蜀汉人物塑像等珍贵文物，尤以相传岳飞手书的诸葛亮《出师表》和文、书、刻号称“三绝”的《蜀丞相诸葛武侯祠堂碑》最为知名。

杜甫草堂位于成都西门外浣花溪畔，是唐代大诗人杜甫流寓成都时的故居。公元759年12月，为躲避安史之乱，他从长安流亡到成都，第二年3月在浣花溪畔建成茅屋一座，自称为“草堂”。杜甫在草堂居住了3年9个月，作诗240余首。很多诗都是以草堂为题、触景生情而作，其中《茅屋为秋风所破歌》一诗更成为后人推崇的千古绝唱。

文殊院位于成都市北门文殊院街，始建于隋，唐宋时名为信相寺，明代毁于兵火。清康熙二十年（1681年）重建，改名为文殊院。它坐北朝南，由天王殿、三圣殿、大雄宝殿、说法堂、藏经楼组成，共有殿堂、僧舍190余间。院内收藏多种宗教文物，及宋朝以来的名人字画。

都江堰位于都江堰市西、岷江上游，距成都市54千米，创建于公元前276~前251年，由战国秦昭王时蜀郡守李冰率众修建，是我国古代劳动人民创建的一项巨大水利工程，闻名中外。工程由鱼嘴分水堤、飞沙堰溢洪道、宝瓶口进水口三大部分组成，科学地解决了江水自动分流、自动排沙、控制进水流量的问题。2000多年来，一直发挥着巨大的防洪和灌溉作用，使川西平原“水旱从人，不知饥馑”，成为“天府之国”。其现为全国重点文物保护单位和国家级风景名胜区，被列入《世界遗产名录》。

伏龙观位于都江堰瓶口侧离堆顶上。相传李冰治水时在此降服孽龙，故名。其现有殿宇三重，系清代重修。前殿正中安放一尊李冰石刻像，高2.9米，重约4吨，为1976年维修时在江心发现，据考为东汉建宁元年（168年）刻造。江侧还建有二王庙，供奉李冰父子。殿后有观澜亭，凭栏远眺，鱼嘴、安澜索桥、飞沙堰尽收眼底；近观宝瓶口，岷江流水奔腾不息，扣人心弦。

青城山位于都江堰市西南，距成都66千米。山上林木葱茏，峰峦叠翠，状若城郭，故称青城。全山景物幽美，有“青城天下幽”之称，被列入《世界遗产名录》。青城山是我国道教发祥地之一。东汉末年，道教创始人张道陵在此山设坛传教，逐渐发展成道教圣地。全山曾有道教宫、观70余座，现尚有遗迹38处。其中著名的有建福宫、天师洞、三岛石、祖师殿、朝阳洞、上清宫、天然图画、金鞭岩、石笋峰、丈人山等。青城山景区面积约200平方千米，分前山、后山两部分。前山是指以天师洞、上清宫为中心的山区范围，以人文景观为主，有36峰、8大洞、72小洞、108处胜景之说，山势雄伟，四季常绿，群峰环绕，景色清幽，集雄、奇、幽、险、神于一体。后山则是指以泰安寺、沙坪为中心的山区范围，以自然景观为主。

（2）峨眉山、乐山游览区

峨眉山位于四川省中南部，在峨眉山市区以西7千米处，因“如螓首蛾眉，细而长，美而艳”得名。峨眉山以其自然风光秀丽、佛教文化典型闻名天下，为我国四大佛教名山之一。峨眉山由大峨山、二峨山、三峨山和四峨山组成。大峨山高峰有三：金顶、千佛顶和万佛顶。其中万佛顶最高，海拔3079.3米，至此可观云海、日出、佛光和圣灯。峨眉山现存主要寺庙有报国寺、伏虎寺、万年寺、仙峰寺、清音阁、洪椿坪、洗象池和金顶华藏寺等。峨眉山气候和植被均呈垂直地带性分布，动植物资源丰富，被誉为“天然植物园”和“动物乐园”，现为国家级风景名胜区，被列入《世界遗产名录》。

乐山大佛地处四川省乐山市东，岷江、青衣江、大渡河三江汇合的凌云山上，“佛是一座山，山是一尊佛”，大佛通高71米，头高14.7米，发髻有1051个，耳长6.72米，鼻长5.6米，眼长3.3米，肩宽28米，手的中指长8.3米，脚背宽9米、长11米，可围坐百人以上，比起曾号称世界最大的阿富汗巴米扬大佛（高53米）还要高出18米，它是迄今中国最大的一座摩崖石刻造像。青衣江、大渡河于凌云山下汇集为岷江，相传当年水灾频繁，为害甚烈。唐玄宗开元元年（713年）凌云寺僧海通为减缓水势、造福民众而募集人力物力修凿大佛，至贞元十九年（803年）竣工，前后历时90年，耗资数亿贯，距今已有1200多年。大佛背靠凌云山，脚踏三江（岷江、大渡河、青衣江），气势雄伟。大佛取弥勒造像，体态端庄，比例匀称，设计巧妙，排水设施隐而不见。它历经千年风霜，至今仍然安坐在滔滔江水之畔，静观人间的沧海桑田。它是中华民族的文化瑰宝，是世界历史文化的宝贵遗产。

稻城亚丁风景区位于四川甘孜藏族自治州南部，地处青藏高原东部、横断山脉中段，属国家级自然保护区、省级风景名胜区，主要由仙乃日、央迈勇、夏诺多吉三座神山和周围的河流、湖泊和高山草甸组成，它的景致保持着地球上近乎绝迹的纯粹，因其独特的地貌和原生态的自然风光，被誉为“中国香格里拉之魂”“蓝色星球上最后一片净土”。亚丁藏语意为向阳之地，又名念青贡嘎日松贡布，即圣地之意。亚丁景区属于高山峡谷类风景区，海拔2900（贡嘎河口）~6032米（仙乃日峰），面积1344平方千米，是中国目前保存最完整、最原始的高山自然生态系统之一，呈现出美丽的高山峡谷自然风光，是中国香格里拉生态旅游区的核心。

（3）九寨沟游览区

九寨沟风景区位于九寨沟县境内，因沟内有9个藏族村寨而得名。九寨沟由独特的石灰岩地质构成，莽莽的原始森林、独特的高原气候，孕育了翠海、叠瀑、彩林、雪峰和藏情“五绝”风光，被誉为“人间仙境”。

M1-6-2
九寨沟

九寨沟景区精华在水，高山湖泊晶莹纯净，清澈见底，动静结合，刚柔相济，千颜万色，多姿多彩。景区面积62平方千米，是国家级风景名胜区和国家级自然保护区，已加入世界生物圈保护区网络，并被列入《世界遗产名录》。

黄龙寺风景名胜区位于松潘县内，在松潘县城北约35千米处。传说夏禹治水至茂州，黄龙为其负舟导水，后建庙以祀，寺因此得名。寺建于明代，有前、中、后三寺，现仅存后寺。景区由黄龙寺、牟尼沟、雪山梁、雪宝顶、丹云峰等景点组成。黄龙寺景区是国家级自然保护区、风景名胜区，并被列入《世界遗产名录》。

（4）其他游览区

四川卧龙国家级自然保护区，创建于1963年，面积2000平方千米，是我国建立最早、栖息地面积最大、以保护大熊猫及高山森林生态系统为主的综合性自然保护区，已加入世界生物圈保护区网络，2006年7月被批准列入《世界遗产名录》。卧龙自然保护区以“熊猫之乡”“宝贵的生物基因库”“天然动植物园”享誉中外，有着丰富的动植物资源和矿产资源。

海螺沟冰川是贡嘎山东坡众多冰川中的一条，素有“川西高原的明珠”之称。尾端伸入原始森林区达6千米，海拔只有2850米，是地球上同纬度的冰川中海拔最低的。在海拔2850米的地段上，长5700米的冰舌紧舔大地。冰面上分布着冰面湖、冰面河、冰裂缝、冰蘑菇、冰洞、冰桥……令人叫绝的冰川弧拱晶莹透明，蓝中透绿。海螺沟地形复杂，气候类型特殊，山下长春无夏，植被茂盛，绿荫苍翠，气候宜人，年平均气温在15℃左右。山顶终年积雪，年平均气温在−9℃左右。海螺沟地处中高山、高山、极高山地区，落差6000米以上，形成了自然界独特的7个植被带、7个土壤带，荟萃了我国大多数的植物种类，拥有大量珍稀动植物。

蜀南竹海是国家级风景名胜区、全国旅游胜地四十佳之一，位于四川省南部、长江上游，处江安、长宁两县境内，东距重庆230多千米，北距成都约330千米，总面积120平方千米，海拔600~1000米。“蜀南竹海翠天下”，景色雄、险、幽、峻、秀，区内有楠竹约47平方千米、景点124个，有一级景点15个、二级景点19个。天皇寺、天宝寨、仙寓洞、青龙湖、七彩飞瀑、古战场、观云亭、翡翠长廊、茶花山、花溪十三桥等景观被誉为“竹海十佳”。

剑门蜀道风景区是国务院首批批准的国家级风景名胜区。蜀道北起陕西汉中宁强县，南到四川成都，全长450千米。沿线地势险要，山峦叠翠，风光俊丽，关隘众多，唐代李白有“蜀道难，难于上青天”的形容。沿蜀道分布着众多的名胜古迹，主要有古栈道、三国古战场遗迹、剑门关、古驿道翠云廊、李白故里等。剑门关（图1-6-19）位于景区中段，是蜀道上最重要的关隘。这里山脉东西横亘百余千米，72峰绵延起伏，形若利剑，直插霄汉。连山绝险，独路如门，素有“剑门天下雄”之说。进入关内长约500米的幽深峡谷中，可见前人留下的“天下雄关”“第一关”“剑阁七十二峰”等碑刻。新建的剑门关楼，雄踞关口，气势恢宏。附近山峦绵亘，植被葱茏，景色秀丽。

翠云廊指剑门蜀道两侧浓荫蔽日的行道树，是古蜀道从剑门关到剑阁县城一段的美称，古称“皇柏”“张飞柏”，曾有“三百余里官道，数千万株古柏”的壮观景象。这里现存古柏8000余株，有的穿插在川陕公路两侧，枝干参天，浓荫蔽日，繁茂苍翠，远远望去，蔚然如云，故而得名。

泸定桥位于泸定县城西，横跨大渡河。其始建于清康熙四十四年（1705年），为铁索悬桥，长约100米，宽约3米，由13根铁链和12164个铁环组成。桥身由9根铁链平行固定于两

图1-6-19 剑门关

岸，上铺木板为桥面，两旁桥栏各有铁链作扶手，为四川通往康藏高原的交通要道。1935年5月25日，中国工农红军长征时，22位战士勇夺泸定桥，主力遂过大渡河。毛泽东《七律·长征》诗中以“金沙水拍云崖暖，大渡桥横铁索寒”的诗句褒扬此次战斗。

三星堆古蜀文化遗址位于广汉市南兴镇附近的鸭子河、牧马河台地上，分布范围达6平方千米以上。自1929年发现以来，曾经多次调查和试掘，特别是1980年较大规模的发掘，发掘出房屋、灰坑、墓葬、祭礼坑、城墙等重要遗迹，获得大量青铜器、金器、玉石器和陶器等重要文物，以青铜器最为名贵。三星堆遗址的发掘是近年全国考古的重大发现之一，现建有三星堆博物馆加以展览，为全国重点文物保护单位。

兴文国家地质公园位于四川省南部兴文县，地处四川盆地南部与云贵高原过渡带。公园内石灰岩广泛分布，特殊的地理位置、地质构造环境和气候环境条件形成了兴文式喀斯特地貌。园内地表石林、地下溶洞、特大天坑“三绝”共生，堪称世界地质地貌的大观园、喀斯特景观的集大成者，现被评为世界地质公园。

自贡古来盛产井盐，开采至今已有1000多年历史，有“盐都”之称。西秦会馆位于自贡市解放路，又称关帝庙或陕西庙，始建于清乾隆元年（1736年），历时16年建成，原为清初陕西盐商的同乡会。建筑融宫殿与民宅风格于一体，有阿房之风。建筑有武圣宫大门、献技楼、大观楼、福海楼、抱厅、中殿、正殿等，都各具风格。1959年始作为自贡井盐历史博物馆馆址，郭沫若题写馆名，主要收藏、整理、陈列、研究以自贡地区为中心的四川井盐生产相关的历史资料和实物，现为全国重点文物保护单位。

（五）重庆旅游亚区

1. 重庆旅游业发展概况

重庆1997年成为直辖市，简称渝，有“雾都”和“山城”之称，是长江三大火炉之一，最佳旅游季节是每年春、秋两季，因依山起城，别称“山城”。重庆位于长江和嘉陵江汇合处，是长江上游最大的港口，也是国家级历史文化名城。公元前8世纪，周武王分封姬姓宗族于巴，以今重庆为首府。隋开皇三年（583年），因巴所属渝水（嘉陵江古称），故改名为渝州，即渝的由来。北宋崇宁元年（1102年），改渝州为恭州，南宋淳熙十六年（1189年），赵先被封为恭王，后继帝位，自称“双重喜庆”，重庆由此得名。

重庆市旅游资源丰富。壮丽的自然山水风光、独特的山城都市风貌、深厚的历史文化积淀、浓郁的民族民俗风情，为旅游业发展提供了得天独厚的资源条件。其拥有世界文化遗产

1处、国家级风景名胜区7个、国家森林公园27个、全国重点文物保护单位65处、国家自然保护区6个、全国历史文化名镇3个、全国爱国主义教育示范基地12处。截至2021年4月，重庆拥有A级以上景区272个，其中5A级景区11个；有国家地质公园9处。

2. 主要游览区

（1）渝西游览区

“山如碧玉水如黛，云在青大月在松”刻画了绪云山的秀丽风景。它雄峙于嘉陵江小三峡之温汤峡西岸，海拔350~950米，山有九峰，皆以景物或景观特征命名，与北温泉相邻。山上奇峰耸翠，林海苍茫，古木参天，古刹林立，集雄、险、奇、幽于一身，素有“川东小峨眉”之称。山中有缙云寺，始建于南朝宋景平元年（423年），盛于宋而明末毁于火，今存庙宇为清康熙二十二年（1683年）重建。寺周围有洛阳桥、石照壁、八角池、海螺洞等古迹。绪云山现为国家级风景名胜区。

大足区始建于唐乾元元年（758年），以“大丰大足”而得名，西距成都240千米，东距重庆市区81千米。大足区是驰名中外的石刻之乡，石刻星罗棋布，石刻造像不胜枚举，有晚唐至清代的石刻100余处、造像6万余尊。宝顶山、北山、南山、石门山、石篆山石刻规模最宏大，内容最丰富，保存最完好，雕刻最精美，是我国晚期石刻艺术代表作，具有很高的历史、艺术、科学研究价值，与云冈、龙门石窟鼎足而立，素有“北敦煌，南大足”之说，被联合国教科文组织列入《世界遗产名录》。

武隆喀斯特旅游区位于重庆市武隆区境内，拥有罕见的喀斯特自然景观，包括溶洞、天坑、地缝、峡谷、峰丛、高山草原等，形态多样；兼具丰富多彩的度假、休闲、娱乐、运动项目，以及土家族、苗族、仡佬族等少数民族独特的民俗风情。2011年，它被评为国家5A级旅游景区。2020年11月18日，其当选“巴蜀文化旅游走廊新地标”。武隆喀斯特旅游区包括重庆武隆旅游景点天生三桥、仙女山、芙蓉洞三部分。

酉阳桃花源景区位于重庆市酉阳土家族苗族自治县，景区总面积50平方千米，由世外桃源、太古洞、酉州古城、桃花源国家森林公园、桃花源广场、桃花源风情小镇、二酉山世外桃源文化主题公园和梦幻桃源实景剧等八大部分组成，集喀斯特地质奇观、秦晋农耕文化、土家族民俗文化、自然生态文化、休闲养生文化、运动康体文化于一体，是现代人远离尘世喧嚣、步入秦晋田园、探寻科学奥秘、回归绿色天堂的好去处。

红岩革命纪念馆由红岩村13号、曾家岩50号、桂园等组成。红岩村13号为1939年中共中央南方局和八路军驻重庆办事处，被日机炸毁后，由全体办事处人员重建而成，高3层，底楼为接待室，二楼为办公室，三楼为机要室。曾家岩50号曾是中共中央南方局办公处，因以周恩来个人名义租用，称为“周公馆”。1945年8月，毛泽东来重庆谈判期间，曾在此会见各界人士，《新华日报》营业部等均设于此处。在抗战时期，桂园是国民政府军事委员会政治部部长张治中的公馆，国共重庆谈判期间毛泽东曾住在此处，《双十协定》在此签字。红岩革命纪念馆现为全国重点文物保护单位。

歌乐山烈士陵园位于重庆市沙坪坝歌乐山山麓，为国民党时期的中美合作所旧址，1984年7月改为现名。烈士陵园由烈士墓、纪念碑、陈列馆、诗碑林、白公馆、渣滓洞监狱旧址、松林坡刑场等组成。烈士墓内安葬着被屠杀的285位烈士和为护兵工厂牺牲的25位烈士忠骸。纪念碑用红色花岗石修筑，为一组高11.5米的烈士雕像群。群雕左侧为步公桥诗碑林，竖有49块形状各异的大青石碑，镌刻着烈士手迹和书法名家书写的纪念烈士的诗篇。

（2）长江三峡游览区

长江三峡（图1-6-20）是世界最大的峡谷之一，地跨重庆、湖北，两岸有多处风景名胜，以壮丽河山、天然胜景闻名中外。它西起重庆奉节县的白帝城，东至湖北宜昌市南津关，穿越重庆的奉节、巫山和湖北的巴东、秭归、宜昌等5个县市。其由瞿塘峡、巫峡、西陵峡组成，全长193千米，峡谷长90千米。两岸悬崖绝壁，江中滩峡相间，水流湍急，唐代大诗人李白经过这里留下了优美的诗句："朝辞白帝彩云间，千里江陵一日还。两岸猿声啼不住，轻舟已过万重山"。

图1-6-20　长江三峡

瞿塘峡也称夔峡，从白帝城至巫山大宁河口，全长33千米，其中峡谷区由夔门至巫山县大溪镇，长为8千米，江面最宽处为150米，最窄处仅达50米。瞿塘峡是三峡中最短最窄的峡谷，也是三峡中最险的一峡。瞿塘峡的入口处是夔门，也称瞿塘关，是由西向东进入长江三峡的大门。两岸绝壁对峙，状若两扇大门，江水汹涌澎湃，吼声似雷，自古便有"瞿塘天下雄"之说。过夔门，江北岸有赤甲山，南岸有白盐山。峡内北岸有蜿蜒绝壁之上的古栈道、置放古代巴人悬棺的风箱峡，南岸有孟良梯、倒吊和尚、望乡台、盔甲洞、黄金洞、瞿塘碑刻、凤凰泉、犀牛望月等景观。峡东口南岸的大溪镇有峡区最后一个景点——大溪文化遗址，为长江上游新石器晚期的遗迹。

巫峡横跨渝、鄂两地，从重庆巫山大宁河至湖北巴东官渡口，逶迤连绵约45千米，为三峡中最整齐的一段峡谷。两岸群峰似屏，重峦叠嶂，幽深秀丽，江水迂回曲折。峡区内主要景点有三台、十二峰和孔明碑等，三台为楚阳台、授书台、斩龙台，十二峰为圣泉峰、登龙峰、朝云峰、神女峰、松峦峰、飞凤峰、翠屏峰、聚鹤峰、净坛峰、起云峰、上升峰、集仙峰。其中最有名的是巫峡北岸的神女峰，峰顶有一石柱，形似多姿少女，亭亭玉立，俯视奔腾江水，传说为神女瑶姬的化身。集仙峰临江绝壁上刻有"重崖叠嶂巫峡"，传为诸葛亮所书，故名孔明碑。

以滩多水急著称的西陵峡位于湖北省境内，是长江三峡中最长、景色最美的一峡，全长120千米。峡中既有举世闻名的三峡大坝和葛洲坝水利枢纽工程，又有大禹治水的遗迹黄陵庙，香溪谷地有爱国诗人屈原的故里及中国古代四大美女之一王昭君的故乡。从秭归香溪河口到宜昌南津关，长约76千米，这一带暗礁密布，漩涡奔腾，水道险阻，素称"鬼门关"。峡东三游洞曾是唐宋名家郊游之地，北岸上屹立4块岩石，犹如唐僧师徒西天取经，另有灯影峡、牛肝马肺峡、兵书宝剑峡壁立江畔，还有古代巴人悬棺等。出南津关，便进入了长江中下游平原，结束了三峡之旅。

（3）其他游览区

四面山位于重庆市江津区南部2千米处，因人居其中，四面皆山而得名。四面山集山、林、石、水于一身，融奇、险、幽、雅为一体，风光旖旎，野趣迷人。这里山为倒置山，红岩掩绿荫，林密而幽深，多珍稀树种，有"物种基因库"之称；瀑布奇雅，望乡台瀑布落差150米，鸳鸯瀑宛若一对青年男女含情顾盼；龙潭湖如瑶池仙境，泛舟湖面如入画中。其现为国家级风景名胜区。

白帝城位于奉节县城东5千米的白帝山上，传为公孙述所建，因其自称白帝而得名。222年，蜀汉帝刘备伐吴兵败，退守白帝城，临终前在永乐宫托孤于诸葛亮。现白帝庙为明清建筑，主要有明良殿、武侯祠、观星楼等。

张飞庙又名张桓侯庙，位于与重庆市云阳县城隔江相望的飞凤山麓，为纪念三国时期蜀汉名将张飞而修建，始建于蜀汉末期，后经历代修葺扩建，距今已有1700余年的历史，素有“巴蜀胜境”的美称。庙内收藏汉唐以来的石刻、木刻、字画600余件及新石器时期以来的其他文物千余件。尤其是字画碑刻均出自名家圣手，流派纷呈，各领风骚，不少为国内外所罕见，具有较高的历史、艺术和科研价值，所以张飞庙又有“文藻胜地”之盛誉。

金佛山风景区位于南川区境内，系大娄山东段支脉的突异山峰，由金佛、柏枝、箐坝三山组成。景区山峰层峦叠嶂，群峰耸峙，最高峰海拔2238米，总面积1300平方千米，原始森林占三分之一。金佛山融山、水、林、石、洞于一身，气势雄伟，地形复杂，怪石嵯峨，洞穴深幽，山泉密布，佳木奇花遍野，奇、绝、雄、秀、险的景区特点，令游客赏心悦目。著名景观有金佛晚霞、白雾晴岚、三泉映辉、龙岩飞瀑等。金佛山自然保护区珍稀动植物种类繁多，植物多达5099种，其中银杉、银杏、大叶茶树、方竹、杜鹃王树属国家一级保护植物，被誉为“金山五绝”；动物500多种，其中有国家一级保护动物金钱豹、云豹、华南虎、白冠鹤、红腹角鸡、金丝猴、黑叶猴、梅花鹿等。

大宁河小三峡位于大宁河下游，南起巫山龙门桥，北至巫山涂家坝，全长50千米，由龙门峡、巴雾峡和滴翠峡组成。龙门峡位于巫山县城北，长3千米，两岸峭壁对峙，有“小夔门”之称。巴雾峡位于乌龟滩至双龙镇之间，长10千米，峡内山高谷深，钟乳遍布，有悬棺等景观。滴翠峡位于双龙镇至涂家坝之间，长20千米，两岸群峰竞秀，飞瀑流泉，有水帘洞、巴人船棺、飞云洞等景观。峡中有古栈道，长约150千米。

【知识拓展】

本区旅游资源丰富多彩，除以上介绍的内容，还有哪些旅游胜景？扫描二维码了解详情。

M1-6-3
知识拓展

【单元小结】

西南旅游区地处我国西南边陲，以喀斯特地貌景观为特色的多种自然旅游资源和以少数民族风情为特色的人文旅游资源极为丰富，具有热带、亚热带的宜人气候，经济、交通发展迅速。本单元主要介绍云南、贵州、广西、四川和重庆5个旅游亚区的旅游业发展概况和各自主要游览区的特点。要求重点掌握西南旅游区旅游资源的特点和各旅游亚区内主要游览区的特点。

【思考与实训】

一、思考

1. 为什么说西南旅游区是个天然动植物园？结合实例说明。
2. 西南旅游区在中国各大旅游区中占据什么地位？起什么作用？
3. 西南旅游区著名的喀斯特景观有哪些？它们各有哪些特色？
4. 大理游览区有哪些著名古迹？它们有什么游览价值？

二、实训

1. 为一个初到中国的法国客人设计一条最能代表西南旅游区特色的旅游线路，并且编写导游词大纲。

2.黔东南的镇远县在古代是东南各省入云贵的必经之地。北洋水师镇远号就是以此县命名的。它位于贵州省东部，地处湘黔两省的怀化、铜仁和黔东南三地区五县接壤交会之处，全县总面积1890平方千米。古城镇远，自秦昭王三十年（公元前277年）设县开始，至今已有约2300年的置县历史，其中1300多年作为府、道、专署所在地。1986年被国务院批准为国家级历史文化名城。在2000多年的历史长河中，镇远积淀了悠久厚重的历史文化、众多瑰丽的文物古迹和绚丽多姿的民族文化。这里有国家级风景名胜区舞阳河风景名胜区，全国重点文物保护单位青龙洞古建筑群、日本在华反战同盟和平村旧址，省级风景名胜区高挂河风景名胜区，以及保持明清风貌的古民居、古巷道、古码头等省、县级文物古迹160余处。城内舞阳河自西向东呈“S”形蜿蜒贯通全城，形成了“九山抱一水，一水分两城”、山水城浑然一体、天人合一的独特古城风貌。

镇远是一座以军兴商的城市，是一座“移民”的城市，是一座多元文化交融的城市。特殊的地理位置使镇远自古以来就以“欲据滇楚，必占镇远”“欲通云贵，先守镇远”的政治、军事要地著称于世，素有“滇楚锁钥，黔东门户”之称。历史上曾经屯兵2.8万，供奉白起、王翦、廉颇、李牧四大“东方战神”的四官殿及石屏山上的古长城和众多关、屯、堡等就是历史的见证。它在明清时期成为黔东地区政治、军事、商业、文化的中心，历史上的八大会馆、十二戏楼至今有部分保存完好。长期以来，中原文化、地方民族文化、域外各国文化在这里相互渗透、交融，形成了独特的包容性文化，有“传统文化迷宫”之称。至今这里还保存着几百年前民风古朴、服饰依旧、寨寨有长号、户户吹唢呐的尚寨乡土家族部落，“三月三”侗族情人节、“九月九”苗家丰收节等民族传统节日活动，吸引着众多的中外游客。

阅读上述材料，请你设计一份加速发展镇远古镇旅游业的方案。

学习单元七　西北旅游区

学习目标

知识目标：了解西北旅游区的旅游点概况，掌握西北旅游区旅游资源的基本特征，熟悉西北旅游区的旅游地理环境，了解各旅游亚区一般旅游景点的概况。

能力目标：能够根据西北地区旅游交通的特点设计本区主要的旅游线路，能够对知名景点进行讲解。

素质目标：通过了解本地区环境特征和旅游资源开发现状，理解脱贫攻坚政策，理解绿水青山就是金山银山的理念，弘扬以爱国主义为核心的民族精神和以改革创新为核心的时代精神。

任务导入

西北地区以雄浑的山峰、高原地形为主，集中了雪山、大漠、戈壁、草原、森林等多种旅游资源类型；同时具有独特的人文特点和开发潜力。试分析西北旅游区的旅游资源特点。

【学习内容】

一、西北旅游区概况

M1-7-1
西北旅游区

西北旅游区位于我国北部和西北部边疆，包括新疆维吾尔自治区、内蒙古自治区、宁夏回族自治区和甘肃省，总面积达330万平方千米，面积辽阔，地广人稀。广袤的沙漠戈壁、奇特的风沙地貌、景色宜人的温带草原、繁华一时的丝路古迹、多姿多彩的民族风情，令人流连忘返。

（一）自然地理环境

1. 坦荡的内蒙古高原和河套平原

内蒙古高原位于中国北部，是中国的第二大高原。内蒙古高原开阔坦荡，地面起伏和缓。从飞机上俯瞰，高原就像烟波浩瀚的大海，古人称之为“瀚海”。高原上既有碧野千里的草原，也有沙浪滚滚的沙漠，是中国天然牧场和沙漠分布地区之一。沙漠分布面积占全国沙漠总面积的37.8%。较大的沙漠有巴丹吉林沙漠、腾格里沙漠、乌兰布和沙漠和库布齐沙漠等。黄河流经内蒙古高原中部的一段，有的地方河谷紧缩，成为峡谷；有的地方河谷宽展，泥沙堆积成肥沃的冲积平原，这就是著名的河套平原。河套平原自古就有“塞上江南”之称，这是劳动人民在这里修建渠道、引黄河水灌溉农田的结果。

2. 温带大陆性干旱气候

西北地区靠近全世界最强大的西伯利亚高压中心，经常狂风怒吼，干冷异常，特别是山谷隘口处风力更大，七角井、阿拉山口、达坂城等都是著名的风口。这种独特的干旱气候，形成了以风蚀城堡、雅丹地貌、火焰山等为典型的奇异沙漠景观。该区属半干湿的中温带季风气候，东部为半湿润地带，西部为半干旱地带。其最主要的气候特点是昼夜温差较大，一般可达10℃左右。内蒙古的灾害性天气有春旱和冬季暴风雪。内蒙古从东至西可分作两大气候区：第一，草原气候区，从东端呼伦贝尔草原至阴山河套平原一带，冬季冰天雪地，历时半年之久，平均气温为-28℃左右；夏、春、秋几乎相连，5~9月气候温和，是旅游最佳季节。第二，沙漠气候区，从阴山以西阿拉善沙漠高原至巴丹吉林沙漠，春日（4月中至5月底）多风暴，夏日酷热，冬日奇寒；只有秋季（8月中至9月底，约40天）气候温和，是游览沙漠的最佳季节。宁夏深居西北内陆高原，属典型的大陆性半湿润半干旱气候，降水多集中在6~9月，具有冬寒长，夏暑短，雨雪稀少，气候干燥，风大沙多，南寒北暖等特点。

3. 干旱区水文特点

本区的河流除额尔齐斯河属北冰洋水系外，其余均属于内陆流域，大多数河流发源于周围的山地，向盆地内部汇集，构成向心水系，多为中小河流，流程短，流量小，水量季节变化分明，具有明显的干旱区水文特点。在山麓冲积平原——洪积扇的下部常有泉流河发育。天山北麓玛纳斯湖地区的泉流最丰富，形成了大泉沟、老龙河等泉流河。内陆湖泊众多，如塔里木盆地里的我国最大的内陆吞吐淡水湖——博斯腾湖，湖区动植物资源丰富，盛产芦苇、各种鱼类和麝鼠。

4. 典型的草原、荒漠植被

本区干旱少雨，蒸发旺盛，风沙剧烈，植被稀少，主要为草原植被和荒漠植被，分布着我国最主要的草原和沙漠，面积约133万平方千米，条件各异，类型多样。受气候条件影响，大致以贺兰山一线为界，以西为荒漠，以东为草原。荒漠植被覆盖度低，结构十分简单，以旱生灌木和小半灌木为主，都具有极强的耐旱力，根系和地下茎发达，如麻黄、沙拐枣、碱蓬、胡杨、柽柳等。

5. 内部地域差异性显著

以贺兰山西麓为界，划分为内蒙古温带草原地区和西北温带、暖温带荒漠地区。内蒙古高原东起大兴安岭和苏克斜鲁山，西至甘肃省河西走廊西北端的马鬃山，南沿长城，海拔1000多米，地势起伏和缓，有明显的季相变化。适宜禾本科、菊科的生长，从而造就了广袤无垠的内蒙古大草原。

西部地区从东到西自然景观按照大类可分为黄土高原、戈壁沙滩、荒漠草原、戈壁荒漠。西北地区深居内陆，距海遥远，再加上高原、山地对湿润气流的阻挡，导致本区降水稀少，气候干旱，形成沙漠广袤和戈壁沙滩的景观。

（二）人文地理环境

1. 边塞风光奇特壮丽

本区位于内蒙古高原北部和中部，由呼伦贝尔西部向南经锡林郭勒盟、通辽市、昭乌达盟直到黄土高原的北部地区，分布着广袤的温带草原，水清草绿，景色宜人。内蒙古草原宽广辽阔，一望无际，绿浪翻滚，呈现出“天苍苍，野茫茫，风吹草低见牛羊”的美丽画卷。在这里，游客可以骑马，骑骆驼，观赏草原风光，体验草原牧民的生活，参与充满浪漫色彩的旅游活动。

本区旅游资源以广袤无垠的草原风光、浓郁的民族风情为特色，此外还有众多的名胜古迹，是我国地域特色鲜明、开发潜力巨大的资源区之一。

2. 历史悠久的丝路文化

这里不仅有丝绸之路，还有许许多多著名景观，如古长城的西端嘉峪关、玉石甲天下的和田、失落的古国尼雅、香妃的故乡喀什，再如昆仑山和天山这样的名山。丝绸之路，像是一道绚美的绸带，将这些明珠般的人文和自然景观串在一起，成为历史和自然共同给予中国人的永恒财富。

（三）自然旅游资源

1. 风成地貌景观

本区是我国沙漠集中分布的地区，包括塔克拉玛干沙漠、古尔班通古特沙漠、腾格里沙漠等。在沙漠地区风力活动十分活跃，形成多种多样的风蚀地貌和风积地貌。区内风蚀地貌形态各异，有风蚀洼地、风蚀长丘、风蚀蘑菇、风蚀城堡、雅丹地形、蜂窝石和风蚀柱等，其中以准噶尔盆地西北部乌尔禾风城最为著名。本区风积地貌主要是沙丘，沙丘有流动沙丘和固定、半固定沙丘之分。沙丘的形态各异，有新月形沙丘、复合型沙丘链、金字塔形沙丘、穹状沙丘和纵向沙丘等。

响沙是沙漠地区一种有趣的自然现象，由于沙粒中含有石英和云母的变质岩，沙粒又大又硬，猛烈移动或受摩擦时，就会发出雷鸣般的响声。最著名的是敦煌鸣沙山，在这茫茫沙海中，有一个翡翠般的天然湖泊，形似一弯新月，名为“月牙泉”，成为天下绝景。

2. 草原绿洲景观

本区的内蒙古大草原是中国典型的温带草原。早在南北朝时期就流传着“天似穹庐，笼盖四野，天苍苍，野茫茫，风吹草低见牛羊”的吟诵。草原上河流众多，大小湖泊更是星罗棋布。本区拥有呼伦贝尔、锡林郭勒、科尔沁、乌兰察布、鄂尔多斯和乌拉特等6个天然草原。在这里，游人在观赏大草原风光的同时，还可以切身感受草原牧民的生活，参加赛马、赛骆驼、狩猎等娱乐活动，品尝草原风味美食等，使人乐不思返。

西北内陆水源相对充足的地区经过历代开发，在自然与人的共同作用下形成了绿洲，是一种观赏性极强的特色生态环境。新疆吐鲁番、哈密等绿洲已成为全国闻名的瓜果之乡，其独具风情的葡萄园和果林风光也成为一种特殊的旅游资源。

3. 冰川山地景观

我国是世界上山岳冰川面积较大的国家之一，这里有全国最大的冰川——乔戈里峰北坡的音苏盖提冰川，甘肃西部祁连山的七一冰川是亚洲距城市最近的可游览冰川。本区还有昆仑山等多条世界著名高大山系，海拔7000米的山峰就有16座。壮丽的雪峰、冰川形成了高山平湖、雪岭云杉、原始森林、山地草场等特色自然风景，对登山探险、科学考察、猎奇观光的旅游者具有较强的吸引力。

（四）人文旅游资源

1. 石窟艺术

在本区灿烂的艺术殿堂中，以石窟艺术最为显赫，这里也是我国石窟遗存最为集中的地区，甘肃的莫高窟、麦积山石窟、炳灵寺石窟，新疆的克孜尔千佛洞，宁夏的须弥山石窟等是我国石窟艺术的重要代表。其中莫高窟是我国规模最大、文化艺术价值最高、在世界上享有盛誉的石窟艺术宝库。

2. 丝路古迹

沟通亚、非、欧三大洲的古代丝绸之路，东起长安（今西安），经渭河流域，穿过河西走廊和塔里木盆地，跨越葱岭（今帕米尔高原），经中亚地区和阿富汗、伊朗、伊拉克、叙利亚而抵达地中海东岸，全长7000多千米。几千年来，中西各国沿着这条丝绸之路进行政治、经济和文化方面的交流，留下了大量文物古迹，形成了丝路古城敦煌、张掖、武威、喀什等4座国家级历史文化名城。其中军事设施方面有自战国秦昭王长城至明长城，汉代阳关、玉门关，明代嘉峪关。本区古墓遍地，出土了大量的珍贵文物，具有很高的历史价值和艺术价值，其中雷台东汉墓出土的马超飞雀铜奔马已成为中国旅游的标志。曾经跋涉在这条古道上的张骞、班超、李广、高适、岑参、玄奘、林则徐、左宗棠及意大利的马可波罗等中外名人的故事及遗留的游记、小说、诗词等，为这条古道增添了丰富的历史文化内涵，赋予其更为神奇豪壮的色彩。

二、旅游亚区及主要旅游景点

（一）新疆旅游亚区

1.概述

新疆维吾尔自治区，简称新，位于中国西北边陲，面积166万平方千米，约占中国陆地总面积的六分之一，是中国面积最大的省级行政区，新疆地处亚欧大陆腹地。其在历史上是古丝绸之路的重要通道，现在又成为第二座亚欧大陆桥的必经之地，战略位置十分重要。

新疆自古以来就是中国不可分割的一部分。公元前60年，西汉设立西域都护府，新疆正式成为中国领土的一部分。1884年清政府在新疆设省。1949年新疆和平解放，1955年10月1日成立新疆维吾尔自治区。

新疆现有14个地（州、市），107个县（市、区），其中34个为边境县（市）。截至2022年底，新疆人口约为2587万人，其中少数民族人口约占57.76%。

新疆地形特点是山脉与盆地相间排列，盆地被高山环抱，俗称“三山夹两盆”。北为阿尔泰山，南为昆仑山，天山横亘中部，把新疆分为南北两半，南部是塔里木盆地，北部是准噶尔盆地。习惯上称天山以南为南疆，天山以北为北疆。塔里木盆地位于天山与昆仑山中间，面积约53万平方千米，是中国最大的盆地。塔克拉玛干沙漠位于盆地中部，面积约33万平方千米，是中国最大、世界第二大流动沙漠。塔里木河长约2100千米，是中国最长的内陆河。在新疆东部有吐鲁番盆地，最低点海拔-154米，是中国陆地海拔最低的地方。新疆属典型的温带大陆性干旱气候，年均天然降水量约155毫米。区内山脉融雪形成众多河流，绿洲分布于盆地边缘和河流流域，具有典型的绿洲生态特点。

新疆自然景观神奇独特，冰峰与火洲共存，瀚海与绿洲为邻，自然风貌粗犷，景观组合独特。著名的自然景观有天池、喀纳斯湖、博斯腾湖、赛里木湖、巴音布鲁克草原等。新疆人文旅游资源丰富，在新疆5000多千米古丝绸之路的南、北、中3条干线上有数以百计的古城池、古墓葬、千佛洞、古屯田遗址等人文景观，其中交河故城、高昌故城、楼兰遗址、克孜尔千佛洞、香妃墓等蜚声中外。

2. 主要旅游路线与景点

（1） 自然风光之旅：天山—巴音布鲁克草原—赛里木湖—喀纳斯湖—魔鬼城—五彩城

天山天池（图1-7-1）是世界著名的高山湖泊。湖面海拔约1980米，南北长3000余米，东西最宽处1500余米，水面面积达4.9平方千米，最深处约105米，总蓄水量约1.6亿立方米。这是一座200余万年以前第四纪大冰川活动中形成的高山冰碛湖，地处天山博格达峰北侧，阜康市南偏东40余公里处，古称瑶池，后乾隆皇帝根据天镜神池之意命名为天池。

图1-7-1 天山天池

天池四季景色俱佳。夏季，这里碧波浩渺的湖水倒映着远处海拔5545米的白雪皑皑的博格达峰，近处草坡云杉挺拔，碧水、雪山、松林、繁花、草坪衬托出如诗如画的美妙仙境，令人无限神往，是绝佳的避暑胜地。冬天，白雪皑皑，银装素裹，湖上坚冰如玉，是世界顶级的高山滑冰场。古往今来，文人墨客多吟诗赋文，极尽赞誉。李白的不朽诗句 “明月出天山，苍茫云海间。长风几万里，吹度玉门关”就是描写的此处。唐代诗人李商隐曾作诗曰：“瑶池阿母绮窗开，黄竹歌声动地哀。八骏日行三万里，穆王何事不重来。”

巴音布鲁克草原（图1-7-2）位于天山山脉中部的山间盆地中，四周雪山环抱，是新疆最重要的畜牧业基地之一。巴音布鲁克蒙古语意为“泉源丰富”，其距库尔勒市约636千米，海拔约2500米，是典型的禾草草甸草原，著名的天鹅湖就坐落在草原上。天鹅湖实际上是由众多相互串联的小湖组成的大面积沼泽地，这是全国第一个天鹅自然保护区。保护区水草丰茂，气候湿润，风光旖旎，有鸟类128种，栖息着我国最大的野生天鹅种群，是鸟类繁殖和度夏的栖息地。

图1-7-2　巴音布鲁克草原

赛里木湖古称乳海。水源来自天山融雪，是新疆海拔最高、面积最大的高山湖泊。赛里木湖四季各有佳境：春季，山顶白雪皑皑，山腰松柏翠绿，山下绿草如茵；夏季，在湛蓝的湖面上，成群的天鹅、丹顶鹤、斑头雁展翅竞飞，此时牧草丰盛的湖边，星罗棋布的蒙古包便是独特的度假村；秋季，辽阔的草原上牛羊肥壮，牧人的歌声粗犷、悠扬；冬季，晶莹剔透的湖面冰封千里，是巨大的天然滑冰场。

在蒙古语中，喀纳斯湖（图1-7-3）是“美丽而神秘的湖”的意思。这里集秀丽的高山、河流、森林、湖泊、草原等奇异的自然景观，成吉思汗西征军点将台、古代岩画等历史文化遗迹于一体，被誉为“世外桃源”。喀纳斯湖是有名的变色湖，湖面会随着季节和天气的变化而变换颜色：晴天呈深蓝绿色，阴雨天呈暗灰绿色，夏季炎热的天气里湖水会变成微带蓝绿的乳白色。喀纳斯湖既有北国风光，又有江南秀色；既有历史文物，又有民族风情，是旅游、科考、探险的好去处。

图1-7-3　喀纳斯湖

乌尔禾魔鬼城（图1-7-4）有我国罕见的风蚀地貌，山丘被风吹成了各式各样的“建筑物”，有的像杭州钱塘江畔的六和塔，有的像北京的天坛，有的像埃及的金字塔，有的像柬埔寨的吴哥窟，有的像雄鹰展翅……夜幕降临，则狂风大作，飞沙走石，怪异而凄厉的声音更增添了阴森恐怖的气氛。

五彩城在沙漠腹地，那斑驳层叠的色彩，凝固渗透在每一寸起伏的岩石之中。千百年的风雨侵蚀，造就了它伟岸而又千奇百怪的身姿。荒芜戈壁中的五彩湾古海温泉是7亿多年前的古海沉积水，可辅助治疗一些疾病。

图1-7-4 乌尔禾魔鬼城

(2) 丝绸之路民俗风情游：哈密—吐鲁番—库车—喀什

哈密是新疆维吾尔自治区的东大门，地理位置重要，素有“西域咽喉，东西孔道”之称。远在2000多年前，这里就是汉代张骞第一次通西域、开通丝绸之路的要塞。中部绿洲水丰土沃，物产众多。名扬天下的哈密瓜在这里种植的历史已有2000余年。悠久的历史造就了回王陵、盖斯墓等人文景观。

哈密回王陵（图1-7-5）又称哈密王墓，陵墓建筑群占地面积约13000平方米，四周有围墙。建筑群共分三部分：第一部分为大拱拜（即回王坟），埋葬着七世回王伯锡尔及其大小福晋，八世回王默哈莫德及其王妃、王族40人。该墓下方上圆，通高17.8米，建筑面积1500平方米，雄伟壮观，素雅庄重。第二部分是南边的5座亭式木结构小拱拜，东西排列，为历代回王陵墓，现完整保存的只有两座。第三部分为艾提卡大礼拜寺，该寺东西长60米，南北宽36米，占地2280平方米，可容纳5000人。

图1-7-5 哈密回王陵

吐鲁番市葡萄沟风景区位于火焰山中，位于新疆吐鲁番市区东北11千米处，南北长约8千米，东西宽约2千米，是火焰山下的一处峡谷，沟内有布依鲁克河流过，主要水源为高山融雪，因盛产葡萄而得名，是新疆吐鲁番市的旅游胜地。葡萄园连成一片，到处郁郁葱葱，犹如绿色的海洋。在这绿色的海洋中，点缀着桃、杏、梨、苹果、石榴、无花果等各种果树，一幢幢粉墙朗窗的农舍掩映在浓郁的林荫之中，一座座晾制葡萄干的荫房排列在山坡下、农家庭院上，别具特色。夏天，沟里风景优美，凉风习习，是火洲避暑的天堂。旅游季节，中外游客络绎不绝。2018年4月13日，入围“神奇西北100景”。

交河故城（图1-7-6）位于吐鲁番市区以西10千米处，南北长约1650米，东西最宽处约

300米，因为两条河水在城南交汇，故名交河。故城为车师人开建，建筑年代距今2300~2000年。故城由庙宇、官署、塔群、民居和作坊等建筑组成，总面积达25万平方米。交河故城是目前世界上最古老、最大、保护得最好的生土建筑城市。1961年交河故城被定为全国重点文物保护单位。

图1-7-6　交河故城

火焰山（图1-7-7）位于吐鲁番市区东北。每当盛夏，山体在烈日照射下，炽热气流滚滚上升，赭红色的山体看似烈火在燃烧。火焰山是全国最热的地方，虽然它的表面寸草不生，但山腹中的许多沟谷绿荫蔽日，溪涧潺潺，是火洲中的“花果坞”，著名的葡萄沟就在这里。火焰山本身具有的独特地貌，再加上《西游记》里孙悟空三借芭蕉扇扑灭火焰山烈火的故事，使得火焰山闻名天下。

图1-7-7　火焰山

坎儿井（图1-7-8）是古代新疆人创造的地下水利灌溉工程，早在2000年前的汉代就已经出现雏形，以后传到中亚和波斯。吐鲁番地区共有坎儿井1100多道，是绿洲的生命之源。坎儿井根据吐鲁番盆地地理条件及水量蒸发特点，利用地面坡度引用地下水灌溉农田，它由明渠、暗渠、竖井和涝坝4个部分组成。最古老的坎儿井是吐尔坎儿孜，至今已使用了约500年了。

高昌故城位于吐鲁番市区东45千米处火焰山南麓木头沟河三角洲，始建于公元前1世纪的汉代。高昌故城呈长方形，夯土筑成。全城有9个城门。高昌故城在13世纪末的战乱中废弃，大部分建筑物消失无存，目前保留较好的是外城西南和东南角的两处寺院遗址。1961年，高昌故城被列为全国重点文物保护单位。

图1-7-8 坎儿井

库车古称“龟兹”，地处天山南麓中部、塔里木盆地北缘，是举世闻名的龟兹文化发祥地，素有“西域乐都”“歌舞之乡”和“中国白杏之乡”的美誉。

龟兹古城位于库车市区西2千米处乌喀公路两侧。城周长8千米，城墙大多严重破坏，北墙完好。1958年，考古学家黄文弼在此发掘的文物有石器、骨器、陶片、粗砂红陶、铜钱等，其中有汉五铢钱。

库木吐拉千佛洞（图1-7-9）位于库车市区西南30千米渭干河东岸，南北蜿蜒750多米，已编号洞窟有236个。洞窟开凿年代早起西晋，晚至宋元。洞窟壁画风格多样，色彩绚丽，是研究龟兹社会发展和佛教文化的宝库。壁画既有中国画丰富多变的线条，又有凹凸晕染法，并使两者有机结合，形成独具一格的龟兹画风。壁画中的人物形象生动、姿态优美，表现了古代龟兹人民的文明程度。1961年被国务院公布为第一批全国重点文物保护单位。

图1-7-9 库木吐拉千佛洞

喀什古称疏勒，全称喀什噶尔，意为玉石集中之地，是中国最西端的一座城市，是著名的安西四镇之一，为东西方经济文化交流做出了重要的贡献。喀什城是新疆塔里木盆地西缘最古老、最富饶的绿洲之一，盛产甜瓜、西瓜、葡萄、石榴、无花果等，人称瓜果之乡。喀什自然风光奇特、人文景观众多，民族色彩浓郁，是南疆最重要的旅游地区。这里有帕米尔高原，有叶尔羌河，有冰川之父——慕士塔格峰，有世界第二高峰——乔戈里峰，有“死亡之海”——塔克拉玛干大沙漠，有新疆最大的清真寺——艾提尕尔清真寺，还有大型伊斯兰式古建筑群——香妃墓、千年佛教遗址——莫尔佛塔、古代朅盘陀国的都城——塔什库尔干石头城等历史古迹。所以说，“不到喀什就不算到过新疆”。

楼兰古城最早的发现者是瑞典探险家斯文·赫定。1900年3月初，赫定探险队沿着干枯的孔雀河左河床来到罗布荒原，在穿越一处沙漠时才发现他们的铁铲不慎遗失在昨晚的宿营地中。赫定只得让他的助手回去寻找。助手很快找回了铁铲，甚至还拣回几件木雕残片。赫定见到残片异常激动，决定发掘这片废墟。1901年3月，斯文·赫定开始进行挖掘，发现了一座佛塔、三个殿堂、带有希腊艺术文化特色的木雕建筑构件、五铢钱、一封佉卢文书信等大批文物。随后他们又在这片废墟东南部发现了许多烽火台，一直延续到罗布泊西岸的一座被风沙掩埋的古城，这就是令世人震惊的楼兰古城。

楼兰古城四周的墙垣，多处已经坍塌，只剩下断断续续的墙垣站立着。城区呈正方形，面积约10万平方米。楼兰全景旷古凝重，城内破败的建筑遗址了无生机，显得格外苍凉、悲壮。1980年4月，孔雀河下游的铁板河出口处发现了一批早期楼兰人墓群，并发现了保存完好的古楼兰人干尸，即“楼兰美女”。根据解剖测定结果，古尸距今3880年左右。

（3）阿勒泰地区富蕴可可托海景区

可可托海风景区暨新疆可可托海国家地质公园，位于新疆北部阿勒泰地区富蕴县，占地面积788平方千米，距乌鲁木齐485千米，距富蕴县城53千米。景区由额尔齐斯大峡谷、可可苏里、伊雷木特湖、卡拉先格尔地震断裂带四部分组成。它是以优美的峡谷河流、山石林地、矿产资源、寒极湖泊和奇异的地震断裂带为自然景色，融地质文化、地域特色、民族风情于一体，以观光旅游、休闲度假、特种旅游（徒步、摄影等）、科学考察等为主要特色的大型旅游景区。

（二）甘肃旅游亚区

1.概述

甘肃简称甘或陇，位于中国的腹部地带黄河上游，总面积42.58万平方千米，是中华民族和中国古文化的发祥地之一。旧以甘州（张掖）、肃州（酒泉）两地首字得省名。甘肃省许多地方是古代陇西郡的辖地，故简称陇。地形大体是“三山、三草、二沙、一林、一分田”。甘肃省地处内蒙古、青藏、黄土高原交界地区，海拔在1000米以上，省内最高峰祁连山海拔5547米。中部为黄土高原的一部分，有刘家峡、桑园峡、红山峡等险要峡谷，这里是当年陕西、甘肃、宁夏边界区的一部分。甘肃省乌鞘岭西北、祁连山、北山之间为河西走廊，长度1000千米，为内流区。有灌溉水源的地方，大多分布着绿洲。南部除了洮河上游为青藏高原外，其余基本上都是山地，为秦岭西延部分，山势高，岷山终年积雪。

甘肃远离海洋，夏季温湿的海洋气流到这里已经很微弱，但可以影响到乌鞘岭一带，具有我国东西部过渡性气候特征。河西走廊为内陆干旱区，为温带沙漠气候，西南为高原山地气候。7月平均气温为20~25℃，西南部及祁连山稍低一些。本省昼夜温差大，日照充分，利于作物养分积累。无霜期4~7个月，南部达到9个月以上。降水量在40~800毫米之间，乌鞘岭以西急剧减少，是有名的干旱地区，这里的气候缺陷是普遍干旱。东南部夏季暴雨会导致水土流失。

先秦时期，全国分为九州，甘肃省境大部属雍、梁二州，旧称雍梁之地。甘肃建省已有700多年的历史；县的建制早于省的建制，从春秋时开始萌芽算起，迄今已达2000余年。西魏、唐代曾置甘州（今张掖市）、肃州（今酒泉市）。北宋初期西夏统治河西时设有甘肃军司（驻甘州，今张掖市甘州区），这是最早出现的甘肃之名。但元代才正式设置甘肃省，简称

“甘”，因省境的大部分在陇山之西，故亦称“陇西”“陇右”，亦简称“陇”。

甘肃省河西走廊是中国古代丝绸之路的必经之地，有大量的文化古迹，这为甘肃省发展旅游业提供了得天独厚的条件。

2. 主要旅游路线与景点

河西走廊丝绸古道大漠风情旅游线：天水—兰州—武威—张掖—酒泉—嘉峪关—敦煌。

（1）天水游览区

天水是国家级历史文化名城，位于甘肃省东南部，地处陕、甘、川三省交界，素有“西北咽喉，甘肃门户”之称，因境内有很多甘美之泉而得名。

天水是中国古代文化的发祥地，享有“羲皇故里”的殊荣，是海内外龙的传人寻根问祖的圣地。境内文化古迹甚多，现有各级重点文物保护单位1807处。天水既有北国之雄奇，又有江南之秀丽，自古就有“西北小江南”之称，是一处风景秀丽的旅游胜地。

麦积山风景名胜区位于天水市区东南约30千米的山中。中国四大石窟之一的麦积山石窟（图1-7-10），因状如堆积的麦垛而得名。据文献记载，后秦时开窟造像，创建佛寺，后经北魏、西魏、北周、隋、唐、五代、宋、元、明、清10多个朝代1600多年的开凿重修，遂成为我国著名的大型石窟之一，也是闻名世界的艺术宝库。

麦积山的石窟很多修成别具一格的崖阁，大多在20~80米高的悬崖绝壁上开凿，层层相叠，密如蜂巢。现保存北魏、西魏、北周、隋、唐、五代、宋、元、明、清等各代洞窟221个、各类造像10632身、壁画约979平方米。麦积山石窟的塑像有浮雕、圆雕、模制影雕、壁雕4种。数以千计的塑像的大小与真人相若，以形传神，神形兼备，被誉为“东方雕塑艺术馆”。在东崖泥塑大佛上方的七佛龛，是我国典型的汉式崖阁建筑，建在离地面80米以上的峭壁上。

麦积山石窟虽以泥塑为主，但也有一定数量的石雕和壁画。其主要景点有七佛龛、牛儿堂、千佛廊、万佛堂、127号大石窟等。其被列为全国重点文物保护单位，新架和修复了1300多米的凌空栈道，使游人能顺利登临洞窟。

图1-7-10 麦积山石窟

李广墓位于天水市城南石马坪。李广墓建于何时，史无记载。这座李广墓是衣冠冢墓，墓地有高达6米的碑塔1座，塔前有祭亭3间，均为30年代初建造。墓地中央是1座高约2米，周长25米左右的半球形坟堆，四周砌以青砖，青草盖顶，庄严肃穆。墓前竖立着“汉将军李广墓”和“汉将军李广之墓”2块石碑。墓地祭亭门前有2匹汉代石雕骏马，造型粗犷，风格古朴，但现已磨损残缺了，石马坪也因此而得名。

伏羲庙（图1-7-11）本名太昊宫，俗称人宗庙，在天水市城区西关伏羲路，现为全国重点文物保护单位。庙始建于明成化年间，前后历经9次重修，形成今天规模宏大的建筑群。新旧建筑共计76间，具有鲜明的中国传统建筑艺术风格。由于伏羲是古史传说中的第一代帝王，因此建筑群呈宫殿式建筑模式，为全国规模最大的伏羲祭祀建筑群。伏羲庙各院内遍布古柏，为明代所植，原有64株，象征伏羲六十四卦之数，现存37株，挺拔苍翠，浓荫蔽日。伏羲庙大门内侧东西墙角原有古槐2株，相对而立，现存东边的1株，树干中空，经鉴定为唐代所植。

图1-7-11 天水伏羲庙

（2）兰州游览区

兰州地处西北要塞，地势险要，历来为兵家必争之地，西汉时期，在此设立金城郡，取“固若金汤”之意。到了隋朝，废郡设州，因其城南有皋兰山而得名兰州，沿用至今。古代的兰州曾是茶马互市的著名商埠重镇，也是丝绸之路的交通要道，号称“四省通衢”，被誉为“丝绸之路上璀璨的明珠”，悠久的历史，给这里留下了许多文物古迹，兰州是黄河唯一穿城而过的城市，黄河在这里将城市一分为二，为其增添了不少美丽的自然景观。

黄河母亲雕像位于兰州市黄河南岸的滨河路中段、小西湖公园北侧，是目前全国诸多表现黄河的雕塑艺术品中较有名的一尊。雕塑由甘肃著名的雕塑家何鄂女士创作，长6米，宽2.2米，高2.6米，总重40余吨，由“母亲”和“男婴”组成，分别象征了哺育中华民族的黄河母亲和快乐幸福、茁壮成长的华夏子孙。该雕塑构图简洁，寓意深刻。

黄河第一桥——兰州黄河铁桥俗称中山桥，位于兰州市滨河路中段北侧、白塔山下、金城关前，是一座历史悠久的古桥，是5640千米黄河上的第一座真正意义上的桥梁，因而有“天下黄河第一桥”之称。清光绪三十三年（1907年），清政府在兰州建造了黄河干流上第一座大型铁结构桥。铁桥长233.33米，宽7.5米，有四墩五孔，桥面为加厚铁托板条，建桥所用的木板、砂石等材料全部由海外进口，耗银30多万两。其初名兰州黄河铁桥，1942年改为中山桥。1954年，兰州市政府对铁桥进行了整修加固，加设了拱形钢架，使铁桥坚固耐用，气势雄伟。如今，黄河铁桥已改作步行桥，为全国重点文物保护单位。置身桥上，夕阳斜照，河面波光粼粼，放眼可远眺白塔山上白塔入云，收目可近观母亲河穿桥而过，为兰州胜景之一。

五泉山公园位于兰州市城区南部、皋兰山北麓山脚下。公园景点以五眼名泉和佛教古建筑为主。这里绿树成荫，山泉潺潺，古庙众多，环境幽雅，因山上有甘露、掬月、摸子、惠、蒙五眼泉水而得名，早在2000多年前就已成为陇上名胜。公园建筑面积约1万平方米，拥有崇庆寺、千佛阁、嘛呢寺、地藏寺、三教寺、半月亭、剑桥、中山堂等10余处古建筑。崇庆寺内至今保存1口泰和铁钟，此钟铸于金泰和二年（1202年），高3米，直径2米，重达5000多千克。金刚殿内完好地保存1尊铸于明洪武三年（1370年）的铜接引佛和莲花基座。佛像高5.3米，围宽2.7米，重1万余千克，面露笑容，神态自然，为铜像之精品。五泉西侧辟有动物园，有各类动物上百种。五泉山公园内还有各种儿童游乐设施，每年还举办各式灯会、花卉展览活动。

甘肃省博物馆是我国最早成立的博物馆之一，也是国内目前规模最大的综合性地志博物馆之一，共有展厅19个、学术报告厅1个。展厅总面积13731.5平方米，展线总长1498平方米。甘肃省博物馆藏品丰富，通过考古发掘、征集和捐赠获得的藏品达8万余件。其中，一级文物686件（其中国宝16件），二级文物2606件，三级文物48164件。彩陶、简牍文书、佛教艺术品及地方志是主要特色藏品。特别是武威雷台汉墓出土的铜奔马和成组车马俑更是蜚声海内外的文物珍宝。一级文物的总量，在国内省级博物馆中名列前茅。馆藏古生物化石和自然标本中，黄河古象、马门溪龙闻名世界。这些藏品既有代表性又具有地方特色，影响巨大。

（3）武威游览区

武威亦称凉州，位于甘肃省中部的河西走廊东端。公元前121年，汉武帝派骠骑大将军霍去病远征河西，击败匈奴，为表彰其“武功军威”而取名武威。富饶的土地、丰富的物产使这里拥有了“银武威”的美誉，并逐渐发展成为西北地区的军事、商贸重镇。这里有出土了中国旅游标志铜奔马的雷台汉墓、反映西夏王国历史与文化的西夏碑与西夏博物馆、见证西藏正式纳入中华版图的元代白塔寺……这些无不体现了武威悠久的历史和灿烂的文化，而武威的历史也正是一部中华民族不断对外交流、融合、发展的历史，吸引着无数学者、游客。

雷台汉墓（图1-7-12）位于甘肃省武威市金羊乡新鲜村内，是一座东汉晚期大型砖室墓。雷台是一处高8.5米，长106米，东西宽60米的长方形夯筑土台。因台上有明朝中

图1-7-12　雷台汉墓

期建筑的雷祖观，故名。雷台汉墓是迄今为止河西地区发现的规模最大的东汉墓葬。墓分前、中、后三室，前室附有左右耳室，中室附右耳室。墓门向东，墓室总长19.34米。此墓虽遭多次盗掘，但遗存尚多，墓内出土了金、银、铜、铁、玉、骨、石、陶器共230多件。其中有铸造精致的铜车马武士仪仗俑99件，特别值得一提的是引人注目的铜奔马。

铜奔马高34.5厘米，长40.5厘米，重7.15千克，它昂头嘶鸣，三足腾空，右后蹄踏着一只飞鸟。马头上一撮呈流线型的鬃毛指向彗星一般的尾部。造型既表达了奔马风驰电掣的速度超过飞鸟，又巧妙地利用飞鸟的躯体扩大了着地面积，保证了奔马的稳定。它体型矫健，身势若飞，艺术造型优美，合乎力学平衡原理，给人以腾云凌雾、一跃千里之感。这位东汉的无名艺术匠师以高度的智慧、丰富的想象、深刻的生活体验和娴熟精深的艺术技巧，成功地塑造了一件源于生活而高于生活、极富浪漫色彩的“天马行空”的艺术杰作。如今铜奔马已成为中国旅游的标志。

海藏寺位于甘肃省武威市凉州城西约2千米处，周围林泉茂密，寺院建在水中小岛灵钧台上，犹如海中藏寺，故取此名。

海藏寺总建筑面积1600多平方米，于明成化二十三年（1487年）建造。

寺前为一座四柱三间三楼的木构牌楼，古朴玲珑，巧夺天工。走马板上有“海藏禅林”四个大字，牌楼一缕青烟飘浮而升，盘旋缭绕于白杨、垂柳之间，若有若无，时隐时现，给海藏寺增添了一种神奇美妙的景象，俗称“海藏烟柳”“日出寒烟”，使人有身临仙境之感。

（4）张掖游览区

张掖位于河西走廊中部，东邻武威市和金昌市，西连酒泉市，公元前121年由汉武帝派霍去病西征，战败匈奴后始设张掖郡，取“断匈奴之臂，张中国之掖（腋）”之意而得名。其古为河西四郡之一，为历代中原王朝在西北地区的政治、经济、文化和外交活动中心。张骞、班超、法显、玄奘等都曾途经张掖前往西域。隋炀帝于大业五年（609年）在张掖曾召集西域27国君主使臣，召开了“万国博览会”。

大佛寺为全国重点文物保护单位，位于甘肃省张掖城西南隅。寺院始建于西夏永安元年（1098年），因寺内有全国最大的室内卧佛像而得名，素称“塞上名刹，佛国胜境”。寺内古建林立，古树参天，碧草成荫，环境优美。大佛殿殿内有木胎泥塑，长34.5米，肩宽7.5米，脚长4米，耳长2米，金装彩绘，形态逼真，视之若醒，呼之则寐。卧佛身后塑十大弟子，两侧廊房塑十八罗汉。藏经阁内珍藏有明英宗颁赐的《大明三藏圣教北藏》一部，经文保存完好，以金银粉书写的经文最为珍贵。大佛寺是张掖的标志性建筑。

万寿寺位于张掖市甘州区县府街路西，原是一座规模宏大的寺院，又名木塔寺，创建于北周，清末被大风毁坏，1926年重建，现仅存建于中轴线上的木塔（图1-7-13）和藏经楼。

图1-7-13　万寿木塔

木塔为楼阁式砖木结构，高32.8米，塔身共9层，1~7层为砖砌，8、9层为木构，塔顶呈八角伞形。每层的8个角都有一个用木雕成的口含宝珠的龙头。塔内设有楼梯，可供登高。最上层原有古钟一口，声闻数十里。“木塔疏钟”为甘州八景之一。每当风清日丽之时，雀鸟围翔，铃声成韵，是甘州这座历史文化名城中一道亮丽的风景。

张掖丹霞地质公园地处祁连山北麓，位于张掖市临泽县城以南30千米处，是中国丹霞地貌发育最大最好、地貌造型最丰富的地区之一，是中国彩色丹霞和窗棂状宫殿式丹霞的典型代表，具有很高的科考和旅游观赏价值。

张掖丹霞地貌是国内唯一的丹霞地貌与彩色丘陵景观复合区。景观区主要包括冰沟丹霞风景区和七彩丹霞风景区，两景区间隔约12千米。张掖世界地质公园面积约536平方千米，其中七彩丹霞景区面积200余平方千米，冰沟丹霞景区面积300余平方千米。冰沟丹霞景区主要分布在张掖市肃南县康乐乡、白银乡地段，七彩丹霞景区主要分布在临泽县倪家营乡。

（5）酒泉游览区

酒泉地大物博，资源丰饶，是古丝绸之路上的一颗璀璨明珠，以航天科技和敦煌艺术而闻名。酒泉是古丝绸之路上的咽喉重镇，位于美丽富饶的河西走廊西端，以“城下有泉，其水若酒”而得名。

全市有大量独具魅力的历史文化胜迹，有点缀在深山大漠中的自然湖泊及人工湖泊，有锁阳城、瓜州等古代城池，还有中国航天工业的摇篮酒泉卫星发射中心。这一切绘就了一幅视野辽阔、内涵丰富、异彩纷呈，令人神往的旅游画卷。

酒泉公园又称泉湖公园，位于酒泉市区东2千米处，因园中有酒泉而得名，已有2000多年的历史，现为一座集景观游览、文化游憩、趣味娱乐于一体的综合性公园。全园占地面积约27万平方米，园内有清代的“西汉酒泉胜迹”和“汉酒泉古郡”石碑，以及左宗棠手书“大地醍醐”匾额，成为游客酒泉之行的必游之地。

酒泉公园不仅以千年古泉、西汉胜迹、李白诗碑著名，一批具有现代韵味的景点——水榭古舫、月洞金珠、烟云深处、月湖假山、花月双清、翠竹园、银杏园等也让人如在画中。园内现存泉、湖、亭、榭、碑、廊、庙等古建筑多处，历代不少文人、墨客、兵家、学士曾作诗词吟诵古酒泉。有古诗写道：西汉胜迹传千秋，芦花依旧伴晚舟。步履花苔索晓月，烟云深处藏翠柳。

酒泉卫星发射中心（图1-7-14）是中国著名的四大卫星发射基地之一。中心自1958年创建以来曾为中国航天事业的发展创造过骄人的八个第一：1970年4月21日，中国的第一颗人造地球卫星在这里升起；1975年11月26日，第一颗返回式人造卫星在这里升空；1980年5月18日，第一枚远程运载火箭在这里飞向太平洋预定领空；1981年9月20日，第一次用一枚火箭将三颗卫星送上太空……目前，中心对国内游客开放的景点有卫星发射场、指挥控制中心、长征二号火箭、测试中心、卫星发射中心场史展览馆、革命烈士陵园、东风水库、沙漠胡杨林等。

图1-7-14 酒泉卫星发射中心

（6）嘉峪关游览区

嘉峪关市，是1971年经国务院批准成立的地级市，是新亚欧大陆桥上一座新兴的工业和旅游城市。因为其辖地之内酒钢集团的飞速发展，嘉峪关现已成为西北地区最大的钢铁联合企业基地，有“戈壁钢城”之称。嘉峪关市现在已经成为著名的旅游城市。

嘉峪关（图1-7-15）位于嘉峪关市区西南6千

米处，在河西走廊中段，北依马鬃山，南临祁连山，东接酒泉盆地，西为平坦的戈壁，地处走廊最狭窄的山谷中部，雄峙于祁连雪峰与嘉峪黑山之间的峡谷地带嘉峪塬上的岩岗处，因此得名。“嘉峪”意为“美好的山谷”。

图1-7-15　嘉峪关

嘉峪关是明代万里长城的最西端，地理位置十分险要，是长城防线上重要的军事要塞。关城修建于明朝洪武五年（1372年），有内城、外城、城壕三道防线，建筑巍峨雄伟、险峻天成，故有“天下第一雄关”之称，与“天下第一关”以万里长城相连，成为古代著名的军事建筑。在这里丝路文化和长城文化融为一体、交相辉映。

（7）敦煌游览区

敦煌，古称沙洲，位于河西走廊最西端。“敦，大也；煌，盛也。”敦煌二字有盛大辉煌的寓意，浓缩了古丝绸之路及汉唐中国繁荣强盛的历史。敦煌这座历史文化名城拥有灿烂的古代文化、遍地的文物遗迹、浩繁的典籍文献、精美的石窟艺术、神秘的奇山异水，使这座古城至今仍流光溢彩。

莫高窟（图1-7-16）又称千佛洞，位于敦煌市区东南25千米处的鸣沙山下，因地处莫高乡得名。它是我国最大、最著名的佛教艺术石窟，分布在鸣沙山崖壁上1~4层不等，全长1680米。其中南区现存石窟492个，壁画总面积约45000平方米，彩塑佛像等2400多身。石窟大小不等，塑像高矮不一，大的雄伟浑厚，小的精巧玲珑，其造诣之精深、想象之丰富，是十分惊人的。

图1-7-16　莫高窟

M1-7-2
敦煌莫高窟

鸣沙山位于敦煌市南郊7千米处，古代称神沙山、沙角山。全山系沙堆积而成，东西长约40千米，南北宽约20千米，主峰海拔1715米，山峰陡峭，势如刀刃。沙丘下面有潮湿的沙土层，风吹沙粒振动，声响可引起沙土层共鸣，故名。据史书记载，在天气晴朗时，即使风停沙静，也会发出丝竹管弦之音，犹如奏乐，故“沙岭晴鸣”为敦煌一景。人若从山顶下滑，沙粒随人体下坠，鸣声不绝于耳。据说晚间登鸣沙山，还可看到沙粒滑动摩擦产生火花。鸣沙山与宁夏中卫市的沙坡头、内蒙古达拉特旗的响沙湾和新疆巴里坤哈萨克自治县的巴里坤沙山合称为我国四大鸣沙山。这是大自然中的一种奇观，古往今来以“沙漠奇观”著称于世，被誉为“塞外风光之一绝”。

月牙泉（图1-7-17）在鸣沙山下，古称沙井，俗名药泉，自汉朝起即为“敦煌八景”之一，得名“月泉晓澈”。月牙泉南北长近100米，东西宽约25米，泉水东深西浅，最深处约5米，弯曲如新月，因而得名，有“沙漠第一泉”之称。

图1-7-17 月牙泉

敦煌雅丹地貌地处敦煌市区西200千米处，分布区长宽各10千米，土丘高大，高达10~20米，长200~300米，又名三陇沙。三陇沙雅丹地貌，其走向与盛行的西北风向垂直，与山地洪水流的方向一致，和玉门关形成敦煌第二大景区，因其怪异特点，故有“魔鬼城”之称。

敦煌古城（图1-7-18）位于敦煌市至阳关公路的南侧大漠戈壁，距市中心25千米，是1987年为中日合拍大型历史故事片《敦煌》，而以宋代《清明上河图》为蓝本，仿造沙洲古城设计建造而成的，建筑面积达1万平方米。敦煌古城的建筑风格具有浓郁的西域风情，城开东、西、南三门，城楼高耸。城内由高昌、敦煌、甘州、兴庆和汴梁5条主要街道组成，街道两边配以佛庙、当铺、货栈、酒肆、住宅等。敦煌古城再现了唐宋时期西北重镇敦煌的雄姿，被称为“中国西部建筑艺术的博物馆”，具备拍摄古代西部影片的独特优势，现已成为中国西部最大的影视拍摄基地，先后拍摄了《封神演义》《新龙门客栈》等20多部影视剧。

图1-7-18 敦煌古城

阳关（图1-7-19）位于敦煌市区西南70千米处，始建于西汉武帝时期，因在玉门关之南而得名。它凭水为隘，据川当险，是丝绸之路南道的重要关隘、中西交通的重要门户。

图1-7-19 阳关

而今，昔日的阳关城早已荡然无存，仅存一座被称为阳关耳目的汉代烽燧遗址，耸立在墩墩山上，让后人凭吊。在山南面，有一片一望无际的沙滩，这里沙丘纵横，有一道道沙梁，沙梁之间为砾石平地，当地人称为“古董滩”。在古董滩沙丘之间的砾石平地上，曾散布着许多古代的钱币、兵器、装饰品、陶片等古遗物，所以当地人有“进了古董滩，空手不回还”之说。

阳关，一座被流沙掩埋的古城，一座被历代文人墨客吟唱的古城。自古以来，阳关在人们心中，总是凄凉悲惋、寂寞荒凉。今日的阳关，不再是王维笔下“西出阳关无故人”那样凄凉的代名词，阳关一带已是敦煌最大的葡萄基地。站在烽燧高耸的墩墩山上，举目远视，绿树葱葱，一派塞上绿洲的好景色。

玉门关，俗称小方盘城，位于敦煌市区西北约90千米的戈壁滩上。相传古代西域和田等地的美玉经此输入中原，因此得名。玉门关约建于西汉武帝元封四年（公元前107年）。当时，汉王朝刚刚取得对匈奴作战的重大胜利，于是在河西走廊“列四郡，据两关”，这就是闻名古今的武威、张掖、酒泉、敦煌四郡和玉门关、阳关两关。自此，玉门关便和阳关一起，分别成为古代中原通往西域以至中亚、欧洲等地北、南两路的重要关口。

现存汉玉门关址，坐落在疏勒河下游南岸旁的一处沙岗上。城垣完整，黄土版筑，略呈方形。南北26.4米，东西24.5米，残高9.7米，基厚4.9米。西、北面各开一门，形如土洞。

玉门关附近的长城和烽燧，是我国汉长城中保存最好的。长城基厚3米，残高2~3米，顶宽1米多，由黏土、砂砾夹芦苇或红柳筑成。

（8）崆峒山游览区

崆峒山2007年被评定为5A级旅游景区。崆峒山位于甘肃省平凉市城西12千米处，东瞰西安，西接兰州，南邻宝鸡，北抵银川，是古丝绸之路西出关中之要塞。景区面积84平方千米，主峰海拔2123米，集奇险灵秀的自然景观和古朴精湛的人文景观于一身，具有极高的观赏、文化和科考价值，自古就有“西来第一山”“西镇奇观”“崆峒山色天下秀”之美誉。

崆峒山属六盘山支脉，是天然的动植物王国，有各类植物1000多种、动物300余种，森林覆盖率达90%以上。其间峰峦雄峙，危崖耸立，似鬼斧神工；林海浩瀚，烟笼雾锁，如缥缈仙境；高峡平湖，水天一色，有漓江神韵。其既富北方山势之雄伟，又兼南方景色之秀丽。凝重典雅的八台、九宫、十二院、四十二座建筑群、七十二处石府洞天，气魄宏伟，底蕴丰厚。古往今来，崆峒山吸引了众多的风流才俊。被中华民族尊为人文始祖的轩辕黄帝相传曾亲自登临崆峒山；秦皇、汉武因效法黄帝西登崆峒；司马迁、王符、杜甫、白居易、赵时春、林则徐、谭嗣同等文人墨客也留下了大量的诗词、华章、碑碣、铭文。崆峒武术与少林、武当、峨眉、昆仑等武术流派驰名华夏。

3. 主要旅游节庆活动

伏羲文化节是甘肃省天水市一年一度的大型祭祀伏羲的汉族传统民俗节庆活动，经过二十余年的努力，天水伏羲文化旅游节已发展成为“中国最具发展潜力十大节庆”活动之一，公祭伏羲大典被列入国家首批非物质文化遗产保护名录，成为甘肃省独具特色的重要文化品牌之一。每年农历五月十三日举行，相传这一天是华夏始祖伏羲的诞辰，而天水就是伏羲的故乡。

香巴拉旅游艺术节是甘南藏族自治州最大的旅游综合性节日。每年盛夏季节在各县市轮流举行，主会场设在当地美丽的草原，节庆活动旨在通过弘扬藏族传统文化，引导人们在回归自然和与自然对话的同时，建立起人与人、人与自然的美好和谐与信任的关系，继而使人们建立起热爱家园、热爱祖国、维护民族团结、保护生态和野生动物的精神文明和行为道德准则。

兰州中国丝绸之路节，创办于1992年，此后每年举办一次。中国丝绸之路是公元2世纪时，为了通商和友好往来而开辟的一条通往中亚、西亚和欧洲的道路。节日期间，专门组织敦煌之旅，从兰州出发，沿祁连山麓向西，经武威、张掖、酒泉，过嘉峪关，最后到敦煌。行程虽仅是丝绸之路中的一小段，但所到之处景色壮观。届时骑骆驼、爬沙山，中外游客同乐，富有情趣。

（三）宁夏旅游亚区

1. 概述

宁夏回族自治区，简称宁，地处祖国西北、黄河中上游，首府银川。全区总面积6.64万平方千米，人口694万。轮廓南北长，东西短。南北相距约456千米（北起石嘴山市头道坎北2千米的黄河江心，南迄泾源县六盘山的中嘴梁），东西相距约250千米（西起中卫营盘水车站西南10千米的田涝坝，东到盐池县柳树梁北东2千米处）。地势南高北低，一般海拔为1100~2000米，最高海拔为3556米。宁夏跨东部季风区域和西北干旱区域，西南靠近青藏高寒区域，大致处在我国三大自然区域的交会、过渡地带。

宁夏美丽而又神奇，既有边塞风光的雄浑，又有江南景色的秀丽，素有“塞上江南”的美誉。宁夏历史悠久，文物古迹较多，著名的有银川海宝塔、银川承天寺塔、须弥山石窟、西夏王陵、一百零八塔等。塞北江南，大漠金沙，绿树垂柳，浑然一体，灿烂的西夏文化，呈现出迷人的景色。

2. 主要旅游路线与景点

（1）人文古迹游：西夏王陵—海宝塔—大清真寺—承天寺塔

西夏王陵（图1-7-20）又称西夏陵、西夏帝陵，坐落在银川市西郊贺兰山东麓，距市区大约35千米，是西夏历代帝王陵墓所在地。陵区南北长10千米，东西宽4千米，分布着9座帝王陵和271座王公大臣的陪葬墓，占地约58平方千米，是中国现存规模最大、地面遗址最完整的帝王陵园之一，被世人誉为“神秘的奇迹”“东方金字塔”。西夏陵规模宏伟，布局严整，每座帝陵由阙台、神墙、碑亭、角楼、月城、内城、献殿、灵台等部分组成，是我国最大的西夏文化遗址，也是宁夏最重要的一处历史遗产和最具神秘色彩的文化景观。

图1-7-20　西夏王陵

海宝塔（图1-7-21）又称赫宝塔、黑宝塔，坐落在宁夏银川市北郊海宝塔寺内，因其与银川市西的承天寺塔遥遥相对，又俗称北塔，始建年代不详，相传为公元5世纪初十六国之一的夏国国王赫连勃勃重建。清朝康熙五十一年（1712年）和乾隆四十三年（1778年）曾两次被地震破坏而重新修缮。海宝塔塔身坐落在宽敞的方形台基上，连同台基总共11级，通高54米，塔身呈正方形，四面中间又各突出一脊梁，呈“亚”字形，外形线条流畅而明朗，层次丰富，具有独特的艺术魅力。登上最高层，举目四望，东可览黄河似带，西可顾贺兰巍峨雄伟，南可赏林立的建筑群，四周皆有田园绿野、纵横渠道，堪称美丽的“塞上江南”。

图1-7-21　海宝塔

承天寺塔位于银川市西南隅的承天寺内，与北郊的海宝塔遥相呼应，当地人俗称这座塔为西塔。承天寺始建于北宋皇祐二年（1050年），距今已有900多年了。它与凉州（今武威）的护国寺、甘州（今张掖）的卧佛寺，同是西夏著名的佛教圣地。

承天寺塔是一座密檐式八角形砖塔，通高64.5米，塔身11层，内呈方形空间。1~3层不设窗洞；4~10层，每层交替设置拱形窗洞，偶数层为东西向，奇数层为南北向，顶层四面开大型圆窗，十分敞亮。塔内有木梯可盘旋而上，登顶层，凭窗眺望，古城风光和塞上景色尽收眼底。

须弥山石窟坐落在宁夏固原西北的须弥山南麓，距县城55千米。“须弥”是梵文音译，意为宝山。这里峰峦叠嶂，岩石嶙峋。夏秋之际苍松挺拔，桃李郁然，景色异常秀丽，是中国西北黄土高原上少有的风景区。具有重要艺术价值的北朝、隋唐时期的须弥山大型石窟艺术造像，就开凿在宝山诸峰的峭壁上。它和名震中外的敦煌、云冈、龙门石窟一样，都是我国古代文化的遗产瑰宝，1982年被国务院列为全国重点文物保护单位。

须弥山石窟开始开凿的年代已无从查考。从石窟形制和造像风格判断，大约开凿于北朝中晚期，是我国开凿最早的石窟之一，距今已有1400多年的历史。据有关专家介绍，北朝至唐宋，历代都在这里进行过大规模的凿窟造像活动，先后开凿石窟130多处，其中70多窟雕刻了造像。这些大大小小的石窟，依山附势，错落有致地分布在7座崖面上，迂回曲折，绵延近2千米，场面甚是壮观。

（2）神奇宁夏生态游：青铜峡—沙湖—沙坡头—六盘山

青铜峡108塔是中国古塔建筑中现存的大型塔群之一，位于宁夏中部黄河上游段的最后一个峡口，是一组排列有序、极为规则的塔群，共有108座，全部都用砖砌成，并抹以白灰。塔群坐西朝东，背山面水，随山势而建，从上到下按奇数排列成一个三角形的塔阵，除最上面的第一座塔较大之外，其余均为小塔。每当风和日丽，108座塔倒映在金光闪闪的水波中，景色奇特，幽雅明丽。

沙湖（图1-7-22）位于宁夏平罗县西南，距银川市42千米，总面积80平方千米，其中水域面积40多平方千米，沙漠面积20多平方千米。南沙北湖，湖润金沙，沙抱翠湖，湖水如海，柔沙似绸，天水一色，是一处融江南水乡与大漠风光为一体的生态旅游胜地，为国家5A级旅游景区。沙湖资源蕴藏量丰富，在洁净温凉的湖水里生长着几十种鱼，不仅有常见的鲤鱼、鲢鱼、草鱼、鲫鱼，而且有北方罕见的武昌鱼、娃娃鱼（大鲵）和大鳖等。栖息在沙湖的鸟类也有130多种。此外还有游乐园、瞭望塔、水族宫、芦苇迷津、蒙古包旅馆、西夏行宫、大漠旱舟、水上滑梯、水上跳伞、水上摩托、滑沙索道、湖中荡舟、天然浴场等旅游项目和设施。沙湖旅游区从1990年开发建设后，每年接待游客都在50万人次左右，已成为祖国西北地区颇负盛名的旅游热点，因其独特优美的自然景观而被选为全国35个王牌景点之一。

图1-7-22 沙湖

宁夏中卫沙坡头（图1-7-23）是国家首批5A级景区，位于腾格里沙漠腹地，是一处富有浓郁西部特色的著名沙漠旅游区。这里有中国最大的天然滑沙场，有总长800米、横跨黄河的“天下黄河第一索”——沙坡头黄河滑索，有黄河文化的代表——古老水车，有中国第一条沙漠铁路，有黄河上最古老的运输工具——羊皮筏子，有沙漠中难得一见的海市蜃楼。在这里游客可以骑骆驼穿越腾格里沙漠，可以乘坐越野车沙海冲浪，咫尺之间可以领略大漠孤烟、长河落日的奇观。高山、黄河、沙漠、长城和绿洲在此汇聚，形成了独特的自然地理景观。奔流的黄河、无际的沙漠、神奇的沙漠草原、苍凉的明代长城、造型雄秀的古水车，吸引了众多游客。沙坡头游览区的特色之一是滑沙。游人从高约百米的坡顶往下滑，由于特殊的地理环境和地质结构，滑沙时座下会发出一种奇特的响声，如大钟巨鼓沉闷浑厚，称为“金沙鸣钟”。特色之二是沙山北面是浩瀚无垠的腾格里沙漠，而沙山南面则是一片郁郁葱葱的沙漠绿洲。游人既可以在这里观赏大沙漠的景色，眺望包兰铁路如一条绿龙伸向远方；又可以骑骆驼在沙漠上行走，领略沙漠行旅的味道。特色之三是乘古老的渡河工具羊皮筏子，在滔滔黄河之中，渡向彼岸。

六盘山国家级自然保护区位于宁夏南部，这里是北方游牧文化与中原文化的接合部，文化古迹较多，自然资源丰富。繁茂的森林、良好的植被和生物多样性使六盘山成为休闲、消夏避暑、森林探险、科考科普和教学实习的理想场所。保护区内有老龙潭、二龙河、鬼门关、凉殿峡、荷花苑、白云山六大景区60余个景点。保护区中部有固原古城、战国秦长城、安西王府遗址等，北部有以须弥山石窟为中心的丹霞地貌风景。

图1-7-23 沙坡头

3. 主要旅游节庆活动

宁夏国际沙漠旅游文化节以感受沙漠、关注环境为主题，打造宁夏特色旅游文化品牌，于每年5月中旬在宁夏沙湖生态观光旅游区举行。

青铜峡牛首山文化庙会有品尝民间小吃、欣赏民间艺术表演及展销等活动，于每年5月在青铜峡牛首山举行。

宁夏大漠黄河国际旅游节包括民间社火艺术表演、大型歌舞《大漠风·黄河情·民族魂》表演、天下黄河第一漂流、“大漠·长城·黄河”铁人三项耐力争霸赛、国内探险精英腾格里沙漠生存大挑战、“沙坡头”杯西部之光摄影大赛等活动，于每年7月中旬在中卫市举行。

（四）内蒙古旅游亚区

1. 概述

内蒙古自治区总面积118.3万平方千米，2021年末有常住人口2400万人，由蒙古族、汉族、满族、回族、达斡尔族、鄂温克族、鄂伦春族、朝鲜族等众多民族组成，以汉族和蒙古族人口最多。全区分设9个地级市、3个盟。

2万年前这里就出现了鄂尔多斯人。战国时属赵、燕、匈奴、东胡，秦汉置诸多郡，唐属多州，元归各路（府）辖，清始有内蒙古称。民国设3个特别区，后改建成省，1947年建立我国最早的民族自治地方。

在内蒙古辽阔富饶的土地上，有茂密的森林、丰美的草场、肥沃的农田、广阔的水面、众多的野生动植物和数不胜数的矿藏资源。全区矿产储量潜在价值（不含石油、天然气）达13万亿元，居全国第三位。内蒙古有“东林西铁，南粮北牧，遍地矿藏”的美誉，拥有奇特的自然风光和悠久的历史文化，素有“歌海舞乡”的美誉。

2. 主要旅游路线与景点

都市古迹民俗特色游路线为：呼和浩特—包头—鄂尔多斯—呼伦贝尔。

（1）呼和浩特游览区

呼和浩特是内蒙古自治区首府，始建于明代隆太六年（1572年），至今已有400多年的历史，蒙古语意为“青色的城”，简称“青城”，因召庙云集，又称“召城”，是祖国北疆的历史文化名城。独特美妙的自然风光、丰富多彩的民族文化、历史积淀深厚的古迹名胜、绚丽多姿的蒙古歌舞、精彩纷呈的蒙古式摔跤，这里的一切都让人心旷神怡，流连忘返。呼和浩特市位于土默川平原东北端、京包铁路线上，是全自治区政治、经济、文化、交通中心。城内有大小庙宇50多座，此外，在市郊还有昭君墓、乌素图召、万部华严经塔（白塔）等雄伟庄严的庙宇。呼和浩特的自然景致尤为迷人，“寒冷高原”辉腾锡勒草原、“夏日营盘”格根塔拉草原、“召河”希拉穆仁草原，绿草如茵，湖泊点缀，“天苍苍，野茫茫”的大草原是久居闹市的人放松心情的好去处。

昭君墓（图1-7-24）位于呼和浩特市南郊呼清公路9千米处西侧大黑河南岸，蒙古语为“特木尔乌尔虎”，意为“铁垒”。远望墓表黛色溟蒙，故历代称之为“青冢”，以“青冢拥黛”的美名被列为呼和浩特八景之一。墓体高33米，占地面积约1.3万平方米，墓草青青，古木参天，野花遍地。墓前有平台和阶梯，原先尚有石雕群，与中原汉代帝王陵墓颇为相似。墓前与墓顶各建有亭，并存有墓碑8通。附近的文物陈列室展出昭君有关史料文物。“昭君出塞”的故事，千古流传，成为历代文人骚客吟咏的题材。20世纪70年代墓园经过整修，新筑的围墙上嵌有新刻石碑40通，大型“和亲”铜质塑像屹立于墓前，王昭君与呼韩邪单于并辔而行，象征着民族间的和善友好。

大召寺（图1-7-25）汉语名“无量寺”，蒙古语为“伊克召”，意为“大庙”，位于呼和浩特市玉泉区大召前街，是由明代蒙古土默特部落的首领阿拉坦汗于明万历七年（1579年）主持创建的。明廷赐名“弘慈寺”。清朝崇德五年（1640年）重修该寺，并赐名为“无量寺”。因寺内供奉有一尊高2.5米的纯银佛像，故又有“银佛寺”之称。大召的文物众多，其中银佛、龙雕、壁画堪称“大召三绝”。

图1-7-24 昭君墓

图1-7-25 大召寺

乌素图是蒙古语，意为“有水的地方”。该召坐落在大青山南麓、呼和浩特市郊区攸攸板乡乌素图村西沟口的台地上，在市区西北13千米处，以村名作为召名。

乌素图召主要由庆缘寺、法禧寺、长寿寺、广寿寺、罗汉寺五个寺院组成，乌素图召是其总名称。五座寺院都相距不远，毗邻相连，建筑宏伟壮观，别具特色，是蒙古族工匠自行设计施工建成的一座寺庙。乌素图召依山傍水，山沟杏柳成荫。春则花鸟争妍，夏则桑麻竞秀，秋看黄叶，冬赏雪峰。一年四季都有随时变幻的浓妆淡抹之美。呼和浩特旧八景中的“红杏遗村”就是指乌素图召，素有“杏坞翻红”的美称。召后有东西横亘的赵长城遗迹，地表有突起的夯土城墙，登临长城眺望，俯仰山川，广袤无际。放眼远眺，青城在云烟缭绕之中，大黑河犹如一条巨龙向西奔流汇入黄河。乌素图召现已成为游览胜地。

（2）包头游览区

包头背靠阴山，南临黄河，水草丰美，历来是北方少数民族的驻牧之地，蒙古语为“包克图”，意思是“有鹿的地方”，所以包头又叫“鹿城”。包头于清嘉庆十四年（1809年）建镇，历史上是塞外重要的“水旱码头”，现已成为我国著名的“草原钢城”、内蒙古最大的工业中心与重要的交通枢纽。

五当召（图1-7-26）始建于清康熙年间，于乾隆十四年（1749年）重修，赐汉名“广觉寺”。五当召的主体建筑，以八大经堂（现存六座）、三座活佛邸和一座陵堂组成，全部房舍达2500余间，总占地约20万平方米。

美岱召位于包头市土默特右旗大青山南麓，是明代土默特部首领阿拉坦汗兴建的。美岱召是俗称，其原名为“灵觉寺”，后来到清代康熙年间才更名为“寿灵寺”，又称“灵照寺”。它对研究明代蒙古史、佛教史、建筑史、美术史都具有重要价值。

图1-7-26　五当召

（3）鄂尔多斯游览区

银肯响沙［即响沙湾（图1-7-27）］居中国各响沙之首，被称为“响沙之王”。它位于内蒙古鄂尔多斯市达拉特旗南部、库布齐沙漠的东端。银肯是蒙古语，汉语意思是“永久”，银肯响沙陡立于罕台河谷西岸，有清泉从坡底涌出。响沙湾沙高110米，宽400米，依着滚滚沙丘，面临大川，位于背风向阳坡，呈月牙形分布，呈45°角倾斜，形成一个巨大的沙丘回音壁。沙子干燥时，游客攀着软梯，或乘坐缆车登上银肯沙丘顶，往下滑时，沙丘会发出声音，轻则如青蛙“呱呱”的叫声，重则像汽车、飞机轰鸣，又如惊雷贯耳，更像一曲激昂澎湃的交响乐。

成吉思汗陵（图1-7-28）位于包头以南180千米处的鄂尔多斯市伊金霍洛旗境内，现今的陵园建于1954年，是全国重点文物保护单位之一。陵墓的主体建筑是3座蒙古包式的大殿，正殿内有一座高约5米的成吉思汗塑像，后面的寝宫里有3个黄缎子覆顶的蒙古包，西殿里陈列有成吉思汗当年用过的兵器。每年的农历3月21日，在正殿举行春祭仪式。这一天，人们从四面八方来到这里，献哈达、焚香、供祭品，极其隆重；祭典结束后，还要举行赛马、射箭、摔跤等传统活动。

图1-7-27　响沙湾

图1-7-28　成吉思汗陵

（4）呼伦贝尔游览区

呼伦贝尔是世界上少有的未受污染的草原。呼伦是蒙古语，汉语意思是“水獭”，呼伦贝尔就是“雄水獭”的意思。

呼伦湖，为内蒙古最大微咸水湖，湖水季节性注入黑龙江的额尔古纳河。在地壳运动、气候变化等自然因素影响下，湖水时多时少，水多时顺达兰鄂罗木河注入额尔古纳河，外流入鄂霍次克海；水少时则成为内陆湖。受水系变化的影响，呼伦湖的水质不断出现淡水和微咸水（水化学上也称半咸水）互相转化的现象。目前呼伦湖水外流机会很少，所以是微咸水湖，由于所含盐分甚少，仍适合淡水鱼类生长。

阿尔山温泉是全国唯一的高山温泉，关于它，有一个很美丽的传说：清朝的时候，一只腿上中箭的梅花鹿被一位正在打猎的王爷追捕，跌落在大兴安岭密林深处的泉水池里，池面冒着团团热气，一瘸一拐的梅花鹿游到彼岸时，箭伤竟然恢复了，然后跑得无影无踪。这只梅花鹿其实是仙女的化身，就是温泉水治愈了她的伤，救了她。

扎兰屯包括扎兰屯市及西北一带大兴安岭山地。山上松桦茂密，山巅或有奇峰异石；山谷中溪泉众多，水量充沛，在密林深谷中有不少飞瀑涌泉。溪水汇集流入雅鲁河和绰尔河，河旁草木茂盛，河中又有许多丛林绿洲，自然形成若干处可供旅游观光的风景点，组成一处范围很大的驰名风景区。其中最有名的景点为秀水和吊桥公园。秀水位于市区北面，雅鲁河流经这一带时，便进入平川地带，形成扇形冲积地带，河中有数不清的小岛，大小形状不一，岛上水柳丛生，河水深而清澈，流而不急，游艇可穿梭其间。夏日树荫蔽日，水旁山花盛开，为内蒙古夏季避暑旅游的第一胜地，素有“内蒙古小杭州”之称。1961年我国一批文化名人来此游览后，共同商定将这段河流取名为“秀水”，老舍先生咏诗一首云：“诗情未尽在苏杭，幽绝扎兰天一方。深浅翠屏山四面，回环碧水柳千行。牛羊点点悠然去，凤蝶双双自在忙。处处泉林看不厌，绿城徐入绿村庄。”吊桥公园位于市区北部，秀水环绕公园四周，园内花茂林密，并建有别具一格的吊桥，人造景观较多，有别于秀水风景区。

3. 主要旅游节庆活动

那达慕，蒙古语为“娱乐”或“游戏”之意，是蒙古族传统的群众性集会。那达慕大会的规模范围有大有小，有自治区、盟、旗举办的，也有乡镇、苏木、嘎查和家庭举办的。其多在草原的黄金季节——夏、秋季举行，以摔跤、射箭、赛马为基本内容的竞技比赛在那达慕中占有较大比重。

【知识拓展】

“天苍苍，野茫茫，风吹草低见牛羊”，辽阔的草原总是让人心驰神往。世界上著名的草原都有哪些？扫描二维码了解具体内容。

M1-7-3
知识拓展

【单元小结】

西北旅游区旅游资源丰富，以广袤的沙漠戈壁、奇特的风沙地貌、景色宜人的温带草原、繁华一时的丝路古迹、多姿多彩的民族风情为主。本单元主要介绍了西北旅游区的旅游资源特色，新疆维吾尔自治区、内蒙古自治区、宁夏回族自治区和甘肃省四个旅游亚区的旅游发展概况和各自主要游览区的特点。要求重点掌握西北旅游区旅游资源的特点和各旅游亚区内主要游览区的特点。

【思考与实训】

一、思考

1. 举例说明西北旅游区自然旅游资源的特点。
2. 简述新疆自然风光之旅的景点构成。
3. 简述内蒙古都市古迹民俗特色游的景点构成。
4. 简述西夏人文古迹游的景点构成。

二、实训

1. 请设计西北旅游区的旅游主题并进行特色提炼。
2. 以“神奇宁夏生态游”为主题设计一条旅游线路。
3. 广东的张先生想利用春节假期去西北进行一次民族风情之旅，请为其设计一个旅游方案。

学习单元八　青藏旅游区

学习目标

知识目标：掌握青藏旅游区旅游资源的基本特征，熟悉青藏旅游区的旅游地理环境，了解各旅游亚区一般旅游景点的概况。

能力目标：能够根据青藏地区旅游交通的特点设计本区主要的旅游线路；能够对知名景点进行讲解。

素质目标：通过对青藏旅游区资源的学习感受国家的发展，培育以爱国主义为核心的民族精神和以改革创新为核心的时代精神。

任务导入

青藏铁路——世界上海拔最高、最长的高原铁路，由青海省的西宁市到西藏自治区的拉萨市，全长1952千米，其中西宁至格尔木段834千米，在1984年已建成运营。从2001年起新开工建设的格尔木至拉萨段，全长1118千米。2005年10月15日青藏铁路全线贯通，于2006年7月1日全线通车。青藏铁路在铺设的过程当中，所遇到的技术问题是史无前例的，同时解决了三大世界性的难题：缺氧、冻土和生态。请结合青藏铁路的修建难题，谈谈青藏旅游区地理环境的特点。

【学习内容】

一、青藏旅游区概况

M1-8-1
青藏旅游区

青藏旅游区位于我国西南部，行政区域包括青海省和西藏自治区，总面积195万平方千米。

（一）青藏旅游区旅游地理环境概况

1. 高峰林立的高原地貌

青藏旅游区占青藏高原的绝大部分，青藏高原地域辽阔，地势高峻。中国境内的青藏高原，除包括青海省和西藏自治区外，还包括新疆维吾尔自治区南缘、甘肃省西南部边缘、四川省西部及云南省的西北角，总面积约250万平方千米，平均海拔在4000米以上，有“世界屋脊”之称，是世界上最高的高原。

青藏高原地貌复杂，其上绵延着数条海拔5000~6000米的山脉，并有无数座海拔7000米以上的山峰，许多山峰终年积雪，冰川发育。东西向延伸的有阿尔金山、祁连山、昆仑山、唐古拉山、冈底斯山、念青唐古拉山及喜马拉雅山等。高原的东南部有南北向的横断山脉，由一系列平行延伸的高山和峡谷组成。藏南的雅鲁藏布大峡谷又被誉为“世界第一大峡谷”。山脉之间分布着高原、盆地和谷地。

2. 独特的高原气候与局部热带风光

青藏高原地势高耸，形成了独特的高原气候，高原气压仅为海平面气压的一半，空气稀薄，含氧量少，因此很多初来的人会产生高原反应。本区大气透明度好，日照充足，全年日照时间为2200~3600小时，为全国太阳辐射最多的地方，拉萨的全年日照时间为3005小时左右，有“日光城”之称。本区气温较低，降水较少。年平均气温大都低于5℃，藏北高原和高山上部年平均气温在0℃以下，比同纬度的平原地区低16~18℃。高原上风季持续时间长且大风多，风力强劲，最大风速可达40米/秒以上，尤其集中在夏季，是我国大风最多的地区之一，因此可将风能作为一项动力资源充分利用。

喜马拉雅山东段南坡、雅鲁藏布江大拐弯附近海拔3000米以下的河谷地带，由于纬度低、海拔低，地处西南季风的迎风面，北面有高大山体阻挡，气候温暖湿润，植被繁茂，一派热带雨林、热带季雨林景观，动植物资源异常丰富。而且由于高差巨大，山体从下到上呈现出从热带到极地的各个自然带的景象。

3. 地热资源丰富

青藏高原是由于印度洋板块和亚欧板块的碰撞而隆起形成的，强烈的板块运动使青藏高原的岩浆活动频繁，地热资源丰富。在喜马拉雅地热带内，有热水湖、热水沼泽、热泉、沸泉、热气泉和各种泉华等地热类型，还有世界上罕见的水热爆炸和间歇性喷泉等奇观。位于西藏拉萨西北的羊八井热气田是西藏众多地热田中最著名的，这里有星罗棋布的热水湖、喷气孔、沸泉、热泉、温泉等，其中最著名的为热水湖。羊八井现有我国第一座湿蒸汽型地热电站。

4. 丰富的水资源

青藏高原是亚洲许多大河的发源地，长江、黄河、恒河、印度河、澜沧江、怒江和塔里木河均发源于此。雅鲁藏布江是西藏的主要河流，在该区境内长达2057千米，流经地区海拔在3000米以上，支流多，沿岸自然环境好，是人口聚集的地方。雅鲁藏布江向东至西藏的东南突然掉头折向西南，形成雅鲁藏布大拐弯，此处山高水急，水利资源丰富。河水的主要来源是高山冰雪融水。

青藏高原上冰川、冻土广泛分布，以青藏高原为中心的冰川群是全球中低纬度地区最大的冰川群。根据2021年数据，青藏高原有现代冰川36793条，冰川面积49873.44平方千米，占中国冰川总数量的79.5%和冰川总面积的84%。随着全球气候变暖，特别是20世纪80年代以来的快速变暖，冰川呈全面、加速退缩状态。

青藏高原是我国湖泊最多的地区，也是世界上湖面海拔最高、数量最多的高原湖区，湖泊总面积达3万多平方千米，约占全国湖泊总面积的1/3，以咸水湖和内陆湖居多，主要有青海湖、纳木错湖、扎陵湖、鄂陵湖、玛旁雍错湖等。青海湖是我国最大的咸水湖，面积达4635平方千米，最深处达27米，湖水中盐分含量高达20%。纳木错湖是我国第二大咸水湖，也是世界上湖面海拔最高的大湖，海拔4718米。

（二）青藏旅游区旅游资源特征

1. 高山冰川

青藏高原是世界上具有神秘色彩的地理单元，气势磅礴，雄伟壮观。辽阔的高原、高耸的山峰、巨大的山脉构成了青藏旅游区独特的景观。这里是我国最大的雪峰、冰川营垒，也是全球中低纬度地区最大的冰川活动中心。山岳冰川形态多样，冰斗、角峰、刃脊、鼓丘等冰蚀、冰碛地貌分布广泛，还有冰塔林、冰洞、冰面溪流等奇异景观。“一年无四季，一日有四季”的气候特点使高原天气变化无穷。青藏高原高峰林立，冰雪覆盖，是人们高山滑雪、登山探险、科学考察的理想地方，也是很多平原地区的游人向往的地方。

2. 湖光山色

青藏地区的湖泊成群分布，低洼地和盆地中央有湖泊分布。高原上的湖泊大多是构造湖，湖泊形状和构造线方向一致。另外，高原上还有冰川湖和堰塞湖分布于藏南、藏东南地区，这类湖泊面积较小，周边林海环绕，雪山映照，景色秀美。

3. 多彩植被

在青藏高原上，自东北至西南分布着森林、草甸、草原、荒漠景观。在高大山体的垂直方向上，则出现从热带到寒带的景观特征。这种独特的自然条件使这里成为天然的旅游胜地，如位于雅鲁藏布江谷地的墨脱，此地多水，河流纵横，而江河两岸是高耸入云的雪山，河谷是一片热带风光，河谷两侧的山坡上生长着大片的热带原始森林，植被垂直地带性分布比较明显，使墨脱成为一个天然的大花园。

二、旅游亚区及主要旅游景点

（一）西藏旅游亚区

1. 西藏旅游业发展概况

西藏自治区位于我国西南部、青藏高原的西南部，简称“藏”，首府拉萨市。它东连四川省，东南与云南省相连。全区总面积为122.84万平方千米，约占全国陆地总面积的12.8%，是我国人口最少、密度最小的省区。

西藏自治区平均海拔4000米以上，是青藏高原的主体部分。这里地形复杂，大体由3个不同的自然区组成：北部的藏北高原、雅鲁藏布江及其支流流经的藏南谷地、藏东的高山峡谷区。

西藏因其独特的地形和气候，形成了丰富的资源：麝香、鹿茸、冬虫夏草和党参等名贵中药材，豹、熊、野牛、野马、藏羚羊等珍贵野生动物，藏刀、藏靴、藏毯和金银器等工艺品。西藏具有丰富的旅游资源：原始的高原风光、浓厚的民族风情及灿烂的文化使中外旅游者流连忘返。

2. 主要游览区

（1）布达拉宫游览区

拉萨市是西藏自治区的首府，具有1300多年的历史。7世纪，松赞干布迁都于此。拉萨市地势高，日照充足，有“日光城”之称。

布达拉宫（图1-8-1）位于拉萨市区西北的红山上，依山而建，气势磅礴，是一座规模宏大的宫殿建筑群，整个宫殿藏式风格鲜明，是西藏的象征，最初是松赞干布为迎娶文成公

图1-8-1　布达拉宫

主而兴建的。整个宫殿高约118米，东西长约420米，南北宽约300米，总面积约13万平方米，全部为石木结构建筑。布达拉宫由红宫、白宫两大部分组成，红宫居中，白宫横贯两翼，红白相间，群楼重叠。布达拉宫收藏和保存的大量历史文物有佛塔、塑像、壁画、唐卡、经文典籍，还有明清两代的金册、玉册、金印，以及金银器、玉器、瓷器、珐琅和工艺珍玩等。登上布达拉宫高处可鸟瞰拉萨平原风光。

大昭寺位于拉萨老城区，始建于647年，后经历代修缮增建，形成了庞大的建筑群。寺内建筑面积达25100余平方米，有20多个殿堂。大殿正中供奉文成公主从长安带来的释迦牟尼12岁时等身镀金铜像。两侧配殿供奉松赞干布、文成公主、尼泊尔尺尊公主等塑像。大昭寺殿高4层，整个建筑金顶、斗拱为典型的汉族风格。碉楼、雕梁则是西藏样式，主殿2、3层檐下排列成行的103个木雕伏兽和人面狮身，又呈现尼泊尔和印度的风格特点。寺内有长近千米的藏式壁画（《文成公主进藏图》和《大昭寺修建图》），还有2幅明代刺绣的护法神唐卡，为难得的艺术珍品。大昭寺是西藏现存最辉煌的吐蕃时期的建筑，也是西藏现存最古老的土木结构建筑。2000年11月，大昭寺作为布达拉宫的扩展项目被批准列入《世界遗产名录》，成为世界文化遗产。

八廓街位于拉萨老城区，是围绕大昭寺的一条环形街道，也是拉萨最古老的街道，两侧为各式商店和摊点。游客在这里可以买到各种新奇的纪念品。

罗布林卡位于布达拉宫西侧的拉萨河畔，意为“宝贝园”，建于18世纪中叶。罗布林卡的占地面积约为36万平方米，由格桑颇章、金色颇章、达旦明久颇章等几组宫殿建筑组成，每组建筑又分为宫区、宫前区和林区3个主要部分，各组建筑均以木、石为主要材料建成，规划整齐，具有明显的藏式建筑风格。以措吉颇章（湖心宫）为主体的建筑群是罗布林卡中最美丽的景区。主要殿堂内的墙壁上均绘有精美的壁画。此外，罗布林卡内还珍藏有大量的文物和典籍。园内有植物100余种，既有常见花木，又有奇花异草、名贵花卉，堪称“高原植物园”。

西藏雅鲁藏布江下游江水绕行南迦巴瓦峰，峰回路转，产生巨大马蹄形转弯，形成了地球上最深的峡谷——雅鲁藏布大峡谷。峡谷长504.9千米，平均深度5000米，最深处达6009米，是世界第一大峡谷。峡谷中有从高山冰雪带到低河谷热带季雨林等9个垂直自然带，拥有多种生物资源。整个峡谷地区冰川、绝壁、陡坡、泥石流和巨浪滔天的大河交错在一起，环境十分恶劣。许多地区至今仍无人涉足，堪称“地球上最后的秘境”，是地质工作少有的空白区之一。大峡谷核心无人区河段的峡谷河床上有罕见的4处大瀑布群，其中一些主体瀑布落差都在30~50米。

（2）日喀则扎什伦布寺游览区

日喀则位于西藏西南部，东西长约800千米，南北宽约220千米，面积约18万平方千米，平均海拔在4000米以上。

扎什伦布寺（图1-8-2）位于日喀则市城西的尼玛山上，是西藏日喀则市最大的寺庙，是日喀则的象征。该寺建筑宏伟，层楼重叠，最宏伟的建筑是强巴佛殿和历世班禅灵塔殿。强巴佛殿位于寺院西侧，殿高30米，供奉着世界上最大的铜佛像。该寺还收藏有极其丰富的佛像、唐卡、刺绣、金玉印章和敕诏书等。

白居寺（图1-8-3）在日喀则以东约100千米处，位于江孜县城东北隅，海拔3900米，藏语称“班廓曲德”，意为“吉祥轮乐寺”。寺内供奉及建筑风格也兼收并蓄、博采众长。白居寺由大殿、吉祥多门塔、扎仓和围墙四大建筑单元组成。白居寺是一座塔寺结合的典型的寺院建筑，寺内的菩提塔，又名“十万佛塔”，是白居寺的标志。它是由近百间佛堂依次重叠建起的塔，人称“塔中有塔”。塔内佛堂、佛龛及壁画上的佛像总计有约10万个，因而得名“十万佛塔”。

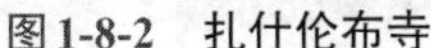

图1-8-2　扎什伦布寺

图1-8-3　白居寺

林芝巴松措景区位于距林芝市工布江达县50多千米的巴河上游的高峡深谷里。虽然巴松措（图1-8-4）深藏在交通闭塞、远离城镇的山沟里，但它却以林木和群山中的那一池碧水而广为外界所知，成为林芝市最早为人所知的风景区之一。巴松措景区集雪山、湖泊、森林、瀑布牧场、文物古迹、名胜古刹于一体，景色殊异，四时不同，各类野生珍稀植物汇集，实为人间天堂，有“小瑞士”美誉。巴松措湖水清澈见底，四周环绕的雪山倒映其中。沙鸥、白鹤浮游湖面，湖水透明可见，游鱼如织，情趣盎然。每到春季，湖四周群花烂漫，雪峰阵列并倒映湖中，景色宜人至极。秋季万山红遍，层林尽染，天空碧蓝如洗，火红的枫叶铺满灿烂的阳光，倒映在碧蓝的湖面，景色美不胜收。

图1-8-4　巴松措

珠穆朗玛峰（图1-8-5）位于喜马拉雅山脉之上、中华人民共和国和尼泊尔交界处，终年积雪，海拔8848.86米，为世界第一高峰。藏语中“珠穆”是女神的意思，“朗玛”是第三的意思。“珠穆朗玛”意为第三女神。珠穆朗玛峰呈巨型金字塔状，外形雄伟，气象气候复杂，从10月到第二年3月的整个冬季里，都刮着强烈的西北风，有时达到12级以上。5月末开始从东南吹来的季风，一直要吹到9月底。这段时间，山顶随时都可能降雪。山顶上气温很低，通常都在零下三四十摄氏度。珠穆朗玛峰常年覆盖着冰雪，峡谷中有几条大的冰川。攀登珠峰成为许多体育探险爱好者的梦想，北坡攀登路线被认为是“不可攀缘路线”“死亡路线”，除了要克服高空的严寒、缺氧，战胜陡峭的岩坡、悬崖，以及冰川裂缝、冰崩、雪崩和随时而来的暴风雪之外，还必须越过两个最艰险的地带——北坳和第二台阶。北坳常年堆积着深不可测的冰雪，分布着无数冰崩和雪崩的印槽，是珠峰最危险的冰崩和雪崩地区。第二台阶岩壁陡峭光滑，平均坡度为六七十度，在它的顶部还有一座约3米高的垂直峭壁。1960年5月25日4时20分，中国登山队的3名运动员从北坡成功登顶，首次完成了人类从北坡登上珠穆朗玛峰的夙愿。

图1-8-5 珠穆朗玛峰

（二）青海旅游亚区

1. 青海旅游业发展概况

青海省地处青藏高原东北部，是青藏高原上的重要省份之一，与甘肃、四川、西藏、新疆接壤。青海省简称“青”，因境内有全国最大的内陆咸水湖——青海湖，而得省名，省会西宁。面积72万多平方千米，2020年底全省常住人口约592万人，有汉、藏、回、土、撒拉、蒙古等民族。

青海地形复杂多样，西高东低，境内山脉高耸，地形多样，河流纵横，湖泊棋布。青海为高原大陆性气候，降水少，温差大，日照时间长。

青海名胜古迹众多，自然风光雄奇壮美，具有青藏高原特色。祁连山、巴颜喀拉山、唐古拉山等山脉横亘境内，青海湖是我国最大的内陆咸水湖，柴达木盆地以“聚宝盆”著称于世。举世闻名的唐蕃古道、丝绸之路等也对游客构成了强大的吸引力。青海各民族在长期的发展过程中，创造了自己独特的历史文化：河湟地区传统的花儿会，热贡艺术，藏族史诗《格萨尔》说唱艺术等。青海的风味饮食以牛羊肉、面食见长，传统的手抓羊肉、牛羊杂碎、尕面片、甜醅、锅塌及盖碗茶等都很受游客欢迎。

2. 主要旅游景点

（1）青海湖

M1-8-2
青海湖

青海湖地处青藏高原的东北部，位于青海省东北部，是我国最大的咸水湖，也是我国第一大内陆湖，是国家级风景名胜区、国家级自然保护区、国际重要湿地、5A级景区。青海湖，藏语叫“错温波”，意思是“青色的湖”；蒙古语为“库库诺尔”，即“蓝色的海洋”。景区总面积8977.51平方千米，水体面积约4476平方千米，环湖周长为360千米。青海湖的四周被巍巍高山所环绕，从山下到湖畔，是广袤平坦、苍茫无际的千里草原，碧澄的湖水，波光潋滟；葱绿的草滩，羊群似云。在不同的季节里，青海湖景色各异。这里地势高，气候十分凉爽，是理想的避暑消夏的胜地。湖中盛产湟鱼，是我国西北地区最大的天然鱼库。4~5月间，鱼群游向附近河流产卵，布哈河口密密麻麻的鱼群铺盖水面，景象异常壮观。环青海湖主要的景区有二郎剑景区、沙岛景区、金沙湾景区、鸟岛景区、仙女湾景区。鸟岛（图1-8-6）因鸟蛋遍地得名，位于布哈河口以北，岛的北、西、南三面与陆地连在一起，地表被沙土、石块覆盖，岛的西南边有几处泉水涌流。每年3~4月，从南迁来的许多候鸟陆续到此营巢；5~6月间鸟蛋遍地，幼鸟成群；7~8月间，秋高气爽，群鸟翱翔蓝天。鸟岛现为国家级自然保护区。

图1-8-6 青海湖鸟岛

（2）塔尔寺

塔尔寺（图1-8-7）藏语称为“衮本贤巴林”，意思是“十万狮子吼佛像的弥勒寺”，位于青海省西宁市西南湟中县鲁沙尔镇。塔尔寺原名“塔儿寺”，寺院建筑分布于莲花山的一沟两面坡上，殿宇高低错落，交相辉映，气势壮观。塔尔寺始建于1379年，至今已有600多年的历史，占地面积约40万平方米，寺内主要建筑有大金瓦殿、小金瓦殿（护法神殿）、大经堂、弥勒殿、释迦殿、依怙殿、文殊菩萨殿、大拉让宫（吉祥宫）、四大经院、酥油花院、跳神舞院、活佛府邸等。大金瓦殿绿墙金瓦，灿烂辉煌，殿内佛像造型生动优美。寺内还珍藏了许多佛教典籍和历史、文学、哲学、医药、法律等方面的学术专著。栩栩如生的酥油花、绚丽多彩的壁画和色彩绚烂的堆绣被誉为“塔尔寺艺术三绝”。每年寺内都要举行盛大的活动，热闹非凡，游人如潮。

图1-8-7 塔尔寺

（3）海北州阿咪东索景区

阿咪东索（图1-8-8）为藏语，意为“千兵哨卡”，俗称“牛心山”，蒙古语称之为“乃曼额尔德尼”，意为八宝山。由于高度原因，其山脚处和山顶处温差较大，人们常说阿咪东索“一山可见四季景”。阿咪东索海拔4667米，与县城八宝镇的相对高差达到近2000米。每到盛夏，阿咪东索山体底部麦浪翻滚，油菜花香，一派高原河谷的农家景象，春意盎然；向上绿草如茵，是优良的牧场，自古就有“祁连山下好牧场”之美称，夏意融融；中部或稍上的广阔区域灌木丛生，俨然一派林海风光，秋意瑟瑟；举目向上，从稀疏植被逐渐过渡到石山，而峰顶的积雪终年不化，冬意怆然。一山尽览四季美景是阿咪东索景色最好的写照。

图1-8-8 阿咪东索

（4）茶卡盐湖

茶卡盐湖（图1-8-9）位于青海省海西蒙古族藏族自治州乌兰县茶卡镇，“茶卡”是藏语，意即盐池，蒙古语湖名为“达布逊淖尔”，意思是青盐的海。

图1-8-9 茶卡盐湖

茶卡盐湖平均海拔3059米，湖面面积154平方千米，景区面积30平方千米。茶卡盐湖四周雪山环绕，平静的湖面像镜子一样，反射着美丽得令人陶醉的天空景色，被誉为“中国的天空之镜”，置身于盐的世界，漫步湖面如行走云端之上，水映天，天接地，人在湖间走，宛如画中游。

茶卡盐湖一年四季美景连连，春日里低悬于天际的白云落在湖水里，分不清是盐更白还是云更白；夏季碧波荡漾的湖水如翡翠一般绿得沁人心扉；秋天干涸的湖面冰清玉洁，平坦无垠；冬天的苍凉荒芜更是另一种景象。

茶卡盐湖还因盛产大青盐驰名，成为中国首家绿色食用盐生产基地。近年来以生产、旅游两相宜而在国际国内旅游界享有美誉，游客数量逐年增长，被《中国旅游地理》杂志评为“人一生要去的55个地方”之一，成为大美青海的又一张靓丽名片。

【知识拓展】

M1-8-3
知识拓展

扫描二维码了解青海湖、喀纳斯湖、纳木错湖、长白山天池和杭州西湖等我国最美五大湖泊，以及印度尼西亚、美国、冰岛和菲律宾等国地热分布与利用情况。

【单元小结】

青藏旅游区旅游资源奇特，以高原地貌景观和独特人文风情为主。本单元主要介绍了青藏旅游区的旅游资源特色，西藏和青海两个旅游亚区的旅游业发展概况和各自主要游览区的特点。要求重点掌握青藏旅游区旅游资源的特点和各旅游亚区内主要景点的特点。

【思考与实训】

一、思考

1. 举例说明拉萨市的旅游资源特色。
2. 说明塔尔寺的特色。
3. 举例说明该区旅游资源的特色。

二、实训

1. 请设计青藏旅游区的旅游主题并进行特色提炼。
2. 广东的张先生想利用春节假期去青藏地区旅行，请为其设计一套旅游方案。

学习单元九　港澳台旅游区

学习目标

知识目标：了解港澳台旅游区的旅游点概况，掌握港澳台旅游区旅游资源的基本特征，熟悉港澳台旅游区的旅游地理环境，了解各旅游亚区一般旅游景点的概况。

能力目标：能够根据港澳台地区旅游交通的特点设计本区主要的旅游线路，能够对知名景点进行讲解。

素质目标：通过对本旅游区的学习，厚植爱国主义情怀，弘扬以爱国主义为核心的民族精神和以改革创新为核心的时代精神。

任务导入

“高山青，涧水蓝，阿里山的姑娘美如水呀……”通过这首广为传唱的歌曲《阿里山的姑娘》，我们很早就知道了台湾有一座山叫阿里山。阿里山其实不是仅指一座山，它是由尖山、塔山、大武峦山等18座高山组成，整个山脉森林覆盖面积达300多平方千米。远远望去，峰峦起伏、郁郁葱葱，高大的原始林木遮天蔽日，走在密林深处，抬头望去只能看到一线天空。森林里含氧量极其丰富，是个天然大氧吧。阿里山有五大看点：原始森林神木、高山森林小火车、日出、云海和姊妹潭。除了阿里山，台湾还有哪些知名景点？

【学习内容】

一、港澳台旅游区概况

港澳台是我国香港特别行政区、澳门特别行政区和台湾地区的总称，陆地总面积约为3.73万平方千米。港澳台旅游区主要是以岛屿的形式存在，地势低缓，多为低山丘陵。本区位于亚洲至欧洲、非洲和大洋洲的航道要冲，具有十分优越的临海位置。

（一）港澳台旅游区旅游地理环境概况

1. 多高山，平原面积狭小

台湾地区陆地面积3.6万平方千米，地貌类型主要有山地和平原，山地面积占三分之二，纵贯全岛中东部，西部为河流冲积平原。台湾山脉以中央山脉为中心，发育一系列平行山脉，如阿里山、玉山、雪山等。最高峰玉山海拔3997米，为我国东部最高峰，山地植被垂直分异明显。香港陆地面积1106平方千米，区位优越，地形以山地为主，大帽山海拔957米，为香港最高峰。香港多天然良港和海湾，维多利亚港被称为“世界三大天然良港”之一。澳门原为小渔村，由澳门半岛、氹仔岛、路环岛三部分组成，地形多山地海湾，陆地面积32.9平方千米。

2. 典型的热带、亚热带季风气候

本区位于我国纬度最低的地区，东临太平洋，南临南海，西南距印度洋不远，受东南亚季风环流的控制，形成了典型的热带、亚热带海洋性季风气候。本区气候温暖湿润，长夏无冬。台湾在高温多雨的气候条件下，生物资源非常丰富，森林覆盖率达50%以上。

（二）港澳台旅游区人文地理环境

1. 自由港及繁荣的进出口贸易

本区雄厚的经济基础对旅游业的发展具有极大的促进作用。港澳台经济发达，香港和台湾均被称为“亚洲四小龙”之一。香港是一座高度繁荣的自由港和国际大都市，是全球第三大金融中心，重要的国际金融、贸易、航运中心和国际创新科技中心，也是全球最自由经济体和最具竞争力城市之一，在世界享有极高声誉。澳门是一个国际自由港，是世界人口密度最高的地区之一，著名的轻工业、旅游业、酒店业和娱乐场使其长盛不衰，成为全球最发达、最富裕的地区之一。台湾经济是典型的出口导向型经济体系，几十年来，通过进口替代、出口扩张、结构调整与自由化改革，台湾经济获得了较快发展。

2. 便利的交通条件

本区的旅游交通相当便捷。香港拥有高度发展及成熟的交通网络，不仅海运发达，且有众多航线连接着世界各地。台湾交通也很便利，环岛铁路、四通八达的公路网及客运公共汽车使旅游者能很便捷地欣赏台湾之美。

（三）港澳台旅游区旅游资源特征

1. 香港

香港被誉为最受旅客欢迎的亚洲城市。香港是一个中西合璧的城市，既保留着传统的中国文化，又深受欧洲文化的影响。香港是著名的旅游胜地，是购物消闲的好去处，有享誉国际的佳肴美食，有怡人的自然景色和独特的文化遗产，包括庙宇、寺院、围村、祠堂和其他古物古迹。其中著名的旅游景点有太平山、迪士尼乐园、海洋公园、浅水湾、星光大道、金紫荆广场、维多利亚港等。历史的变迁，让香港从一个只有5000人的小渔村，演变成今天有“东方之珠”美誉的国际大都会。

2. 澳门

澳门位于中国东南沿海的珠江三角洲西侧，由澳门半岛、氹仔岛、路环岛组成。澳门地势不高，天然平原少，丘陵、台地广布。旅游业是澳门经济的支柱产业，著名的“澳门八景”包括灯塔松涛、镜海长虹、妈阁紫烟、普济寻幽、三巴圣迹、卢园探胜、龙环葡韵、黑沙踏浪。大三巴牌坊是较具代表性的“澳门八景”之一，牌坊呈三角金字塔形，给人以美的享受。

3. 台湾

在我国的东南部，有一块美丽富饶的土地，它形似一片巨大、翠绿的芭蕉叶，漂卧在碧波万顷的大海之中，这就是祖国的宝岛——台湾。

台湾是世界著名的旅游胜地。丰富的旅游资源、发达的交通运输、优质的接待服务和先进的旅游设施，使台湾的旅游业迅猛发展。台湾地区旅游资源以山高、林密、岸奇著称，多瀑布、温泉，文化与大陆同宗同脉，联系密切。按地理方位可分为：以台北为中心的旅游区，以火山、温泉、海岸为主要特色；以台中为中心的旅游区，以山地、湖泊为主要特色；以高雄、台南为中心的旅游区，以历史文化和名胜古迹为主要特色；以台东为中心的旅游区，以峡谷、断崖为特征。台湾著名的旅游景点有台北故宫博物院、台北101大楼、孙中山纪念馆、日月潭、阿里山、垦丁公园等。

二、旅游亚区及主要旅游景点

（一）香港旅游亚区

香港的全称是中华人民共和国香港特别行政区，香港自秦朝起明确成为当时的中原领土。

第二次世界大战后，香港经济和社会迅速发展，不仅成为“亚洲四小龙”之一，也是全球最富裕、经济最发达和生活水平最高的地区之一。香港是亚洲重要的金融、服务和航运中心，以廉洁的政府、良好的治安、自由的经济体系及完善的法治闻名于世。

1. 香港旅游资源概述

（1）自然旅游资源

① 地形地貌

香港位于东经114°15′，北纬22°15′，地处华南沿岸，在广东省珠江口以东，由香港岛、九龙半岛、新界内陆地区及262个大小岛屿（离岛）组成。香港北接广东省深圳市，南面是广东省珠海市万山群岛。香港与澳门隔江相距约61千米，北距广州130千米、距上海1200千米。

香港三大部分的面积分别是，香港岛80.68平方千米，九龙半岛46.94平方千米，新界及262个离岛978.72平方千米，陆地总面积1106.34平方千米，略大于上海市的六分之一，土地和水域的管辖总面积2755.03平方千米，水域率59.8%。香港的已发展土地少于25%，郊野公园及自然保护区的面积多达40%。

② 江河湖海

香港水资源短缺，除与深圳交界的深圳河以外，主要有城门河、梧桐河、林村河、元朗河和锦田河等，均为短小河流，河长均不超过8千米，源短流急，为季节性河流。深圳河发源于梧桐山牛尾岭，自东北向西南流入深圳湾，出伶仃洋，全长37千米，流域面积312.5平方千米，其中深圳一侧为187.5平方千米，香港一侧为125平方千米。香港境内的梧桐河是深圳河的主要支流。

③ 气候植被

香港属亚热带气候，夏天炎热且潮湿，温度在26~30℃之间；冬天凉爽而干燥，但很少会降至5℃以下。5~9月间多雨，有时雨势颇大。夏秋之间，时有台风吹袭，7~9月是香港台风较多的季节。香港平均年降水量2214.3毫米，雨量最多月份是8月，雨量最少月份是1月。受自然环境的限制，香港自然资源匮乏。香港饮用淡水的60%以上依靠广东省供给。矿藏有少量铁、铝、锌、钨、绿柱石、石墨等。香港邻近大陆架，洋面广阔，岛屿众多，有得天独厚的渔业生产的地理环境。香港有超过150种具有商业价值的海鱼，主要是红杉、九棍、大眼鱼、黄花鱼、黄肚和鱿鱼。香港土地资源有限，林地占陆地总面积的20.5%，草地和灌木地占49.8%，荒地占4.1%，沼泽和红树地占0.1%，耕地占6.7%，鱼塘占2%，城郊区建设发展土地占16.8%。农业主要经营少量的蔬菜、花卉、水果和水稻，饲养猪、牛、家禽及淡水鱼，农副产品近半数需内地供应。

（2）人文旅游资源

① 经济基础

内地是香港最大的贸易伙伴，也是香港饮用水、蔬菜、肉禽蛋的主要来源地。内地同时是香港转口货物的最主要来源地兼最大市场，香港有约90%的转口货物是来自内地或以内地为目的地。香港也是内地的金融和其他商业支援服务的中心，为内地提供多元化的金融和其他商业支援服务，如银行、融资、保险、运输、会计、销售推广等。

② 交通运输

香港拥有高度发展及成熟的交通网络。公共运输的主要组成部分包括铁路、巴士（公共汽车）、小巴（小型公共汽车）、的士（出租车）及渡轮等。其中，港铁列车是香港最主要的公共运输工具，其次是公共汽车。

香港的公共汽车大多都是双层的。行驶在香港岛北岸的香港电车队更是全球唯一使用全两层电车的车队。同样位于香港岛的中环至半山自动扶梯系统，为世界最长的有盖自动行人电梯系统。

除此之外，位于大屿山赤鱲角的香港国际机场是全球较为繁忙的国际机场，是来往欧美、亚洲、大洋洲航班的转机点。

③ 历史文化

香港的历史，最早可以追溯到约5000年前的新石器时代。秦始皇统一中国后，先后在南方建立了南海郡、桂林郡、象郡三个郡。香港隶属南海郡番禺县，由此开始，香港便被置于中央政权的管辖之下。汉朝香港隶属南海郡博罗县。东晋咸和六年（331年）香港隶属东莞郡宝安县。隋朝时香港隶属广州府南海郡宝安县。唐朝至德二年（757年），改宝安县为东莞县，香港仍然隶属东莞县。宋元时期，内地人口大量南迁香港，促使香港的经济、文化得到很大发展。明朝万历元年（1573年）起，香港隶属新安县。

香港是一个优良的深水港，曾被誉为世界三大天然海港之一，英国人早年发现了香港的维多利亚港有成为东亚地区优良港口的潜力，不惜发动鸦片战争从满清政府手上夺得此地以便发展其远东的海上贸易事业。1997年7月1日，中国政府对香港恢复行使主权。

2. 香港旅游路线及景点

（1）香港购物游：香港会议展览中心—香港珠宝展示中心—环球免税店

香港会议展览中心是一座外观犹如银鸟振翼高飞的新型建筑。这座智慧型建筑物设备完善先进，为全亚洲规模最大及设计最现代化的会议展览场馆之一。全球瞩目的“中英香港政权移交大典”及“世界银行周年大会”于1997年在此处举行。漫步于其宽敞的新翼大堂，可欣赏对岸尖沙咀的醉人景色。

香港珠宝展示中心，是世界珠宝交易的集散地，每年5月、10月，在此都会有大型的、来自世界各地的珠宝、名表展会。

DFS环球免税店华懋广场店位于尖沙咀东部地段，共占两层，总面积达7000多平方米。这里酒店林立，交通四通八达，提供品种齐全的世界名牌，以及一系列香港纪念品。

（2）香港观光游：黄大仙祠—金紫荆广场—太平山—星光大道—迪士尼乐园—海洋世界

黄大仙祠（图1-9-1）又名“啬色园”，建于1945年，是香港九龙有名的胜迹之一，是香港最著名的庙宇之一，在海内外享有盛名。传说，黄大仙又名“赤松仙子”，以行医济世为怀而广为人知。

图1-9-1　黄大仙祠

金紫荆广场的金紫荆雕像矗立于香港会议展览中心新翼海旁的博览海滨花园内。附近屹立着一座回归纪录碑，纪录碑顶部白环象征香港回归中国，而上面的50个环代表香港特别行政区的生活方式保持50年不变。湾仔北部这朵紫荆花乃镀金雕像，由中央政府送给香港作为特区政府成立的礼物，别具纪念价值，不少旅客专程到此游览。这朵金紫荆已成为香港重要的地标及旅游胜地之一。

登临太平山顶，居高临下，可俯览举世闻名的优美海港，环绕山顶走一圈，可尽得山下景观，北眺九龙，南望无际的南海。山顶的凌霄阁，是一座综合式娱乐饮食购物中心，设有机动列车怀旧旅程、超动感影院和奇趣馆，令人耳目一新。

星光大道位于尖沙咀海滨长廊，毗邻香港艺术馆，向尖沙咀东部延伸，实为一座美丽的海滨栈桥。星光大道全长440米，路面镶嵌着为打造香港这座“东方好莱坞”而做出卓越贡献的电影工作者的手印或名字。道旁共设立9座红色的电影里程碑，用文字介绍了香港电影百年的发展历程；另有3座特别销售站，专售突显香港电影特点的纪念品。

香港迪士尼乐园的面积约1.26平方千米，是全球面积最小的迪士尼乐园。乐园包括7个主题区：美国小镇大街、探险世界、幻想世界、明日世界、玩具总动员大本营、灰熊山谷和迷离庄园。到访香港迪士尼乐园的游客将会暂时远离现实世界，走进缤纷的童话故事王国，感受神秘奇幻的未来国度及惊险刺激的历险世界。

3.特产及美食

香港汇聚了世界各地的美食，各种口味的餐馆开遍大街小巷，愈热闹的地方就愈多，如旺角、铜锣湾、尖沙咀东部和九龙城等地有些街道尽是食肆。充满亚洲风味的餐馆遍布香港，辛辣的泰国汤、香浓的印度咖喱、美味的韩国烧烤、清新的越南沙律卷、鲜美的日本寿司等特色美食，数之不尽。香港的中国菜餐馆，提供中国各地的特色佳肴，广东菜餐馆尤其多，此外还有潮州菜、湖南菜、四川菜、北京菜、上海菜等，还有讲究素淡的素菜。以传统的广东点心作早餐的早茶也是一个很不错的选择。

香港还是一个小食的天堂，各式各样的小食随处可见。最常见的街头小食除了鱼蛋、牛杂外，还有琳琅满目的品类。具有地方色彩的小食随处可见，如叮叮糖、糖葱薄饼、炒栗子、龙须糖等。饮品方面则有各式果汁、餐茶、凉茶，此外还有粥、粉面类、碗仔翅、臭豆腐等，数不胜数。除此之外，最富香港特色的流行食品是鱼蛋粉，在旺角最常见的小食是煎酿三宝、炸大肠等。

（二）澳门旅游亚区

澳门是中华人民共和国两个特别行政区之一，位于中国东南沿海的珠江三角洲西侧，由澳门半岛、氹仔岛、路环岛组成，在33平方千米的陆地上生活了68万余人（截至2020年底），这也使澳门成为全球人口密度最高的地区之一。澳门北与广东省的珠海市拱北连接；西与同属珠海市的横琴新区对望；东面则与另一个特别行政区——香港相距60千米，中间以珠江口相隔。

1.澳门旅游资源概述

（1）自然旅游资源

① 地形地貌

澳门特别行政区位于中国大陆东南沿海，地处珠江三角洲的西岸，毗邻广东省，与香港相距60千米，距离广州145千米。

澳门的总面积因为沿岸填海造陆而一直扩大，已由19世纪的10.28平方千米逐步扩展至今日的33平方千米。澳门包括澳门半岛、氹仔岛和路环岛。半岛北面与内地相连，南面分别由澳凼大桥、友谊大桥和西湾大桥与氹仔连接；至于氹仔与路环，则由全长2.2千米、6线行车的连贯公路相接。

② 江河湖海

澳门的海岸线长达76.7千米，属于比较曲折的华南港湾地形，可供船只停泊的海湾很多，数百年前曾繁盛一时。但由于澳门地处珠江口外缘西侧与磨刀门口湾之间，深受珠江口淤泥及磨刀门冲积扇的影响。因此，目前澳门除了九澳湾、竹湾、黑沙湾外，其他港湾或是开辟为港口码头，或是因为淤泥堆积或填海已消失殆尽，所留下的不过只是一个历史名词而已。

③ 气候植被

澳门位于北回归线以南，地处低纬，又位于海岸地区，深受海洋和季风影响，因此，澳门的气候具有温暖、多雨、湿热和干湿季明显等特点，属热带季风气候。全年主要分冬夏两季，春秋短暂而不明显。3~5月为春季，6~8月为夏季，9~11月为秋季，12月~次年2月为冬季。夏热多雨，冬稍干冷，春温多雾，秋日晴朗。澳门的年平均气温为22.3℃，气温的年较差为14℃，变化比较平缓。其中1月最冷，平均气温14.6℃，但最低气温仍在5℃以上，最冷的纪录是–1.8℃。7月最热，平均气温28.5℃，最热的纪录是38.9℃。澳门年平均日照时间为1956.4小时，是华南地区日照时间和太阳能资源较多的地区之一。夏秋日照时间较长，冬春日照时间较短。

澳门的植被为热带、亚热带常绿阔叶林，以樟科和壳斗科的乔木为主。澳门的陆地面积小，同时植被覆盖率也比较低。

（2）人文旅游资源

① 经济基础

澳门是微型海岛经济，经济规模无可避免地受市场、资源和结构等方面的局限，但仍然是亚太地区极具经济活力的一员。

虽然澳门的经济规模不大，但具有开放和灵活的特点，在区域性经济中占有独特的地位。传统上，澳门的经济以出口为主，在加工业进行转型以适应新时代的同时，服务出口在澳门整体经济中所占的比重变得越来越大。

澳门是中国国际自由贸易港之一，货物、资金、外汇、人员进出自由。特区政府成立后，把维护和完善自由市场经济制度作为经济施政的主线，营造受国际社会认同、自由开放、公平竞争和法治严明的市场环境，确保经济制度不受干扰和影响。

澳门制造业是以纺织制衣业为主，且以劳动密集和外向型为模式发展，大部分产品销往美国及欧洲。

② 交通运输

澳门的对外交通四通八达，有各种交通工具可供选择。在航运方面，香港有客运码头24小时提供来往澳门的快速和舒适的服务（时间约1小时），深圳也有航班来往澳门（时间约75分钟）。陆路方面，由广州可经由珠海来往澳门（车程约2小时）。直升机是往来港澳最便捷的交通工具，仅需16分钟左右。另外，澳门国际机场有十多家航空公司经营的航线，乘客可搭客机转往欧洲及美洲等地。

③ 历史文化

澳门以前是个小渔村，古称“濠镜”或“濠镜澳”，因为当时泊口可称为“澳”，所以称“澳门”。澳门及其附近盛产蚝（即牡蛎），蚝壳内壁光亮如镜，澳门因此被称为“蚝镜”，后人把这个名称改为较文雅的“濠镜”。清乾隆年间出版的《澳门纪略》中说：“濠镜之名，着于《明史》。东西五六里、南北半之，有南北二湾，可以泊船。或曰南北二湾，规圆如镜，故曰濠镜。”从这个名称中，又引申出濠江、海镜、镜海等一连串澳门的别名。

而澳门这个名字则源于渔民非常敬仰的一位中国女神——天后，即妈祖，她又名娘妈。据说，一艘渔船在天气晴朗、风平浪静的日子里航行，突遇狂风雷暴，渔民处于危难中。危急关头，一位少女站了出来，下令风暴停止。风竟然止住了，大海也恢复了平静，渔船平安地到达了海镜港。上岸后，少女朝妈阁山走去，忽然一轮光环照耀，少女化作一缕青烟。后来，人们在她登岸的地方，建了一座庙宇供奉这位娘妈。

16世纪中叶，第一批葡萄牙人抵澳时，询问居民当地的名称，居民误以为指庙宇，答称“妈阁”。葡萄牙人以其音而译成“MACAU”，成为澳门葡萄牙语名称的由来。

2. 澳门旅游路线及景点

澳门深度游路线：四面佛—澳门赛马会—澳凼大桥—妈阁庙—金莲花广场—澳门观光塔—渔人码头—大三巴牌坊。

澳门有两座四面佛：一座在氹仔澳门赛马会停车场的旁边，另一座在澳门客运码头附近的国际中心内。两处都吸引了不少善男信女前往膜拜。四面佛，人称“有求必应佛”，该佛有四尊佛面，分别代表爱情、事业、健康与财运，掌管人间的一切事务。

澳门赛马会（图1-9-2）建于氹仔填海区，也称“氹仔赛马场”，于1979年初开幕，并举行首场赛事，是亚洲最大的马场之一。马房有千余匹赛马，赛道占地45万平方米。场内可容近3万名观众。澳门赛马会设备先进，管理人员来自世界各地，具有国际水平。场内设有空调看台和会员专用厢房，环境舒适。此外还可通过大屏幕或电视机观看赛事。场内设有中、西餐厅。

图1-9-2 澳门赛马会

澳门有三座跨海大桥，澳凼大桥是澳门半岛与氹仔岛间第一座跨海大桥，由葡萄牙桥梁专家贾多素设计，于1970年6月动工，1974年10月5日正式通车。大桥全长2569.8米，引桥长2090米，桥面宽9.2米，双向四车道，两侧还各留有0.8米宽的人行道。大桥由6个桥墩支撑，最大跨度为73米，高度35米，桥面可行驶大型载重汽车，桥下任何时候大型客轮都畅通无阻。大桥原以澳督的名字命名为“嘉乐庇大桥”，后因市民通称“澳凼大桥”，便取而代之。

妈阁庙（图1-9-3）为澳门最著名的名胜古迹之一，初建于明弘治元年（1488年），距今已有500多年的历史。其原称“妈祖阁”，俗称“天后庙”，位于澳门的东南方，枕山临海，倚崖而建，周围古木参天，风光绮丽。主要建筑有大殿、弘仁殿、观音阁等殿堂。庙内主要供奉道教女仙妈祖，又称“天后娘娘”“天妃娘娘”。

金莲花广场位于澳门新口岸高美士街、毕仕达大马路及友谊大马路之间。为庆祝1999年澳门回归，中华人民共和国中央人民政府致送了一尊名为《盛世莲花》的雕塑，有大、小各一件：置于广场上的大型雕塑重6.5吨，高6米，花体部分最大直径3.6米；小型雕塑直径1米，高0.9米，于澳门回归贺礼陈列馆展出。

位于南湾新填海区D区域1号地段、占地面积达13363平方米的澳门观光塔是澳门特别行政区著名的大型旅游设施，亦是澳门新的标志性建筑。该塔由澳门旅游娱乐有限公司分两期开发建设完成：第一期兴建一座高约338米的澳门观光塔，第二期兴建娱乐中心。观光塔的商业用途部分占地3675平方米，服务部分占地4370平方米；娱乐中心总建筑面积为42188平方米，其中楼宇地库的第二及第三层用作停车场。

澳门渔人码头（图1-9-4）是澳门首个主题公园和仿欧美渔人码头的购物中心。澳门渔

图1-9-3 妈阁庙

图1-9-4 渔人码头

人码头建于外港新填海区海岸，邻近港澳码头，由何鸿燊及周锦辉投资兴建，总投资约为18.5亿澳门币，经过5年时间筹备与兴建，2005年12月31日由澳门行政长官何厚铧及渔人码头主席何鸿燊揭幕及试营业。试营业一年后于2006年12月23日正式开幕。澳门渔人码头占地超过11万平方米，集娱乐、购物、饮食、酒店、游艇码头及会展设施于一体，结合不同建筑特色及中西文化，力求使游客突破地域界限，体验不同地区的风情。而区内多元化的娱乐设施使澳门渔人码头成为举家同游的好去处，澳门渔人码头使澳门旅游业展现了全新的面貌。

图1-9-5 大三巴牌坊

大三巴牌坊（图1-9-5）是圣保禄教堂的前壁遗迹。教堂建成于1637年，体现了欧洲文艺复兴时期建筑风格与东方建筑特色的结合，是当时东方最大的天主教堂。圣保禄教堂先后经历3次大火，屡焚屡建，在1835年10月26日的第三次大火中被毁后就仅存教堂正门大墙至今。因为它的形状与中国传统牌坊相似，所以俗称“大三巴牌坊”。精美绝伦的艺术雕刻，使大三巴牌坊显得古朴典雅。最特别的是，大三巴牌坊的中国石狮头，是西方艺术与中国传统石雕艺术相结合的精品。

3.特产及美食

澳门可谓荟萃了东西南北的美食，在这里不仅可以品尝到正宗的葡萄牙菜，还可以吃到澳门菜、广东菜、上海菜、日本菜、韩国菜和泰国菜。

到了澳门当然不能不尝尝葡国菜了，澳门的葡国菜分为葡式、澳门式两种。澳门式葡国菜是兼收并蓄了葡萄牙、印度、马来西亚及中国粤菜的烹饪技术，对原来的葡国菜改良，取长补短，可以说是世界上独一无二的菜式。非洲鸡、果亚鸡、辣大虾、烧牛尾、葡国鸡、葡国腊肠、沙甸鱼等都是著名的菜式。位于岗顶平地、建于1873年的歌剧院内的Macau Club餐厅，以及1995年开始营业的陆军俱乐部餐厅都是很有情调的澳式葡国菜餐厅。

葡式葡国菜的红豆猪手、青菜汤、马介休（即鳕鱼，葡萄牙人喜欢吃的一种咸鱼，它可以用煎、烧、烤、煮等不同的方法烹调，无论用什么方法烹调，都会令人齿颊留香，回味无穷）都是很有名的菜。

（三）台湾旅游亚区

祖国宝岛台湾陆地总面积为3.6万平方千米，由台湾岛、周围所属岛及澎湖列岛组成，共有大小岛屿100多个。

台湾地区西隔台湾海峡与大陆相望，东临太平洋，向北渡海可达日本，向南可通往东南亚、太平洋及印度洋各国。

1. 台湾旅游资源概述

（1）自然旅游资源

作为世界著名的旅游胜地，台湾的风光可以概括为“山高”“林密”“瀑多”“岸奇”等特征。

台湾岛为中国第一大岛，北起富贵角，南到鹅銮鼻，长约394千米。东起秀姑峦溪口，西到浊水溪口，宽约144千米。面积35873.2平方千米。台湾岛是一个多山的海岛，以纵贯南北的中央山脉为骨干，与台东山脉、雪山山脉、玉山山脉和阿里山脉一起，状如五条巨龙伏卧于海岛上，统称台湾山脉。其中玉山山脉中段最为高峻，主峰玉山海拔高度为3952米，是台湾的最高山峰，也是我国东部的最高峰。山地面积占台湾总面积2/3；余下的1/3为平原丘陵地区，分布在北部、西部和南部沿海地带。

台湾河流、湖泊众多。大小河流共计608条，但一般较短。长度超过100千米的仅有6条，最长的河流是浊水溪，全长186.4千米。其下游土地肥沃，是台湾最重要的农业区之一。主要的湖泊有日月潭、澄清湖、珊瑚潭、青草湖等。其中日月潭最为著名，它不仅是台湾最大的天然湖，也是台湾乃至全国著名的风景区之一。日月潭水面约9平方千米，湖中有一形如珍珠的小岛，名光华岛。以光华岛为界，北半湖状如日轮，南半湖形如弦月，故名日月潭。

台湾地处温带与热带之间，北回归线横穿其境。气候特点为高温、多雨、多风。

台湾的夏季长达200天以上，有的地区甚至长夏无冬。常年气温差异不大，最热的地方最热的月份平均气温为27~28℃，最冷的地方最冷的月份平均气温为15℃，全年平均气温在22℃左右。

台湾降水量丰富，平原地区年平均降水量多在2000毫米以上，而且一般来说，山区降雨多于平原。北部的基隆平均每年有214天下雨，年降水量超过3200毫米；距基隆市南10千米的雪山山脉的火烧寮，年平均降水量6700毫米，最高曾达到8408毫米，是我国降水量最多的地区。就全省而言，台湾也是我国年降水量最多的省份。

台湾所处的地理位置，使其与海洋季风有密切的关系。冬季东北季风强劲，使迎风的东北地区也就变成了雨季。夏季盛行东南和西南季风，来自大洋深处的季风同样为台湾带来大量的雨水。同时台湾还是我国受台风影响最大的一个省份，每年6~10月为台风季节。

台湾是座森林宝库，其森林覆盖面积占全省土地总面积的一半以上，约相当于江苏、浙江、安徽三省森林面积的总和，比欧洲著名的山林之国瑞士的森林面积还大1倍，木材的蓄积量达3亿立方米以上。台湾因受气候垂直变化的影响，林木种类繁多，包括热带、亚热带、温带和寒带品系近4000种，是亚洲有名的天然植物园。台北的太平山、台中的八仙山、嘉义的阿里山，是全省的三大著名林区。这里各类阔叶树、藤类植物的浓枝密叶，终年遮云蔽日。

（2）人文旅游资源

台湾地区有多姿多彩的多元文化，在建筑、语言、生活习惯上，处处体现出不同而又和谐共荣的缤纷景象。

图1-9-6　台北故宫博物院

台湾地区既非常注重传统文化的保存，也逐渐发展出新的文化。

多元的文化又形成了种类丰富的台湾美食。台菜、客家菜、湘菜、川菜、日式和韩式料理，或是传统小吃、地方特产美食，呈现出多元丰富的特点，使台湾“美食王国”之名备受世界肯定。按地方可分基隆美食、台北美食、新竹美食、台中美食、嘉义美食、台南美食、高雄美食、屏东美食、澎湖美食。

2. 台湾地区旅游路线及景点

玩转台湾环岛游：台北故宫博物院—101

大楼观景台—孙中山纪念馆—日月潭—阿里山—西子湾—三仙台—太鲁阁峡谷风景区。

1931年“九一八”事变后，日本侵略者步步紧逼，北平故宫等地存藏的珍宝南迁。在故宫博物院时任院长马衡主持下，经过挑选、造册、编号、装箱，迁走故宫博物院古物约20万件。南迁古物暂存上海，全面抗战爆发前夕运到四川，抗战胜利后又迁回南京，1948年又从南京迁往台湾。幸运的是当时虽然兵荒马乱，烽火连天，文物的迁运过程时日绵长、道路艰险，却无损毁丢失，确实是奇迹。台北故宫博物院（图1-9-6）位于外双溪，占地16万平方米，启建于1962年，于1965年孙中山诞辰纪念日落成。整座建筑仿北京故宫博物院的形式，采用中国宫廷式设计，外观雄伟壮丽，背负青山。进入故宫广场前，即见6根石柱所组成的牌坊，坊上题有孙中山手迹“天下为公”，拾级而上，可见刻有“博爱”二字的铜鼎。

101大楼观景台。台北101，在规划阶段初期，原名台北国际金融中心，是位于台湾台北市信义区的一栋摩天大楼。由建筑师李祖原设计，KTRT团队建造，是台湾最高的大楼。

孙中山纪念馆位于台北市仁爱路四段中山公园内，为仿中国宫殿式的建筑，为了纪念孙中山先生百年诞辰而兴建，于1972年落成。全馆用地约4万平方米，占中山公园总面积的四分之一多，实际建筑面积达3.25万平方米。馆高达30.4米，是当今台湾罕见的宏大建筑物。纪念馆的正门高敞轩宏，入门是长方形的大纪念厅，安置着孙中山先生的纯铜坐姿塑像，高5.8米，重17吨。大厅后南为纪念馆使用部分，上下二层，包括大会堂、图书馆、画廊、展览室、演讲室及其他文化服务建筑。一楼的大会堂可容纳3000人，设备一流，许多全台性质的文化艺术活动都在这里举行；励学室有200个座位，专供青少年学生进修之用；演讲室面积200多平方米，有200个座位，经常举办各种专题学术讲座及各类演说活动。二楼为台湾著名的孙逸仙博士图书馆，1973年正式开放，其藏书达14万册，多为国内外珍贵版本；四个大展览室，供各类展览之用；三面采光良好的长廊开辟为中山画廊，专供展览艺术作品。

日月潭（图1-9-7）旧称“水沙连”，又名“水社里”，位于阿里山以北、能高山之南的南投县鱼池乡水社村，是台湾最大的天然淡水湖泊，堪称“明珠之冠”，在清朝时即被选为台湾八大景之一，有“海外别一洞天”之称。区内依特色规划有景观、自然、孔雀、蝴蝶、水鸟、宗教等6个主题公园，还有8个特殊景点，以及水社、德化社两大服务区。日月潭由玉山和阿里山间的断裂盆地积水而成。环潭周长35千米，平均水深约30米，水域面积达8平方千米。日月潭中有一个小岛，远望好像浮在水面上的一颗珠子，名“珠子屿”。抗战胜利后，为庆祝台湾光复，把它改名为“光华岛”。岛的东北面湖水形圆如日，称“日潭”；西南面湖水形觚如月，称“月潭”，统称“日月潭”。

图1-9-7　日月潭

M1-9-1
日月潭

阿里山（图1-9-8）位于嘉义市东方75千米处，海拔2000米以上，东临玉山山脉，与玉山公园相邻，四周高山环列，气候凉爽，平均气温为10.6□，夏季平均气温14.3□，冬季平均气温6.4□。阿里山森林游乐区西靠嘉南平原，北界云林、南投县，南接高雄、台南县，总计面积高达14平方千米。阿里山的日出、云海、晚霞、森林与高山铁路，合称“阿里山五奇”。阿里山铁路有70多年历史，是世界上仅存的3条高山铁路之一，途经热、暖、温、寒四带，景致迥异，搭乘火车如置身自然博物馆。

图1-9-8 阿里山

西子湾位于高雄市西侧、寿山西南端山麓下，北濒万寿山，南临旗津半岛，为一个拥有黄澄沙滩、碧蓝海水的浴场，以夕阳美景及天然礁石闻名。西子湾的夕阳是高雄八景之一，海天一色的美景，美不胜收，黄昏时分，更有诗情画意的情境。

三仙台位于台东县成功镇北方5千米处，为一个离岸珊瑚礁岛，岛上巨石罗列，与海中礁岩形成特殊景观，目前共分三仙龛、飞龙涧、水晶、井仙剑峡，合欢洞太液池、甘露泉和钓鱼台等景点。全岛面积约22万平方米，相传古时铁拐李、吕洞宾、何仙姑曾于岛上停憩，故名“三仙台”。岛上现有造型优美的跨海人行步道桥一座，长320米，可步行直上三仙台。岛上平坦处可供露营。

图1-9-9 太鲁阁峡谷风景区

太鲁阁峡谷风景区（图1-9-9）又称“太鲁幽峡”，是台湾著名的旅游胜地，位于台湾东部花莲县西北，连绵20千米，是太鲁阁公园的一部分。两岸悬崖万仞，奇峰插天；山岭陡峭，怪石嵯峨；谷中溪曲水急，林泉幽邃，具有长江三峡那样的气势，被誉为“宝岛的三峡”，为宝岛八景之冠。

太鲁阁是从泰雅语“鲁阁”来的，“鲁阁”是桶的意思。这里地势险要，曾多次作为战场，随处可见石头碉堡，易守难攻。它好似铁桶江山一样，故称“鲁阁”，通常叫“太鲁阁”。

3. 特产及美食

特产包括乌鱼子、阿里山竹笋、台湾牡蛎、枝仔冰、花莲石雕、美浓油纸伞、白毫乌龙、莺歌陶瓷、冈山三宝、冻顶乌龙、海草地毯等。

美食包括凤梨酥、猪血糕、药炖排骨、太阳饼、小笼汤包、芋圆、割包、姜母鸭、贡糖、珍珠奶茶等。

【知识拓展】

M1-9-2
知识拓展

世界上有维多利亚港、旧金山湾港、里约热内卢港等三大天然深水良港，具体内容扫描二维码进行了解。

【单元小结】

港澳台旅游区旅游资源丰富，以热带、亚热带风光为主。本单元主要介绍了港澳台旅游区的旅游资源特色，香港、澳门、台湾三个旅游亚区的旅游业发展概况和各自主要游览区的特点。要求重点掌握港澳台旅游区旅游资源的特点和各旅游亚区内主要景点的特点。

【思考与实训】

一、思考

1. 举例说明台湾地区的旅游资源特点。
2. 简述香港旅游资源的特色。
3. 简述澳门旅游路线及景点。

二、实训

1. 请设计港澳台旅游区的旅游主题并进行特色提炼。
2. 设计一条涵盖港澳台特色景点的十日游线路。
3. 东北的张先生想利用春节假期去台湾旅游，请为其设计一套旅游方案。

模块二

中国品牌旅游地理简介

我国地域辽阔，历史悠久，民族众多，有着壮美秀丽的自然风光、光辉灿烂的传统文化、各具特色的民族风情，发展旅游业的优势和潜力巨大。近年来，我国政府高度重视旅游业的地位和作用，高度重视生态文明建设以及中华优秀传统文化的弘扬与传承，大力倡导绿色富国、绿色惠民理念，坚持在发展中保护、在保护中发展，实行最严格的生态环境保护制度，建立国家公园体制，统筹旅游景区开发和保护，兼顾经济效益和生态效益，走出一条生态保护与经济发展相协调的路子。另外，国家全面推进全域旅游和“旅游+”行动，大力发展乡村旅游、工业旅游、文化旅游、养老养生游，并与“互联网+”相结合，在促进旅游中实现一二三产业融合发展。

基于此，本书特设置了中国品牌旅游地理模块，对各种形成品牌的旅游资源进行分类介绍。本模块包括六个单元内容，分别为国家公园、国家文化公园、国家级文化生态保护区、国家旅游景区、国家级旅游度假区、国家全域旅游示范区。每章内容分别从概念、特征、建设（创建）的历程、建设的指导思想、建设的基本原则、建设的重大意义以及建设（创建）名录等方面进行详细阐述。

学习单元一　国 家 公 园

学习目标

知识目标：掌握国家公园的概念、特征及认定标准，理解建设国家公园的重大意义，了解我国建设国家公园的历程，知晓国家公园建设的理念、基本原则和主要目标，掌握我国国家公园和国家公园体制试点区的概况。

能力目标：能够根据国家公园（体制试点区）旅游交通的特点设计出该区主要的旅游线路，能够对国家公园（体制试点区）知名景点进行讲解。

素质目标：通过对国家公园相关概念和建设政策的学习，深刻理解生态文明思想的内涵，增强社会责任意识和环境保护意识。同时以多样化的自然旅游资源及优美的自然风光，激发学生对祖国大美河山的热爱之情，让学生在感叹大自然鬼斧神工的同时，增强民族自豪感，树立自然保护意识，践行可持续发展观。

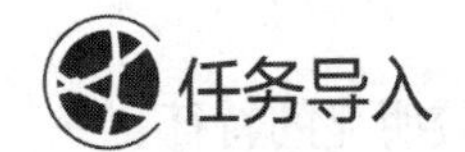

江河之水天上来。2.4亿年前，印度洋板块与亚欧板块短兵相接，断裂与抬升之间，昆仑山和可可西里地区隆升为陆地。6500万年前，特提斯海消亡，青藏高原全部露出地面。但构造运动并没有停止，2个板块继续挤压、碰撞，青藏高原不断崛起。又经历了几千万年的沧海桑田，青藏高原发育成形，昆仑山、阿尔金山、祁连山上升，柴达木盆地沉降，青海也发育成我们熟悉的模样。在青海省南部连绵起伏的群山之中，就藏着孕育华夏文明的长江、黄河以及国际重要河流澜沧江的源头。江河之水从"世界屋脊"而来，对于身处平原地区的人来说，在某种程度上，也算是从"天上来"了。

"中华水塔"在这里。在三江源，水是最重要的，也是姿态最丰富的。雪峰和冰川的消融，形成蜿蜒穿行在山脉间的江河溪流。三江源地区湖泊众多，仅国家公园内面积大于1平方千米的就有167个。如此丰富的湖泊、河流、沼泽还有新的"玩法"，重新组合成一个新的生态系统——湿地。此外，每年夏天，一部分来自印度洋的暖湿气流会攀升到青藏高原，遇冷形成源源不断的降水。雪山、冰川、河流、湖泊、湿地，在这样一套大气环流和天然的水资源运转体系共同作用下，构成了一个罕见而绮丽的高原水世界，造就了今日的"中华水塔"。

高原生灵的乐土。据统计，国家公园内生长着832种植物，多为耐旱耐寒的多年生草本。此外，园区内草甸、湿地遍布，垫状植被也是一片生机盎然。特殊的高原环境成就了野生动物的乐土。截至2018年12月，公园内共有野生兽类62种，包括雪豹、藏羚羊、野牦牛、藏野驴等在内的16种国家一级保护动物，除了走兽，大片的湿地更是鸟类繁殖、栖息和越冬的乐园，据统计，园区生活着196种鸟类。

人与自然和谐共处。作为我国最大的国家公园，三江源一切都大：大山、大江、大河、大雪山、大草原、大湿地、大动物乐园。而在这片广袤的土地上，同样存在着的还有人。来自中原的汉文化、西域和蒙古高原的游牧文化、青藏高原的藏文化，以及青海古老的羌人文化，在这里碰撞、融合。

请根据上述阅读资料分析三江源国家公园旅游资源环境的特点。

【学习内容】

一、国家公园概述

从保护美丽的自然景观到保护国家自然宝藏，国家公园的社会和政治地位不断提高，在现代社会肩负了保护自然生态系统这一极其重要的使命，是一个国家文明、进步的象征。

（一）国家公园的概念

国家公园是指以保护具有国家代表性的自然生态系统为主要目的、实现自然资源科学保护和合理利用的特定陆域或海域，是我国自然生态系统中最重要、自然景观最独特、自然遗产最经典、生物多样性最富集的部分，保护范围大，生态过程完整，具有全球价值、国家象征，国民认同度高。

设立国家公园能够有效保存与保护景观资源，便于考察与研究资源环境，促进旅游观光业的可持续发展。国家公园建设以加强自然生态系统原真性、完整性保护为基础，以实现国家所有、全民共享、世代传承为目标，并最终保障国家生态安全，实现人与自然和谐共生。

（二）国家公园的特征

综观世界上各种类型、各种规模的国家公园，它们一般都具有2个比较明显的特征：一是国家公园自然状况的天然性和原始性，即国家公园通常都以天然形成的环境为基础，以天然景观为主要内容，人为的建筑、设施只是为了方便而添置的必要辅助。二是国家公园景观资源的珍稀性和独特性，即国家公园天然或原始的景观资源往往为一国所罕见，并在国内，甚至在世界上都有着不可替代的重要而特别的影响。

（三）国家公园的认定指标

2020年12月，中国《国家公园设立规范》正式发布，国家公园认定指标包括国家代表性指标、生态重要性指标和管理可行性指标。

1. 国家代表性指标

（1）生态系统代表性

生态系统类型或生态过程是中国的典型代表，可以支撑地带性生物区系，至少应符合以下1个基本特征：

① 生态系统类型为所处自然生态地理区的主体生态系统类型；

② 大尺度生态过程在国家层面具有典型性；

③ 生态系统类型为中国特有，具有稀缺性特征。

（2）生物物种代表性

分布有典型野生动植物种群，保护价值在全国或全球具有典型意义，至少应符合以下1个基本特征：

① 至少具有1种伞护种或旗舰种及其良好的栖息环境；

② 特有、珍稀、濒危物种集聚程度极高，该区域珍稀濒危物种数占所处自然生态地理区珍稀濒危物种数的50%以上。

（3）自然景观独特性

具有中国乃至世界罕见的自然景观和自然遗迹，至少应符合以下1个基本特征：

① 具有珍贵独特的天景、地景、水景、生景、海景等，自然景观极为罕见；

② 历史上长期形成的名山大川及其承载的自然和文化遗产，能够彰显中华文明，增强国民的国家认同感；

③ 代表重要地质演化过程、保存完整的地质剖面、古生物化石等典型地质遗迹。

2. 生态重要性指标

（1）生态系统完整性

自然生态系统的组成要素和生态过程完整，能够使生态功能得以正常发挥，生物群落、基因资源及未受影响的自然过程在自然状态下长久维持。生态区位极为重要，属于国家生态安全关键区域，至少应符合以下1个基本特征：

① 生态系统健康，包含大面积自然生态系统的主要生物群落类型和物理环境要素；

② 生态功能稳定，具有较大面积的代表性自然生态系统，植物群落处于较高演替阶段；

③ 生物多样性丰富，具有较完整的动植物区系，能维持伞护种、旗舰种等种群生存繁衍，或具有顶级食肉动物存在的完整食物链或迁徙洄游动物的重要通道、越冬（夏）地或繁殖地。

（2）生态系统原真性

生态系统与生态过程大部分保持自然特征和进展演替状态，自然力在生态系统和生态过程中居于支配地位，应至少符合以下1个基本特征：

① 处于自然状态及具有恢复至自然状态潜力的区域面积占比不低于75%；

② 连片分布的原生状态区域面积占比不低于30%。

（3）面积规模适宜性

划定国家公园边界以确保大尺度生态过程完整为原则，应符合以下基本要求：

① 西部等原生态地区，可根据需要划定大面积国家公园，对独特的自然景观、综合的自然生态系统、完整的生物网络、多样的人文资源实行系统保护；

② 东中部地区，对自然景观、自然遗迹、旗舰种或特殊意义珍稀濒危物种分布区，可根据其分布范围确定国家公园范围和面积。

注：国家公园不设定量化的面积指标。

3. 管理可行性指标

（1）自然资源资产产权

自然资源资产产权清晰，能够实现统一保护，至少应符合以下1个基本要求：

① 全民所有自然资源资产占主体；

② 集体所有自然资源资产具有通过征收或协议保护等措施满足保护管理目标要求的条件。

（2）保护管理基础

具备良好的保护管理能力或具备整合提升管理能力的潜力，应同时符合以下基本特征：

① 具有中央政府直接行使全民所有自然资源资产所有权的潜力；

② 原则上，人类生产活动区域面积占比不大于15%，人类集中居住区占比不大于1%，核心保护区没有永久或明显的人类聚居区（有戍边等特殊需求除外），人类活动对生态系统的影响处于可控状态，人地和谐的生产生活方式具有可持续性。

（3）全民共享潜力

独特的自然资源和人文资源能够为全民共享提供机会，便于公益性使用，应同时符合以下基本特征：

① 自然本底具有很高的科学普及、自然教育和生态体验价值；

② 能够在有效保护的前提下，更多地提供高质量的生态产品体系，包括自然教育、生态体验、休闲游憩等机会。

（四）国家公园的保护模式

国家公园具有生态的原真性、物种的多样性、系统的完整性、分布的区域性和价值的珍贵性等诸多特征，往往是比较脆弱的生态系统。为实现国家公园的可持续发展，需要进行必要的人工干预和调控。经过100多年的研究和发展，国家公园已经成为一项具有世界性和全人类性的自然文化保护项目，并形成了一系列逐步推进的保护思想和保护模式，可分为以下几点。

① 保护对象从视觉景观走向生物多样性。

② 保护方法从消极保护走向积极保护。

③ 保护力量从一方参与走向多方参与。

④ 保护空间从点状走向系统。

二、国家公园的建设

（一）国家公园建设的重大意义

建设国家公园，建立以国家公园为主体的自然保护地体系，是贯彻习近平生态文明思想的重大举措，是党的十九大提出的重大改革任务，具有重大的现实意义和长远的战略意义。

从实践上来看，建设国家公园有利于推进生态文明建设、建设美丽中国。党的十八大以来，按照党中央、国务院的战略部署，全国各地从各层次、各领域、全方位全力推进生态文明建设、建设美丽中国，并已取得积极进展和显著成效。而开展国家公园建设，则不仅是生态文明建设的重要组成部分，且已成为当前全国上下推进生态文明建设、建设美丽中国的重要内容和有力抓手。显然，国家公园建设的不断推进，必将促进全国生态文明建设的向前发展和美丽中国的早日呈现。

从理论上来讲，建设国家公园有利于丰富和发展习近平生态文明思想，丰富和发展习近平新时代中国特色社会主义思想。2018年5月18日至19日，全国生态环境保护大会召开，吹响了用习近平生态文明思想全面指引美丽中国建设的前进号角。国家公园建设，作为全国生态文明建设的重要内容和重大实践，既可以在实践中践行习近平生态文明思想，又可以在实践中丰富和发展习近平生态文明思想、丰富和发展习近平新时代中国特色社会主义思想。

从国际上来说，建设国家公园有利于保护地球生态环境，共同构建人类命运共同体。2017年10月18日，十九大报告明确提出“推动构建人类命运共同体”。2018年3月11日，十三届全国人大一次会议表决通过了《中华人民共和国宪法修正案》，将“推动构建人类命运共同体”载入宪法。我国已将推动构建人类命运共同体作为新时代坚持和发展中国特色社会主义的重要内容之一。我国在引导应对气候变化国际合作方面，已成为全球生态文明建设的重要参与者、贡献者、引领者，我国为全球生态安全做出了积极贡献。同样，我国国家公园建设，也必将助力保护地球生态环境，从而为共同构建人类命运共同体做出新贡献。

（二）国家公园建设的主要历程

建立国家公园体制是我国生态文明建设的重要内容和重大制度创新，是推进自然生态保护、建设美丽中国、促进人与自然和谐共生的一项重要举措，目的是保持自然生态系统的原真性和完整性，保护生物多样性，保护生态安全屏障，给子孙后代留下珍贵的自然资产。

2013年，党的十八届三中全会提出建立国家公园体制，是国家公园在我国的萌芽。近年来，在国家顶层设计的推动下，国家公园概念得以不断强化。2017年9月，中共中央办公厅、国务院办公厅印发《建立国家公园体制总体方案》，构建以国家公园为代表的自然保护地体系。2017年10月，党的十九大报告提出，建立以国家公园为主体的自然保护地体系。

2018年3月，中共中央《深化党和国家机构改革方案》指出，加快建立以国家公园为主体的自然保护地体系，党和国家机构改革后，组建国家林业和草原局，并加挂国家公园管理局牌子。作为国家公园主管部门，国家林草局会同中央有关部门和各试点省，全面推进国家公园体制试点工作，在管理体制、运行机制、资源保护、政策保障、科研监测、社区共管、多方参与、科普宣教等方面取得了显著成效。

2019年6月，中共中央办公厅、国务院办公厅印发的《关于建立以国家公园为主体的自然保护地体系的指导意见》提出，建立分类科学、布局合理、保护有力、管理有效的以国家公园为主体、自然保护区为基础、各类自然公园为补充的中国特色自然保护地体系。

截至2020年，我国已经开展了三江源、东北虎豹、大熊猫、祁连山、海南热带雨林、神农架、武夷山、钱江源、南山、普达措10个国家公园试点，涉及12个省份，总面积22.29万平方千米，约占我国陆域国土面积的2.3%。2021年10月12日，按照国家公园体制试点的工作安排，我国正式设立三江源、大熊猫、东北虎豹、海南热带雨林、武夷山等第一批国家公园。

建立国家公园体制是一项长期、艰巨、复杂的系统工程，需要不断努力探索、总结经验、持续推进。目前国家正结合全民所有自然资源资产所有权委托代理机制改革试点，并将按照“一园一报”方式设立国家公园管理机构。充分衔接重大国家战略、重大生态工程、《全国国土空间规划纲要（2021—2035年）》等，进一步优化国家公园空间布局，确定国家公园发展规划及“十四五”建设重点，建立国家公园建设储备库机制，按照成熟一个、设立一个的原则，有序推进国家公园建设。探索设立国家公园基金。构建以《国家公园法》为基础，以部门规章、规范性文件等为补充的政策法规体系，为国家公园建设提供坚实保障。

（三）国家公园建设的理念

国家公园建设主要坚持以下三大理念。

坚持生态保护第一。建立国家公园的目的是保护自然生态系统的原真性、完整性，始终突出自然生态系统的严格保护、整体保护、系统保护，把最应该保护的地方保护起来。国家公园坚持世代传承，给子孙后代留下珍贵的自然遗产。

坚持国家代表性。国家公园既具有极其重要的自然生态系统，又拥有独特的自然景观和丰富的科学内涵，国民认同度高。国家公园以国家利益为主导，坚持国家所有，具有国家象征意义，代表国家形象，彰显中华文明。

坚持全民公益性。国家公园坚持全民共享，着眼于提升生态系统服务功能，开展自然环境教育，为公众提供亲近自然、体验自然、了解自然的机会。鼓励公众参与，调动全民积极性，激发自然保护意识，增强民族自豪感。

（四）国家公园建设的基本原则

国家公园建设要遵循以下三个基本原则。

科学定位，整体保护。坚持将山水林田湖草作为一个生命共同体，统筹考虑保护与利用，对相关自然保护地进行功能重组，合理确定国家公园的范围。按照自然生态系统整体性、系统性及其内在规律，对国家公园实行整体保护、系统修复、综合治理。

合理布局，稳步推进。立足我国生态保护现实需求和发展阶段，科学确定国家公园空间布局。将创新体制和完善机制放在优先位置，做好体制机制改革过程中的衔接，成熟一个、设立一个，有步骤、分阶段推进国家公园建设。

国家主导，共同参与。国家公园由国家确立并主导管理。建立健全政府、企业、社会组织和公众共同参与国家公园保护管理的长效机制，探索社会力量参与自然资源管理和生态保护的新模式。加大财政支持力度，广泛引导社会资金多渠道投入。

（五）国家公园建设的主要目标

国家公园的建设目标是建成统一、规范、高效的中国特色国家公园体制，交叉重叠、多头管理的碎片化问题得到有效解决，国家重要自然生态系统原真性、完整性得到有效保护，形成自然生态系统保护的新体制、新模式，促进生态环境治理体系和治理能力现代化，保障国家生态安全，实现人与自然和谐共生。

目前已基本建立国家公园体制试点，整合设立了一批国家公园。分级统一的管理体制基本建立，国家公园总体布局初步形成。到2030年，国家公园体制将更加健全，分级统一的管理体制将更加完善，保护管理效能将明显提高。

三、我国国家公园和国家公园体制试点区

党中央站在实现中华民族永续发展的战略高度作出重大决策，建立国家公园体制，这是生态文明和美丽中国建设具有全局性、统领性和标志性的重大制度创新。2021年10月12日，在10处国家公园体制试点区的基础上，我国正式设立三江源、大熊猫、东北虎豹、海南热带雨林、武夷山第一批国家公园。

（一）三江源国家公园

2016年3月，中共中央办公厅、国务院办公厅印发《三江源国家公园体制试点方案》，拉开了中国建立国家公园体制实践探索的序幕。我国第一个国家公园，也是我国面积最大的国家公园体制试点应运而生。

M2-1-1 三江源国家公园

美丽而神秘的三江源，地处青藏高原腹地，是长江、黄河、澜沧江的发源地，素有“中华水塔”“亚洲水塔”之称。

三江源国家公园（图2-1-1）总面积12.31万平方千米，涉及治多、曲麻莱、玛多、杂多四县和可可西里自然保护区管辖区域，共12个乡镇、53个行政村。公园包括澜沧江源、黄河源和长江源三个园区。

图2-1-1 三江源国家公园

澜沧江源园区是国际河流澜沧江（湄公河）的源头区，由裸岩冰川、高寒草甸草原、灌木丛、大果圆柏林、湿地河流组成。自上而下发育而成的垂直植被地貌景观在三江源地区实属罕见，具有极为重要的水源涵养和径流汇集，以及生物多样性保护等生态系统服务功能。园区所在杂多县素有“澜沧江源第一县”“长江南源第一县”“中国冬虫夏草第一县”“中国雪豹之乡”等美誉。

黄河源园区地处三江源腹地，是中华母亲河黄河的源头区，在这片神奇广袤的土地上，雄浑粗犷的高原原始地貌、高耸冷峻的冰川雪山、广袤无垠的高寒草甸草原、大种群分布的高原特有野生动物等，充分展现着完整的世界第三极自然景观。鄂陵湖、扎陵湖、星星海、冬格措纳湖等汇成了丰富的水利资源，具有极为重要的水源涵养和径流汇集的生态系统服务功能。

长江源园区以楚玛尔河、沱沱河、通天河流域为主体框架，包括长江源头区域的可可西里国家级自然保护区、三江源国家级自然保护区的索加—曲麻河保护分区。该区域海拔高度4200米以上，生态系统敏感而脆弱，保存了较为完整的大面积原始高寒草原、高寒草甸和高原湿地，是国家一级保护野生动物藏羚羊的主要集中繁殖地和迁徙通道，是名副其实的“野生动物天堂”。作为界上高海拔地区生物多样性最集中的地区，被誉为“高寒生物自然种质资源库”。

三江源国家公园是国家重要的生态安全屏障，区域内拥有冰川雪山、湖沼湿地、草原草甸、荒漠戈壁和森林灌丛等重要生态系统。区域内有著名的昆仑山、巴颜喀拉山、唐古拉山等山脉，逶迤纵横，冰川耸立。这里平均海拔4500米以上，雪原广袤，河流、沼泽与湖泊众多，面积大于1平方千米的湖泊有167个。

公园地处青藏高原高寒草甸区向高寒荒漠区的过渡区，主要植被类型有高寒草原、高寒草甸和高山流石坡植被。受横断山和喜马拉雅植物区系影响，以及华东植物区系成分的侵入，形成了高原多样性生物环境和独特的高山生态系统。

公园是全国32个生物多样性保护优先区域之一，有野生维管束植物760种，分属50科241属。野生植物形态以矮小的草本和垫状灌丛为主，高大乔木仅有大果圆柏等。截至2018

年12月，三江源国家公园共有野生陆生脊椎动物270种，其中兽类62种，鸟类196种，两栖类7种，爬行类5种；共有国家重点保护动物69种，其中国家一级保护动物有野牦牛、雪豹等16种，国家二级保护动物有岩羊、藏原羚等35种。藏原羚6万头左右，藏野驴约3.6万头，白唇鹿及野牦牛数量均在1万头左右，雪豹种群数量为392~659只，素有“高寒生物自然种质资源库”之称。

（二）大熊猫国家公园

M2-1-2 大熊猫国家公园

大熊猫国家公园（图2-1-2）规划范围跨四川、陕西和甘肃三省，总面积为27134平方千米，涉及3个省、12个市（州）、30个县（市、区），整合各类自然保护地80余个。

图2-1-2 大熊猫国家公园

大熊猫国家公园地处秦岭、岷山、邛崃山和大小相岭山系，在地质构造上处在滇藏地槽区的松潘—甘孜皱褶系和昆仑—秦岭地槽区的秦岭皱褶系的交界带，西北高、东南低，地形呈现山大峰高、河谷深切、高低悬殊、地势地表崎岖等特点，常见相对高差 1000米以上的深谷，是全球地形地貌最为复杂的地区之一。大部分山体海拔在1500~3000米之间，最高海拔5588米，最低海拔595米。

大熊猫国家公园位于我国中纬度地区，受东亚季风环流影响明显，处在北亚热带向暖温带过渡的大陆性季风气候区内，由东南向西北，随着海拔的升高，依次从河谷亚热带湿润气候，经暖温带湿润气候，过渡到温带半湿润和高寒湿润气候。由于山脉纵横，地势复杂，形成了多种复杂的小气候。全年平均气温为12~16℃，极端最低温–28℃，最高温37.7℃。全年降水量500~1200毫米，季节分配不均，夏秋季多，冬春季少，空间分布也不均匀，西南区域多于东北区域，山区多于河谷，并随海拔升高而增加。

大熊猫国家公园地处全球生物多样性保护热点地区，是我国生态安全战略格局“两屏三带”的关键区域。公园内有野生大熊猫1631只，占全国野生大熊猫总量的87.50%，大熊猫栖息地面积18056平方千米，占全国大熊猫栖息面积的70.08%。

据初步统计，公园内有脊椎动物641种，其中兽类141种、鸟类338种、两栖和爬行类动物77种、鱼类85种。公园内有种子植物197科1007属3446种，其中，有红豆杉、南方红豆杉、独叶草、珙桐等国家一级保护植物有4种，国家二级保护植物有31种。

（三）东北虎豹国家公园

M2-1-3 东北虎豹国家公园

东北虎豹国家公园（图2-1-3）位于吉林、黑龙江两省交界的老爷岭南部区域，东起吉林省珲春林业局青龙台林场，西至吉林省汪清县林业局南沟林场，南自吉林省珲春林业局敬信林场，北到黑龙江省东京城林业局奋斗林场，总面积1.46万平方千米。其中，吉林省片区占67.95%，黑龙江片区占32.05%。

图2-1-3 东北虎豹国家公园

东北虎豹国家公园是我国东北虎、东北豹种群数量最多、活动最频繁、最重要的定居和繁育区域，也是重要的野生动植物分布区和北半球温带区生物多样性最丰富的地区之一。设立东北虎豹国家公园，是为了有效保护和恢复东北虎豹野生种群，实现其在我国境内稳定繁衍生息；有效解决东北虎豹保护与人的发展之间的矛盾，实现人与自然和谐共生。

东北虎豹国家公园正处于亚洲温带针阔叶混交林生态系统的中心地带，区域内的自然景观壮丽而秀美。老爷岭群峰竞秀，林海氤氲。高大的红松矗立林海，千年的东北红豆杉藏身林间。这里的四季是五彩的。每年积雪尚未消融，款冬、顶冰花等早春植物就已钻出地表。春风拂来，五颜六色的野花次第绽放，在森林地表铺就一层，形成林下花海。夏季，绿涛阵阵，山涧潺潺。秋风送爽时节，国家公园内又是一场视觉的盛宴，万山层林尽染。冬季的林海雪原，一望千里，气势磅礴。

东北虎豹国家公园内保存着极为丰富的温带森林植物物种。据不完全统计，高等植物达到数千种，包括大量的药用类、野菜类、野果类、香料类、蜜源类、观赏类、木材类等植物资源。其中不乏一些珍稀濒危、列入国家重点保护名录的物种。比如，人们耳熟能详的人参，也被誉为“仙草”，是国家一级保护植物。另外，刺人参、岩高兰、对开蕨、山楂海棠、瓶尔小草、草丛蓉、平贝母、天麻、牛皮杜鹃、杓兰、红松、钻天柳、东北红豆杉、西伯利亚刺柏等，也都在国家保护名录之列。更为神奇的是，在如此高纬度的地区却存在着起源和分布于亚热带和热带的芸香科、木兰科植物，如黄檗、五味子等。在漫长的进化演变中，这些物种最终在东北虎豹国家公园的崇山峻岭中孑遗。

富饶的温带森林生态系统，养育和庇护着完整的野生动物群系。东北虎豹国家公园保存了东北温带森林最为完整、最为典型的野生动物种群。目前，在国家公园范围内就生活着中国境内极为罕见、由大型到中小型兽类构成的完整食物链，食肉动物群系包括大型的东北虎、东北豹、棕熊、黑熊，中型的猞猁、青鼬、欧亚水獭，小型的豹猫、紫貂、黄鼬、伶鼬等。食草动物群系包括大型的马鹿、梅花鹿，中型的野猪、西伯利亚狍、原麝、斑羚等。

东北虎豹国家公园内茫茫的林海亦成为鸟类生存繁衍的天堂。每年春天，各种鸫类、鹟类、鹟类等林栖鸟类开始从南方返回，为当年的繁殖做好准备。位于东北虎豹国家公园旁的图们江口湿地被列为亚洲重点鸟区，每年春去秋来，壮观的雁鸭类迁徙大军便在此停息补充能量，然后沿着国家公园内南北走向的山脉继续南下北往。

东北虎豹国家公园优良的森林环境，也为棕黑锦蛇、红点锦蛇、白条锦蛇、虎斑游蛇、东亚腹链蛇、乌苏里蝮蛇、黑眉蝮等爬行动物提供了良好的生存环境。

东北虎豹国家公园濒临日本海，在海洋气候的影响下，这里环境湿润，水系发达。著名的跨国河流绥芬河发源于东北虎豹国家公园内，珲春河等图们江重要支流横穿国家公园，充沛的水源也为两栖动物提供了良好的生存基础。每年4月中下旬，中国林蛙、东方铃蟾、粗皮蛙、花背蟾蜍、极北小鲵等开始从蛰伏中苏醒，来到静水洼或池塘产卵，产完卵后，成蛙开始进入山林。待蝌蚪孵化变态为成蛙后，也会进入山林生活。进入秋天，它们又开始纷纷从山林中走出，跳进河流、湿地蛰伏避冬。

发达的水系同样养育了丰富的鱼类资源，比如马哈鱼、雅罗鱼、哲罗鱼。值得一提的是，在图们江、鸭绿江和绥芬河水系上游支流的山涧溪流中，生长着一种中小型冷水稀有鱼类——花羔红点鲑，这是世界上最著名的5种鲑鱼之一，仅生存在图们江、绥芬河、鸭绿江流域上游两岸森林茂密，且水流湍急、清澈的区域。

（四）海南热带雨林国家公园

M2-1-4
海南热带雨林国家公园

海南热带雨林是世界热带雨林的重要组成部分，是热带雨林和季风常绿阔叶林交错带上唯一的大陆性岛屿型热带雨林，是我国分布最集中、保存最完好、连片面积最大的热带雨林，拥有众多海南特有的动植物，是全球重要的种质资源基因库，是我国热带生物多样性保护的重要地区，具有国家代表性和全球性保护意义。

海南热带雨林国家公园（图2-1-4）位于海南岛中南部，跨五指山、琼中、白沙、昌江、东方、保亭、陵水、乐东、万宁9个市县，总面积4269平方千米（约占海南岛陆域面积的七分之一），其中核心保护区面积2331平方千米，占54.6%，一般控制区面积1938平方千米，占45.4%。

海南热带雨林国家公园森林覆盖率达95.85%，涵盖了海南岛95%以上的原始林和55%以上的天然林。

海南热带雨林国家公园属于全球36个生物多样性热点区之一，是全岛的生态制高点，是海南岛森林资源最为富集的区域，也是海南长臂猿在全球的唯一分布地。公园面积占全国国土面积的比例不足0.046%，但拥有全国约20%的两栖类、33%的爬行类、38.6%的鸟类和20%的兽类。

图2-1-4　海南热带雨林国家公园

据统计，公园内有野生维管束植物3653种（其中国家一级保护植物7种，海南特有植物419种），有陆栖脊椎动物540种（其中国家一级保护动物14种，海南特有动物23种），生物多样性指数最高达6.28，与巴西亚马逊雨林相当。五指山、鹦哥岭、猕猴岭、尖峰岭、霸王岭、黎母山、吊罗山等著名山体均在其范围内，被称为“海南屋脊”；南渡江、昌化江、万泉河等海南主要河流均发源于此，被誉为“海南水塔”。

海南热带雨林国家公园常住人口2.43万人，有6万年前古人类遗址钱铁洞，船形屋营造技艺、黎族民歌、三月三节庆等被列为国家级非物质文化遗产保护名录，黎锦被联合国教科文组织选入首批急需保护的非物质文化遗产名录。

（五）武夷山国家公园

M2-1-5 武夷山国家公园

武夷山国家公园（图2-1-5）位于福建省北部，周边分别与福建省武夷山市西北部、建阳区和邵武市北部、光泽县东南部，江西省铅山县南部毗邻，总面积1001.41平方千米。

图2-1-5 武夷山国家公园

武夷山地貌独特，主要分布了前震旦系和震旦系的变质岩系，中生代的火山岩、花岗岩和碎屑岩。在中生代晚期，武夷山发生了强烈的火山喷发活动，继之为大规模的花岗岩侵入，已发现这里有丰富的火山机构，为典型的亚洲东部环太平洋带的构造特征。白垩纪晚期的红色砂砾岩是形成丹霞地貌的主体。

中生代的地壳运动奠定了武夷山地貌的基本骨架。岩性对武夷山地貌发育也很明显，西部海拔1500米以上的山峰，基本上由坚硬的凝灰熔岩和流纹岩构成，东部红色砂页岩地区则往往发育有较宽的谷地和盆地。武夷山丰富的地貌类型是地质构造、流水侵蚀、风化剥蚀、重力崩塌等综合作用的结果。

武夷山国家公园是世界文化与自然双遗产，拥有同纬度保存最完整、最典型、面积最大的中亚热带森林生态系统，以及特色丹霞地貌景观和丰富的历史文化遗存，是全球生物多样性保护的关键地区。

公园在我国动物地理区划上属于东洋界中印亚界的华中东部丘陵平原亚区。区域内地貌复杂，生态环境类型多样，为野生动物栖息繁衍提供了理想场所，被中外生物学家誉为“蛇的王国”“昆虫世界”“鸟的天堂”“世界生物模式标本的产地”“研究亚洲两栖爬行动物的钥匙”。

公园属亚热带常绿阔叶林区域，中亚热带常绿阔叶林地带，浙闽山丘甜槠、木荷林区。

区域内自然环境多样，发育着多种多样的植被类型，还有210.7平方千米原生性森林植被未受到人为破坏，是世界同纬度保存最完整、最典型、面积最大的中亚热带森林生态系统。公园内相对高差最高达1700米，随着海拔的递增，气温的递减和降水量的增多，植被垂直带谱明显，依次分布有常绿阔叶林、针阔叶混交林、温性针叶林、中山苔藓矮曲林、中山草甸5个垂直带谱，是中国大陆东南部发育最完好的垂直带谱。

另外，武夷山国家公园还拥有丰富的水生生物资源，包括浮游藻类、浮游动物、底栖动物、鱼类和水生动物等。其中，高等水生植物共计42科51属139种，浮游动物67种，鱼类22科56属104种，此外还有中华鳖、大鲵等水生动物。

（六）祁连山国家公园体制试点区

祁连山国家公园体制试点区（图2-1-6）位于青藏高原东北部，横跨甘肃和青海两省，总面积5.02万平方千米。其中，甘肃省片区面积3.44万平方千米，占总面积的68.5%，青海省片区面积1.58万平方千米，占总面积的31.5%。

图2-1-6　祁连山国家公园体制试点区

2017年9月，政府批准建设祁连山国家公园试点区，主要职责为保护祁连山生物多样性和自然生态系统原真性、完整性。祁连山是西部重要的生态安全屏障，是黄河流域重要水源产流地，也是我国生物多样性保护优先区域。试点区有水草丰茂的原野、美丽俊秀的山川和奇幻地貌，涵盖森林、草原、冰川、荒漠等生态系统。

祁连山是我国32个生物多样性保护优先区域之一、世界高寒种质资源库和野生动物迁徙的重要廊道，是野牦牛、藏野驴、白唇鹿、岩羊、冬虫夏草、雪莲等珍稀濒危野生动植物物种栖息地及分布区，特别是中亚山地生物多样性旗舰物种——雪豹的良好栖息地。这里有野生脊椎动物28目63科294种，其中兽类69种、鸟类206种、两栖爬行类13种、鱼类6种，国家一级保护动物有雪豹、白唇鹿、马麝、黑颈鹤、金雕、白肩雕、玉带海雕等15种，国家二级保护动物有棕熊、猞猁、马鹿、岩羊、盘羊、猎隼、淡腹雪鸡、蓝马鸡等39种。这里有高等植物95科451属1311种，属于国家二级保护植物的有星叶草、野大豆、山莨菪等32种，列入《濒危野生动植物种国际贸易公约》的兰科植物有16种。

试点区内生态系统独特，自然景观多样，平均海拔4000~5000米。分布2683条冰川，面积717平方千米，储量875亿立方米，是青藏高原北部的“固体水库”。河流密布，主要有黑河、八宝河、托勒河、疏勒河、党河、石羊河、大通河7条河流，流域地表水资源总量为

60.2亿立方米。公园内湿地总面积3998平方千米。其灌溉了河西走廊和内蒙古额济纳旗700平方千米农田，滋润了1.2万平方千米林地和6.2万平方千米草地，提供了700多万头牲畜和600多万人的生产生活用水，是河西走廊乃至西部地区生存与发展的命脉，也是“一带一路”重要的经济通道和战略走廊，承载着联通东西的重大战略任务。

（七）神农架国家公园体制试点区

神农架位于湖北省西北部，平均海拔1700米，现有森林面积2500平方千米，生长着高等植物3900多种，栖息着金丝猴、金钱豹等78种珍稀野生动物。神农架是全球中纬度地区保存较为完好的原始林区，是湖北境内长江与汉水的分水岭、南水北调中线工程重要的水源涵养地，也是三峡库区最大的天然绿色屏障，生态地位举足轻重。

2016年5月，神农架国家公园体制试点方案获批。同年11月，神农架国家公园管理局挂牌成立，正式进入国家公园体制试点实施阶段。

神农架国家公园体制试点区（图2-1-7）整合神农架国家级自然保护区、神农架国家地质公园、神农架大九湖国家湿地公园、神农架国家森林公园四个“国字头”保护地，面积1170平方千米。试点区是我国特有属植物最丰富的地区之一，也是世界生物活化石聚集地和古老、珍稀、特有物种避难所，堪称“生物多样性王国”。

图2-1-7 神农架国家公园体制试点区

地处秦岭与大巴山脉东段交汇处的神农架，是东部平原丘陵向西部高原山地的过渡区，也是亚热带气候向暖温带气候的过渡区。这里保存有全球北纬31°最为完好的北亚热带森林植被，被誉为北半球同纬度上的“绿色奇迹”。神农架复杂的地形和巨大的高差，以及丰富的土壤类型和气候条件，孕育出神农架13个植被类型和50个植物群系。林区里大大小小的溪流形成放射状从高山流向低谷，为神农架每一片自然生境和动植物提供生长滋养。

神农顶是神农架规模最大、生态最佳、景观最优的核心生态旅游区域。这里还有保存完好的北亚热带森林生态系统，以原始洪荒地貌和典型生物多样性为特点。

大九湖湿地公园风景区位于神农架林区西端，因常常在雨季形成大小九个湖泊而得名，是我国为数不多的典型亚高山湿地。历经亿万年发育的冰川堰塞湖和迷宫一般的地下漏斗群奇观，造就了群山之中的平川和不时消长的湿地湖泊。

官门山风景区是一个以生态环境和物种、科研与人文展示为主的大型生态科普游览区。这里物种丰富，峰险林奇，山水相映，环谷幽深，地质景观富集。原山原水原生态景观迷人，尽显“山为本、水为魂、山水交融”特色。官门山虽有许多人工开凿的痕迹，但这里山峰林立，林木葱郁，河水潺潺，仍不失其自然的本性。而景区内的神农架地质剖面、古老的叠层石、奇特的地下暗河等自然景观，则是地质爱好者们不可错过的“地质教科书”。

（八）普达措国家公园体制试点区

普达措国家公园体制试点区（图2-1-8）位于滇西北“三江并流”世界自然遗产的中心地带，由国际重要湿地碧塔海自然保护区和“三江并流”世界自然遗产哈巴片区之属都湖景区两部分构成，以碧塔海、属都湖和弥里塘亚高山牧场为主要组成部分，也是香格里拉旅游的主要景点之一。这里拥有特殊的地质地貌、湖泊湿地、森林草甸、河谷溪流、珍稀动植物等，原始生态环境保存完好。这里距香格里拉市城区22千米，总面积约1313平方千米。

图2-1-8　普达措国家公园体制试点区

试点区内植物资源非常丰富，分布有种子植物171科568属2275种。普达措国家公园内的植被以长苞冷杉为主；其次，不同的海拔及朝向的地方生长着杜鹃、箭竹、苔藓、忍冬、云杉、高山松、高山栎、短刺栎、红杉、红桦、山杨、白桦等；从草甸和水生植物上看，主要为蒿草草甸，水生植物主要为香满群落、光叶眼子菜群落、狐尾群落、梅花藻群落等。

试点区内还有许多珍禽异兽，主要有国家一级保护动物黑颈鹤，二级保护动物猕猴、猞猁、云豹、金猫、黑麂、马麂、毛冠鹿、林麝、藏马鸡、绿尾红雉等等。还有一部分经济动物和观赏性动物，主要是黑熊、藏鼠兔、鼯鼠、高原兔、红腹松鼠、竹鼠、绿头潜鸭、麻鸭以及具有极高观赏价值的鹦鹉和多种画眉鸟。

试点区的旅游资源由自然生态景观资源和人文景观资源两部分构成。自然生态景观资源分地质地貌景观资源、湖泊湿地生态旅游资源、森林草甸生态旅游资源、河谷溪流旅游资源、珍稀动植物和观赏植物资源五大部分。人文景观资源是为普达措国家公园自然生态景观注入了活的灵魂，包括农牧文化、民俗风情及房屋建筑等。

试点区共分七个功能区：一是“8”字形大众生态旅游区——北面是属都湖，南面是碧塔海，两湖之间是洛茸民族生态文化旅游村和弥里塘亚高山牧场，这“两湖一村一坝”是公园的四个亮点。二是属都湖度假旅游区，能够满足游客度假、开会和观光的需要。三是洛茸村大众生态旅游区，能满足游客体验民俗文化和大众生态观光旅游的需要。四是属都岗一地基塘专业生态旅游区，能充分满足游客户外运动、软式探险、徒步穿越和科学考察的需要。

五是吉利古徒步旅游带，能满足游客徒步穿越和科学考察的需要。六是碧塔海南线自驾车旅游带，满足自驾车和过路游客的需要。七是红坡村引导控制区，控制这一区域的建筑景观，打造与国家公园相协调的遗产廊道。

(九) 钱江源国家公园体制试点区

钱江源国家公园体制试点区（图2-1-9）地处浙江省开化县，与江西省婺源县、德兴市，安徽省休宁县相毗邻，面积约252平方千米，包括古田山国家级自然保护区、钱江源国家森林公园、钱江源省级风景名胜区等3个保护地，以及连接以上自然保护地之间的生态区域。

图2-1-9 钱江源国家公园体制试点区

试点区的核心保护区包括古田山国家级自然保护区核心区和缓冲区、钱江源国家森林公园的重要区域，面积为72.33平方千米，占28.66%；生态保育区包括古田山国家级自然保护区的实验区大部分、钱江源国家森林公园部分以及连接两处保护地的齐溪、何田、长虹、苏庄等部分林地，面积为135.80平方千米，占53.81%；游憩展示区包括古田山，齐溪、长虹、何田主要景点和部分居民点集中的区域，面积为8.12平方千米，占3.22%；传统利用区的范围包括长虹、何田东部区域，面积为36.13平方千米，占14.31%。

钱江源国家公园体制试点区主要保护对象是大面积低海拔中亚热带原始常绿阔叶林。试点区内的森林涵盖了中亚热带常绿阔叶林、常绿落叶阔叶混交林、针阔叶混交林、针叶林、亚高山湿地5种类型。

这里有高等植物2062种，鸟类237种，兽类58种，两栖类动物26种，爬行类动物51种，昆虫1156种，其中珍稀濒危植物61种，中国特有属14个。这里还是中国特有、世界濒危、国家一级保护动物黑麂、白颈长尾雉的全球集中分布区。

(十) 南山国家公园体制试点区

南山国家公园体制试点区（图2-1-10）位于湖南省邵阳市城步苗族自治县，面积620平方千米，约占整个县域面积的四分之一，集中分布在该县南部山区。其整合了南山风景名胜区、金童山国家级自然保护区、两江峡谷国家森林公园、白云湖国家湿地公园和白毛坪乡、汀坪乡部分有保护价值的区域。

南山国家公园体制试点区是南岭山脉的巅峰区域，处在南岭山脉与雪峰山脉交会地带，是我国南北纵向山脉与东西横向山脉的交会枢纽。试点区涵盖了森林、湿地、草原三大典型生态系统类型，是山水林田湖草生命共同体的典型代表，是长江流域沅江水系和资水水系、珠江流域西江水系源头及三大水系的分水岭，也是重要的水源涵养地。

图2-1-10　南山国家公园体制试点区

试点区位于中国南北东西植被带的交会地区，华中、华东、华南植物区系的过渡地带，具有典型的南岭山地区域特征，同时又具有极丰富的热带区系成分和黔滇植物区系成分，保存有大片常绿阔叶林或常绿落叶阔叶混交林，是原生性顶级群落。区内植物资源丰富，且具有珍稀性，保护价值非常高。区内保存有湖南面积最大的原生亮叶水青冈顶级群落，是国家一级保护植物——资源冷杉的模式产地。南山国家公园内还分布有多种珍稀濒危的保护植物。

试点区拥有一处天然湿地——十万古田湿地，具有低等苔藓，草本、木本植物沼泽的完整演替系列的湿地，是我国南方重要的"生物种质资源库"。

试点区地处"东亚—澳大利西亚"候鸟迁徙通道上，是候鸟重要的迁徙通道。每年有大量迁徙的候鸟在此停留歇息和觅食，包括中日保护候鸟39种、中澳保护候鸟8种等。城步县也是湖南省"省鸟"——红嘴相思鸟集中分布地。

试点区内生物多样性极其丰富，珍稀物种保护价值高，是生物物种和遗传基因资源的天然博物馆，已查明生物物种3593种，隶属464科1733属。其中，野生动物199科790属1158种，有国家一级保护动物林麝、白颈长尾雉等，国家二级保护动物35种；野生植物265科943属2435种，有国家一级保护植物资源冷杉、南方红豆杉、伯乐树等，国家二级保护植物20种。

试点区西部还拥有80平方千米以上的高海拔牧场，野生牧草种类达63科262种，以绒毛草、剑茅草、丝茅草、狼尾草等为主，山顶坦如平地，其高山台地地貌国内罕见，是非常独特的中国南方山地草甸生态系统。

【知识拓展】

扫描二维码了解世界第一个国家公园和世界建设国家公园的历程。

M2-1-6
知识拓展

【单元小结】

2015年以来，国家陆续开展了10处国家公园体制试点区的建设工作。本单元主要介绍了国家公园的概念、特征、认定标准、保护模式和设立的主要意义，我国国家公园的建设历程，以及国家公园和国家公园体制试点区的旅游资源特色。

【思考与实训】

一、思考

1. 举例说明祁连山、神农架、普达措、钱江源和南山国家公园的旅游资源特色。
2. 分析三江源国家公园的旅游资源特色。
3. 东北虎豹国家公园的特色何在？对其建设你有什么更好的建议？
4. 武夷山国家公园最显著的旅游特点有哪些？
5. 列举海南热带雨林国家公园的资源特色。

二、实训

1. 美丽而神秘的三江源，地处青藏高原腹地，是长江、黄河、澜沧江的发源地，素有“中华水塔”“亚洲水塔”之称。三大江河起源于同一区域的地理奇观，在这里向世人惊艳呈现。作为我国重要的生态安全屏障和高原生物种质资源库，其对全国乃至全球都意义重大。长江、黄河、澜沧江源头景色迷人，各具特色。长江源头以俊美的高山冰川著称；黄河源头湖泊星罗棋布，呈现“千湖”奇观，鄂陵湖和扎陵湖如两颗镶嵌在高原草地的明珠；澜沧江源头峡谷两岸不仅风光无限，更是高原生灵的天堂。

请设计一条涵盖澜沧江源园区、黄河源园区、长江源园区特色景点的7日旅游路线。

2. 请设计武夷山国家公园的旅游主题并进行特色提炼。

3. 河北的吴先生想利用国庆节假期去海南热带雨林国家公园旅游，请为其设计一套旅游方案。

学习单元二　国家文化公园

学习目标

知识目标：掌握国家文化公园的概念，理解国家文化公园与国家公园的区别及国家文化公园的建设特征，熟悉国家文化公园的建设历程，了解国家文化公园的建设目标、基本原则以及主体功能区建设的具体安排，掌握四大国家文化公园的概况。

能力目标：能够根据四大国家文化公园旅游交通的特点设计出该区主要的旅游线路，能够对知名景点进行讲解。

素质目标：通过对国家文化公园相关知识的学习，领略劳动人民的智慧，激发民族自豪感、爱国主义情怀和文化自信；同时铭记历史，理解共产党员的初心和使命，继承和发扬艰苦奋斗的精神，提高自身的能力，为国争光。

任务导入

世界各文明古国中，中国不是历史最悠久的国家，也不是使用文字最早的国家，但中国是四大文明古国中文明体系没有中断的国家，也是最重视历史的国家。中国与古代埃及、巴比伦、印度并称为人类文明的四大“原生文明”。然而由于外来文化的侵入，四大“原生文明”仅中华文明历尽数千年的内忧外患而不倒，成为人类文明史上的奇迹。中华文明是人类最优秀的文明之一，其中长城是中华文明的重要代表。

中华民族古代文明，走在世界文明发展的前列，在这个过程中长城起到了什么作用？1840年的鸦片战争，开启了近代中国的沉沦和屈辱，中华民族又能从长城身上得到什么反思？近代以来，无数仁人志士为国家富强与人民富裕而奋斗。今天，实现中华民族伟大复兴的进程中，长城又能给我们什么启迪和精神支撑呢？

【学习内容】

一、国家文化公园概述

我国建立国家公园体制起步较晚，从2013年党的十八届三中全会首次提出建立国家公园体制，到2015年开展的10个国家公园体制试点工作，逐步探索了我国国家公园的体制建设。2017年的《中华人民共和国国民经济和社会发展第十三个五年规划纲要》中，从国家公园衍生出了国家文化公园的概念。2019年，《长城、大运河、长征国家文化公园建设方案》审议通过，确定了建设长城、大运河、长征三大国家文化公园。在《国民经济和社会发展第十四个五年规划和2035年远景目标纲要》中明确建设长城、大运河、长征、黄河等国家文化公园，加强世界文化遗产、文物保护单位、考古遗址公园、历史文化名城名镇名村保护，形成了目前四大国家文化公园的全面布局。

（一）国家文化公园的概念

国家文化公园从国家公园概念衍生而来，因此只能用国家公园概念与之相对比，两者在目标上有所不同，但在对国家精神的构建上，具有一定相似性。国家文化公园的建立是为了弘扬国家精神，有效形成统一价值观，其中既有为国家奉献的精神，又有超越民族、国别界限，全人类都应坚持的正义、勇敢与助人为乐的统一价值观。

（二）国家文化公园概念的深度解析

“国家文化公园”是一个国外没有、国内全新的概念，其立意十分高远。国家文化公园是我国政府依托深厚的历史积淀、磅礴的文化载体和不屈的民族精神构建和强化的新的中国国家象征。对内作为国家认同的重要媒介，强调民族化和本土化，服务于实现中华民族伟大复兴；对外成为中国印象的重要代表，通过外交途径塑造中国积极正面的国家形象，适应国际化和普遍化，促进世界文化之间的交往和文化多样性的保有与存续。但从概念上讲，“国家文化公园”究竟如何界定尚无确论。

立足概念本身，同时参考国外关于“国家公园”“文化线路”“遗产廊道”的定义，结合我国当前关于国家公园、国家文化公园建设的政策要求和具体实践，我们认为，“国家文化公园”至少包括三个层面的特质：一是强调整合一系列文化遗产后所反映的整体性文化意义；二是由国民高度认同、能够代表国家形象和中华民族独特精神标识、独一无二的文物和文化资源组成；三是具有社会公益性，为公众提供了解、体验、感知中国历史和中华传统文化以及作为国民福利的游憩空间，同时鼓励公众参与其中进行保护和创造。黄河、长城、大运河、长征，都具备了“国家”“文化”和“公园”三重属性，下面我们试从这三个方面对其进行解读。

首先，从“国家”层面来看，国家文化公园是由国家批准设立并主导建设的，中国立场是我们进行文化建设的基本宗旨。从制度产生上来看，中央相继印发了多个相关文件，这体现了党中央、国务院对其高度重视，同时，国家文化公园的建设将得到国家的支持，由政府出资，以确保总体上的公益性基调。从形象选取而言，具有国家重要性、代表性，国家文化公园是要整合具有突出意义、重要影响、重大主题的文物和文化资源，实施公园化管理运营。这些文化资源必须含有中华文化深刻内涵和重要文化特征，具有国家代表性，能够代表国家形象、彰显中华文明，且具有国民认同度高等特点。雄壮长城与家国情怀、团结抗争有机关联，它凝聚了中华民族自强不息的奋斗精神和众志成城、坚忍不屈的爱国情怀，已经成为中华民族的代表性符号和中华文明的重要象征；不竭大运河与包容运化、人定胜天若合符节，大运河是祖先留给我们的宝贵遗产，纵横三千里，绵延两千年，连通京津、燕赵、齐鲁、中原、淮扬及吴越区域，连接大江与大海，贯穿域内和域外，是流动的文化，平衡了东西，调和了南北，兼济了天下；伟大长征，与理想信念、实事求是合为一脉，长征翻开了中华民族伟大复兴历史进程的崭新篇章，已升格为中华民族的不朽史诗，长征精神是当代中国的民族精神，是我们党之魂、军之魂、民族之魂在革命战争年代的积淀和凸显，是建设中国特色社会主义新长征的不竭动力，是推动中华民族伟大复兴的精神资源；浩荡黄河与多元一体、勤劳勇敢密切相关，九曲黄河，奔腾向前，以百折不挠的磅礴气势塑造了中华民族自强不息的民族品格，是中国当之无愧的“母亲河”。

其次，从“文化”方面来看，文化是一个国家、一个民族的灵魂，文化兴则国运兴，文化强民族强。中华文明古国，历经磨难，经历了数次朝代的更迭，但中华文明却绵延5000年不绝，在世界四大古代文明中，中华文明成为唯一没有中断的文明，这是因为中华文明在漫长的历史演进过程中，孕育了灿烂的中华文化，这些源远流长的中华文化，是中华民族最深层次精神追求的积淀，是中华民族独特的精神标识，更是维系民族情感的重要精神纽带。言及长城文化，在长城出现的2000多年里，以长城为中心，中华南北文化的交流始终没有停止过，在长城地区的文化带里，遗留下来众多的名胜古迹，都体现了文化交流的特点，同时也记载着中华民族历史上文化的辉煌；长城对于世界了解中国、中国走向世界都有不可替代的作用；同时长城以其雄伟的气势和博大精深的文化内涵，吸引着历代的中华文人名士及国际人士，许多中国的文人墨客以长城为题材创作了大量的诗词歌赋、美术、音乐等文艺作品，迄今仍广为流传，大大丰富了中华文化的宝库。提到大运河文化，上承春秋周敬王三十四年，下至清宣统末年，续以当代公元两千之初，大运河是流动的文化，是以物态文化创造出的流动的历史；大运河文化具有包容性、统一性、扩散性、开放性、凝聚性、向心性，大运河文化作为一种活化石文化，必然把大运河精神回归成一种活化石，因为她与中华民族精神同根同脉。提及长征文化，它一定依托长征这个伟大的实践，孕育了伟大的精神，长征精神是中国共产党人和人民军队革命风范的生动反映，是中华民族自强不息的民族品格的集中展示，是以爱国主义为核心的民族精神的最高体现。继承和发扬长征精神，对于建设有中国特色的社会主义，实现中华民族伟大复兴的强国梦，具有重大意义。说起黄河文化，很自然便想到它是中华民族的根和魂，由“天上”而来的黄河水不容分说地冲击出一个“几”字形，为中华文明拓展开一条文化路线，将沿岸各地的人与物含濡浸润成紧密的有机体。

最后，从“公园”层面来看，“公园”是基本定位，是权属表达和空间限定，拥有不可替代的复合功能。第一，它是文化资源的宝库、华夏儿女的精神家园。国家公园选择长城、大运河、长征、黄河这般具有突出意义、重要影响、重大主题的文物和文化资源，必须实施公园化管理运营，对文物本体及环境实施严格保护和管控，对濒危文物实施封闭管理，对文化生态系统进行整体保护，并以此为基础，从国家意义和国家形象层面提炼国家文化公园的精神文化内涵。第二，它是文化交流与展示的平台。国家文化公园是要将“文化”整理出来，将其具象化，以看得见、摸得着的形式展现出来，以便在人们的赏析、休闲、体验、健身、旅游过程中，增强文化的存在感、传播力及影响力。因此，国家文化公园也是传承中华精神、传播中国故事的重要平台，是增强国家文化软实力和中华文化的国际影响力、展示国家文化形象的生动载体。第三，它是文化与旅游深度融合发展的舞台。文旅融合是国家文化公园活化利用资源的重要路径，国家文化公园具有半封闭半开放性的特点，文化类型多元、纵横众多地域，决定了各级政府也无法为其长期提供“输血”式的保护，它与周边城镇、乡村聚落联系紧密，必将参与到周边城镇经济、社会发展的大潮中来，具备自我“造血功能”。因此，国家文化公园必须以文化、生态资源保护为前提，利用文物和文化资源外溢辐射效应，合理布局旅游业，通过文旅融合，促进区域经济、社会和生态建设协调发展。第四，它是活态文化基因的载体，传统生活方式体验的窗口。国家文化公园在园内依然涉及传统生活生产的部分，具体包括原住居民适度开展传统生产的区域、当地居民集中居住的区域，以及当地居民生产生活所必需的公共管理与公共服务用地、特殊用地和交通运输用地，这些区域既是活态文化基因的载体，又是传统生活方式体验的窗口。

（三）国家文化公园与国家公园的区别

国家文化公园与国家公园具有一定的区别。

两者起源不同：国家公园概念缘起于美国对“荒野”的保护，而国家文化公园概念是中国首先提出的。

两者目标不同：从保护定位上看，国家公园是我国自然保护地最重要的类型之一，属于全国主体功能区规划中的禁止开发区域，纳入全国生态保护红线区域管控范围，实行最严格的保护。除不损害生态系统的原住民生活生产设施改造和自然观光、科研、教育、旅游外，禁止其他开发建设活动。而国家文化公园更加讲求还生态、还文化、还园于民的理念，其特征是突出创新性、公益性、开放性和国际性。

（四）国家文化公园的特征

从政策解读的角度分析，国家文化公园建设具有以下特征。

（1）国家文化性

国家文化公园重在“国家文化”，围绕具有广泛群众认知基础的“文化知识产权”，建设中国特色国家文化公园，凸显中华优秀传统文化持久影响力、社会主义先进文化强大生命力，打造中华文化重要标志，以进一步坚定文化自信。

（2）人民主体性

以民为本，可以满足人民对日益增长的美好生活的需求。建设的过程又要符合基层实际、得到群众认可，建设一个真正“为百姓所享，展中国风采，承中华精神”的文化工程。

（3）文化辨识度

突出“万里长城”“千年运河”“二万五千里长征”“黄河母亲河”的文化辨识度，向世人展现各自的文化特质，将“长城文化”“大运河文化”“长征精神”“黄河文化”发扬光大，真正展现建设国家文化公园的成效。

（4）贯通融合性

以四者为主线，对其沿线文化资源所承载的重大事件、重要人物、重要故事进行整合、保护、利用，“贯通融合，以点带线，以线带面，促进区域发展”。

二、国家文化公园的建设

（一）国家文化公园的建设历程

2017年5月，《国家“十三五”时期文化发展改革规划纲要》中明确，规划建设一批国家文化公园，形成中华文化的重要标识。

2019年7月24日，中央全面深化改革委员会会议审议通过《长城、大运河、长征国家文化公园建设方案》。

2019年12月，中共中央办公厅、国务院办公厅印发《长城、大运河、长征国家文化公园建设方案》。

2020年10月29日，中国共产党第十九届中央委员会第五次全体会议通过《中共中央关于制定国民经济和社会发展第十四个五年规划和二〇三五年远景目标的建议》，新增建设黄河国家文化公园。

2020年11月，国家文化公园建设工作领导小组办公室发布《国家文化公园形象标志征集公告》，面向社会公开征集国家文化公园形象标志设计方案。

2021年8月8日，国家文化公园建设工作领导小组印发《长城国家文化公园建设保护规划》《大运河国家文化公园建设保护规划》《长征国家文化公园建设保护规划》，要求各相关部门和沿线省份结合实际抓好贯彻落实工作。

（二）国家文化公园建设的指导思想

国家文化公园建设以习近平新时代中国特色社会主义思想为指导，全面贯彻党的二十大精神，以长城、大运河、长征沿线一系列主题明确、内涵清晰、影响突出的文物和文化资源为主干，生动呈现中华文化的独特创造、价值理念和鲜明特色，促进科学保护、世代传承、合理利用，积极拓展思路、创新方法、完善机制，做大做强中华文化重要标志。

（三）国家文化公园建设的基本原则

国家文化公园建设遵循以下原则：

一是保护优先，强化传承。严格落实保护为主、抢救第一、合理利用、加强管理的方针，真实完整保护传承文物和非物质文化遗产。突出活化传承和合理利用，与人民群众精神文化生活深度融合、开放共享。

二是文化引领，彰显特色。坚持社会主义先进文化发展方向，深入挖掘文物和文化资源精神内涵，充分体现中华民族伟大创造精神、伟大奋斗精神、伟大团结精神、伟大梦想精神，焕发新时代风采。

三是总体设计，统筹规划。坚持规划先行，突出顶层设计，统筹考虑资源禀赋、人文历史、区位特点、公众需求，注重跨地区、跨部门协调，与法律法规、制度规范有效衔接，发挥文物和文化资源综合效应。

四是积极稳妥，改革创新。突出问题意识，强化全球视野、中国高度、时代眼光，破除制约性瓶颈和深层次矛盾。既着眼长远又立足当前，既尽力而为又量力而行，务求符合基层实际、得到群众认可、经得起时间检验，打造民族性、世界性兼容的文化名片。

五是因地制宜，分类指导。充分考虑地域广泛性和文化多样性、资源差异性，实行差别化政策措施。有统有分、有主有次，分级管理、地方为主，最大限度调动各方积极性，实现共建共赢。

（四）国家文化公园的建设目标

长城、大运河、长征国家文化公园建设，计划到2023年底基本完成，其中长城河北段、大运河江苏段、长征贵州段作为重点建设区于2021年底前完成。通过建设，使长城、大运河、长征、黄河沿线文物和文化资源保护传承利用协调推进局面初步形成，权责明确、运营高效、监督规范的管理模式初具雏形，形成一批可复制推广的成果经验，为全面推进国家文化公园建设创造良好条件。

（五）国家文化公园建设的主要任务

《长城、大运河、长征国家文化公园建设方案》提出4个方面主要任务：

一是修订制定法律法规。深化对长城、大运河、长征沿线文物和文化遗产保护法律问题研究和立法建议论证，推动保护、传承、利用协调推进理念入法入规。修订完善《长城保护条例》，制定大运河保护条例、长征文物保护条例。相关省份结合实际修订制定配套法规规章。

二是编制建设保护规划。相关省份对辖区内文物和文化资源进行系统摸底，编制分省份规划建议。中央有关部门对分省份规划建议进行严格审核和有机整合，按照多规合一要求，结合国土空间规划，分别编制长城、大运河、长征国家文化公园建设保护规划。相关省份对前期规划建议进行修订完善，形成区域规划。

三是实施文物和文化资源保护、传承、利用协调推进基础工程。充分发挥地方党委和政府主体作用，围绕文物和文化资源保护、传承、利用协调推进目标，聚焦保护传承、研究发掘、环境配套、文旅融合、数字再现等关键领域，系统推进重点基础工程建设。

四是完善国家文化公园建设管理体制机制。构建中央统筹、省负总责、分级管理、分段负责的工作格局。强化顶层设计、跨区域统筹协调，健全工作协同与信息共享机制，在政策、资金等方面为地方创造条件。分省设立管理区，省级党委和政府承担主体责任，加强资源整合和统筹协调，承上启下开展建设。

（六）国家文化公园主体功能区建设的具体安排

国家文化公园根据文物和文化资源的整体布局、禀赋差异及周边人居环境、自然条件、配套设施等情况，结合国土空间规划，重点建设4类主体功能区：

一是管控保护区，由文物保护单位保护范围、世界文化遗产区及新发现发掘文物遗存临时保护区组成，对文物本体及环境实施严格保护和管控，对濒危文物实施封闭管理，建设保护第一、传承优先的样板区。

二是主题展示区，包括核心展示园、集中展示带、特色展示点3种形态。核心展示园由开放参观游览、地理位置和交通条件相对便利的国家级文物和文化资源及周边区域组成，是参观游览和文化体验的主体区。集中展示带以核心展示园为基点，以相应的省、市、县级文物资源为分支，汇集形成文化载体密集地带，整体保护利用和系统开发提升。特色展示点布局分散但具有特殊文化意义和体验价值，可满足分众化参观游览需求。

三是文旅融合区，由主题展示区及其周边就近就便和可看可览的历史文化、自然生态、现代文旅优质资源组成，重点利用文物和文化资源外溢辐射效应，建设文化旅游深度融合发展示范区。

四是传统利用区，城乡居民和企事业单位、社团组织的传统生活生产区域，合理保存传统文化生态，适度发展文化旅游、特色生态产业，适当控制生产经营活动，逐步疏导不符合建设规划要求的设施、项目等。

三、四大国家文化公园

长城、大运河、长征、黄河四大国家文化公园，涵盖了上下五千年的华夏文明，如果说长城是民族的脊梁，那么黄河就是民族的魂魄，大运河凝注了三千年的兴衰史，长征则是新中国兴旺发达、民族复兴的精神履历和源头。

（一）长城国家文化公园

M2-2-1
长城国家
文化公园

1. 长城精神

以爱国主义精神、勤劳勇敢精神、民族团结精神和开放创新精神为主题的长城精神，是在历史跨越发展中形成的，既体现了中华优秀传统文化的价值取向，同时也包含了人民群众创造推进历史的融合基因。长城国家文化公园的建设要充分挖掘长城所体现的不畏强敌、敢于反抗的爱国主义精神，各民族互助团结、和平共处的处理民族关系的准则，勇敢无畏、吃苦耐劳的优秀品质，坚韧不拔、自立自强、昂首挺立的人格魅力，抗暴扶弱、除恶扬善的正义情怀。

2. 长城历史文化

（1）概述

长城（图2-2-1），总长度21196.18千米，历经2000多年的持续营造，涵盖春秋战国、秦、汉、唐、明等12个历史时期，作为我国乃至全世界体量最大、分布最广的具有线性特征的军事防御体系遗产，于1987年被列为世界遗产。

图2-2-1 长城

长城起源于中原大地。自秦始皇以后，凡是统治着中原地区的朝代，几乎都要修筑长城。据历史文献记载，自春秋战国开始直到明代，先后有20多个诸侯国和统一的王朝修筑过长城，若把各个时代修筑的长城加起来，有5万千米以上，其中秦、汉、明修筑的起点和重要地段均在大西北，长度都超过5000千米。

（2）建筑结构

长城的防御工程建筑，在2000多年的修筑过程中积累了丰富的经验。首先是在布局上，秦始皇修筑万里长城时就总结出了“因地形，用险制塞”的重要经验，接着司马迁又写入《史记》之中，之后的每一个朝代修筑长城都是按照这一原则进行，成为军事布防上的重要依据。在建筑材料和建筑结构上遵循“就地取材、因材施用”的原则，创造了许多种结构方法。有夯土、块石片石、砖石混合等结构，在沙漠中还利用了红柳枝条、芦苇与砂粒层层铺筑的结构，在今甘肃玉门关、阳关和新疆境内还保存着2000多年前西汉时期这种长城的遗迹。

长城并不只是一道单独的城墙，而是由城墙、敌楼、关城、墩堡、营城、卫所、镇城烽火台等多种防御工事所组成的一个完整的防御工程体系。这一防御工程体系，由各级军事指挥系统层层指挥、节节控制。

长城体系中设置有大量烽燧（烽火台）作为情报传递系统，是最古老但行之有效的消息传递方式。古代边防报警有两种信号，遇有敌情发生，白天放烟叫“烽”，夜间举火叫“燧”，台台相连，传递讯息。关城是万里长城防线上最为集中的防御据点。关城设置的位置至关重要，均是选择在有利防守的地形之处，以达到以极少的兵力抵御强大的入侵者的效果，古称“一夫当关，万夫莫开”，生动地说明了关城的重要性。长城沿线的关城有大有小，数量很多。

（3）国内影响意义

在历史上长城的功能是多方面的，不仅是军事防御工程，也是发展商贸、文明互通的桥梁和各民族的家园。

长城是世界古代史上最伟大的军事防御工程，它并非简单孤立的一线城墙，而是由点到线、由线到面，把长城沿线的隘口、军堡、关城和军事重镇连接成一张严密的网，形成一个完整的防御体系。长城所体现出的军事防御思想，在军事发展史上有重要地位。长城的产生和发展和中国古代的整个军事发展同步，对于研究古代军事作战思想形成和发展具有重要意义。

自秦汉至明清，长城沿线的许多关口成为农、牧两大经济、文化系统民族交易的场所或中心，有的逐渐发展成为长城沿线的重要城镇。长城既保证了农业经济、文化与畜牧业经济、文化的正常发展，又为二者的交流和相互补充提供了场所和方便；又起着调解两种经济，使农、牧业经济朝着主辅相互配合的方向发展的重要作用。因此，长城不单纯是曾起过将两种经济、文化分割开来的作用，还曾担负着将两种经济、文化紧紧系在一起的重任。

在文化方面，长城在中华民族多元一体格局的形成和发展上也起了重要作用。长城的修建和戍守，长城区域的争战，反而促使了中国古代汉族和十几个少数民族进行了广泛的融合。

长城既是一条农牧民族不同文化之间的分界线、隔离线，又是在冲突中融合以至友好往来的汇聚线。长城使古代边地一定程度上避免了北方游牧民族的军事干扰，长时期出现“塞上物阜民安，商贾辐辏，无异于中原”的和平景象，为中华民族的文化繁荣起到了一定的保障作用。可以说，长城最大限度体现了中华传统文化“相加相融，共生共荣”的思想。

（4）国际影响意义

长城对于世界了解中国、中国走向世界也有着不可替代的作用。早在汉朝，长城就在中外文化的交流中起到了很大的促进和保护作用。自从汉武帝派张骞出使西域诸国之后，遂以长城要塞为根据地，开辟和维护着东起汉朝首都长安（今西安），西到大秦（今地中海东岸一带）全长约7000千米的交通干道，这就是著名的丝绸之路。几千年来，中外友好使团频繁往来于这条古道上，中外文化在此融合、交流，迄今仍在发挥着作用。许多外国人知道中国是从长城开始的，长城是世界上其他国家人民了解中国历史、中国文化、中华民族的一个较好的切入点。万里长城这一凝结着中华民族几千年的智慧与力量的宏伟建筑，是人类历史上留下的宝贵遗产。1987年联合国教科文组织正式将万里长城定为世界文化遗产，证明长城所具备的历史文化和人文价值已被世界所承认，长城既是中国的，也是世界的。

3. 建设范围

长城国家文化公园，包括战国、秦、汉长城，北魏、北齐、隋、唐、五代、宋、西夏、辽具备长城特征的防御体系，金界壕，明长城；涉及北京、天津、河北、山西、内蒙古、辽宁、吉林、黑龙江、山东、河南、陕西、甘肃、青海、宁夏、新疆等15个省区市。

4. 建设保护规划

长城国家文化公园建设保护规划将整合长城沿线15个省区市文物和文化资源，按照“核心点段支撑、线性廊道牵引、区域连片整合、形象整体展示”的原则构建总体空间格局，重点建设管控保护、主题展示、文旅融合、传统利用四类主体功能区，实施长城文物和文化资源保护传承、长城精神文化研究发掘、环境配套完善提升、文化和旅游深度融合、数字再现工程，突出标志性项目建设，建立符合新时代要求的长城保护、传承、利用体系，着力将长城国家文化公园打造为弘扬民族精神、传承中华文明的重要标志。

（二）大运河国家文化公园

M2-2-2 大运河国家文化公园

1. 大运河精神

生生不息的奋发进取精神是大运河精神的基石，与时俱进的创新协同精神是大运河精神的灵魂，海纳百川的融合共生精神是大运河精神的核心，忠义诚信的使命担当精神是大运河精神的特质。大运河（图2-2-2）是祖先留给我们的宝贵遗产，是流动的文化，要统筹保护好、传承好、利用好。在建设大运河国家文化公园时应充分体现其所代表的国家精神。

图2-2-2 大运河

2. 大运河历史文化

（1）概述

大运河，是中国东部平原上的伟大工程，是中国古代劳动人民创造的一项伟大的水利建筑，为世界上最长的运河，也是世界上开凿最早、规模最大的运河。

大运河始建于公元前486年，包括隋唐大运河、京杭大运河和浙东运河三部分，全长2700千米，跨越10多个纬度，地跨北京、天津、河北、山东、河南、安徽、江苏、浙江8个省市，纵贯在中国华北大平原上，通达海河、黄河、淮河、长江、钱塘江五大水系，是中国古代南北交通的大动脉，至今大运河历史已延续2500余年。

（2）修建历史

公元前486年，吴王夫差为了争霸中原，利用长江三角洲的天然河湖港汊，疏通了古水道，开凿了邗沟。邗沟沟通了长江、淮河两大河流，成为隋唐大运河最早修建的一段，被认为大运河的开端。同一时期，越王勾践开凿山阴故水道，成为浙东运河的前身。

隋唐大运河始建于公元605年。隋朝开通永济渠和通济渠，逐步形成以北京和杭州为起始点，以洛阳为中心，沟通海河、黄河、淮河、长江、钱塘江5大水系的水运大动脉。

元代之后，随着北京成为国家政治中心，大运河的航运目的地也由洛阳转移到北京。隋唐大运河被裁弯取直，济州河和会通河开凿而成，又修建了通惠河，全长约1800千米的京杭大运河全线贯通。至此，构成了以大运河为中心，地跨北京、天津、河北、山东、河南、安徽、江苏、浙江等8省市的水上交通网。

京杭大运河北起北京通州区，南到杭州，流经通惠河（北京）、北运河（北京—天津）、南运河（天津—山东临清）、会通河（山东临清—山东枣庄）、中运河（山东枣庄—江苏淮安)、淮扬运河(江苏淮安—江苏扬州)、真扬运河(今江苏仪征—江苏扬州)、江南运河(江苏镇江—浙江杭州)。其全长1794千米,是苏伊士运河的10倍、巴拿马运河的20倍,是世界上最长的一条人工开凿的运河。通航里程为1442千米,其中全年通航里程为877千米,主要分布在黄河以南的山东、江苏和浙江三省,苏北运河为世界上最繁忙的内河航道之一。

(3)影响意义

大运河是中国人用了2500年时间与自然共同完成的壮丽奇观。运河带来的最直接变化就是流通,漕河之上,商船密集,南方出产的丝绸、茶叶、竹、木、漆、陶瓷等物资源源流入北方,北方的松木、皮货、煤炭等亦纷纷运往南方,南北贸易盛极一时。琴艺、医术、武学都是中国人在水的流动中所获得的智慧。

大运河流经的中国东部平原,有一条由20多座城市和无数城镇串联起来的巨型城市带。对于这条城市带来说,大运河就是与生俱来的一部分,哺育了这些城市,也是这些城市的灵魂,运河影响这些城市的生长和发展,改变着城市的面貌和职能。

绵延千里的大运河改变了中国经济的发展和社会的变革,也改变了无数人的命运、文化和习俗。大运河的开通,为南方带来了北方的人才和先进的农业技术,使得中国经济重心南移。同时,改变了中国人对于财富的观念,产生了实用主义的商业文化,促进了南北文化的交流与融合。

大运河还成了中华文明的展示长廊,它不仅影响了早期西方人对中国的认识,更把古老中国带入了世界经济的大格局中,它是中国与世界的共同记忆。

千百年来,大运河日夜不息,流淌至今。中华人民共和国成立后,与大运河相关的修复、整治与活化利用工作从未中断。

3. 建设范围

大运河国家文化公园,包括京杭大运河、隋唐大运河、浙东运河3个部分,通惠河、北运河、南运河、会通河、中运河、淮扬运河、江南运河、浙东运河、永济渠(卫河)、通济渠(汴河)10个河段,涉及北京、天津、河北、江苏、浙江、安徽、山东、河南8个省市。

4. 建设保护规划

大运河国家文化公园建设保护规划将整合大运河沿线8个省市文物和文化资源,按照"河为线、城为珠、珠串线、线带面"的思路优化总体功能布局,深入阐释大运河文化价值,大力弘扬大运河时代精神,加大管控保护力度,加强主题展示功能,促进文旅融合带动,提升传统利用水平,推进实施重点工程,着力将大运河国家文化公园建设成为新时代宣传中国形象、展示中华文明、彰显文化自信的亮丽名片。

(三)长征国家文化公园

M2-2-3
长征国家
文化公园

1. 长征精神

长征是中华民族不屈不挠精神的典范,已成为中国国家精神的代表。其体现的是坚定革命的理想信念,顽强拼搏、不怕牺牲、艰苦奋斗、独立自主、实事求是、顾全大局、严守纪律、紧密团结、互助友爱的社会正能量。图2-2-3为长征途中红军在四川多次翻越的雪山。

2. 长征历史文化

(1)概述

长征是中国工农红军主力军撤离长江南北各苏区,转战2年,到达陕甘苏区的战略转移行动。

1934年10月,第五次反"围剿"失败后,中央主力红军为摆脱国民党军队的包围追击,被迫实行战略性转移,退出中央根据地,进行长征。

图2-2-3　长征途中红军在四川多次翻越的雪山

长征是人类历史上的伟大奇迹。长征期间，中央红军共进行了380余次战斗，攻占700多座县城，红军牺牲了营以上干部多达430余人，平均年龄不到30岁，共击溃国民党军数百个团，期间共经过14个省，翻越18座大山，跨过24条大河，走过荒草地，翻过雪山，行程约二万五千里，红一方面军于1935年10月到达陕北革命根据地，与陕北红军胜利会师。1936年10月，红二、四方面军到达甘肃会宁地区，同红一方面军会师。红军三大主力会师，标志着万里长征的胜利结束。

长征从江南到西北，行程一共二万五千里，地域覆盖之广阔，不仅在中国历史上绝无仅有，在世界历史上也极为罕见。

（2）基本路线

中国工农红军长征历时2年，跨越15个省份：江西、福建、广东、湖南、广西、贵州、重庆、云南、四川、青海、甘肃、河南、湖北、宁夏、陕西。

红军在长征中翻山越岭，跋涉大江大河，面对过各种恶劣的自然环境和气候条件。红军长征翻过的山有18座，主要有五岭山地的越城岭，云贵高原的苗岭、大娄山、乌蒙山，横断山脉东部的岷山（大雪山）、夹金山、邛崃山以及六盘山等；渡过的大河有24条，主要有江西的章水、贡水、信丰水，湖南的潇水、湘水，贵州的乌江、赤水河，云南的金沙江，四川的大渡河、小金川，甘肃的渭水等；草原主要包括川西若尔盖、红原县的大部分和松潘县小部分区域。

红军长征的基本路线可以概括为：瑞金→突破敌四道防线→强渡乌江→占领遵义→四渡赤水→巧渡金沙江→强渡大渡河→飞夺泸定桥→翻雪山→过草地→陕北吴起会师（1935年10月）→甘肃会宁会师（1936年10月9日）→宁夏西吉县将台堡会师（1936年10月22日）。

（3）影响意义

中国共产党领导的中国工农红军长征，历时久、规模大、行程远、困难大、影响广，为中外战争史上所仅见。长征是中国革命史上不朽的丰碑，是中华民族的英雄史诗，是人类历史上的伟大壮举。它不仅锤炼了伟大的党和伟大的人民军队，还培育了伟大的长征精神。

红军长征历时2年，线路总长达到二万五千里，留下了极为丰富的历史和文化遗存。长征，是中国近代史上具有里程碑意义的重大事件，是中国共产党和中国革命事业从挫折走向胜利的伟大转折。长征文物记录了长征的历史进程，印证了长征的行军路线，见证了中国革命成熟的坚强领导核心的形成，记录了老一辈无产阶级革命家们为探索中国革命道路进行的艰苦卓绝的斗争历程。

长征路线的地貌极致之地多分布在西南地区，集中在青藏高原东部和横断山脉。这里的自然景观壮美雄奇，令人心向往之，也令人望而生畏。《七律·长征》把长征经过的地理环境之壮美、条件之极端艰难，描绘得极具画面感："红军不怕远征难，万水千山只等闲。五岭逶迤腾细浪，乌蒙磅礴走泥丸。金沙水拍云崖暖，大渡桥横铁索寒。更喜岷山千里雪，三军过后尽开颜。"如此壮美雄奇的自然地理条件，与长征革命精神融为一体。

3. 建设范围

长征国家文化公园建设是以中国工农红军一方面军（中央红军）长征线路为主，兼顾红二、四方面军和红二十五军长征线路，涉及福建、江西、河南、湖北、湖南、广东、广西、重庆、四川、贵州、云南、陕西、甘肃、青海、宁夏15个省区市。

4. 建设保护规划

长征国家文化公园建设保护规划将整合长征沿线15个省区市文物和文化资源，根据红军长征历程和行军线路构建总体空间框架，加强管控保护、主题展示、文旅融合、传统利用四类主体功能区建设，实施保护传承、研究发掘、环境配套、文旅融合、数字再现、教育培训工程，推进标志性项目建设，着力将长征国家文化公园建设成为呈现长征文化、弘扬长征精神、赓续红色血脉的精神家园。

（四）黄河国家文化公园

M2-2-4
黄河国家文化公园

1. 黄河精神

黄河（图2-2-4）是中华民族的母亲河，也是一条桀骜难驯的忧患河。翻开史册，一部艰辛的治黄史也是一部中华民族的苦难史、奋斗史、治国史。黄河文化蕴含优秀的民族精神体现为不屈不挠的奋斗精神、勇于改革的创新精神、天人合一的和谐精神。

图2-2-4　晋陕峡谷黄河段

2. 黄河历史文化

（1）概述

黄河，是位于中国北方地区的大河，属世界长河之一、中国第二长河（也有称第二大河）。黄河中上游以山地为主，中下游以平原、丘陵为主。由于河流中段流经中国黄土高原地区，因此夹带了大量的泥沙，所以它也被称为世界上含沙量最多的河流。但是在中国历史上，黄河下游的改道给人类文明带来了巨大的影响。黄河发源于青藏高原巴颜喀拉山北麓的约古宗列盆地，自西向东分别流经青海、四川、甘肃、宁夏、内蒙古、山西、陕西、河南及山东9个省区，最后流入渤海。流域降水量小，以旱地农业为主，冬干春旱，降水集中在夏秋，流域冬长夏短，冬夏温差大，气温季节变化分明。

黄河是中华文明最主要的发源地，是中华民族的母亲河。黄河文化亦是中华文明的重要组成部分，是中华民族的根和魂。

（2）流域组成

黄河流域西起巴颜喀拉山，东临渤海，南至秦岭，北抵阴山。它从西到东横跨青藏高原、内蒙古高原、黄土高原和华北平原四个地貌单元。巴颜喀拉山北麓的卡日曲是黄河的正源，源头在巴颜喀拉山脉的雅拉达泽峰，海拔4675米，平均流量1774.5立方米/秒，一路历经5464千米，最后在山东省注入渤海。

黄河的上、中游分界点为内蒙古河口镇，中、下游分界点为河南郑州桃花峪。黄河的入海口河宽1500米，一般为500米，较窄处只有50米，水深一般为2.5米，有的地方深度只有1.2~1.3米。

黄河上游为内蒙古河口镇以上的河段，区域内多山岭及草地高原，属青藏高原，海拔在3000米以上的山峰超过4000座，源头河谷地海拔4200米。河源段河谷两岸地形平缓，排水不畅，形成大面积沼泽地，湖泊多。

黄河中游为内蒙古河口镇至河南郑州桃花峪河段，该区是黄土高原地区，其南为渭河谷地，北与鄂尔多斯高原相接，西至兰州谷地。黄土高原海拔一般在1000~1300米，地貌起伏不平，坡陡沟深，沟壑地面坡度15°~20°，沟谷面积占40%~50%。

黄河下游为河南郑州桃花峪以下的河段，该段河长786千米，流域面积仅2.3万平方千米，占全流域面积的3%；下游河段总落差93.6米，平均比降0.12‰；区间增加的水量占黄河水量的3.5%。由于黄河泥沙量大，每年平均净造陆地25~30平方千米。下游河段长期淤积形成举世闻名的“地上悬河”。

黄河主要支流有白河、黑河、湟水、祖厉河、清水河、大黑河、窟野河、无定河、汾河、渭河、洛河、沁河、大汶河等，主要湖泊有扎陵湖、鄂陵湖、乌梁素海、东平湖。黄河干流上的峡谷共有30处，位于上游河段的有28处，位于中游段流的有2处，下游河段流经华北平原，没有峡谷分布。干流峡谷段累计长1707千米，占干流全长的31.2%。

（3）影响意义

黄河孕育了中华文明，早在石器时代，就形成了中国最早的新石器文明，比如，蓝田文明、半坡文明出现在黄河支流渭河，龙山文明出现在山东半岛等。6000多年前，流域内已开始出现农事活动。据记载，大约在4000多年前，流域内形成了一些血缘氏族部落，其中以炎帝、黄帝两大部族最强大。后来，黄帝取得盟主地位，并融合其他部族，形成“华夏族”。世界各地的炎黄子孙，都把黄河流域认作中华民族的摇篮，称黄河为“母亲河”，为“四渎之宗”，视黄土地为自己的“根”。

从公元前21世纪夏朝开始，4000多年的历史时期中，历代王朝在黄河流域建都的时间延绵3000多年。中国历史上的“七大古都”，在黄河流域和邻近地区的有安阳、西安、洛阳、开封四座。殷都（当时属黄河流域）遗存的大量甲骨文，开创了中国文字记载的先河。西安（含咸阳），自西周、秦、汉至隋、唐，先后有13个朝代建都，历史长达千年，是有名的“八水帝王都”。东周迁都洛阳以后，东汉、魏、隋、唐、后梁、后周等朝代都曾在洛阳建都，历时也有900多年，被誉为“九朝古都”。

在相当长的历史时期，中国的政治、经济、文化中心一直在黄河流域。黄河中下游地区是全国科学技术和文学艺术发展最早的地区。公元前2000年左右，流域内已出现青铜器，到商代青铜冶炼技术已达到相当高的水平，同时开始出现铁器冶炼，标志着生产力发展到一个新的阶段。在洛阳出土的经过系列处理的铁锛、铁斧，表明中国开发铸铁柔化技术的时间要比欧洲各国早2000多年。中国古代的四大发明——造纸术、印刷术、指南针、火药，都产生在黄河流域。从《诗经》到唐诗、宋词等大量文学经典，以及大量的文化典籍，也都产生在这里。北宋以后，全国的经济重心逐渐向南方转移，但是在中国政治、经济、文化发展的进程中，黄河流域及黄河下游平原地区仍处于重要地位。

九曲黄河，奔腾向前，以百折不挠的磅礴气势塑造了中华民族自强不息的民族品格，是中华民族坚定文化自信的重要根基，是中华文明的精髓，纳入国家文化公园建设当之无愧。

3. 建设范围

黄河国家文化公园，以青海省玛多县多石峡以上地区为河源区，由东向西包括上、中、下游和11个河段，主要涉及青海、四川、甘肃、宁夏、内蒙古、陕西、山西、河南及山东9个省区。

4. 建设任务

一是构建黄河文化价值体系，争创中华优秀传统文化创造性转化、创新性发展先行区和示范区。

二是构建黄河文化地标体系，以沿黄古都文化、黄河山水文化和黄河治理文化为主轴，以弘扬和践行社会主义核心价值观为主线。

三是挖掘黄河治理文化，着力讲好中国共产党治理黄河的故事，弘扬焦裕禄精神。

四是保护传承黄河非物质文化遗产，建设好文化遗产项目库和抢救性调查及保护项目。

【单元小结】

2021年《中华人民共和国国民经济和社会发展第十四个五年规划和2035年远景目标纲要》中提出建设长城、大运河、长征、黄河四大国家文化公园。本单元主要介绍了国家文化公园的概念、建设特征、建设历程、建设目标、建设的基本原则、主要任务，四大国家文化公园的建设精神、历史文化和建设范围等。

【思考与实训】

一、思考

1. 长城精神是什么？你对建设长城国家文化公园有什么更好的建议？

2. 简述大运河国家文化公园的历史文化以及建设范围。

3. 简述长征国家文化公园的历史文化以及建设范围。

4. 说明黄河国家文化公园的建设范围。

二、实训

1. 为一个初到中国的英国客人设计一条能代表长城国家文化公园特色的旅游线路并编写导游词大纲。

2. 请设计大运河国家文化公园的旅游主题并进行特色提炼。

3. 长征国家文化公园，离不开长征精神的传承。作为我国独一无二、无与伦比的文化遗产，长征蕴含着中国共产党人和中国工农红军的坚定革命信念，崇高精神追求，永不言败、不怕牺牲的革命价值观，是中国共产党、人民军队和中华民族优秀文化品格的集中体现。长征的历史进程和行军路线，是长征最重要的见证和实物载体，也是我国国家记忆的重要组成，承载着国民的集体记忆与情感，可由此学习和体验长征精神、开展爱国主义和革命传统教育。长征国家文化公园兼有文化线路、文化景观、革命文物、乡土建筑等多重遗产属性，规模巨大、遗产构成丰富、类型独特珍稀，对继承革命传统、传承红色基因有着不可替代的作用。

请设计一条以“重走长征路”为主题的全国红色旅游主干线路。

学习单元三　国家级文化生态保护区

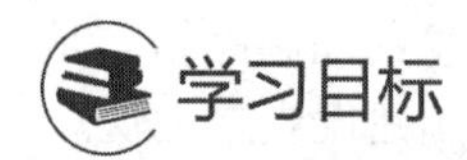

知识目标：掌握国家级文化生态保护区的概念与设立条件，熟悉国家级文化生态保护区的建设历程，掌握保护区建设的指导思想和保护原则，掌握七大国家级文化生态保护区的保护范围及文化特色，了解国家级文化生态保护实验区的保护特点。

能力目标：能够根据七大国家级文化生态保护区的文化特点设计出保护区主要的旅游线路，能够对保护区的文化特色进行讲解。

素质目标：通过对我国悠久的历史文化及文化遗迹的介绍，让学生感受我国历史文化的魅力，培养学生的文化自信，同时使学生树立保护民族文化遗产、弘扬中华优秀传统文化的意识，并积极参与国家级文化生态保护区的宣传和建设工作。

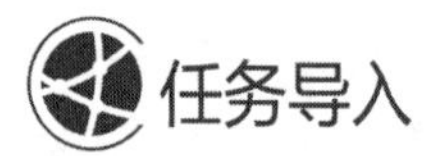

保护民族文化遗产，弘扬优秀传统文化，是文化繁荣发展的重要内容。建立区域性文化生态保护实验区，标志着我国文化遗产保护进入了一个活态的、整体性保护的新阶段。闽南地处海峡西岸，素以“闽南金三角”闻名的泉州、漳州、厦门三地是闽南文化的发源地和保存地。在这一方热土上，保存着众多原生态的非物质文化遗产和物质文化遗产，它们相依相存，与人们的生产生活融为一体，充分体现了闽南文化的多样性、完整性和独特性，堪称八闽文苑中的奇葩。闽南文化是中华文化的重要组成部分，也是海峡两岸人民“同根”“同祖”“同缘”、不可分割的文化见证和桥梁、纽带。设立闽南文化生态保护实验区，加强对闽南文化生态的保护和研究，进一步传承和弘扬闽南文化，对促进闽南地区经济、政治、社会协调发展，推进和谐文化建设，增强中华民族凝聚力，促进祖国统一大业，建设社会主义和谐社会，推进海峡西岸经济区建设，具有重要的现实和历史意义。

【学习内容】

一、国家级文化生态保护区概述

文化生态系统是文化与自然环境、生产生活方式、经济形式、语言环境、社会组织、意识形态、价值观念等构成的相互作用的完整体系，具有动态性、开放性、整体性的特点。加强文化生态的保护，是文化遗产保护工作的重要组成部分。

文化生态保护区是指在一个特定的区域中，通过采取有效的保护措施，修复一个非物质文化遗产和与之相关的物质文化遗产互相依存，与人们的生活生产紧密相关，并与自然环境、经济环境、社会环境和谐共处的生态环境。非物质文化遗产指口头传统和表述，包括作为非物质文化遗产媒介的语言，表演艺术，社会风俗、礼仪、节庆，有关自然界和宇宙的知识和实践，传统的手工艺技能等，以及与上述传统文化表现形式相关的文化空间。物质文化遗产指不可移动文物、可移动文物、历史文化街区和村镇等。

（一）国家级文化生态保护区的概念

国家级文化生态保护区，是指以保护非物质文化遗产为核心，对历史文化积淀丰厚、存续状态良好，具有重要价值和鲜明特色的文化形态进行整体性保护，并经文化和旅游部同意设立的特定区域。

（二）国家级文化态保护区申报与设立的条件

国家级文化生态保护区依托相关行政区域设立，区域范围为县、地市或若干县域。申报和设立国家级文化生态保护区应本着少而精的原则，坚持公开、公平、公正，履行申报、审核、论证、批准等程序。

具备下列条件的，可以申报国家级文化生态保护区：

（1）传统文化历史积淀丰厚，具有鲜明地域或民族特色，文化生态保持良好；

（2）非物质文化遗产资源丰富，是当地生产生活的重要组成部分；

（3）非物质文化遗产传承有序，传承实践富有活力、氛围浓厚，当地民众广泛参与，认同感强；

（4）与非物质文化遗产密切相关的实物、场所保存利用良好，其周边的自然生态环境能为非物质文化遗产提供良性的发展空间；

（5）所在地人民政府重视文化生态保护，对非物质文化遗产项目集中、自然生态环境基本良好、传统文化生态保持较为完整的乡镇、村落、街区等重点区域，以及开展非物质文化遗产传承所依存的重要场所开列清单，并已经制定实施保护办法和措施；

（6）有文化生态保护区建设管理机构和工作人员；

（7）在省（区、市）内已实行文化生态区域性整体保护两年以上，成效明显。

二、国家级文化生态保护区的建设

（一）国家级文化生态保护区建设的主要历程

2007年，文化部（现文化和旅游部）设立了我国首个国家级文化生态保护实验区——闽南文化生态保护实验区。

2010年，文化部根据《国务院关于加强文化遗产保护的通知》（国发〔2005〕42号）、《国务院办公厅关于加强我国非物质文化遗产保护工作的意见》（国发〔2005〕18号）精神和《国家“十一五”时期文化发展规划纲要》要求，发布了《文化部关于加强国家级文化生态保护区建设的指导意见》（文非遗发〔2010〕7号），开展了文化生态保护区建设工作。

2011年6月1日起实施的《中华人民共和国非物质文化遗产法》规定“对非物质文化遗产代表性项目集中、特色鲜明、形式和内涵保持完整的特定区域，当地文化主管部门可以制定专项保护规划，报经本级人民政府批准后，实行区域性整体保护”。

2018年12月10日文化和旅游部部务会议审议通过《国家级文化生态保护区管理办法》，自2019年3月1日起施行。

2019年12月，为加强非物质文化遗产区域性整体保护，进一步推进国家级文化生态保护区建设，文化和旅游部将闽南文化生态保护实验区等7个保护实验区正式公布为国家级文化生态保护区［闽南文化生态保护区、徽州文化生态保护区、热贡文化生态保护区、羌族文化生态保护区（四川省）、武陵山区（湘西）土家族苗族文化生态保护区、海洋渔文化（象山）生态保护区、齐鲁文化（潍坊）生态保护区］。

截至2020年6月，我国共设立国家级文化生态保护区7个，国家级文化生态保护实验区17个，涉及省份17个。

2021年《中华人民共和国国民经济和社会发展第十四个五年规划和2035年远景目标纲

要》明确提出，“十四五”时期要建设30个国家级文化生态保护区。国家级文化生态保护区建设首次被写入国家规划。

（二）国家级文化生态保护区建设的指导思想

国家级文化生态保护区建设以习近平新时代中国特色社会主义思想为指导，充分尊重人民群众的主体地位，贯彻新发展理念，弘扬社会主义核心价值观，推动中华优秀传统文化创造性转化、创新性发展。

（三）国家级文化态保护区建设的保护原则

国家级文化生态保护区建设应坚持保护优先、整体保护、见人见物见生活的理念，既保护非物质文化遗产，也保护孕育发展非物质文化遗产的人文环境和自然环境，实现“遗产丰富、氛围浓厚、特色鲜明、民众受益”的目标。

（四）国家级文化生态保护区建设与管理的基本原则

（1）根据非物质文化遗产各个项目、文化遗产与人文和自然环境之间的关联性，依照确定的保护区域范围、重点区域和重要场所保护清单，制定落实保护办法和行动计划。

（2）尊重当地居民的意愿，保护当地居民权益，建立严格的管理制度，保持重点区域和重要场所的历史风貌。

（3）进一步加强非物质文化遗产调查工作，建立完善非物质文化遗产档案和数据库，妥善保存非物质文化遗产珍贵实物资料，实施非物质文化遗产记录工程，促进记录成果广泛利用和社会共享。

（4）依托相关研究机构和高等院校，组织或委托开展与当地非物质文化遗产保护传承和文化生态整体性保护理论和实践研究。

（5）开展非物质文化遗产代表性项目存续状况评测和保护绩效评估，制定落实分类保护政策措施，优先保护急需保护的非物质文化遗产代表性项目，不断提高非物质文化遗产代表性项目的传承实践能力，弘扬当代价值，促进发展振兴。

（6）制定相关制度，为各级非物质文化遗产代表性传承人开展传习活动创造条件、提供支持，资助传承人开展授徒传艺、教学、交流等活动。组织实施非物质文化遗产传承人研修研习培训，帮助非物质文化遗产传承人群提高传承能力，增强传承后劲。

对传承工作有突出贡献的非物质文化遗产代表性传承人予以表彰、奖励，采取助学、奖学等方式支持从业者学习非物质文化遗产相关技艺。

（7）在国家级文化生态保护区内，建设综合性非物质文化遗产展示场所，根据当地实际建设非物质文化遗产专题馆，根据传习需要设立各级非物质文化遗产代表性项目传习所或传习点。鼓励将具有地域、民族特色的传统文化元素或符号运用在当地城乡规划和设施建设中。

（8）整合多方资源，推动将非物质文化遗产保护知识纳入当地国民教育体系，编写非物质文化遗产传承普及辅导读本，在保护区内的中小学开设非物质文化遗产乡土课程，在职业学校和高等院校设立非物质文化遗产相关专业或开设选修课，推进非物质文化遗产进校园、进课堂、进教材。

（9）每年定期组织举办有影响力的非物质文化遗产展示展演活动，利用传统节日、文化和自然遗产日等重要节点开展非物质文化遗产宣传传播活动。鼓励和支持当地民众按照当地习俗依法依规举办传统文化活动。

（10）挖掘区域内传统工艺项目资源，培养一批能工巧匠，培育一批知名品牌，推动传统工艺振兴；组织开展区域内建档立卡贫困人口参加传统工艺相关技能培训，带动就业，精准助力区域内贫困群众脱贫增收。

(11) 依托区域内独具特色的文化生态资源，开展文化观光游、文化体验游、文化休闲游等多种形式的旅游活动。

(12) 深入挖掘、阐释非物质文化遗产蕴含的优秀思想观念、人文精神、道德规范，培育文明乡风、良好家风、淳朴民风，提升乡村文明水平，助力乡村振兴。

(13) 加强工作机构和队伍建设，配备一定数量的专职工作人员；定期组织开展文化生态保护培训，提高工作人员的业务水平和工作能力；委托相关高等院校或机构，培养一批文化生态保护专业人才；建立一支文化生态保护志愿者队伍，鼓励和引导社会力量参与文化生态保护工作。

(五) 国家级文化生态保护区建设的重要意义

设立国家级文化生态保护区，以非物质文化遗产为核心加强文化生态保护，对于推动非物质文化遗产的整体性保护和传承发展，维护文化生态系统的平衡和完整；对于提高文化自觉，建设中华民族共有精神家园，增进民族团结，增强民族自信心和凝聚力；对于促进经济社会全面协调和可持续发展，具有重要的意义。设立国家级文化生态保护区，是我国非物质文化遗产保护进程中保护理念和方式的重要探索与实践，也是中国在非物质文化遗产保护领域的一大创举。

三、国家级文化生态保护区简介

(一) 闽南文化生态保护区

M2-3-1 闽南文化生态保护区

1. 闽南区域地理

福建古称“闽”，闽南是福建南部地区。现今闽南地区指的是泉州市(图2-3-1)、漳州市、厦门市，共辖12区、4市（县级市）、13县（含金门县）。

图2-3-1 泉州夜景图

闽南陆地总面积约2.5万平方千米。西北多山，东南濒海，地势从西北向东南倾斜，地形多样，山地、丘陵、平原、河流俱全。在晋江、九龙江中下游，形成了福建两大著名的三角洲平原——泉州平原和漳州平原，有着良好的农业生产环境。

闽南海域面积约3万平方千米，海岸线总长度约1400千米。沿海岛屿星罗棋布，拥有大小港湾数十个，主要有湄洲湾、大港湾、泉州湾、深沪湾、围头湾、安海湾、厦门湾、旧镇湾、东山湾、诏安湾等。自古以来，沿海闽南人就过着“以海为田”的生产生活。

北部的戴云山、南部的博平岭及东临的台湾海峡大体构成闽南区域范围。戴云山脉主峰在泉州市德化县，呈东南走向，从德化延伸到惠安县西北部临海；博平岭山脉起于漳平南部，呈东北—西南走向，沿龙岩与漳州两地市交界处延伸至广东省境内。两条山脉走向将闽南与闽中、闽西、广东天然区隔。区域内晋江、九龙江蜿蜒而过，直入大海，成为闽南地区物质能量循环的两大动脉。两江串联着两岸众多的河谷盆地，成为闽南区域文化发展的物质依托。历史上闽南的州、府、县大都散布于这些河谷盆地之中。“三面环山、两江入海”的地理环境，是闽南文化生成、发展的舞台。

2. 闽南文化历史

闽南文化经历了先秦时期闽越文化的融合、汉晋至唐末五代时期的形成、宋元时期的发展、明清时期的曲折前进等历史发展阶段。

福建地处东南沿海，《山海经》称“闽在海中”。考古发现，福建在距今18万年以前就有人类活动。闽南地区的人类活动，可以追溯到以漳州莲花池山遗址（距今约7万~5万年）为代表的旧石器文化时期。新石器文化的遗存有东山大帽山遗址（距今约5000~4000年）、惠安蚁山遗址（距今约4000~3000年）等。新石器的贝丘遗址显示了闽南先民以渔猎和捕捞为主、农业为辅的经济生活形态。“闽在海中”的地理环境影响着闽南文化的生成。

3. 闽南文化表现形式

闽南文化形态主要以非物质文化遗产和物质文化遗产表现出来。

人类非物质文化遗产代表作南音，是中国古典音乐的宝库，广泛传播于台湾、东南亚各地；北管、什音、褒歌、四平锣鼓乐等传统音乐，至今仍在闽南本土唱响。

人类非物质文化遗产代表作中国传统木结构建筑营造技艺的组成部分——闽南传统民居营造技艺，以及福建土楼营造技艺，与闽南土楼、闽南庙宇、开元寺的东西塔、洛阳桥、安平桥等古建筑，共同展示闽南传统建筑特点。

人类非物质文化遗产代表作剪纸与木版年画、刻纸、纸织画、无骨花灯、木偶头雕刻等传统美术，至今还在节庆和各种艺术活动中发挥作用。

人类非物质文化遗产代表作妈祖信俗及保生大帝、关帝、开漳圣王、清水祖师、三平祖师、广泽尊王、青山王等民间信俗，广泛传播于本区。

急需保护的人类非物质文化遗产水密隔舱福船制造技艺、东山海船钉造技术，妈祖信俗、送王船习俗、惠安女习俗、蟳埔女习俗等非物质文化遗产，以及华侨教育、华侨商会、华侨批局、华侨社团等华侨文化，与唐宋元明清的港口遗址、九日山摩崖石刻、宋代古船、蚝壳厝、鼓浪屿建筑等物质文化遗产，见证着闽南海洋文化的特征。

中国宋元南戏活态遗存梨园戏、技艺精湛的木偶戏、独具喜剧风格的高甲戏、海峡两岸共同哺育的歌仔戏、宗教特征鲜明的打城戏等传统戏曲，仍然活跃于各地城乡舞台之上。

闽南灯谜、闽南童谣等民间文学，锦歌、讲古、答嘴鼓、东山歌册等曲艺，至今仍为闽南人所喜爱；中原古汉语与闽越语融合而被称为“河洛语”的闽南方言，仍为世界数千万闽南人所使用。

拍胸舞、踢球舞、火鼎公婆、大鼓凉伞、车鼓弄等传统舞蹈和蜈蚣阁等民间游艺活跃于迎神赛会活动中；刣狮、五祖拳、赛龙舟、宋江阵等传统体育与竞技仍为广大群众所喜爱。

闽南祭祖、谱牒、祠堂家庙延续着中原文化的血脉，成为世界闽南人寻根谒祖的重要载体；结婚、生日、寿诞、入学礼、成年礼、拜师礼等仍然延续着传统礼仪；闹元宵、嗦啰嗹、海峡两岸端午对渡、闽台东石灯俗、中秋博饼等岁时节庆两岸共庆，规模盛大。

技艺精湛的惠安石雕、厦门漆线雕、远销国内外的德化瓷、香飘四海的安溪铁观音（乌龙茶），不仅保留传统制作技艺，还各创下百亿元、数十亿元的产值；片仔癀、灵源万应茶等传统中药，永春老醋、春生堂老酒、源和堂蜜饯等传统食品，至今还与人们的生活息息相关。

宋代科学家苏颂、明代思想家李贽、史学家何乔远、理学家黄道周、民族英雄郑成功、抗倭英雄俞大猷、清代理学家李光地、收复台湾的施琅、近现代华侨领袖陈嘉庚等闽南先贤，构成了闽南名人文化，至今为人们所崇敬。

闽南文化至今仍然传承延续于闽南地区及海外闽南人的生活之中。

4. 闽南文化特征

（1）开放性的海洋文化

闽南文化不仅具有以农为本、安土重迁等农耕文化共性，还具有商业性、开拓性、冒险性、兼容性等海洋文化特色。闽南人掌握了先进的造船和航海技术，开辟了海上贸易航线，宋元以来向台湾、海外大量移民，将中华文化传播到世界各地，形成了福佑帝君、妈祖等航海神信仰，创造了郊商、郊行等贸易制度，保留着祈风、送王船、送顺风、脱草鞋等海洋习俗。闽南文化在中国海洋文化史上占有重要的地位。

（2）复合型的人文性格

闽南文化的人文性格是指闽南文化所表现的社会心理、精神气质和价值观念。闽南文化在坚守中华主流文化核心价值的同时，又坚持闽南文化某些价值观念，形成耕读为本与商业意识、安分守己与开拓进取、重礼尚义与务实逐利、崇文重教与冒险犯难、传统守成与开放兼容、爱国爱乡与海外眼光等相辅相成的人文性格。正是这种相辅相成的内在动力，使得闽南文化在坚守中华文化主体的同时又不断发展创新。

（3）个性鲜明的民间艺术

同一个方言区有众多个性鲜明、风格独特的艺术，是闽南民间艺术的特点。以泉腔方言演唱的南音，被称为中国古代音乐遗响，保留着古老的乐器、记谱方式、演奏方法和许多唐宋乐曲，形成不同的唱法和流派。精致优雅的梨园戏、市井气息浓厚的高甲戏、充满宗教色彩的打城戏、两岸共同哺育的歌仔戏等戏曲，艺术风格各不相同；掌中木偶、提线木偶、铁枝木偶、皮影戏等种类丰富，即使同是掌中木偶戏，也因唱腔不同而分为南派和北派。民间信仰、人生礼俗、传统节庆是闽南地方戏曲、歌舞、音乐生存的沃土，千百年来闽南的民间艺术与民俗共生共荣，这是闽南民间艺术至今充满活力的原因。

（4）追求和平的民族精神

追求和平是闽南文化的主流精神。宋元以来，闽南人进行海上贸易和海外移民，既能以开放兼容的胸怀接受多元文化，又能够以和而不同的理念与异域文化和谐共处。闽南人开拓海上贸易而不掠夺，与对方互惠互利友好往来；海外移民而不殖民，与当地民族和睦相处、建设新的家园。闽南文化的和平精神来自中华民族的宽容仁爱、和而不同、大同世界的传统文化价值观与海洋文化精神的融合。

（二）徽州文化生态保护区

M2-3-2
徽州文化
生态保护区

古徽州“一府六县”与相关的周边地带，是徽州文化孕育和发展的主要空间。随着中国社会历史的发展，时至今日，徽州作为一个独立的行政区划的概念已被徽州文化概念所取代。徽州文化生态保护实验区就是在徽州文化产生、发展、传承的区域对其所承载的文化表现形式，开展以非物质文化遗产保护为主的、全面的整体性保护工作的徽州文化圈涉及的地域范围。

1. 徽州区域地理

徽州是一个历史地理概念。徽州地处安徽省南端皖南丘陵地带，是历史上地理区划郡、州、路、府的名称，数千年中名称由障郡、新都郡、新安郡、歙州到徽州。宋、元、清，徽州辖歙县、黟县、休宁县、婺源县、绩溪县、祁门县六县。1912年，裁府留县。婺源县于

1934年划归江西省，抗日战争胜利后划回安徽省，1949年再度划归江西省。1949年5月成立徽州专区，1987年撤销徽州地区，成立地级黄山市，古徽州府的歙、黟、休宁、祁门四县为其辖区的主体部分，绩溪县划归安徽省宣城地区。

徽州文化生态保护区以清末的徽州府行政区域及其相关地域为保护范围，与其相对应的现今的行政区划范围是：安徽省黄山市的全境，安徽省绩溪县，江西省婺源县。总面积为13881平方千米，总人口约200万。

2. 保护区建设历史

2010年“徽州文化生态保护实验区建设工程”项目入选2010年十大“国家文化创新工程”。2019年徽州文化生态保护实验区入选国家级文化生态保护区，正式公布为徽州文化生态保护区，为首批公布的七个国家级文化生态保护区之一。

3. 徽州文化历史

徽州文化是伴随着中华民族文明进程而形成的区域文化体系。徽州文化伴随着中国文化的传播、整合、变异过程，并在由徽商创造的雄厚经济基础之上，得到了全面的发展。特别是自宋以来，徽州“儒风独茂”，文化繁荣，教育普及，科举昌隆，因而人文荟萃，形成了许多具有影响力的学术流派。徽州文化是以徽州本土为基础的“小徽州”（即地缘关系）和徽州人活动区域的“大徽州”（即亲缘关系）互动作用的历史产物。

概言之，徽州文化是指徽州人在其生活的自然环境中，所创造出来的一切社会文明成果。它包括徽州人与自然的关系，以及物质文化遗产和非物质文化遗产，特别是徽州人获得、传承自身文化传统的方式、思想和观念等。

徽州文化的表现形式有城镇规划、村落布局（图2-3-2）、徽派建筑、商贸习俗、宗法制度、佃扑制度、新安理学、徽州朴学、新安文学、新安画派、徽派篆刻、徽派盆景、徽州戏曲、新安医学、程大位珠算法、歙砚制作、节俗、方言等生产生活方式和社会习俗。这些文化表现形式，有以物质形态存在的物质文化遗产，也有以非物质文化形态存续的非物质文化遗产。

图2-3-2 徽州村落

（三）热贡文化生态保护区

M2-3-3 热贡文化生态保护区

热贡，藏语意为“梦想成真的金色谷地”，这片土地如今也成为热贡文化保护的梦想之地。热贡文化由多个民族在漫长历史发展过程中共同形成，它是以民俗风情戏剧艺术、寺庙景观、古堡老城、热贡艺术等一批独特的物质与非物质文化遗产构成的传统地域文化。自热贡文化生态保护区设立以来，多元的文化形态更好地实现了和谐发展、共创共荣。

1. 保护区区域地理

热贡文化生态保护区于2008年8月经原文化部批准设立，是我国第三个、藏区和西北设立的第一个国家级文化生态保护实验区。其涵盖青海省黄南州所辖3个县，总面积1.2万平方千米，占黄南州总面积的62.5%。

2. 保护区建设历史

2006年，黄南州的热贡艺术、热贡六月会（图2-3-3）、土族於菟舞、黄南藏戏等被列入首批国家级非物质文化遗产名录；2008年8月，原文化部批准设立国家级热贡文化生态保护实验区；2009年，热贡艺术被联合国教科文组织列入人类非物质文化遗产代表作名录；2010年，黄南州专门设立保护区管委会，统筹各项保护发展工作。保护区管委会强调以非遗为核心，加强文化生态保护，推动非遗的整体性保护和传承发展，维护文化生态系统的平衡和完整，并在保护的同时注重推进经济社会健康持续发展；2019年底热贡文化生态保护实验区顺利通过国家验收并成功挂牌，设立热贡文化生态保护区。

图2-3-3　热贡六月会

3. 热贡文化历史

热贡文化是以藏传佛教艺术为代表，以各类物质和非物质文化形式为载体，体现热贡地区多元文化元素的集合体。热贡文化主要形态有热贡艺术、六月会、藏戏、土族於菟舞、和日石刻、建筑彩绘、民俗风情、建筑形态等。

保护区有各级各类非遗名录项目701项，其中，联合国教科文组织人类非物质文化遗产代表作2项（热贡艺术、黄南藏戏）、国家级非物质文化遗产8项、省级24项、州级219项、县级448项。现有各级各类代表性传承人583名，各级工艺美术大师、民间工艺大师、民间工艺师362名。截至2018年度，建成各类非遗传习中心71个、宣传展示点32个、非遗示范户158户、非遗扶贫工坊2个，每年培训文化从业人员2000余人次。

（四）羌族文化生态保护区（四川省）

M2-3-4　羌族文化生态保护区

1. 羌族区域地理

羌族是我国历史最悠久的民族之一。我国现有羌族人口30多万，主要聚居地在四川省阿坝藏族羌族自治州的茂县、汶川、理县，绵阳市北川羌族自治县；其余散居在阿坝州松潘、黑水、九寨沟，绵阳市的平武等县。

羌族自称“尔玛”“日玛”。

阿坝藏族羌族自治州的羌族聚居区，地处川西北高原东南边缘，岷江、涪江上游高山峡谷地带。东与北川县、安县、绵竹县相邻，南接什邡、彭州市、都江堰，西与马尔康、红原接壤，北邻九寨沟。聚居区辖区面积30363平方千米，全州总人口82万多（截至2020年11月1日），是全国羌民族的主要聚居区，是中国羌族文化的核心区。

1958年7月7日，茂县、汶川、理县三县合并，成立茂县羌族自治县，县府设威州镇，1963年恢复汶川、理县的建制，茂县羌族自治县府迁回凤仪镇。1987年7月24日，国务院撤销茂汶羌族自治县，恢复茂县，以茂汶羌族自治县的行政区域为茂县的行政区域，阿坝藏族自治州更名为阿坝藏族羌族自治州。

羌族文化生态保护区以茂县为核心区，以汶川、理县，绵阳市北川羌族自治县为重点范围，以阿坝州和绵阳市行政区域及相关地域为羌族文化生态保护实验区的保护范围，与其相对应的现行行政区划范围是：阿坝藏族羌族自治州的茂县、汶川县、理县、松潘县、黑水县、九寨沟县，绵阳市的北川县、平武县等。羌族文化生态保护实验区总面积为39204平方千米，总人口30.61万人。

2. 羌族文化历史

迄今为止，我国境内发现的最古老而又是比较成熟的文字便是3000多年前殷商时代的代表文字——甲骨文，“羌”字就出现在甲骨文中，是唯一一个关于民族（或氏族、部落）称号的文字，“羌”是中国人类族号最早的记载。“羌，西戎牧羊人也，从人从羊，羊亦声”，羌民族以羊为图腾。

简言之，羌族文化是指羌族人民在其生活的自然环境中所创造出的，在不同历史时期多次交融、层层积淀而发展的一切社会文明成果，是羌族人民智慧的结晶，是中华文化的重要组成部分。羌族文化包括人与自然的关系、物质文化遗产和非物质文化遗产以及羌族人民传承自身文化传统的方式、思想和观念。羌族文化的表现形式从语言、服饰、饮食到城镇规划、村落布局、羌族建筑、民间习俗、民间艺术、民间工艺、礼仪节庆等都与羌族人民的生产生活息息相关，无不展现了浓厚的羌族文化底蕴和鲜明的地方色彩。羌笛、羌族多声部、羌绣、羌年等国家非物质文化遗产以及一大批全国重点文物保护单位就是其中的代表。这些文化表现形式，有以物质形态存在的物质文化遗产，也有以非物质文化遗产形态存续的非物质文化遗产。羌族的文化习俗和文化精神，至今仍然深深地扎根于整个羌族地区人民的生产生活之中，并以不同的方式传承羌族文化，保留着羌族方言和生活习俗。

3. 保护区建设历史

2008年11月，原文化部在北京人民大会堂举行羌族文化生态保护实验区授牌仪式，国家级羌族文化生态保护实验区正式成立。

2009年10月，四川省“羌年”非遗代表性项目被列入联合国教科文组织《急需保护的非物质文化遗产名录》。

2010年8月，“羌族文化抢救工程”正式启动。

2012年8月，《汉羌山地村寨文化传承与发展研究》被列入“2012年度国家社科基金艺术学项目立项名单”。

2014年3月，原文化部批复同意《羌族文化生态保护实验区总体规划》。

2016年12月，中国羌族博物馆被国家民委命名为第五批全国民族团结进步教育基地。

2019年12月，羌族文化生态保护实验区入选国家级文化生态保护区。

4. 保护区保护内容

羌族文化生态保护区的保护对象为其划定范围内的自然环境（卧龙自然保护区、桃坪羌寨、鹰嘴河寨碉群等）、历史遗迹（营盘山文化遗址、姜维城古文化遗址等），特别是构成羌族文化生态保护区的核心内容——以活态存在并传承的非物质文化遗产，即羌族建筑、羌族民俗、羌族服饰、羌族文学、羌族艺术、羌族语言、羌族传统工艺，以及相关实物、文字、图片、音像资料等重要内容。

（1）保护区范围的各级非物质文化遗产项目

羌笛是羌族乐器中最著名的，是我国古老的双管双簧气鸣乐器，已有2000多年历史，被称誉为“中国民乐之父”。黑虎羌寨的羌族头饰是世界独一无二的“万年孝”，被民族专家称为世界民族的文化奇观。保护区内有国家级非物质文化遗产羌笛、瓦尔俄足、羌族多声部、羌族刺绣等7项，省级非物质文化遗产7项，州级非物质文化遗产66项，县级非物质文化遗产173项。有国家级代表性传承人1人、省级代表性传承人6人。

（2）保护区范围的各级文物保护单位

保护区有全国重点文物保护单位11处、省级文物保护单位14处、州级文物保护单位23处。其中，桃坪羌寨、黑虎羌寨、布瓦黄土碉是羌族独具特色的建筑。营盘山遗址是“全国十大考古新发现”之一，是长江上游地区目前面积最大、时代最早、文化内涵最为丰富的大型中心聚落，它代表了5000年前长江上游地区文化发展的最高水准。

（3）保护区范围的各级自然保护区（单位）

世界自然遗产：卧龙自然保护区。

省级自然保护区：三江生态区、白羊自然保护区、草坡自然保护区、九顶山自然保护区、宝顶沟自然保护区、米亚罗风景区。

（五）武陵山区（湘西）土家族苗族文化生态保护区

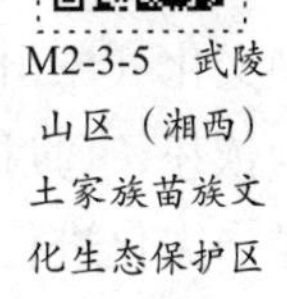

M2-3-5 武陵山区（湘西）土家族苗族文化生态保护区

位于湖南西部的湘西地处武陵山区，为土家族、苗族聚集地区。长期以来，湘西土家族、苗族人民创造了丰富多彩的民族传统文化，包括世代相传的非物质文化遗产，如神话、传说、歌谣、鼓舞、织锦、刺绣、印染等，与湘西的自然环境，古村镇、古建筑相依相存，形成了较为完整的文化生态区域。

1. 保护区建设历史

2004年，湘西土家族苗族自治州被整体列为“国家民族民间文化保护工程”试点地区。

2005年开始，湘西州政府和湖南文化部门就积极申报武陵山区（湘西）土家族苗族文化生态保护实验区，并为湘西区域文化的传承保护做了大量积极有效的工作。

2010年，经原文化部批准，武陵山区（湘西）土家族苗族文化生态保护实验区成为全国第6个、湖南首个国家级文化生态保护实验区，其范围为湘西土家族苗族自治州。该保护实验区包括湘西地区47个乡镇、172个中国传统村落和18个中国少数民族特色村寨，有土家族、苗族独特的语言、习俗、服饰、建筑、音乐、舞蹈（图2-3-4）等。

图2-3-4 国家级非遗项目——土家族摆手舞

2019年12月，武陵山区（湘西）土家族苗族文化生态保护实验区入选国家级文化生态保护区。

2. 保护区保护内容

保护区有各级文物保护单位396处，其中全国重点文物保护单位6处、省级文物保护单位21处、国家历史文化名城1座（凤凰古城）、国家历史文化名镇2座（里耶古镇、芙蓉镇）。

该保护区有非物质文化遗产1056项，其中入选联合国教科文组织非物质文化遗产名录的有1项、国家级非物质文化遗产26项、省级非物质文化遗产84项；有国家级非物质文化遗产代表性传承人18人、省级非物质文化遗产代表性传承人44人，是全国非物质文化遗产最丰富的地区之一。

（六）海洋渔文化（象山）生态保护区

M2-3-6 海洋渔文化（象山）生态保护区

海洋渔文化（象山）生态保护区（图2-3-5），位于浙江省象山县。海洋渔文化（象山）生态保护区是指以象山县行政区域的自然环境和社会环境为依托，通过对以活态传承的非物质文化遗产采取科学保护，以达到对海洋渔文化进行整体性保护的区域。根据海洋渔文化非物质文化遗产的表现与集中程度，划分为核心保护区（石浦—东门岛区域）、特殊保护区（晒盐技艺特殊保护区、妈祖信俗特殊保护区、徐福东渡传说特殊保护区和海产养殖文化特殊保护区）和一般保护区。

1. 保护区建设历史

2010年6月，象山县成功创建海洋渔文化（象山）生态保护实验区。

2013年2月，保护实验区总体规划获国家文化部批准实施。

2019年12月，文化和旅游部公布首批国家级文化生态保护区名单，海洋渔文化（象山）生态保护区成功入选。

图2-3-5 海洋渔文化（象山）生态保护区

2. 保护区保护内容

保护区有徐福东渡传说，唱新闻，象山渔民号子，海盐晒制技艺，渔民开洋、谢洋节，石浦—富岗如意信俗，象山竹根雕等7个国家级非遗项目；象山剪纸、船模艺术等省级非遗项目15个，市级非遗项目51个，县级非遗项目176个；国家级传承人3人、省级传承人8人、市级传承人59人、县级传承人126人；市级非遗传承基地50家、县级非遗传承基地112家、青少年传习基地2个；全国文物保护单位3处、省级10处、县级41处。

3. 保护区建设内容

2021年，国家级海洋渔文化生态保护区将重点建设以下项目。

一个核心区：东门岛村。按景区化思路规划建设好东门浙江渔业第一村，变原生态渔业生产生活场景为风景，推出晒鱼鲞、织渔网、修船厂等旅游场景，提升非遗主题公园、非遗传承所、研学基地等硬件环境。

一个民宿村：沙塘湾渔文化民宿集聚村。将沙塘湾打造成具有浓浓非遗特色的民宿集群、非遗会客厅。建设一批有代表性的非遗民宿，并形成可以在全国推广的非遗民宿标准。

一条古街：渔港古城历史街区。把渔港古城建设成以“渔乡味、年轻态、烟火气”为方向的渔文化历史街区。

一个体验区：渔人码头。在石浦港畔打造一个吃、住、玩、购为一体的渔乡风情体验综合休闲中心。

一个渔市：石浦特色渔市。在石浦打造一个可以供市民和游客线上线下交易的渔货市场。

一座展示馆：中国海洋渔文化馆。完善海洋渔文化馆的功能及业态，策划开展渔文化主题活动。

一座文化生态岛：花岙海岛公园。结合创建，深入挖掘花岙岛海防文化和非遗内涵，打造文化体验场景，建设海洋文化为主题的海岛公园。

一个特色景区：半边山旅游度假区。推进东海半边山省级旅游度假区、国家4A级景区等创建，充分融入渔文化元素，沿街设置非遗店铺，广泛开展渔味活动。

一个渔文化主题酒店：鹤浦爱琴丽旎酒店。以圣托里尼、爱琴海、希腊神话为灵感，结合原生态物质文化遗产和自然资源，打造集文化养生、儿童研学、休闲度假于一体的生态休闲度假酒店。

一个滨海康养度假区：中国渔村。突出渔村风貌，展示渔乡风情，力争建成一个具有滨海渔文化特色的集度假、演艺、海洋游乐等于一体的国际滨海康养度假区。

一组口号：渔文化生态保护区宣传口号。打响“万象山海，千年渔乡——国家级海洋渔文化（象山）生态保护区”和“石浦——一座活着的古渔镇，国家级海洋渔文化（象山）生态保护区核心区”。

一组曲子：征集“新”渔光曲。征集反映海洋文化、海洋文明的经典乐曲“新”渔光曲。

一组渔区节庆：中国开渔节。创新方式，将中国开渔节做强做亮，打造永不落幕的开渔节；重点打造十四夜，开洋、谢洋节，三月三，关公磨刀节等具有渔区特色的非遗类民俗活动。

一个论坛：中国海洋论坛。将中国海洋论坛办成在国内有一定影响力、有特色性的主题论坛。

一味佳肴：象山海鲜餐饮。推出十道能够叫得响、推得出、群众认可度高的海鲜美食，重点打造一个标志性特色美食，打造海鲜餐饮旗舰店。

一个品牌：“象山北纬30度最美海岸线”文旅品牌。策划开展“象山北纬30度最美海岸线”踏沙季、赶海季、品鲜季系列活动，开展“象山北纬30度最美海岸线”品牌和产品宣传推广。

一组文创：渔文化系列文创。通过文化基因解码工程，研发一批具有象山地域特色和文化内涵的文旅创意产品。

一场运动：渔文化滩涂运动会。提炼渔区传统劳作技艺，创新转化为渔区体育运动项目，打造特色滩涂运动会。

一个考古见证：横湾沉船考古发掘。科学、系统、专业、规范地获取沉船本体及相关历史信息，妥善做好船体和船载文物的科技保护，推进沉船展示和利用，彰显古海上丝绸之路的辉煌过往。

（七）齐鲁文化（潍坊）生态保护区

M2-3-7 齐鲁文化（潍坊）生态保护区

齐鲁文化（潍坊）生态保护区（图2-3-6）位于山东省潍坊市。

1. 保护区建设历史

2010年11月，经原文化部批准，潍水文化生态保护实验区成为全国第9个、山东省唯一的国家级文化生态保护实验区。保护实验区覆盖潍坊市全境，是以保护非物质文化遗产为核心，对潍水文化进行整体性保护而划定的特定区域。

2019年10月，在国家级文化生态保护实验区评估验收中，潍水文化生态保护实验区脱颖而出，成为全国通过验收的7个保护实验区之一。

图2-3-6 齐鲁文化（潍坊）生态保护区

2019年12月初，文化和旅游部建议潍水文化生态保护实验区更名为齐鲁文化（潍坊）生态保护实验区。

2019年12月26日，文化和旅游部发布《文化和旅游部关于公布国家级文化生态保护区名单的通知》，齐鲁文化（潍坊）生态保护区正式成为国家级文化生态保护区。

2. 保护区保护内容

齐鲁文化（潍坊）生态保护区融农耕文化、渔盐文化、手工文化和商贸文化于一体，具有鲜明的半岛型复合性文化特点，规划确立的“一轴、两翼、十片区”（以白浪河主干线为轴心，以潍汶河、弥河流域为两翼，涵盖10个文化特征片区）已成为潍坊市各县市区经济社会发展的重要支撑。保护区坚持非遗融入现代生活、非遗融入现代文创产业、非遗融入公共文化服务体系的建设理念，深入挖掘、提炼地方特色文化和建设亮点，打造标志性文化成果、文化名片，形成了个性鲜明、富有成效的保护区建设模式，在项目保护、生态优化、设施建设、制度制定、机制形成、与现代生活融合接轨等方面取得了显著成效，保护区初步呈现了“见人见物见生活”的社会景象。

齐鲁文化（潍坊）生态保护区内现有联合国教科文组织评定列入《人类非物质文化遗产代表作名录》的遗产项目2项、国家级非物质文化遗产代表性项目17项、省级代表性项目72项、市级代表性项目427项、县级代表性项目1613项；国家级代表性传承人9名、省级代表性传承人54名、市级代表性传承人354名、县级代表性传承人1805名。拥有中国民间文化艺术之乡4处、省级民间文化艺术之乡14处；国家级非物质文化遗产生产性保护示范基地1个、省级非物质文化遗产生产性保护基地7个；已获命名的国家历史文化名城1处、山东省历史文化名城1处、乡村记忆工程文化遗产点23处；省级历史文化街区7个、省级历史文化名镇名村13个；世界文化遗产1处（齐长城）、国家级17处、省级159处、市级256处、县级1113处。拥有国有文物收藏单位藏品51.9万件/套，现有各级各类博物馆50家，国家一级博物馆2家，二、三级博物馆各2家，定级博物馆数量在全省位居第一。

四、国家级文化生态保护实验区简介

（一）羌族文化（陕西）生态保护实验区

羌族文化生态保护实验区是于2008年11月由国家文化部批准设立的。

2019年，羌族文化（四川）生态保护实验区通过国家验收标准，正式成为国家级文化生态保护区，而羌族文化（陕西）仍为文化生态保护实验区。

羌族文化（陕西）生态保护实验区在陕西省宁强县、略阳县的保护对象为其划定范围内的自然环境，特别是构成羌族文化生态保护实验区的核心内容——以活态存在并传承的非物质文化遗产，即羌族建筑、羌族民俗、羌族服饰、羌族文学、羌族艺术、羌族语言、羌族传统工艺，以及相关实物、文字、图片、音像资料等重要内容。

（二）客家文化（梅州）生态保护实验区

梅州是国家历史文化名城，有底蕴深厚、特色鲜明的岭南客家文化，是客家文化的主要发源地之一和客家文化向外传播的核心区。

客家文化（梅州）生态保护实验区（图2-3-7）是于2010年5月由国家文化部批准设立的，2010年12月18日，国家文化部正式授予广东省梅州市“国家级客家文化生态保护实验区”称号，是广东第一个、全国第五个国家级文化生态保护实验区。

图2-3-7 客家文化（梅州）生态保护实验区

客家文化（梅州）生态保护实验区的保护范围包括整个梅州市8个县市区，包括梅江区、兴宁市、平远县、梅县、蕉岭县、大埔县、丰顺县、五华县；保护对象有4个，分别为国家、省、市、县四级非物质文化遗产名录项目，实验区内非物质文化遗产项目代表性传承人，实验区内与非物质文化遗产传承密切相关的历史遗迹和实验区内各级自然保护区。

（三）晋中文化生态保护实验区

晋中文化生态保护实验区（图2-3-8）是于2010年6月由国家文化部批准设立的。保护区地处山西中部，包括晋中市所辖全部的11个县市区，太原市所辖小店、晋源、清徐、阳曲4个县区，吕梁市所辖交城、文水、汾阳、孝义4个县市，共计19个县市区，总面积2.3万平方千米，人口约627万。

图2-3-8 晋中文化生态保护实验区

保护区以“一带（农耕文化带）一廊（晋商文化走廊）一区（方言文艺区）一圈（节庆文化圈）”为鲜明地域特色，保存着较为完整的文化生态，现有国家级非物质文化遗产名录项目38项（保护单位46个），内容涵盖十大类非物质文化遗产项目。国家有关部门和学术界一致认为，该区域的历史典型性、资源多样性、遗存传承性，在中华民族多元一体文化格局中占有突出地位，是华夏传统文化的典型代表和重要组成部分。

（四）迪庆民族文化生态保护实验区

迪庆文化生态保护实验区位于云南省。2010年11月，文化部批准设立“迪庆文化生态保护实验区”。2013年2月，《迪庆文化生态保护实验区总体规划》经文化部批准实施。

迪庆，藏语意为“吉祥如意的地方”，是云南省唯一的藏族自治州，位于云南省西北部，云南、西藏、四川三省区交界处，青藏高原伸延部分南北纵向排列的横断山脉，金沙江、澜沧江、怒江三江并流国家级风景名胜区腹地，澜沧江和金沙江自北向南贯穿全境，总面积23870平方千米。境内有藏、傈僳、纳西、汉、白、回、彝、苗、普米等26个民族，截至2020年末，常住人口38.75万人，其中少数民族人口331117人，占总人口的89.3%。

迪庆民族传统文化是中华优秀传统文化的有机组成部分，也是云南多民族文化和谐并存的典型范例，是迪庆州境内各族人民在赖以生存的自然环境中发挥聪明才智，通过亲身实践创造出来的文明成果。它包括物质文化与非物质文化在内的各种表现形式及精神内涵，反映着迪庆地区人与自然的关系及迪庆各族人民创造、发展、传承自身文化传统的方式、思想和观念。

迪庆文化生态保护实验区以积淀深厚、保存传承状态良好的民族文化和历史文化为主体，以雪山、峡谷、河流、森林、草原等自然遗产为依托，以东巴文化等为轴心，以多民族的物质文化和非物质文化遗产（图2-3-9）为内容，具有切合自然环境的生态性、保持民族特质的交融性、增进社会交往的和谐性。保护区内以藏文化为主体，并与州内其他民族文化并存共荣，充分体现出生态区内文化的悠久历史、丰厚内涵，是在区域自然地理特征基础上人与自然关系和谐统一、多民族文化和谐共存、独具地方与民族特色的文化区域。

图2-3-9　非物质文化遗产——迪庆藏族锅庄舞

（五）大理文化生态保护实验区

大理文化生态保护实验区（图2-3-10）位于云南省。大理州于2008年3月启动创建全国文化生态保护实验区，2010年初开始正式申报，2011年1月6日，文化部批准同意在大理白族自治州设立大理文化生态保护实验区。

云南大理是我国唯一的白族区域自治地方，在长期历史发展过程中，当地白族、彝族等各族人民创造了丰富多彩的民族传统文化，包括世代相传的非物质文化遗产，如神话、传说、歌谣、鼓舞、织锦、刺绣、印染等，与当地自然环境，古村镇、古建筑相依相存，形成了较为完整的文化生态区域。建立国家级文化生态保护实验区，对整体、活态地传承、保护大理地区独特、深厚的民族文化具有重要意义。

图2-3-10 大理文化生态保护实验区

大理文化生态保护实验区包括大理州所辖行政区域，涉及全州12县市，110个乡镇、办事处，1074个村公所，50个社区居民委员会。大理文化生态保护实验区总面积2.95万平方千米，世居白、汉、彝、回、苗等13个民族，总人口约350万人。其具体是指：以大理、巍山为中心的南诏大理国历史文化保护区，以大理洱海为中心的坝区白族民俗文化保护区，以云龙为代表的山地白族民俗文化保护区，以巍山、南涧、漾濞为中心的彝族文化保护区，以大理、宾川鸡足山为代表的佛教文化保护区，以大理喜洲为代表的白族建筑文化保护区，以各种文化艺术之乡为代表的民间艺术保护区，以白族本主文化为代表的民间宗教文化保护区。

文化生态保护实验区保护对象是体现大理民族文化多样性、独特性的各类非物质文化遗产名录项目、保护区范围内非物质文化遗产传承人和保护区范围内与非物质文化遗产传承密切相关的历史传统文化及自然景观文化等。其具体内容包括：传统节日与习俗、民间舞蹈、戏剧与曲艺、民间音乐、民间传统技艺、民间美术、口述文学、文化传承人，以及与非物质文化遗产传承密切相关的历史遗迹、古村落和文化景观等。

（六）陕北文化生态保护实验区

陕北文化生态保护实验区于2012年4月经文化部批准设立，这是陕西省继国家级羌族文化生态保护实验区设立后的第二个国家级文化生态保护实验区。2017年5月正式实施建设，涵盖延安、榆林全境。2017年6月，《国家级陕北文化生态保护实验区总体规划》经文化部正式批准。

陕北文化生态保护实验区包括延安、榆林两市所辖行政区域，以保护和传承陕北说书、陕北民歌、榆林小曲、洛川剪纸等一批非物质文化遗产为目的。

（七）铜鼓文化（河池）生态保护实验区

2010年6月，广西壮族自治区文化厅批准设立自治区级河池铜鼓（图2-3-11）文化生态保护区，2012年12月，国家文化部批准设立国家级铜鼓文化（河池）生态保护实验区。

铜鼓文化（河池）生态保护实验区保护范围为河池市全境，其空间布局结构定为“核心区、次核心区、延伸区”。核心区为东兰县、南丹县、天峨县，次核心区域为巴马瑶族自治

图2-3-11 河池铜鼓

县、大化瑶族自治县、都安瑶族自治县、环江毛南族自治县，延伸区为金城江区、宜州区、罗城仫佬族自治县、凤山县。

实验区以广西河池市红水河流域为中心，对集中分布、特色鲜明、形式和内涵保持完整的铜鼓习俗及其他非物质文化遗产代表性项目的文化生态实行区域性整体保护。其重点保护的村落文化空间划分为：铜鼓习俗文化空间、蚂虫另节文化空间、壮族民歌（山歌）文化空间、表演艺术文化空间、传统工艺（技艺）文化空间。

近年来，实验区建设在探索中推进，已建设和命名5个非遗生产性保护示范基地、5个非遗代表性项目传习所、5个铜鼓文化生态保护村、5个非遗保护传习示范户、50个非遗代表性项目传承人。

（八）黔东南民族文化生态保护实验区

2012年12月，文化部批准设立黔东南民族文化生态保护实验区。保护区位于贵州省东南部，总面积3.03万平方千米，辖1市15县，境内居住着苗、侗、汉等46个民族，总人口488.65万人，少数民族人口占81.7%，是我国苗族、侗族人口最为集中的聚居区，享有“歌舞之州、森林之州、神奇之州、百节之乡、民间手工艺之乡、原生态民族文化博物馆”等诸多美誉。2017年1月，《黔东南民族文化生保护实验区总体规划（2016—2030）》获文化部批准实施。

黔东南民族文化生态保护实验区是一个以保护非物质文化遗产为核心，对黔东南民族文化及其自然和人文环境进行整体性保护，维护文化生态系统的平衡和完整，增强人民群众保护非物质文化遗产的文化自觉，促进经济社会全面协调可持续发展而设立的特定区域。

截至2021年，黔东南民族文化生态保护实验区成功申报人类非物质文化遗产代表作1项3处（侗族大歌）；国家级非物质文化遗产代表性项目56项78处，位居全国同级地州市前列；省级218项306处；州级329项416处；县（市）级1590项。成功申报国家级非物质文化遗产项目代表性传承人48人，省级170人，州级294人，县（市）级4013人。有国家级非物质文化遗产生产性保护示范基地3处，省级23处，州级26处，县级119处。有全国重点文物保护单位20处，省级文物保护单位97处。有536个村寨（图2-3-12）被命名为少数民族特色村寨（其中国家级126个、省级410个）。有409个村落入选中国传统村落名录，数量居全国同级市州之首。

图2-3-12　黔东南苗族侗族自治州古村落

（九）客家文化（赣南）生态保护实验区

2013年1月6日，文化部正式发文，同意在江西赣州市设立国家级客家文化（赣南）生态保护实验区。

客家文化（赣南）生态保护实验区的重点区域是以赣南围屋、古村落（图2-3-13）、客家山歌、赣南采茶戏、民俗节庆活动等比较集中的地方为取向的区域，是其最重要的文化空间。

图2-3-13　赣南客家古村落

赣南是客家的诞生地和大本营之一，是客家文化的主要发源地和传承地，同时又是全国最大的客家人聚居地，生活在这里的客家人总数超过800万。赣南的客家文化内容丰富、形式多样、风格独特。截至2022年，赣州已有赣南采茶戏、兴国山歌、于都唢呐公婆吹、石城灯会、古陂“席狮”“犁狮”等国家级非物质文化遗产13项，省级非物质文化遗产108项，市级非物质文化遗产327项，在客家文化领域影响极大。

（十）格萨尔文化（果洛）生态保护实验区

2014年8月，文化部批准同意在青海省果洛藏族自治州设立格萨尔文化（果洛）生态保护实验区。这是继热贡文化生态保护实验区（已于2019年更名为热贡文化生态保护区）之后在青海省设立的第二个国家级文化生态保护实验区。

格萨尔文化（果洛）生态保护实验区以果洛藏族自治州行政区域内的自然环境和社会环境为依托，通过对活态传承的非物质文化遗产和文化空间采取科学保护，从而实现对果洛格萨尔文化进行整体性保护的区域。保护区范围涵盖果洛藏族自治州全境，总面积76442平方千米，辖玛沁、玛多、甘德、达日、班玛、久治6县。保护对象为其划定范围内的与格萨尔文化相关的自然生态、历史遗迹，特别是构成果洛格萨尔文化核心、以活态存在并传承的各种非物质文化遗产，以及与非物质文化遗产存续密切相关的自然和人文环境。

（十一）武陵山区（鄂西南）土家族苗族文化生态保护实验区

2014年9月，文化部批准湖北省恩施州和宜昌市长阳土家族自治县、五峰土家族自治县联合设立的武陵山区（鄂西南）土家族苗族文化生态保护实验区（图2-3-14）为国家级文化生态保护实验区，成为湖北省第1个、全国第16个同类实验区。

图2-3-14　武陵山区（鄂西南）土家族苗族文化生态保护实验区

该实验区总面积29863平方千米，这一区域在土家族、苗族人民长期发展中，形成了独特的生产生活方式、风俗习惯和艺术表现形式，形成了丰富多样和充满活力的文化形态。

（十二）武陵山区（渝东南）土家族苗族文化生态保护实验区

2014年8月，文化部批准设立武陵山区（渝东南）土家族苗族文化生态保护实验区（图2-3-15）。保护区包括重庆市黔江区、石柱土家族自治县、彭水苗族土家族自治县、秀山土家族苗族自治县、酉阳土家族苗族自治县、武隆区。

图2-3-15 武陵山区（渝东南）土家族苗族文化生态保护实验区

保护区突出武陵山区多民族山区经济文化类型特性，提炼渝东南区域及6个区县的文化特性，形成“一核心、五中心、十三区域”格局。根据民族人口分布状况，以土家族文化生态为主的石柱县为“一点”，以土家族、苗族、仡佬族等少数民族文化生态为主的武隆—彭水—黔江—酉阳—秀山为“一线”，形成“一点一线”的分布格局。根据重点区域选择的基本条件及二区四县的实际情况，凸显“一区域一特色”的建设思路。

（十三）客家文化（闽西）生态保护实验区

2017年1月，文化部批准设立客家文化（闽西）生态保护实验区。保护区也称客家首府—汀州府保护区，是我国第一个多地市共建的客家文化生态保护区、第二个中央苏区文化生态保护区、第三个国家级客家文化生态保护实验区、第十九个国家级文化生态保护实验区。2019年11月5日，经福建省政府同意，福建省人民政府办公厅印发《客家文化（闽西）生态保护区总体规划》。

客家首府（图2-3-16）是历史上的汀州府的别称，如今指的是国家历史文化名城长汀古城和周围的八个纯客家县，在客家人漫长的迁徙历史上，汀州作为第一个府治行政机关而存在，所以被海内外1亿多客家人称为客家首府，在原汀州管辖的8个县依然是纯客家的聚居地。

其保护范围为古“汀州八县”，即包括现今龙岩市的长汀县、上杭县、武平县、连城县、永定区和三明市的宁化、清流、明溪三县。保护区面积1.94万平方千米，人口292.1万人。

闽西客家文化是闽西客家人在生产生活过程中形成的独具特点的民系文化和特色鲜明的地域文化。

图2-3-16　客家首府——汀州府

（十四）说唱文化（宝丰）生态保护实验区

2017年1月，文化部批准设立说唱文化（宝丰）生态保护实验区。保护区包含宝丰县全境，东西长54千米，南北宽27千米，行政区域总面积为722平方千米，总人口51.7万。辖区内有杨庄镇、周庄镇、城关镇、张八桥镇、大营镇、商酒务镇、石桥镇、闹店镇、赵庄镇、李庄乡、肖旗乡、前营乡、铁路办事处及观音堂林站，共计9镇、3乡、1办事处、1林站、327个行政村。该区域属豫西山地与黄淮平原两大地貌过渡地带，地势西高东低，为半湿润大陆性季风气候，四季分明，矿产资源丰富，生物种类繁多。

宝丰县是中国曲艺之乡、中国民间文化艺术之乡（魔术、曲艺）、中国孝文化之乡、中国汝瓷文化之乡、中国观音文化之乡、中国酒祖仪狄故里、中国汝瓷之都等，是河南省第一个国家级文化生态保护区，是全国第一个说唱类文化（图2-3-17）生态保护区。生态保护区内有以马街书会、宝丰酒传统酿造技艺、汝瓷烧制技艺为代表的国家级非物质文化遗产项目，有以香山寺大悲观音大士塔及碑刻、父城遗址、小李庄遗址、清凉寺汝官窑遗址为代表的全国重点文物保护单位。

图2-3-17　说唱艺人在宝丰县表演

（十五）藏族文化（玉树）生态保护实验区

2017年1月，文化部批准设立国家级藏族文化（玉树）生态保护实验区。保护区位于青海省玉树市，青海省也因此成为全国首个有3个国家级文化生态保护实验区的省份。

国家级藏族文化（玉树）生态保护实验区以玉树市为核心保护区，以称多、囊谦、杂多、治多、曲麻莱五县为重点保护区，核心保护内容为玉树藏族民众创造的各类非物质文化遗产，对区域内自然遗产、物质文化遗产一并进行整体性保护，涵盖玉树藏族人民创造和秉承的物质和非物质文化遗产保护内容。截至2021年，该实验区非遗保护项目存续情况总体良好，在册的国家级非遗项目共有12项，国家级非遗代表性传承人11名，省级非遗项目43项，省级非遗代表性传承人38名，州级非遗项目共52项，州级非遗代表性传承人101名，县级非遗代表性项目270项，县级非遗项目代表性传承人296名。

（十六）景德镇陶瓷文化生态保护实验区

2020年6月，文化和旅游部同意在江西省景德镇市设立景德镇陶瓷文化生态保护实验区。江西省也成为全国有3个国家级文化生态保护实验区的省份。

景德镇陶瓷文化生态保护实验区是以景德镇传统陶瓷（图2-3-18）烧造类非物质文化遗产为重点，以陶瓷文化赖以存续的自然生态环境和人文环境为依托，以保护景德镇陶瓷文化生态的整体性为基本目的而建立的文化生态保护区。

图2-3-18 景德镇瓷器

（十七）河洛文化生态保护实验区

2020年6月，文化和旅游部同意在河南省洛阳市（图2-3-19）设立河洛文化生态保护实验区。

河洛文化是以洛阳为中心的黄河、洛河交会地区优秀传统文化的总和，初始于史前，形成于夏商，成熟于周，鼎盛于汉魏唐宋，绵延至元明清，并在今天得到很好的传承，从未中断。河洛文化生态保护实验区以河南省洛阳市行政区域为社会环境依托，以洛、伊、瀍、涧等河流及洛阳盆地一带平原、丘陵、山地复合地貌为自然环境依托，核心保护区为洛阳市城区及孟津县、新安县、洛宁县、偃师市，次核心保护区为洛阳市其他县市。据介绍，河洛文化生态保护实验区内有国家级非遗代表性项目8项、省级62项、市级145项、县级731项，国家级代表性传承人6名、省级59名、市级139名、县级399名，国家级非物质文化遗产生产性示范基地1个、省级2个，河南省非物质文化遗产研究基地1个，河南省非遗示范展示馆、传习所8个。

图2-3-19　洛阳市

【单元小结】

2007年以来，国家陆续设立了7处国家级文化生态保护区和17处国家级文化生态保护实验区。本单元主要介绍了国家级文化生态保护区的概念及设立条件，国家级文化生态保护区建设的主要历程、指导思想、保护原则及建设和管理的基本原则。同时，本单元还分别介绍了7处国家级文化生态保护区及17处国家级文化生态保护实验区的建设范围和文化特色等概况。要求掌握国家级文化生态保护区概念及保护原则。

【思考与实训】

一、思考

1. 国家级文化生态保护区的概念是什么？保护原则是什么？
2. 简述国家级文化生态保护区的建设历程。
3. 简述闽南文化生态保护区的区域地理及文化特色。
4. 简述羌族文化生态保护区（四川省）的区域地理及文化特色。

二、实训

1. 为一个青少年旅游团设计一条热贡文化生态保护区旅游线路并编写导游词大纲。
2. 请设计闽南文化生态保护区的旅游主题并进行特色提炼。
3. 请设计海洋渔文化（象山）保护区的旅游主题并进行特色提炼。

学习单元四　国家旅游景区

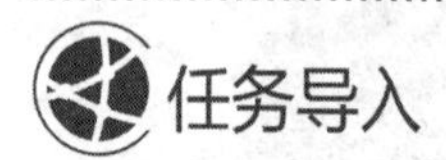

知识目标：掌握国家旅游景区概念、旅游景区质量等级管理办法、旅游景区质量等级的划分与评定及细则，了解国家5A级景区名录，了解国家旅游景区的管理与监督。

能力目标：熟悉国家5A级景区评定流程，能够通过查阅资料讲解300余处5A级景区。

素质目标：通过对国家旅游景区的学习，了解祖国大好河山，厚植爱国主义情怀，弘扬以爱国主义为核心的民族精神和以改革创新为核心的时代精神。学习本旅游区文人志士，提升人文素养。

任务导入

截至2021年6月9日，国家文化和旅游部共确定了306个国家5A级旅游景区，其中江苏省以25家位列省级行政区排行第一；浙江省以19家排名第二；新疆以16家排名第三；广东省和四川省均以15家并列第四名。截至2021年6月，重庆是我国5A级景区最多的城市，拥有10个5A级景区，A级以上景区数量为281处；其次是北京，拥有5A级景区9个，A级以上景区数量为227处；苏州5A级景区数量排名第三，拥有6个5A级景区，54处A级以上景区。

你所在的家乡有多少5A级景区呢？你知道它们是如何划分与评定的吗？

【学习内容】

一、国家旅游景区概述

M2-4-1　国家旅游景区定义

（一）旅游景区定义

旅游景区是以旅游及其相关活动为主要功能或主要功能之一的空间或地域，应具有参观游览、休闲度假、康乐健身等功能，具备相应旅游服务设施并提供相应旅游服务的独立管理区。该管理区应有统一的经营管理机构和明确的地域范围，包括风景区、文博院馆、寺庙观堂、旅游度假区、自然保护区、主题公园、森林公园、地质公园、游乐园、动物园、植物园及工业、农业、经贸、科教、军事、体育、文化艺术等各类旅游景区。

（二）旅游景区的分类

旅游景区有多种分类方式，常见的有以下三种划分标准。

1. 按照旅游景区质量等级划分

根据《风景名胜区条例》，风景名胜区划分为国家级风景名胜区和省级风景名胜区。根据《旅游景区质量等级的划分与评定》（GB/T　17775—2003）分为AAAAA级景区、AAAA级景区、AAA级景区、AA级景区、A级景区。

2. 按照旅游景区资源类型

根据《旅游资源分类、调查与评价》（GB/T 18972—2017），旅游资源分为地文景观、水域风光、生物景观、天象与气候景观、遗址遗迹、建筑与设施、旅游商品、人文活动等8个主类，以及23个亚类、110个基本类型。

3. 按照旅游景区经营控制权划分

根据旅游景区经营控制权可以划分为国有景区、合资景区、民营景区、股份制景区。

目前，按照质量等级划分旅游景区的应用较为广泛。

二、旅游景区的质量等级管理

M2-4-2 旅游景区的质量等级管理

为了加强旅游景区质量等级的评定和管理，提升旅游景区服务质量和管理水平，树立旅游景区行业良好形象，促进旅游业可持续发展，2012年国家旅游局依据国家有关法律、法规和中华人民共和国国家标准《旅游景区质量等级的划分与评定》及相关评定细则，制定了《旅游景区质量等级管理办法》，用于规范旅游景区质量等级的申请、评定、管理和责任处理等。该办法明确了国家A级旅游景区现场检查（明察、暗访）工作规范。

（一）旅游景区的评定机构与证书标牌

凡在中华人民共和国境内正式开业1年以上的旅游景区，均可申请质量等级。旅游景区质量等级划分为5个等级，从低到高依次为1A、2A、3A、4A、5A。旅游景区质量等级管理工作，遵循自愿申报、分级评定、动态管理、以人为本、持续发展的原则。国务院旅游行政主管部门负责旅游景区质量等级评定标准、评定细则等的编制和修订工作，负责对全国旅游景区质量等级评定标准的实施进行管理和监督。各省、自治区、直辖市人民政府旅游行政主管部门负责对本行政区域内旅游景区质量等级评定标准的实施进行管理和监督。

国务院旅游行政主管部门组织设立全国旅游景区质量等级评定委员会，负责全国旅游景区质量等级评定工作的组织和实施，授权并督导省级及以下旅游景区质量等级评定机构开展评定工作。各省、自治区、直辖市人民政府旅游行政主管部门组织设立本地区旅游景区质量等级评定委员会，按照全国旅游景区质量等级评定委员会授权，负责本行政区域内旅游景区质量等级评定工作的组织和实施。省级旅游景区质量等级评定委员会及时向全国旅游景区质量等级评定委员会报备各级评定委员会及其办公室成员组成与变动。省级旅游景区质量等级评定委员会须全面掌握本地区各级旅游景区新增及变动情况，实现动态管理，每年分别于6月底和12月底将本地区各级旅游景区名称和数量报全国旅游景区质量等级评定委员会备案。旅游景区质量等级的标牌、证书由全国旅游景区质量等级评定委员会统一制作，由相应评定机构颁发。旅游景区在对外宣传资料中应正确标明其等级。旅游景区质量等级标牌，须置于旅游景区主要入口显著位置。

（二）旅游景区的申请与评定

3A级及以下等级旅游景区由全国旅游景区质量等级评定委员会授权各省级旅游景区质量等级评定委员会负责评定，省级旅游景区评定委员会可向条件成熟的地市级旅游景区评定委员会再行授权。4A级旅游景区由省级旅游景区质量等级评定委员会推荐，全国旅游景区质量等级评定委员会组织评定。5A级旅游景区从4A级旅游景区中产生。被公告为4A级三年以上的旅游景区可申报5A级旅游景区。5A级旅游景区由省级旅游景区质量等级评定委员会推荐，全国旅游景区质量等级评定委员会组织评定。

申报5A级的旅游景区，由所在地旅游景区评定机构逐级提交申请报告、《旅游景区质量等级评定报告书》和创建资料（含电子版），省级旅游景区评定机构组织初评。初评合格的景区，由省级旅游景区评定机构向全国旅游景区质量等级评定委员会提交推荐意见。全国旅游景区质量等级评定委员会对申报5A级旅游景区按照资料审核、景观价值评价、现场检查、社会公示、发布公告的程序进行评定。

全国旅游景区质量等级评定委员会对申报5A级旅游景区的评定程序如下：

① 资料审核。全国旅游景区质量等级评定委员会依据景区评定标准和细则规定，对景区申报资料进行全面审核，审核内容包括景区名称、范围、管理机构、规章制度及发展状况等。通过审核的景区，进入景观评估程序，未通过审核的景区，一年后方可再次申请重审。

② 景观价值评价。全国旅游景区质量等级评定委员会组建由相关方面专家组成的评议组，听取申报景区的陈述，采取差额投票方式，对景区资源吸引力和市场影响力进行评价，评价内容包括景区观赏游憩价值、历史文化科学价值、知名度、美誉度与市场辐射力等。通过景观评价的景区，进入现场检查环节，未通过景观评价的景区，两年后方可再次申请重审。

③ 现场检查。全国旅游景区质量等级评定委员会组织国家级检查员成立评定小组，采取暗访方式对景区服务质量与环境质量进行现场检查，检查内容包括景区交通等基础服务设施，安全、卫生等公共服务设施，导游导览、购物等游览服务设施，电子商务等网络服务体系，对历史文化、自然环境保护状况，引导游客文明旅游等方面。现场检查达标的景区，进入社会公示程序，未达标的景区，一年后方可再次申请现场检查。

④ 社会公示。全国旅游景区质量等级评定委员会对达到标准的申报景区，在中国旅游网上进行七个工作日的社会公示。公示阶段无重大异议或重大投诉的旅游景区通过公示，若出现重大异议或重大投诉的情况，将由全国旅游景区质量等级评定委员会进行核实和调查，做出相应决定。

⑤ 发布公告。经公示无重大异议或重大投诉的景区，由全国旅游景区质量等级评定委员会发布质量等级认定公告，颁发证书和标牌。

（三）旅游景区的管理与监督

各级旅游景区质量等级评定机构对所评旅游景区要进行监督检查和复核。监督检查采取重点抽查、定期明察和不定期暗访以及社会调查、听取游客意见反馈等方式进行。全国旅游景区质量等级评定委员会负责建立全国旅游景区动态监测与游客评价系统和景区信息管理系统，系统收集信息和游客评价意见，作为对旅游景区监督检查和复核依据之一。对游客好评率较低、社会反响较差、发生重大安全事故、被游客进行重大投诉经调查情况属实及未按时报送数据信息或填报虚假信息的景区，视情节给予相应处理。4A级及以下等级景区复核工作主要由省级质量等级评定委员会组织和实施，复核分为年度复核与五年期满的评定性复核，年度复核采取抽查的方式，复核比例不低于10%。5A级旅游景区复核工作由全国旅游景区质量等级评定委员会负责，每年复核比例不低于10%。经复核达不到要求的，视情节给予相应处理。对景区处理方式包括签发警告通知书、通报批评、降低或取消等级。

三、旅游景区质量等级的划分与评定

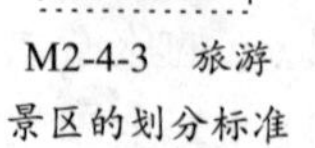

M2-4-3 旅游景区的划分标准

（一）《旅游景区质量等级的划分与评定》（GB/T 17775—2003）

1. 旅游景区质量等级及标志

旅游景区质量等级划分为五级，从高到低依次为AAAAA、AAAA、AAA、AA、A级旅游景区。旅游景区质量等级的标志、标牌、证书由国家旅游行政主管部门统一规定。

2. 旅游景区质量等级划分条件

《旅游景区质量等级划分与评定》分别在旅游交通、游览、旅游安全、卫生、邮电服务、旅游购物、经营管理、资源和环境的保护、旅游资源吸引力、市场吸引力、年接待海内外旅游者数量、游客抽样调查满意率等12个方面，对国家5A、4A、3A、2A、A级景区进行了等级划分条件说明。

3. 旅游景区质量等级的划分依据与方法

根据旅游景区质量等级划分条件确定旅游景区质量等级，按照《服务质量与环境质量评分细则》《景观质量评分细则》的评价得分，并结合《游客意见评分细则》的得分综合进行。对于初步评定的AAAAA、AAAA、AAA级旅游景区采取分级公示、征求社会意见的方法。

（二）《旅游景区质量等级划分与评定》（GB/T 17775—2003）细则

根据《旅游景区质量等级评定管理办法》（国家旅游局局令第23号）和《旅游景区质量等级的划分与评定》国家标准（GB/T 17775—2003）的相关规定制定本细则。本细则共分为三个部分：

细则一：服务质量与环境质量评分细则

本细则共计1000分，各大项分值为：旅游交通130分；游览235分；旅游安全80分；卫生140分；邮电服务20分；旅游购物50分；综合管理200分；资源和环境的保护145分。5A级旅游景区需达到950分，4A级旅游景区需达到850分，3A级旅游景区需达到750分，2A级旅游景区需达到600分，1A级旅游景区需达到500分。

细则二：景观质量评分细则

1. 本细则分为资源要素价值与景观市场价值两大评价项目、9项评价因子，总分100分。其中资源吸引力为65分，市场吸引力为35分。各评价因子分4个评价得分档次。

2. 等级评定时，对评价项目和评价因子由评定组成员分别计分，最后进行算术平均求得总分。

3. 5A级旅游景区需达到90分，4A级旅游景区需达到85分，3A级旅游景区需达到75分，2A级旅游景区需达到60分，1A级旅游景区需达到50分。

细则三：游客意见评分细则

1. 旅游景区质量等级对游客意见的评分，以游客对该旅游景区的综合满意度为依据。

2. 游客综合满意度的考察，主要参考《旅游景区游客意见调查表》的得分情况。

3.《旅游景区游客意见调查表》由现场评定检查员在景区员工陪同下，直接向游客发放、回收并统计。

4. 在质量等级评定过程中，《旅游景区游客意见调查表》发放规模，应区分旅游景区的规模、范围和申报等级，一般为30~50份，采取即时发放、即时回收、最后汇总统计的方法。回收率不应低于80%。

5.《旅游景区游客意见调查表》的分发，应采取随机发放方式。原则上，发放对象不能少于3个旅游团体，并注意游客的性别、年龄、职业、消费水平等方面的均衡。

6. 游客综合满意度的计分方法：

（1）游客综合满意度总分为100分。

（2）计分标准：

① 总体印象满分为20分。其中很满意为20分，满意为15分，一般为10分，不满意为0分。

② 其他每项满分为5分，总计80分。各项中，很满意为5分，满意为3分，一般为2分，不满意为0分。

（3）计分办法：先计算出所有《旅游景区游客意见调查表》各单项的算术平均值，再将每个单项的算术平均值加总，作为本次游客意见评定的综合得分。如存在某一单项在所有调查表中均未填写的情况，则该项以其他各项（除总体印象项外）的平均值计入总分。

7. 旅游景区质量等级游客意见综合得分最低要求为：

5A级旅游景区：90分。

4A级旅游景区：80分。

3A级旅游景区：70分。

2A级旅游景区：60分。

1A级旅游景区：50分。

各等级景区需达到如表2-4-1所示条件。

表2-4-1 各等级景区条件细则

等级	细则一	细则二	细则三
5A	950分	90分	90分
4A	850分	85分	80分
3A	750分	75分	70分
2A	600分	60分	60分
1A	500分	50分	50分

具体细则内容请查阅相关政策文件。

四、国家5A级旅游景区名录

截至2023年5月，全国共有5A级旅游景区319家（表2-4-2）。

表2-4-2 国家5A级景区名录

序号	名称	所在地区	评定年份
1	杭州市西湖风景名胜区	浙江省	2007年
2	桂林市漓江景区	广西壮族自治区	2007年
3	阿坝藏族羌族自治州九寨沟旅游景区	四川省	2007年
4	黄山市黄山风景区	安徽省	2007年
5	安顺市龙宫景区	贵州省	2007年
6	张家界武陵源—天门山旅游区	湖南省	2007年
7	保定市安新白洋淀景区	河北省	2007年
8	衡阳市南岳衡山旅游区	湖南省	2007年
9	颐和园	北京市	2007年
10	故宫博物院	北京市	2007年
11	天坛公园	北京市	2007年
12	安顺市黄果树大瀑布景区	贵州省	2007年
13	北京八达岭—慕田峪长城旅游区	北京市	2007年
14	池州市九华山风景区	安徽省	2007年
15	南京钟山风景名胜区—中山陵园风景区	江苏省	2007年
16	广州市长隆旅游度假区	广东省	2007年
17	乐山市峨眉山景区	四川省	2007年
18	新疆天山天池风景名胜区	新疆维吾尔自治区	2007年
19	天津盘山风景名胜区	天津市	2007年
20	上海野生动物园	上海市	2007年

续表

序号	名称	所在地区	评定年份
21	西安市秦始皇兵马俑博物馆	陕西省	2007年
22	泰安市泰山景区	山东省	2007年
23	苏州园林(拙政园、虎丘山、留园)	江苏省	2007年
24	长白山景区	吉林省	2007年
25	深圳华侨城旅游度假区	广东省	2007年
26	平凉市崆峒山风景名胜区	甘肃省	2007年
27	重庆大足石刻景区	重庆市	2007年
28	昆明市石林风景区	云南省	2007年
29	天津古文化街旅游区(津门故里)	天津市	2007年
30	石嘴山市沙湖旅游景区	宁夏回族自治区	2007年
31	庐山风景名胜区	江西省	2007年
32	承德避暑山庄及周围寺庙景区	河北省	2007年
33	上海东方明珠广播电视塔	上海市	2007年
34	中卫市沙坡头旅游景区	宁夏回族自治区	2007年
35	大连老虎滩海洋公园·老虎滩极地馆	辽宁省	2007年
36	吉安市井冈山风景旅游区	江西省	2007年
37	苏州市周庄古镇景区	江苏省	2007年
38	哈尔滨市太阳岛景区	黑龙江省	2007年
39	登封市嵩山少林景区	河南省	2007年
40	舟山市普陀山风景名胜区	浙江省	2007年
41	丽江市玉龙雪山景区	云南省	2007年
42	西安市华清池景区	陕西省	2007年
43	沈阳市植物园	辽宁省	2007年
44	长春市伪满皇宫博物院	吉林省	2007年
45	武汉市黄鹤楼公园	湖北省	2007年
46	三亚市南山大小洞天旅游区	海南省	2007年
47	桂林市乐满地度假世界	广西壮族自治区	2007年
48	嘉峪关市嘉峪关文物景区	甘肃省	2007年
49	重庆巫山小三峡—小小三峡	重庆市	2007年
50	温州市雁荡山风景名胜区	浙江省	2007年
51	阿勒泰地区喀纳斯景区	新疆维吾尔自治区	2007年
52	洛阳市龙门石窟景区	河南省	2007年
53	三亚市南山文化旅游区	海南省	2007年
54	吐鲁番市葡萄沟风景区	新疆维吾尔自治区	2007年
55	延安市黄帝陵景区	陕西省	2007年
56	烟台市蓬莱阁旅游区(三仙山—八仙过海)	山东省	2007年
57	济宁市曲阜明故城(三孔)旅游区	山东省	2007年
58	中央电视台无锡影视基地三国水浒景区	江苏省	2007年
59	成都市青城山—都江堰旅游景区	四川省	2007年
60	宜昌市三峡大坝—屈原故里旅游区	湖北省	2007年
61	焦作市云台山—神农山—青天河风景区	河南省	2007年

续表

序号	名称	所在地区	评定年份
62	忻州市五台山风景名胜区	山西省	2007年
63	大同市云冈石窟	山西省	2007年
64	厦门市鼓浪屿风景名胜区	福建省	2007年
65	南平市武夷山风景名胜区	福建省	2007年
66	秦皇岛市山海关景区	河北省	2007年
67	无锡市灵山景区	江苏省	2010年
68	南京市夫子庙—秦淮风光带景区	江苏省	2010年
69	河北保定野三坡景区	河北省	2010年
70	嘉兴市桐乡乌镇古镇旅游区	浙江省	2010年
71	上海科技馆	上海市	2010年
72	金华市东阳横店影视城景区	浙江省	2010年
73	苏州市同里古镇景区	江苏省	2010年
74	扬州市瘦西湖风景区	江苏省	2010年
75	常州市环球恐龙城休闲旅游区	江苏省	2010年
76	杭州市千岛湖风景名胜区	浙江省	2010年
77	宁波市奉化溪口—滕头旅游景区	浙江省	2010年
78	山东青岛崂山景区	山东省	2011年
79	安徽省黄山市皖南古村落—西递宏村	安徽省	2011年
80	丽江市丽江古城景区	云南省	2011年
81	河南洛阳白云山景区	河南省	2011年
82	湖北省宜昌市三峡人家风景区	湖北省	2011年
83	广东省广州市白云山风景区	广东省	2011年
84	陕西西安大雁塔·大唐芙蓉园景区	陕西省	2011年
85	北京市明十三陵景区	北京市	2011年
86	江西省上饶市三清山旅游景区	江西省	2011年
87	湖南省湘潭市韶山旅游区	湖南省	2011年
88	武隆喀斯特旅游区（天生三桥、仙女山、芙蓉洞）	重庆市	2011年
89	青海省青海湖景区	青海省	2011年
90	宁夏银川镇北堡西部影视城	宁夏回族自治区	2011年
91	内蒙古鄂尔多斯成吉思汗陵旅游区	内蒙古自治区	2011年
92	黑龙江黑河五大连池景区	黑龙江省	2011年
93	辽宁大连金石滩景区	辽宁省	2011年
94	吉林长春净月潭景区	吉林省	2011年
95	黑龙江牡丹江镜泊湖景区	黑龙江省	2011年
96	河南开封清明上河园	河南省	2011年
97	福建省土楼（永定·南靖）旅游景区	福建省	2011年
98	陕西渭南华山景区	陕西省	2011年
99	湖北省十堰市武当山风景区	湖北省	2011年
100	甘肃天水麦积山景区	甘肃省	2011年
101	乐山市乐山大佛景区	四川省	2011年
102	内蒙古鄂尔多斯响沙湾旅游景区	内蒙古自治区	2011年

续表

序号	名称	所在地区	评定年份
103	河北省石家庄市西柏坡景区	河北省	2011年
104	中国科学院西双版纳热带植物园	云南省	2011年
105	新疆伊犁那拉提旅游风景区	新疆维吾尔自治区	2011年
106	安徽省安庆市天柱山风景区	安徽省	2011年
107	大理市崇圣寺三塔文化旅游区	云南省	2011年
108	深圳市观澜湖休闲旅游区	广东省	2011年
109	福建省三明市泰宁风景旅游区	福建省	2011年
110	广东省清远市连州地下河旅游景区	广东省	2011年
111	山东威海刘公岛景区	山东省	2011年
112	梅州市雁南飞茶田景区	广东省	2011年
113	山东烟台龙口南山景区	山东省	2011年
114	湖北省恩施州神农溪纤夫文化旅游区	湖北省	2011年
115	河南安阳殷墟景区	河南省	2011年
116	浙江省嘉兴市南湖旅游区	浙江省	2011年
117	湖南省岳阳市岳阳楼—君山岛景区	湖南省	2011年
118	河南省平顶山市尧山–中原大佛景区	河南省	2011年
119	山西晋城皇城相府生态文化旅游区	山西省	2011年
120	无锡市鼋头渚景区	江苏省	2012年
121	江苏省姜堰区溱湖旅游景区	江苏省	2012年
122	湖北省神农架旅游区	湖北省	2012年
123	北京市奥林匹克公园	北京市	2012年
124	恭王府景区	北京市	2012年
125	阿勒泰地区富蕴可可托海景区	新疆维吾尔自治区	2012年
126	西宁市塔尔寺景区	青海省	2012年
127	海南呀诺达雨林文化旅游区	海南省	2012年
128	广东省韶关市丹霞山景区	广东省	2012年
129	酉阳桃花源旅游景区	重庆市	2012年
130	宁德市白水洋—鸳鸯溪旅游区	福建省	2012年
131	迪庆州香格里拉普拉措景区	云南省	2012年
132	江西省鹰潭市龙虎山旅游景区	江西省	2012年
133	桂林市独秀峰—王城景区	广西壮族自治区	2012年
134	六安市天堂寨旅游景区	安徽省	2012年
135	苏州市金鸡湖景区	江苏省	2012年
136	泉州市清源山景区	福建省	2012年
137	重庆市万盛经开区黑山谷景区	重庆市	2012年
138	四川省阿坝黄龙景区	四川省	2012年
139	湖南省长沙市岳麓山·橘子洲旅游区	湖南省	2012年
140	安徽省宣城市绩溪龙川景区	安徽省	2012年
141	浙江省杭州西溪湿地旅游区	浙江省	2012年
142	浙江省绍兴市鲁迅故里沈园景区	浙江省	2012年
143	镇江市金山·焦山·北固山旅游景区	江苏省	2012年

续表

序号	名称	所在地区	评定年份
144	河南省洛阳栾川老君山—鸡冠洞旅游区	河南省	2012年
145	南通市濠河景区	江苏省	2012年
146	上饶市婺源江湾景区	江西省	2013年
147	毕节市百里杜鹃景区	贵州省	2013年
148	武汉市东湖景区	湖北省	2013年
149	重庆市南川金佛山景区	重庆市	2013年
150	阜阳市颍上八里河景区	安徽省	2013年
151	拉萨布达拉宫景区	西藏自治区	2013年
152	拉萨市大昭寺	西藏自治区	2013年
153	南充市阆中古城旅游区	四川省	2013年
154	伊春市汤旺河林海奇石景区	黑龙江省	2013年
155	分界洲岛旅游区	海南省	2013年
156	宁德市福鼎太姥山旅游区	福建省	2013年
157	济南市天下第一泉景区	山东省	2013年
158	枣庄市台儿庄古城景区	山东省	2013年
159	宜昌市长阳清江画廊景区	湖北省	2013年
160	绵阳市北川羌城旅游区	四川省	2013年
161	景德镇古窑民俗博览区	江西省	2013年
162	喀什地区泽普金湖杨景区	新疆维吾尔自治区	2013年
163	洛阳市龙潭大峡谷景区	河南省	2013年
164	阿坝州汶川特别旅游区	四川省	2013年
165	苏州市沙家浜·虞山尚湖旅游区	江苏省	2013年
166	佛山市西樵山景区	广东省	2013年
167	衢州市开化根宫佛国文化旅游景区	浙江省	2013年
168	常州市天目湖景区	江苏省	2013年
169	广安市邓小平故里旅游区	四川省	2013年
170	晋中市介休绵山景区	山西省	2013年
171	苏州市吴中太湖旅游区	江苏省	2013年
172	乌鲁木齐天山大峡谷景区	新疆维吾尔自治区	2014年
173	惠州市罗浮山景区	广东省	2014年
174	武汉市黄陂木兰文化生态旅游区	湖北省	2014年
175	黄山市古徽州文化旅游区	安徽省	2014年
176	南宁市青秀山旅游区	广西壮族自治区	2014年
177	巴音郭楞蒙古自治州博斯腾湖景区	新疆维吾尔自治区	2014年
178	山东省沂蒙山旅游区	山东省	2014年
179	长沙市花明楼景区	湖南省	2014年

续表

序号	名称	所在地区	评定年份
180	宝鸡市法门寺佛文化景区	陕西省	2014年
181	佛山市长鹿旅游休博园	广东省	2014年
182	镇江市句容茅山景区	江苏省	2014年
183	南阳市西峡伏牛山老界岭·恐龙遗址园旅游区	河南省	2014年
184	合肥市三河古镇景区	安徽省	2015年
185	恩施州恩施大峡谷景区	湖北省	2015年
186	敦煌鸣沙山月牙泉景区	甘肃省	2015年
187	长春市长影世纪城旅游区	吉林省	2015年
188	邯郸市娲皇宫景区	河北省	2015年
189	海南槟榔谷黎苗文化旅游区	海南省	2015年
190	银川市灵武水洞沟旅游区	宁夏回族自治区	2015年
191	郴州市东江湖旅游区	湖南省	2015年
192	漠河北极村旅游区	黑龙江省	2015年
193	黔南州荔波樟江景区	贵州省	2015年
194	本溪市本溪水洞景区	辽宁省	2015年
195	商洛市金丝峡景区	陕西省	2015年
196	敦化市六鼎山文化旅游区	吉林省	2015年
197	阳江市海陵岛大角湾海上丝路旅游区	广东省	2015年
198	福州市三坊七巷景区	福建省	2015年
199	江津四面山景区	重庆市	2015年
200	湖州市南浔古镇景区	浙江省	2015年
201	宜春市明月山旅游区	江西省	2015年
202	台州市神仙居景区	浙江省	2015年
203	唐山市清东陵景区	河北省	2015年
204	台州市天台山景区	浙江省	2015年
205	喀什地区喀什噶尔老城景区	新疆维吾尔自治区	2015年
206	龙岩市古田旅游区	福建省	2015年
207	广元市剑门蜀道剑门关旅游区	四川省	2015年
208	瑞金共和国摇篮旅游区	江西省	2015年
209	驻马店市嵖岈山旅游景区	河南省	2015年
210	大丰中华麋鹿园景区	江苏省	2015年
211	周恩来故里旅游景区	江苏省	2015年
212	晋中市平遥古城景区	山西省	2015年
213	安徽省六安市万佛湖景区	安徽省	2016年
214	海南省三亚市蜈支洲岛旅游区	海南省	2016年
215	内蒙古自治区满洲里市中俄边境旅游区	内蒙古自治区	2016年

续表

序号	名称	所在地区	评定年份
216	云南省昆明市昆明世博园景区	云南省	2016年
217	新疆维吾尔自治区巴音州和静巴音布鲁克景区	新疆维吾尔自治区	2016年
218	安徽省芜湖市方特旅游景区	安徽省	2016年
219	陕西省宝鸡市太白山旅游景区	陕西省	2016年
220	湖南省邵阳市莨山景区	湖南省	2016年
221	云南省保山市腾冲火山热海旅游区	云南省	2016年
222	四川省南充市仪陇朱德故里景区	四川省	2016年
223	广东省中山市孙中山故里旅游区	广东省	2016年
224	新疆维吾尔自治区伊犁州喀拉峻景区	新疆维吾尔自治区	2016年
225	江苏省连云港花果山景区	江苏省	2016年
226	江苏省徐州市云龙湖景区	江苏省	2016年
227	河南省红旗渠・太行大峡谷旅游景区	河南省	2016年
228	浙江省嘉兴市西塘古镇旅游景区	浙江省	2017年
229	四川省甘孜州海螺沟景区	四川省	2017年
230	贵州省贵阳市花溪青岩古镇景区	贵州省	2017年
231	辽宁省鞍山市千山景区	辽宁省	2017年
232	日喀则扎什伦布寺景区	西藏自治区	2017年
233	山东省潍坊市青州古城旅游景区	山东省	2017年
234	青海省海东市互助土族故土园景区	青海省	2017年
235	内蒙古自治区阿尔山·柴河旅游景区	内蒙古自治区	2017年
236	林芝巴松措景区	西藏自治区	2017年
237	山东省威海市华夏城旅游景区	山东省	2017年
238	河北省邯郸市广府古城景区	河北省	2017年
239	吉林省长春市世界雕塑公园旅游景区	吉林省	2017年
240	广西壮族自治区桂林市两江四湖・象山景区	广西壮族自治区	2017年
241	重庆市云阳龙缸景区	重庆市	2017年
242	江西省上饶市龟峰景区	江西省	2017年
243	河北省保定市白石山景区	河北省	2017年
244	江西省抚州市大觉山景区	江西省	2017年
245	新疆生产建设兵团第十师白沙湖景区	新疆维吾尔自治区	2017年
246	河南省永城市芒砀山旅游景区	河南省	2017年
247	浙江省衢州市江郎山·廿八都景区	浙江省	2017年
248	江苏省常州市中国春秋淹城旅游区	江苏省	2017年
249	山西省忻州市雁门关景区	山西省	2017年
250	贵州铜仁市梵净山旅游景区	贵州省	2018年
251	湖北省咸宁市三国赤壁古战场景区	湖北省	2018年

续表

序号	名称	所在地区	评定年份
252	广西壮族自治区崇左市德天跨国瀑布景区	广西壮族自治区	2018年
253	内蒙古自治区赤峰市阿斯哈图石阵旅游区	内蒙古自治区	2018年
254	广东省惠州市西湖旅游景区	广东省	2018年
255	陕西省西安市城墙·碑林历史文化景区	陕西省	2018年
256	江西省南昌市滕王阁旅游区	江西省	2018年
257	浙江省宁波市天一阁·月湖景区	浙江省	2018年
258	山西省临汾市洪洞大槐树寻根祭祖园景区	山西省	2018年
259	北京市海淀区圆明园景区	北京市	2019年
260	新疆维吾尔自治区喀什地区帕米尔旅游区	新疆维吾尔自治区	2019年
261	江苏省无锡市惠山古镇景区	江苏省	2019年
262	湖北省襄阳市古隆中景区	湖北省	2019年
263	河北省保定市清西陵景区	河北省	2019年
264	河北省新乡市八里沟景区	河南省	2019年
265	辽宁省盘锦市红海滩风景廊道景区	辽宁省	2019年
266	山西省长治市壶关太行山大峡谷八泉峡景区	山西省	2019年
267	四川省雅安市碧峰峡旅游景区	四川省	2019年
268	重庆市彭水县阿依河景区	重庆市	2019年
269	内蒙古自治区阿拉善盟胡杨林旅游区	内蒙古自治区	2019年
270	吉林市通化市高句丽文物古迹旅游景区	吉林省	2019年
271	黑龙江省虎林市虎头旅游景区	黑龙江省	2019年
272	甘肃省张掖市七彩丹霞景区	甘肃省	2019年
273	山东省东营市黄河口生态旅游区	山东省	2019年
274	贵州省黔东南州镇远古城旅游景区	贵州省	2019年
275	陕西省延安市延安革命纪念馆	陕西省	2019年
276	广西壮族自治区百色市百色起义纪念园景区	广西壮族自治区	2019年
277	浙江省丽水市缙云仙都景区	浙江省	2019年
278	江西省萍乡市武功山景区	江西省	2019年
279	湖南省株洲市炎帝陵景区	湖南省	2019年
280	广东省肇庆星湖旅游景区	广东省	2019年
281	湖南省常德市桃花源旅游区	湖南省	2020年
282	重庆市黔江区濯水景区	重庆市	2020年
283	广东省江门市开平碉楼文化旅游区	广东省	2020年
284	福建省莆田市湄洲岛妈祖文化旅游区	福建省	2020年
285	浙江省温州市刘伯温故里景区	浙江省	2020年
286	安徽省马鞍山市长江采石矶文化生态旅游区	安徽省	2020年
287	青海省海北州阿咪东索景区	青海省	2020年

续表

序号	名称	所在地区	评定年份
288	甘肃省临夏州炳灵寺世界文化遗产旅游区	甘肃省	2020年
289	林芝市雅鲁藏布大峡谷旅游景区	西藏自治区	2020年
290	贵州省遵义市赤水丹霞旅游区	贵州省	2020年
291	河北省承德市金山岭长城景区	河北省	2020年
292	江西省九江市庐山西海景区	江西省	2020年
293	山西省临汾市云丘山景区	山西省	2020年
294	四川省甘孜州稻城亚丁旅游景区	四川省	2020年
295	广西壮族自治区北海市涠洲岛南湾鳄鱼山景区	广西壮族自治区	2020年
296	新疆维吾尔自治区克拉玛依市世界魔鬼城景区	新疆维吾尔自治区	2020年
297	陕西省西安市大明宫旅游景区	陕西省	2020年
298	江苏省宿迁市洪泽湖湿地景区	江苏省	2020年
299	湖北省恩施州腾龙洞景区	湖北省	2020年
300	山东省临沂市萤火虫水洞·地下大峡谷旅游区	山东省	2020年
301	云南省文山州普者黑旅游景区	云南省	2020年
302	四川省巴中市光雾山旅游景区	四川省	2020年
303	湖南省湘西土家族苗族自治州矮寨·十八洞·德夯大峡谷景区	湖南省	2021年
304	上海市中国共产党一大·二大·四大纪念馆景区	上海市	2021年
305	新疆生产建设兵团阿拉尔市塔克拉玛干·三五九旅文化旅游区	新疆维吾尔自治区	2021年
306	新疆维吾尔自治区博尔塔拉蒙古自治州赛里木湖景区	新疆维吾尔自治区	2021年
307	黄河壶口瀑布旅游区	山西省	2022年
308	台州市台州府城文化旅游区	浙江省	2022年
309	赣州市三百山景区	江西省	2022年
310	济宁市微山湖旅游区	山东省	2022年
311	信阳市鸡公山景区	河南省	2022年
312	宜昌市三峡大瀑布景区	湖北省	2022年
313	贺州市黄姚古镇景区	广西壮族自治区	2022年
314	奉节县白帝城·瞿塘峡景区	重庆市	2022年
315	成都市安仁古镇景区	四川省	2022年
316	毕节市织金洞景区	贵州省	2022年
317	黄河壶口瀑布旅游区	陕西省	2022年
318	陇南市官鹅沟景区	甘肃省	2022年
319	新疆维吾尔自治区昌吉回族自治州江布拉克景区	新疆维吾尔自治区	2022年

【知识拓展】

M2-4-4 旅游景区质量等级相关文件

1. 2012年5月，国家旅游局印发了《旅游景区质量等级管理办法》；2003年2月，中华人民共和国国家质量监督检验检疫总局发布了《旅游区（点）质量等级的划分与评定》标准，标准号GB/T 17775—2003。具体内容扫描二维码进行了解。

2.《旅游景区质量等级的划分与评定》修订情况。1999年，《旅游区（点）质量等级的划分与评定》（GB/T 17775—1999）正式实施，这一版标准主要起草单位是国家旅游局规划发展与财务司、北京旅游局，北京八达岭特区办事处是参与起草单位。主要起草人包括钟海生、尹泽生、卢云亭、温子吉、康永莉、石建国、李亮、姜岩、盛桂荣、彭德成等。1999版将旅游景区为四级、十大类评价因子。2003年，推出了第一次修订版——《旅游景区质量等级的划分与评定》（GB/T 17775—2003）。2003版评定标准最明显的变化是在划分等级中增加了5A级旅游景区，并丰富细化了资源吸引力和市场影响力方面的划分条件。2003年版的起草单位是国家旅游局规划发展与财务司。主要起草人是魏小安、汪黎明、彭德成、潘肖澎、周梅等。在此后近20年时间，尚未推出过新修订版本。尽管经过第一次修订，评定标准的行业指导性得到进一步加强，但是目前的文旅深度融合态势，以及本轮新冠疫情带来的产业新变化、新需求，对旅游景区提出了更高要求，评定标准的第二次修订版也需要焕发新生机，与时代同频、与产业共振、与趋势偕舞。

【单元小结】

《旅游景区质量等级的划分与评定》自1999年推出以来，成为旅游业的一个最亮眼的金字招牌。本单元主要介绍了国家旅游景区的概念、旅游景区的质量等级管理、旅游景区质量等级的划分与评定，以及国家5A级景区名录。要求重点掌握旅游景区的质量等级管理、划分与评定的相关内容，熟悉《旅游景区质量等级管理办法》《旅游景区质量等级的划分与评定》（GB/T 17775—2003）及相关细则的内容。

【思考与实训】

一、思考

1.《旅游景区质量等级的划分与评定》（GB/T 17775—2003）中，哪些方面的要求已不适合如今信息技术快速发展下旅游景区的评定标准？

2. 简述5A级景区评定流程。

3. 通过查阅相关资料，尝试列出国家A级景区等级划分与评定的标准，及在旅游交通、游览等12个方面上不同要求的对照表。

二、实训

参照《旅游景区质量等级管理办法》《旅游景区质量等级的划分与评定》（GB/T 17775—2003）及相关细则，对你喜欢的一家3A级及以上景区进行划分和评定，尝试形成建设提升方案。

学习单元五　国家级旅游度假区

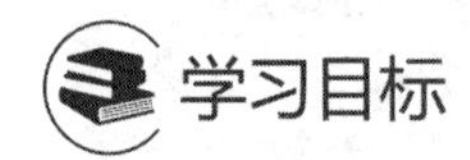

学习目标

知识目标：掌握国家级旅游度假区相关概念，掌握国家级旅游度假区创建标准、流程，熟悉《旅游度假区等级划分》《旅游度假区等级划分细则》《国家级旅游度假区管理办法》，了解国家旅游度假区名录及各旅游度假区的特点。

能力目标：能够根据45家国家级旅游度假区的特点设计出主要的旅游线路，能够对国家级旅游度假区进行讲解。

素质目标：激发学生对祖国大美河山的热爱之情，厚植爱国主义情怀；通过了解国家级旅游度假区的申报等工作流程，培养学生诚信意识、规范意识、标准意识。通过学习国家级旅游度假区的运营管理，使学生深刻理解环境保护的重要性、人与自然和谐共生的方式。

任务导入

近年来，文化和旅游部大力推动国家级旅游度假区提质扩容升级，2015年、2017年、2019年分3批共推出了30家国家级旅游度假区。2020年12月28日，文化和旅游部公布了新一批国家级旅游度假区，15家度假区榜上有名。2023年1月10日，文化和旅游部又确定了15家国家级旅游度假区。截至2023年5月，我国国家级旅游度假区总数达到60家，涵盖了各种度假类型，其中河湖湿地类16家、山林类8家、温泉类6家、海洋类5家、冰雪类3家、主题文化类5家、古城古镇类1家、沙漠草原类1家。

请思考国家级旅游度假区的概念及其与国家A级景区的区别。

【学习内容】

一、国家级旅游度假区概述

1992年，国家级旅游度假区以引进外资为主，即“国际经验中国做法”开发区模式。然而，目前国家级旅游度假区更注重度假旅游目的地建设。度假区建设必须建立在对度假旅游市场进行充分调研的基础上，准确定位、科学规划、合理布局，注重软开发，适度硬开发，同时更注重供给侧的旅游项目开发。

（一）国家级旅游度假区相关概念

国家级旅游度假区指的是符合国家标准《旅游度假区等级划分》（GB/T 26358—2010）相关要求，具有良好的资源与环境条件，度假资源丰富，能够为旅游者提供休憩、康体、运动、益智、娱乐等度假休闲服务，有明确的空间边界、独立管理机构、配套旅游设施，所在地区旅游客源基础较好，交通便捷，对外开放工作已有较好基础，经文化和旅游部认定的旅游度假区。

M2-5-1 国家级旅游度假区概述

（二）国家级旅游度假区与国家5A级景区的区别

国家级旅游度假区和国家5A级景区是当前中国旅游市场的两块金字招牌。其中，国家级旅游度假区的评定始于1992年，但因当时国内度假市场不成熟，评定工作停滞不前，直到2015年，国家旅游局才颁布了国家级旅游度假区标准，并同时公布了首批17个国家级旅游度假区；而国家5A级景区的评定始于2007年，截至2023年5月，全国共有国家5A级景区319家。根据国家的评定标准，国家级旅游度假区与国家5A级景区主要有以下不同：

1. 项目建设体系不同

国家级旅游度假区侧重于建设度假产品（宜居），国家5A级景区侧重于完善游览设施（宜游）。首先，从面积上来看，国家级旅游度假区面积不小于8平方千米，国家5A级景区面积不低于3平方千米，国家级旅游度假区要求的面积要远远大于国家5A级景区。其次，从概念上来看，国家级旅游度假区更强调休闲度假，重视深度体验，其核心在于建设度假产品，尤其是建设度假酒店，在国家级旅游度假区的评定标准中，强制指标明确要求酒店的总客房数量不少于1000间，满分为2000间以上，并且至少有三个国际品牌或国际水准的度假酒店；国家5A级景区是根据中华人民共和国旅游景区质量等级划分的景区级别，分为五级，从低到高依次为A、AA、AAA、AAAA、AAAAA级，其中，5A级景区代表着中国的世界级精品旅游风景区，是中国旅游景区的最高等级，因此，国家5A级景区更侧重于景区的综合性服务质量，且有具体的可量化的评价标准，其核心在于完善游览设施，尤其对旅游安全、游览区域、接待能力、旅游交通等要求更高一些。若景区为5A级景区，一个很典型的标准是要求停车位在1000个以上，国家级旅游度假区则无要求。5A级景区配套设施设备完善，接待能力高，能接待大规模的团队，因此游客量较大，曝光率较高。

2. 投资规模不同

国家级旅游度假区重点在于提供舒适的休闲度假体验，而5A级景区，则侧重于提升景区的服务建设水平。因此，就投资规模来说，5A级景区建设要远远低于国家级旅游度假区建设。

3. 游客数量标准不同

国家级旅游度假区更关注游客过夜率，而5A级景区标准只涉及游客数量。国家级旅游度假区，在游客过夜率上有详细要求，标准要求年过夜游客的平均停留时间大于3夜（是年过夜游客的平均，不是年游客的平均），并且在过夜游客中至少有三分之一停留3夜以上或三分之二停留2夜以上，年游客平均停留夜数大于0.6夜，年过夜游客中外省游客的比例大于80%。不仅如此，度假区在年游客量上也有要求。而在国家5A级景区的标准中，一方面要求景区必须核定最大游客承载量，并对外公布，另一方面要求年游客量不低于40万人次（境外游客比例不低于5%），两个要求都只涉及游客数量。

4. 盈利来源不同

国家级旅游度假区以内部消费体验经济为核心，一般不设门票，主要盈利来源为度假体验。而5A级景区多是资源依托型景区，当前大部分还是以门票经济为核心，盈利来源主要是门票收入。一般来说，旅游度假区的人均消费要高于5A级景区，但5A级景区的游客数量要远远高于旅游度假区。

（三）国家级旅游度假区设立背景

为认真贯彻落实《国民旅游休闲纲要（2013—2020年）》《国务院关于促进旅游业改革发展的若干意见》（国发〔2014〕31号）和《国务院办公厅关于进一步促进旅游投资和消费的若干意见》（国办发〔2015〕62号），适应我国居民休闲度假旅游需求快速发展需要，为人民群众积极营造有效的休闲度假空间，提供多样化、高质量的休闲度假旅游产品，为落实职工带薪休假制度创造更为有利的条件，原国家旅游局近年先后制定了《旅游度假区等级划分》国家标准（GB/T 26358—2010）、《旅游度假区等级划分细则》和《旅游度假区等级管理办法》。2015年上半年，国家旅游局正式下发了《关于开展国家级旅游度假区评定工作的通知》。各省区市和旅游度假区高度重视，积极参与国家级旅游度假区创建工作。原国家旅游局先后收到60多家度假区创建国家级旅游度假区的申请。经全国旅游资源规划开发质量评定委员会组织专家对照国家级旅游度假区的标准和评定细则进行现场检查、集体听取创建工作成果汇报，最后报经原国家旅游局批准。2015年10月9日，原国家旅游局在京召开新闻发布会，规划财务司司长彭德成宣布17家度假区创建为首批国家级旅游度假区。2019年12月20日，《国家级旅游度假区管理办法》发布。

二、国家级旅游度假区的创建

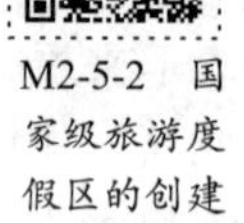

M2-5-2 国家级旅游度假区的创建

自2015年10月，国家级旅游度假区评定启动，经过2015年、2017年、2019年、2020年和2023年的评定，五批共计60家旅游度假区列入国家级旅游度假区。这一工作以《旅游度假区等级划分》国家标准（GB/T 26358—2010）作为规范和引领，以《旅游度假区等级划分细则》作为参考和指南，以2019年的《国家级旅游度假区管理办法》为保障机制，成功将早期以吸引外汇、发展国际旅游市场为初衷的国家旅游度假区，转型升级为满足大众休闲旅游需求的综合性国家级旅游度假区。

（一）旅游度假区建设历程

1992年8月，《国务院关于试办国家旅游度假区有关问题的通知》（国发〔1992〕46号）提出建设国家旅游度假区，开启了旅游度假区的发展之路。这一文件与《旅游度假区等级划分》（GB/T 26358—2010）和《旅游度假区等级管理办法》等国家级旅游度假区相关文件，共同构成了“标准+细则+管理办法”的三大要件，为国家级旅游度假区的创建、评选、退出构建了科学、完整的路径。

1992年10月，国务院正式批准建立11个国家旅游度假区，分别为大连金石滩、青岛石老人、江苏太湖（分为苏州胥口度假中心和无锡马山度假中心）、上海横沙岛、杭州之江、福建武夷山、福建湄洲岛、广州南湖、北海银滩、昆明滇池、三亚亚龙湾。

1993年，国务院批复同意将“江苏太湖国家旅游度假区”下设的苏州胥口度假中心和无锡马山度假中心，分别更名为“苏州太湖国家旅游度假区”和“无锡太湖国家旅游度假区”。

2009年12月，国务院发布《国务院关于加快发展旅游业的意见》（国发〔2009〕41号），在第八章“推动旅游产品多样化发展”中提到“积极发展休闲度假旅游，引导城市周边休闲度假带建设。有序推进国家旅游度假区发展”。

2011年4月，《旅游度假区等级划分》国家标准（GB/T 26358—2010）印发，成为旅游度假区规范和引领性文件。

2014年2月，《国民旅游休闲纲要》（2013—2020年）提出大力推进大众旅游和国民度假休闲消费模式目标。

2014年8月，《国务院关于促进旅游业改革发展的若干意见》（国发〔2014〕31号）进一步提出“积极发展休闲度假旅游，在城乡规划中要统筹考虑国民休闲度假需求”。

2015年4月，原国家旅游局印发《旅游度假区等级管理办法》，该《办法》的发布成为最初国家级旅游度假区动态评选的机制；同年原国家旅游局发布《关于开展国家级旅游度假区评定工作的通知》，正式启动国家级旅游度假区评定工作。

2015年4月17日，原国家旅游局发布《旅游度假区等级划分细则》，细则共分为2个部分：旅游度假区等级基础评价评分细则和旅游度假区等级综合评分细则。

2015年11月，17家度假区成为首批国家级旅游度假区。

2018年1月，第二批9家单位正式成为国家级旅游度假区。

2019年5月，国家级旅游度假区迎来第三批4家新成员。

2019年12月，国家文化和旅游部印发《国家级旅游度假区管理办法》。

2020年12月，国家文化和旅游部公示了新一批入选的15家国家级旅游度假区。

（二）申报国家级旅游度假区应当具备的条件

具备以下条件的可以申报国家级旅游度假区：

① 符合国家标准《旅游度假区等级划分》（GB/T 26358—2010）及相关细则要求：具有明确的空间边界和统一有效的管理机构，面积应不小于8平方千米；具备至少3家有显著特色或国际水准的高品质度假型酒店；以接待过夜游客为主，过夜游客中应有至少1/3平均停留3夜以上或2/3平均停留2夜以上；住宿接待设施总客房数应不小于1000间；旅游度假区内用于出售的房地产项目总建筑面积与旅游接待设施总建筑面积的比例应不大于1∶2。

② 符合社会主义核心价值观要求。

③ 度假设施相对集聚，经营状况良好。

④ 旅游公共信息服务体系健全。

⑤ 游客综合满意度较高。

⑥ 在全国具有较高的知名度和品牌影响力。

⑦ 土地使用符合法律法规有关规定。

⑧ 主要经营主体近3年无严重违法违规等行为记录。

⑨ 近3年未发生重大旅游安全责任事故。

⑩ 被认定为省级旅游度假区1年以上。

（三）国家级旅游度假区评定工作组织

国家级旅游度假区评定工作由国家文化和旅游部委托全国旅游资源规划开发质量评定委员会（以下简称“全国旅资委”），按照国家文化和旅游部颁布的《旅游度假区管理办法》具体组织实施并实行动态管理。各省文化和旅游行政部门负责协助做好组织领导和监督管理。

（四）国家级旅游度假区评定工作程序

国家级旅游度假区评定管理工作按照“自愿申报—地方初审和推荐—基础评价—现场检查—公示授牌—监督复核”的程序进行。其中，现场检查以暗访的形式进行。具体程序如下：

（1）自愿申报。申报单位根据国家标准及相关细则要求进行自检达标后，提交申请报告、《旅游度假区等级申请评定报告书》和创建资料。申报阶段的工作主要是项目准备和自检。凡申报国家旅游度假区，应在海内外市场具有较高知名度。申报上年接待游客数量，以大众休闲娱乐为主的旅游度假区，包括海滨度假、草原、温泉、康体运动、医疗保健等类型，不得少于20万人次；以自然生态环境为主体的度假区，包括山地、内湖、森林等类型，不得少于1万人次。度假区经济效益良好，住宿设施年平均出租率不低于50%，各类休闲娱乐康体项目盈利状况良好。国家旅游度假区原则上从省级旅游度假区中评选。凡申报国家旅游度假区的单位，须经省人民政府批准或者旅游管理部门评定，地域界限明确，符合度假旅游要求，能够为国内外旅游者提供高质量的度假、休闲、娱乐等综合服务。申报国家旅游度假区的单位须按本程序的要求准备相应材料，向省级旅游管理部门正式申报，申报材料须包括如下内容：

① 旅游度假区设立的有关文件。

② 旅游度假区设立申请书及批准报告。

③ 旅游度假区规划文件。由省级旅游管理部门主持评审通过的旅游度假区规划，包括规划文本和批准文件。规划要求特色鲜明，建设项目能满足现代度假休闲的需求，具有浓郁的地方特色，且符合国家有关自然资源、历史文化遗产等保护规定，环境质量较好。旅游度假区规划实施过程中，因调整旅游度假区总体布局、建设规模、用地性质和功能分区、重大

建设项目等修改了原规划方案的，须有原审批单位的批文。

④ 旅游度假区项目建设文件。旅游度假区可行性研究报告及批准文件，基础设施建设概况和已批准的项目建设情况，经营设施建设概况和已批准的项目建设情况，区域环境影响评价报告书及审批文件，其他依法应当提交的有关文件、资料。

⑤ 旅游度假区管理制度文件。旅游度假区具有健全的管理机构，管理人员配备合理。旅游质量、旅游安全、旅游统计等各项管理制度完备有效。旅游度假区大专以上文化程度的高级管理人员达100%。各项培训制度完善有效，度假区内上岗人员培训合格率100%。度假区内设有受理投诉的人员和专门投诉电话、信箱。投诉处理及时、妥善，有完整的纪录档案。

（2）地方初审和推荐。各省旅游资源规划开发质量评定委员会进行初审，合格后向全国旅资委推荐。申报文件应附初审结果并前列度假区上报的所有文件。重点包括以下6类材料：省级文化和旅游行政部门推荐文件；省级文化和旅游行政部门填报的《旅游度假区初审情况统计表》；国家级旅游度假区认定申请报告书，包括旅游度假区基本信息（含名称、管理机构、空间范围、面积、总览图等）、度假设施分布和经营状况、旅游公共信息服务体系、游客综合满意度、知名度和品牌影响力等内容；旅游度假区总体规划、自评报告及相关说明材料（含文字、图片、视频和申报PPT），其中，视频时长为3~5分钟，申报PPT不超过50页，主要从度假环境与质量、度假资源与产品、住宿设施与餐饮、度假服务与管理、市场结构与影响、经营状况与效益等6个方面对度假区进行简介；县级以上自然资源部门关于土地使用符合法律法规有关规定的相关材料；旅游度假区管理机构关于近3年主要经营主体无严重违法违规等行为记录和未发生重大旅游安全责任事故的承诺书。全国旅资委对申报材料进行全面审核，审核内容包括度假区名称、范围、管理机构、规章制度、发展规划等。通过审核的旅游度假区，进入基础评价程序。

（3）基础评价。全国旅资委成立专家基础评价小组，根据旅游度假区等级基础评价评分细则（旅游度假区等级划分细则一），对旅游度假区强制性指标、旅游资源和度假产品综合评价进行现场评审，并提出建设提升方案。通过基础评价的旅游度假区，作为创建国家级旅游度假区试点单位，需针对初审意见和细则要求制定创建计划，开展不少于1年的创建及整改提升工作。未通过初审的度假区，2年后方可再次申请重审。

（4）现场检查。创建工作完成后，全国旅资委组织现场评审组，按照旅游度假区等级综合评分细则（旅游度假区等级划分细则二），对试点单位进行现场评审，并重点关注旅游度假区发展规划执行情况、初审小组提出的建设提升方案的改进情况、游客满意度调查。评审组由专家3人或5人组成，实行首席专家负责制，其中星级饭店专家1人，旅游景区专家1人，以及熟悉旅游度假区工作的专家1~2人。现场评审达标的度假区，进入社会公示程序；未达标的度假区，1年后方可再次申请现场评审。

（5）公示与授牌。全国旅资委对达标的申报单位进行7个工作日的社会公示，公示无重大异议后，由全国旅资委发布公告，颁发证书和标牌。

（五）动态监督管理

文化和旅游部建立有进有出的动态管理机制，采取重点复核与随机抽查相结合、明察与暗访相结合，或委托专业机构对度假区开展社会调查、游客意见反馈等方式对旅游度假区进行复核，每年复核数不低于20%。全面复核每3年至少进行1次。

国家级旅游度假区有下列情形之一的，文化和旅游部给予通报批评处理，并要求限期整改：经检查或者复核，部分达不到国家标准《旅游度假区等级划分》（GB/T 26358—2010）及相关细则要求的；旅游公共信息服务体系不健全的；游客投诉较多或者旅游市场秩序混乱，且未及时有效处理的；因管理失当，造成严重不良社会影响的；发生较大旅游安全责任事故的；变更名称、管理机构或者调整空间边界未及时备案的；文化和旅游部认定的其他情形。国家级旅游度假区受到通报批评处理的，应当及时认真进行整改，整改期限原则上不超过1年。整改期限届满后，经省级文化和旅游行政部门报文化和旅游部检查验收。通过检查验收的，下达整改合格通知；未通过检查验收的，文化和旅游部给予取消等级处理。

国家级旅游度假区有下列情形之一的，文化和旅游部给予取消等级处理：经检查或者复核，与国家标准《旅游度假区等级划分》（GB/T 26358—2010）及相关细则要求差距较大的；存在严重违背社会主义核心价值观行为的；资源环境遭到严重破坏的；发生重大旅游安全责任事故的；发生重大违法违规行为的；申报过程中弄虚作假的；文化和旅游部认定的其他情形。国家级旅游度假区受到取消等级处理的，自取消等级之日起3年内不得申报国家级旅游度假区。

旅游度假区申报过程中，应保证材料的真实、准确。如在评审过程发现材料造假，取消其申报资格，2年内不得再次申报。

全国旅资委建立旅游度假区监测信息平台，通过评审的旅游度假区应按照要求将相关资料录入备案，并及时进行数据更新，对于不按要求录入信息者，视为复核不达要求。

经抽查复核达不到要求的，或有重大投诉经调查情况属实的旅游度假区，按以下方法作出处理：

由相应级别管理委员会根据具体情况，作出警告、通报批评、降低或取消等级的处理。对于取消或降低等级的度假区，由相应的管理机构对外公告。全国旅资委有权对各级旅游度假区作出相关处理。

旅游度假区接到警告、通报批评、降低或取消等级的通知后，须认真整改，并在规定期限内将整改情况上报相应的管理委员会。

三、国家级旅游度假区名录

截至2023年5月，中国国家级旅游度假区总数达到60家，名录见表2-5-1。

表2-5-1　国家级旅游度假区名录

批次	序号	省份	名称
第一批(2015年)	1	吉林省	长白山旅游度假区
	2	江苏省	汤山温泉旅游度假区
	3		天目湖旅游度假区
	4		阳澄湖半岛旅游度假区
	5	浙江省	东钱湖旅游度假区
	6		太湖旅游度假区
	7		湘湖旅游度假区
	8	山东省	凤凰岛旅游度假区
	9		海阳旅游度假区
	10	河南省	尧山温泉旅游度假区
	11	湖北省	武当太极湖旅游度假区
	12	湖南省	灰汤温泉旅游度假区
	13	广东省	东部华侨城旅游度假区
	14	重庆市	仙女山旅游度假区
	15	云南省	阳宗海旅游度假区
	16		西双版纳旅游度假区
	17	四川省	邛海旅游度假区
第二批(2018年)	18	海南省	三亚市亚龙湾旅游度假区

续表

批次	序号	省份	名称
第二批（2018年）	19	浙江省	湖州市安吉灵峰旅游度假区
	20	山东省	烟台市蓬莱旅游度假区
	21	江苏省	无锡市宜兴阳羡生态旅游度假区
	22	福建省	福州市鼓岭旅游度假区
	23	江西省	宜春市明月山温汤旅游度假区
	24	安徽省	合肥市巢湖半汤温泉养生度假区
	25	贵州省	赤水市赤水河谷旅游度假区
	26	西藏自治区	林芝市鲁朗小镇旅游度假区
第三批（2019年）	27	广东省	河源巴伐利亚庄园
	28	广西壮族自治区	桂林阳朔遇龙河旅游度假区
	29	四川省	成都天府青城康养休闲旅游度假区
	30	云南省	玉溪抚仙湖旅游度假区
第四批（2020年）	31	河北省	崇礼冰雪旅游度假区
	32	黑龙江省	亚布力滑雪旅游度假区
	33	上海市	上海佘山国家旅游度假区
	34	江苏省	常州太湖湾旅游度假区
	35	浙江省	德清莫干山国际旅游度假区
	36		淳安千岛湖旅游度假区
	37	江西省	上饶市三清山金沙旅游度假区
	38	山东省	日照山海天旅游度假区
	39	湖南省	常德柳叶湖旅游度假区
	40	重庆市	重庆丰都南天湖旅游度假区
	41	四川省	峨眉山市峨秀湖旅游度假区
	42	贵州省	六盘水市野玉海山地旅游度假区
	43	云南省	大理古城旅游度假区
	44	山西省	宝鸡市太白山温泉旅游度假区
	45	新疆维吾尔自治区	那拉提旅游度假区
第五批（2023年）	46	河北省	秦皇岛市北戴河度假区
	47	上海市	上海国际旅游度假区
	48	江苏省	常熟虞山文化旅游度假区
	49	浙江省	泰顺廊桥-氡泉旅游度假区
	50		鉴湖旅游度假区
	51	江西省	新余市仙女湖七夕文化旅游度假区
	52		赣州市大余县丫山旅游度假区
	53	山东省	烟台金沙滩旅游度假区
	54		荣成好运角旅游度假区
	55	河南省	三门峡市天鹅湖旅游度假区
	56	湖北省	神农架木鱼旅游度假区
	57	湖南省	岳阳洞庭湖旅游度假区
	58	广西壮族自治区	大新明仕旅游度假区
	59	四川省	宜宾蜀南竹海旅游度假区
	60	陕西省	商洛市牛背梁旅游度假区

【知识拓展】

45家国家级旅游度假区的具体情况可扫描二维码查看。

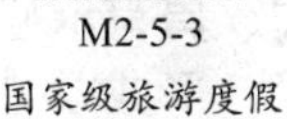

M2-5-3
国家级旅游度假区介绍

【单元小结】

国家级旅游度假区是我国旅游休闲度假产业的新名片，是继5A级景区之后又一金字招牌。本单元主要介绍了国家级旅游度假区的相关概念，国家级旅游度假区建设发展历程、创建标准、评定流程，以及国家级旅游度假区名录。要求重点掌握国家级旅游度假区创建流程，熟悉《旅游度假区等级划分》《旅游度假区等级划分细则》《国家级旅游度假区管理办法》。

【思考与实训】

一、思考

1. 分析60家国家级旅游度假区地域分布情况。
2. 简述国家级旅游度假区与5A级景区的区别。
3. 简答国家级旅游度假区创建必备条件。

二、实训

参照《旅游度假区等级划分》国家标准（GB/T 26358—2010）及相关细则，依据《国家级旅游度假区管理办法》，对你喜欢的一家国家级旅游度假区进行基础评价、现场检查等相关评定工作，尝试形成建设提升方案、游客满意度调查等相应报告。

学习单元六　国家全域旅游示范区

学习目标

知识目标：掌握国家全域旅游示范区的概念，掌握国家全域旅游示范区的创建对象及主体、创建原则、创建目标等内容，熟悉国家全域旅游示范区的考核指标及国内目前主要的全域旅游示范区。

能力目标：能够根据国家全域旅游示范区的相关内容设计出某一示范区主要的旅游线路，能够对知名景点进行讲解。

素质目标：了解和熟悉国家全域旅游示范区，积极推动国家全域旅游示范区的宣传和建设工作。

任务导入

北京市昌平区通过突出优势资源和旅游跨界的深度整合，持续提供高端、新颖、人性化、特质化的旅游产品，加快旅游发展，实现新旧动能转换，于2020年入选第二批国家全域旅游示范区。一是结合文化中心建设推动“旅游+文化”发展，吴为山雕塑艺术馆、马未都观复博物馆落户昌平深入推进历史文化地标工程建设。二是结合“小微双创示范城市”建设推动“旅游+体育”发展，借助昌平创新创业资源优势，与运动家体娱加速器等双创企业合作，制定体育旅游规划，引进善行者、北京悦节拍音乐半程马拉松等高端体育旅游赛事项目，打造昌平体育旅游品牌。三是以标准规范推动“旅游+康养”发展，出台了《昌平区中医药健康旅游基地基本要求》和《昌平区中医药健康旅游评定细则》，建设特点鲜明、优势明显、具有示范辐射作用和一定影响力的中医药健康旅游基地。打造小汤山温泉文化节活动品牌，形成以“中国温泉之乡”——小汤山为中心，以九华山庄、金隅凤山温泉度假村等为代表的集康养、旅游、休闲、娱乐于一体的温泉旅游会展集群。

请根据昌平区的旅游特点分析国家全域旅游示范区的特点。

【学习内容】

一、国家全域旅游示范区概述

自2015年开始，全域旅游的模式在全国迅速发展，成为国内很多市、县域旅游发展的新思路、新方法、新探索。发展全域旅游是实现旅游业高质量发展的战略选择，创建国家全域旅游示范区是促进全域旅游发展的有力手段。目前，各地大力实施全域旅游战略，全力推进示范区创建，不断深化旅游业供给侧结构性改革，充分激发文化和旅游消费潜力，推动旅游业高质量发展。

（一）全域旅游概念

全域旅游是我国旅游业发展的新理念、新模式，文化和旅游部将创建国家全域旅游示范区作为推进全域旅游发展的途径，推出两批全域旅游发展示范典型，探索全域旅游发展新路子，充分发挥全域旅游创新引领动力强、融合发展能力强、综合带动作用强的优势，推动旅游业高质量发展，助力构建以国内大循环为主体、国内国际双循环相互促进的新发展格局。

全域旅游是指将一定区域作为完整旅游目的地，以旅游业为优势产业，进行统一规划布局、公共服务优化、综合统筹管理、整体营销推广，促进旅游业从单一景点景区建设管理向综合目的地服务转变，从门票经济向产业经济转变，从粗放低效方式向精细高效方式转变，从封闭的旅游自循环向开放的“旅游+”转变，从企业单打独享向社会共建共享转变，从围墙内民团式治安管理向全面依法治理转变，从部门行为向党政统筹推进转变，努力实现旅游业现代化、集约化、品质化、国际化，最大限度满足大众旅游时代人民群众消费需求的发展新模式。简单来说，全域旅游是指在一定的行政区域内，以旅游业为优势主导产业，实现区域资源有机整合、产业深度融合发展和全社会共同参与，通过旅游业带动乃至于统领经济社会全面发展的一种新的区域旅游发展理念和模式。推进全域旅游可以说是我国新阶段旅游发展战略的再定位，是一场具有深远意义的变革。

（二）国家全域旅游示范区概念

国家全域旅游示范区在全域旅游概念的基础上发展而来，是指将一定行政区划作为完整旅游目的地，以旅游业为优势产业，统一规划布局，创新体制机制，优化公共服务，推进融合发展，提升服务品质，实施整体营销，具有较强示范作用，发展经验具备复制推广价值，且经文化和旅游部认定的区域。全域旅游示范区分为全域旅游示范县（含县级市）和全域旅游示范市（州）。示范区聚焦旅游业发展不平衡不充分的矛盾，以旅游发展全域化、旅游供给品质化、旅游治理规范化和旅游效益最大化为目标，充分发挥旅游业带动性强的独特优势，不断提高旅游对促进经济社会发展的重要作用。

（三）全域旅游的特征

国家全域旅游示范区的重要内涵在于“全域旅游”四个字，全域旅游有以下特征。

M2-6-1
全局性特征

全域旅游具有全局性的特征。首先，在旅游发展要素方面，打破以单一景区景点建设为核心的观念，改为“吃住行游购娱”传统六要素和“商养学闲情奇”新六要素并重的综合目的地的全局性建设。其次，在旅游发展管理方面，在旅游资源富集、旅游产业优势突出的区域，整个区域的管理体制设计，都应有旅游理念，围绕适应旅游发展“两个综合”需求，即综合产业发展和综合执法需求，创新区域治理体系，提升治理能力，实现区域综合化管理。再次，在旅游发展方面，站在区域经济社会发展全局的高度，充分发挥区域内的产业优势，对区域内旅游资源、公共服务、政策法规、生态环境、文明素质、体制机制等经济社会资源进行全面优化提升。

全域旅游具有整合性特征。全域旅游发展，一是发挥产业自身在发展过程中的融合性作用，需要整合区域的产业资源，整合第一、二、三产业与旅游业的资源，以促进产业融合发展；二要发挥市场在资源配置中的决定性作用，需要整合区域的生产要素资源，整合资本、劳动力、土地、技术、信息等现代生产要素资源，以提高生产效率；三是发挥政府在社会管理中的引导作用，需要整合区域的社会管理要素资源，整合政策法规、体制机制、部门职能、公共服务、社会参与等社会管理要素资源，以提高公共管理效率。

全域旅游具有统筹规划性。加强全部空间范围内的旅游要素建设规划，发展全域旅游，就是要不断扩展旅游产业覆盖范围，不断完善全域内的旅游基础设施，加强旅游管理，保障旅游在全空间范围内有序发展；要实现景点景区内外一体化，以游客体验为中心，以提高游客满意度为目标，按照全域景区化的建设和服务标准，推进多规合一，整体优化环境、完善景观，优化旅游服务的全过程。

全域旅游具有带动性特征。全域旅游要求更加注重经济社会发展各类资源和公共服务的有效再配置，而不能只停留在景点景区、宾馆饭店配置，要既宜居又宜游，处处是风景，处处可旅游。例如，交通建设和管理，不仅要满足运输和安全需求，道路还应建成风景道，还需要规划建设厕所等公共服务设施，提供完善的自驾车旅游服务体系和配套标识、营地等。水利建设不仅要满足防洪排涝、灌溉需求，还要有审美游憩价值和休闲度假功能。农业发展，除了满足农业生产需要外，还应满足采摘、休闲等需求。林业生态的建设，除了满足生态功能要求外，还要有特色景观吸引和配套旅游服务功能。

全域旅游具有共享性特征。全域旅游形成的新型目的地，要求是一个旅游相关要素配置完备和全面满足游客体验需求的综合性旅游目的地、开放式旅游目的地，旅游质量和形象由整个社会环境构成，这就要求全域旅游必须走共建共享道路，在全域旅游模式下，整个区域的居民都是主人，也都是服务者，而不是旁观者、局外人。

（四）国家全域旅游示范区相关文件

为推动国家全域旅游示范区建设，规范国家全域旅游示范区验收、认定和管理，文化和旅游部办公厅以《国务院办公厅关于促进全域旅游发展的指导意见》提出的原则和方向为准则，以《全域旅游示范区创建工作导则》为依据，于2019年印发了《国家全域旅游示范区验收、认定和管理办法（试行）》《国家全域旅游示范区验收标准（试行）》，并于2020年进行修订，这一系列文件科学指导国家全域旅游示范区的建设，推动全域旅游健康发展。

M2-6-2《国家全域旅游示范区验收、认定和管理办法（试行）》及标准

二、国家全域旅游示范区的创建

为进一步发挥旅游业在转方式、调结构、惠民生中的作用，实现旅游业与其他行业的深度融合，积极构建“产业围绕旅游转、产品围绕旅游造、结构围绕旅游调、功能围绕旅游配、民生围绕旅游兴”的全域旅游发展格局，推动旅游产业向深度和广度空间拓展，树立旅

游业战略性支柱产业的形象，2015年，国家旅游局决定在全国范围内开展“国家全域旅游示范区”创建工作。

（一）创建对象及主体

全域旅游示范区分为全域旅游示范县（含县级市）和全域旅游示范市（含地州）。各地首批申报全域旅游示范区，原则上不超过10%左右的县（含县级市），有条件的省份可适当申报市（含地州）为创建对象。创建主体为县（含县级市）、市（含地州）人民政府，成熟一批公布一批。

（二）创建原则

全域旅游示范区的创建原则为“六个突出”。

突出改革创新。将发展全域旅游作为旅游业贯彻落实五大发展理念的主要途径，始终把改革创新作为创建工作的主线，坚持目标导向和问题导向，针对旅游发展中的重大问题，形成适应全域旅游发展的政策措施、产业体系等，构建全域旅游发展新局面。例如，崇州（图2-6-1）坚持发展绿色生态经济，促进产业跨界融合，不断探索乡村振兴背景下的全域旅游创新发展之路，取得良好效果。

M2-6-3 突出改革创新

突出党政统筹。发挥地方党委、政府的领导作用，从区域发展战略全局出发，把推进全域旅游作为地方经济社会发展的重要抓手，统一规划、统筹部署、整合资源、协调行动，形成推动全域旅游发展新合力。

突出融合共享。大力推进“旅游+”，实现旅游业与其他行业的磨合、组合和融合，促

图2-6-1 崇州

图2-6-2 沙坡头旅游风景区

进旅游功能全面增强，使发展成果惠及各方，让游客能满意、居民得实惠、企业有发展、百业添效益、政府增税收，形成全域旅游共建共享新格局。例如，沙坡头旅游风景区（图2-6-2）坚持“旅游+党建”“旅游+产业”“旅游+综治”，营造良好发展环境，成为沙坡头区旅游带动发展的一张靓丽名片。

突出创建特色。注重产品、设施与项目特色，不同层级、不同地区要确立符合实际的发展规划、主打产品、主题形象等，不搞一个模式，防止千城一面、千村一面、千景一面，形成各具特色、差异化推进的全域旅游发展新方式。例如，桓仁满族自治县（图2-6-3）依托山水资源营造特色绿色氧吧。

图2-6-3　桓仁满族自治县

突出绿色发展。树立“绿水青山就是金山银山”理念，守住生态底线，合理有序开发，防止破坏环境，杜绝竭泽而渔，摒弃运动式盲目开发，实现经济、社会、生态效益共同提升，开辟全域旅游发展新境界。

突出示范导向。强化创建示范引领作用，打造省、市、县全域旅游示范典型，努力在推进全域旅游、促进城乡建设、产业发展、公共服务、整体营销等方面形成可借鉴可推广的经验和方式，树立全域旅游发展新标杆。

（三）创建目标

全域旅游的创建目标为“五化”。

旅游治理规范化。坚持党委、政府对旅游工作的领导，建立各部门联动、全社会参与的旅游综合推进机制。坚持依法治旅，提升治理能力，成为体制机制改革创新的典范。

旅游发展全域化。推进全域统筹规划、全域合理布局、全域整体营销、全域服务提升，构建良好的自然生态环境、亲善的人文社会环境、放心的旅游消费环境，实现全域宜居宜业宜游和全域接待海内外游客，成为目的地建设的典范。

旅游供给品质化。加大旅游产业融合开放力度，提高科技水平、文化内涵、绿色含量，增加创意产品，提供高质量、精细化的旅游服务，增加有效供给，成为满足大众旅游消费需求的典范。例如，洪洞县立足文化根，打造全域游。“问我祖先在何处，山西洪洞大槐树。祖先故居叫什么？大槐树下老鹳窝。”600余年来，大槐树迁民遗址（图2-6-4）已被当作“家”，被称为“祖”，被看作“根”。洪洞县将旅游与文化相融合，打造品质化旅游资源。

旅游参与全民化。增强全社会参与意识，引导居民以主人翁的态度共同参与旅游建设，营造文明旅游新风尚，健全旅游发展受益机制，出台旅游惠民政策，切实保证居民、企业参与收益分配，成为全民参与共建共享的典范。

图2-6-4　洪洞县大槐树迁民遗址

旅游效应最大化。把旅游业作为经济社会发展的重要支撑，发挥旅游“一业兴百业”的带动作用，促进传统产业优化升级，孵化一批新产业，旅游对当地经济和就业的综合贡献达到较高水平，成为惠民生、稳增长、调结构、促协调、扩开放的典范。

（四）创建任务

1. 创新体制机制，构建现代旅游治理体系

建立党政领导下的全域旅游组织领导机制，探索建立与全域旅游发展相适应的综合管理机构，如旅游发展委员会，有效承担协调旅游资源、制定旅游规划等职能。大力推动公安、工商、司法等部门的管理全面覆盖旅游领域，切实加强全域旅游示范区的治安、市场监督等方面的工作和队伍建设。积极创新与旅游相关的配套机制，出台支持全域旅游发展的综合性政策文件。加大财政支持力度，逐年增加旅游方面的资金，加大对旅游基础和公共服务设施建设的投入力度，全力支持全域旅游建设。

2. 加强规划工作，做好全域旅游顶层设计

第一，经济社会发展、城乡建设、土地利用、基础设施建设和生态环境保护等方面的规划中要充分考虑旅游的发展，政府在制定旅游发展规划时也要充分考虑环境等方面因素。第二，城乡基础设施、公共服务设施和产业发展中的重大建设项目，在立项、规划设计和竣工验收等环节，可向旅游部门征求意见。第三，完善旅游规划体系。编制旅游产品指导目录，制定旅游公共服务、营销推广、市场治理、人力资源等专项规划和实施计划或行动方案。形成包含总体规划、控制性详规、重大项目设计规划等层次分明、相互衔接、规范有效的规划体系。第四，加强旅游规划实施管理。全域旅游发展的总体规划及重点项目的规划应报请人大或政府批准，使规划实施具有法律效力，并建立评估和督导机制，及时查看规划实施的效果。

3. 加强旅游设施建设，创造和谐旅游环境

推进乡村旅游、农家乐厕所整体改造，引导游客爱护设施、文明如厕，营造健康文明的厕所文化。构建便捷的交通网络，使景区与景区、景区与主要公路之间的交通通畅。提高游客运输组织能力，开通旅游客运班车、旅游公交车和观光巴士等，使游客能快速舒适地到达目的地。提高咨询服务质量，能及时、有效地为游客提供必要信息和咨询服务。完善引导标识，在全域建立使用规范、布局合理、指向清晰、内容完整的旅游引导标识体系。建设旅游

停车场，鼓励在国省干线公路和通向景区的公路边增加旅游服务区或观景台等设施，改变原有的服务区样式，实现集实用性和观光性于一体。

4. 提升旅游服务，推进服务人性化品质化

国家要不断完善旅游业的标准体系文件，并且不断扩大文件的覆盖范围，通过监督实施过程和实施结果，实现旅游行业的高质量发展。组织旅游行业的相关培训，提高从业人员服务意识与服务能力，树立良好的形象，为顾客提供更好的服务体验。

政府要鼓励和引导企业自觉遵守旅游服务规定，并可以从众多企业中评选出标杆，一方面通过建立优质旅游服务商目录，提高企业效益；另一方面，为行业中的其他企业起到良好的榜样带头作用，提升整体水平。在对旅游日的地进行评价时，要充分考虑游客的评价，不断提高游客满意度。

目前，数字智能技术不断提升。旅游业作为第三产业的重要组成部分，要积极融入数字资源，提高智能化程度。例如，可以建立地区旅游服务线上“总入口”和旅游大数据中心，形成集交通、气象、治安、客流信息等于一体的综合信息服务平台。旅游相关的场所要有免费Wi-Fi、通信信号、视频监控，主要旅游地点要能够通过网络进行预订、支付，主要旅游区实现智能导游、电子讲解、实时信息推送。此外，在游客旅游前、旅游中、旅游后都要配备各类咨询、导览、导游、导购、导航和分享评价等智能化旅游服务系统。

完善旅游志愿服务体系。全域旅游示范区内要制定激励制度，建立服务工作站，倡导志愿服务，提供文明引导、游览讲解、信息咨询和应急救援等服务，打造旅游志愿服务品牌。

5. 坚持融合发展、创新发展，丰富旅游产品，增加有效供给

通过“旅游+城镇化、工业化和商贸”“旅游+农业、林业和水利”“旅游+科技教育、文化、卫生和体育”“旅游+交通、环保和国土”等策略，推动旅游行业和其他行业的共同发展。深入挖掘旅游特色，不断创新，提升旅游产品品质，丰富品牌旅游产品。此外，要大力培育和引进有竞争力的旅游骨干企业和大型旅游集团，实现品牌化、规模化经营；支持旅游企业通过自主开发、联合开发、并购等方式发展知名旅游品牌；发展旅游电子商务，支持互联网旅游企业整合各类企业资源；促进中小微旅游企业特色化、专业化发展，建设发展产业创新、服务创新、管理创新、技术创新的特色涉旅企业；构建产学研一体化平台，提升旅游业创新创意水平和科学发展能力。

6. 实施整体营销，凸显区域旅游品牌形象

各地区应制定全域旅游的营销规划和方案，把营销工作纳入全域旅游发展大局，以消费者的需求为中心 ，树立整体营销和全面营销观念，进一步挖掘和展示当地特色，提升旅游整体吸引力。

实施品牌营销战略。塑造特色鲜明的旅游目的地形象，打造主题突出、传播广泛、社会认可度高的旅游目的地品牌。提升区域内各类品牌资源，建立多层次、全产业链的品牌体系，变旅游产业优势为品牌优势。此外，政府部门、行业、企业、媒体、公众都要参与营销，创新全域旅游营销方式。

7. 加强旅游监管，切实保障游客权益

监管对旅游业的发展十分重要。加强旅游执法，发现违规行为要及时查处，维护游客合法权益，使旅游市场干净、和谐。加强旅游投诉举报处理，要有统一受理旅游投诉的部门，积极运用12301智慧旅游服务平台、12345政府服务热线等多样化手段，形成高效便捷的线上线下共同受理旅游投诉的形式，受理后要第一时间处理和反馈，不断提高旅游投诉的结案率、满意率。

强化事中事后监管，加快建立旅游领域的信用体系，对失信行为进行惩治。扩大旅游

“红黑榜”应用，将旅游景区点纳入旅游“红黑榜”评价机制。发挥旅游行业协会自律作用。积极应用全国旅游监管服务平台，加强对旅行社、导游人员的监督和管理，保障导游人员合法劳动权益。

加强旅游文明建设。全面推行国内和国外旅游的文明指南，培育文明旅游典型，对于不文明旅游行为进行记录和通报。组织开展旅游警察、旅游工商和旅游法庭等工作人员的执法培训，提高旅游执法专业化和人性化水平。

8. 优化城乡环境，推进共建共享

在推动旅游业发展的过程中，要注重生态环境的保护，推进全域环境整治。通过加强制度建设，强化旅游、公安、交通、安监、卫生、食药监等有关部门的安全监管责任，以强化旅游安全保障。大力促进旅游创业就业，创造更多的工作岗位带动周边经济的发展。通过整合旅游资源，发展旅游产业，促进增收致富。营造旅游发展良好社会环境，使旅游地附近居民能更多地参与旅游及旅游相关行业，增强形象意识和责任意识。推动公共博物馆、文化馆、图书馆等免费开放，使旅游行业能真正惠民、便民，鼓励旅游场所对特定人群实行价格优惠，加强对老年人、残疾人等特殊群体的旅游服务。

（五）评估管理

国家全域旅游示范区的创建工作应由本地区党委政府统筹负责，研究制定全域旅游示范区创建工作方案，建立考核体系，各级旅游行政管理部门具体负责创建工作考核，确保各项工作高效率推进。

省（自治区和直辖市）示范区创建工作由国家文化和旅游部负责年度评估监测。市（地州盟）和县（市区旗）示范区创建工作由省级旅游行政管理部门负责年度评估监测，并向国家文化和旅游部提交评估报告。

国家文化和旅游部制定《全域旅游示范区考核命名和管理办法》，示范区考核命名工作由国家文化和旅游部依照相关办法进行，对符合条件和标准并能发挥示范作用的，予以命名。

对已命名的示范区适时组织复核，对于复核不达标或发生重大旅游违法案件、重大旅游生产安全责任事故、严重不文明旅游现象、严重破坏生态环境行为的示范区，视情况予以警告或撤销。

（六）考核指标

国家全域旅游示范区考核的六大指标为：旅游业增加值占本地GDP比重15%以上；旅游从业人数占本地就业总数的比重20%以上；年游客接待人次达到本地常住人口数量10倍以上；当地农民年纯收入20%以上来源于旅游收入；旅游税收占地方财政税收10%左右；区域内有明确的主打产品，丰度高、覆盖度广。

三、国家全域旅游示范区名录

文化和旅游部立足新发展阶段、贯彻新发展理念、构建新发展格局，将创建国家全域旅游示范区作为加快推进供给侧结构性改革和需求侧改革的有力抓手，持续推进全域旅游、大众旅游发展，充分发挥旅游业在促进经济社会发展、满足人民美好生活需要等方面的重要作用，助力构建以国内大循环为主体、国内国际双循环相互促进的新发展格局。截至目前，文化和旅游部于2019年9月和2020年12月发布了2批共168个国家全域旅游示范区，如表2-6-1所示。

国家全域旅游示范区在创建方式、创建路径、创建成果上各具特色，为更多示范区创建单位的创新发展提供了诸多有价值的、可复制可推广的经验做法，特别是在文旅融合发展、旅游扶贫富民、城乡统筹、生态依托、景城共建共享、休闲度假、资源转型、边境开发开放等方面进行的实践探索，对各地深化全域旅游发展具有学习借鉴意义。

表2-6-1 国家全域旅游示范区名录

批次	示范区
第一批	北京市(延庆区、怀柔区、平谷区) 天津市(蓟州区) 河北省(秦皇岛市北戴河区、邯郸市涉县、保定市易县) 山西省(临汾市洪洞县、晋城市阳城县、晋中市平遥县) 内蒙古自治区(满洲里市) 辽宁省(本溪市桓仁满族自治县) 吉林省(长白山保护开发区管委会池北区、延边朝鲜族自治州敦化市) 黑龙江省(大兴安岭地区漠河市、黑河市五大连池市) 上海市(黄浦区、松江区) 江苏省(南京市秦淮区、南京市江宁区、徐州市贾汪区) 浙江省(湖州市安吉县、衢州市江山市、宁波市宁海县) 安徽省(黄山市黟县、六安市霍山县) 福建省(福州市永泰县、南平市武夷山市、龙岩市武平县) 江西省(吉安市井冈山市、上饶市婺源县、抚州市资溪县) 山东省(潍坊市青州市、青岛市崂山区、济宁市曲阜市) 河南省(焦作市修武县、信阳市新县、济源市) 湖北省(武汉市黄陂区、恩施土家族苗族自治州恩施市、宜昌市夷陵区) 湖南省(衡阳市南岳区、湘潭市韶山市、张家界市武陵源区) 广东省(广州市番禺区、江门市台山市) 广西壮族自治区(桂林市阳朔县、来宾市金秀瑶族自治县) 海南省(三亚市吉阳区、保亭黎族苗族自治县) 重庆市(巫山县、武隆区) 四川省(成都市都江堰市、峨眉山市、广元市青川县) 贵州省(贵阳市花溪区、遵义市赤水市、六盘水市盘州市) 云南省(保山市腾冲市、昆明市石林彝族自治县) 西藏自治区(拉萨市城关区、林芝市鲁朗景区管理委员会) 陕西省(西安市临潼区、渭南市华阴市) 甘肃省(酒泉市敦煌市) 青海省(海北藏族自治州祁连县) 宁夏回族自治区(银川市西夏区、中卫市沙坡头区) 新疆维吾尔自治区(伊犁哈萨克自治州昭苏县、巴音郭楞蒙古自治州博湖县) 新疆生产建设兵团(第十师185团)
第二批	北京市(昌平区、门头沟区) 天津市(中新天津生态城、和平区) 河北省(邯郸市武安市、石家庄市平山县、秦皇岛市山海关区、唐山市迁西县) 山西省(晋城市泽州县、长治市壶关县、运城市永济市、长治市武乡县) 内蒙古自治区(鄂尔多斯市康巴什区、锡林郭勒盟二连浩特市) 辽宁省(朝阳市喀喇沁左翼蒙古族自治县、辽阳市弓长岭区) 吉林省(长白山管委会池南区、梅河口市、通化市集安市) 黑龙江省(鸡西市虎林市、伊春市嘉荫县) 上海市(青浦区、崇明区) 江苏省(淮安市金湖县、无锡市宜兴市、苏州市吴中区、常州市溧阳市、盐城市大丰区)

续表

批次	示范区
第二批	浙江省(绍兴市新昌县、丽水市松阳县、台州市仙居县、杭州市桐庐县、嘉兴市嘉善县) 安徽省(安庆市潜山市、六安市金寨县、黄山市屯溪区) 福建省(三明市泰宁县、三明市尤溪县、泉州市德化县、厦门市集美区) 江西省(赣州市石城县、宜春市靖安县、九江市武宁县、景德镇市昌江区) 山东省(威海市荣成市、临沂市沂南县、烟台市蓬莱区、德州市齐河县、济南市章丘区) 河南省(安阳市林州市、洛阳市栾川县、信阳市浉河区、焦作市博爱县) 湖北省(咸宁市通山县、神农架林区、黄冈市英山县、宜昌市远安县、恩施土家族苗族自治州利川市) 湖南省(张家界市永定区、长沙市望城区、湘西土家族苗族自治州凤凰县、郴州市资兴市) 广东省(梅州市梅县区、韶关市仁化县、深圳市盐田区) 广西壮族自治区(桂林市兴安县、柳州市融水苗族自治县、防城港市东兴市) 海南省(陵水黎族自治县) 重庆市(万盛经开区、渝中区) 四川省(德阳市绵竹市、成都市崇州市、成都市锦江区、乐山市市中区、阿坝藏族羌族自治州九寨沟县) 贵州省(毕节市百里杜鹃管理区、黔南布依族苗族自治州荔波县、贵阳市乌当区、黔东南苗族侗族自治州雷山县) 云南省(红河哈尼族彝族自治州弥勒市、大理白族自治州大理市、丽江市古城区) 西藏自治区(日喀则市桑珠孜区、拉萨市当雄县) 陕西省(安康市石泉县、延安市黄陵县、商洛市柞水县) 甘肃省(平凉市崆峒区、嘉峪关市) 青海省(海北藏族自治州刚察县) 宁夏回族自治区(吴忠市青铜峡市、石嘴山市平罗县) 新疆维吾尔自治区(博尔塔拉蒙古自治州温泉县、阿勒泰地区布尔津县、伊犁哈萨克自治州特克斯县) 新疆生产建设兵团(第八师石河子市)

【知识拓展】

多地大力推动创建国家全域旅游示范区，具体可扫描如下二维码进行了解。

M2-6-4
知识拓展

【单元小结】

国家全域旅游示范区的建立对我国旅游业发展意义重大。本单元主要介绍了全域旅游及国家全域旅游示范区的概念，国家全域旅游示范区的创建对象及主体、创建原则、创建目标、创建任务、评估管理、考核指标、示范区名录。要求掌握全域旅游及国家全域旅游示范区的概念。

【思考与实训】

一、思考

1. 请说明全域旅游及全域旅游示范区的概念。
2. 说明全域旅游示范区的特点。

二、实训

1. 请指出你所喜欢的国家全域旅游示范区并分析原因。
2. 请为中国香港地区的客人设计一份河北省秦皇岛市北戴河区的全域旅游攻略。

参 考 文 献

[1] 沈世忠，邹海晶．旅游地理．3版．北京：高等教育出版社，2006.
[2] 刘振礼．中国旅游地理．天津：南开大学出版社，1988.
[3] 邱云美．中国旅游地理．北京：人民邮电出版社，2010.
[4] 王枫．中国旅游地理．北京：冶金工业出版社，2010.
[5] 王辉，苗红．中国旅游地理．北京：北京大学出版社，2010.
[6] 罗春祥．中国旅游地理．北京：北京交通大学出版社，2008.
[7] 马丽明．中国旅游地理．北京：机械工业出版社，2005.
[8] 林婉如．中国旅游地理．2版．大连：东北财经大学出版社，2008.
[9] 张志宇．中国旅游地理．北京：电子工业出版社，2009.
[10] 李世麟，张锦华．中国旅游地理．南京：东南大学出版社，2007.
[11] 袁小凤，何方永．中国旅游地理．成都：电子科技大学出版社，2007.
[12] 保继刚，楚义芳．旅游地理学．北京：高等教育出版社，1999.
[13] 史甜甜，曾丽，靳文敏．5A级旅游景区微信公众号对客服务功能及其建设水平研究．旅游学刊，2021（1).
[14] 邱萍．基于标准化视角的旅游景区从4A到5A的思考．中国标准化，2021（14).
[15] 我国共有A级旅游景区13332个．共产党员（河北），2021（16).
[16] 吴振华．研学旅行视角下河北省5A级旅游景区发展战略研究．河北旅游职业学院学报，2021（3).
[17] 蔺晔涵．基于土地适宜性评价的山地旅游综合体景观规划设计研究——以水城县营盘乡旅游综合体为例．北京林业大学，2020.